The Fundamentals of Metaphysics

形上學
要義

彭孟堯　著

三民書局

作者序

　　我做哲學研究和教學十餘年了，有一點我一直很感慨：很多人之所以接觸哲學是為了想追求人生的意義，很多人讀哲學是為了想找到自我人生的方向，想要得到一些感動。我不懂！這些想法很自私地踐踏了哲學。哲學是一門嚴謹的學問，是一門研究，不是用來激勵人心的勵志小品，不是用來動情的文學藝術。哲學不會告訴你人生的方向，但哲學會告訴你如何思考問題，包括人生方向的問題；哲學不會告訴你如何才能安身立命，但哲學會要求你縝密思考你所選擇的路。哲學跟數學和物理學是一樣的，一樣的嚴謹，一樣的艱深，一樣的出自純粹知性好奇心來探索這個世界的種種。

　　這麼多年研究哲學，我的體會是：哲學問題不是形上學的就是知識論的；不論哪個特定的哲學領域（如心與認知哲學、價值哲學等），探討的問題儘管繁雜，大致不出形上學或者知識論的範圍。這本書就是專門解說形上學議題的。我的目的不只是在於介紹形上學的議題，更希望讀者能藉此養出形上學的「眼睛」，從形上學的角度來思考一些問題。我知道這很難。形上學討論的問題，表面來看，往往是「不食人間煙火的」。可是我深信，透過一番磨練，就有能力細細思索種種問題的。

　　我的多年老友王文方教授幾年前也寫了本形上學的書，內容紮實，解說精闢，我獲益良多，趁機多學了一些。我在想，既然有他那本形上學的書了，我再寫一本，豈不是多餘了。幾年的努力，我終於知道，再多一本形上學的書也不為過。因為一方面，中文界介紹西方形上學的書實在太少了，多一本形上學的書或許多了一個引起社會大眾與學術界注意的機會；另一方面，長期以來，中文界能夠清楚正確解說西方哲學的書實在太少了，尤其對於西方形上學的引進實在非常匱乏，我總想盡點心力，在這地方作些貢獻。

　　這本書介紹的是英美哲學思潮下的形上學，所以不會討論黑格爾、海德

格、沙特、或者胡賽爾等歐陸哲學的形上學學說。我曾聽到國內不少學者說：英美哲學否認形上學。這讓我非常訝異！英美哲學從來沒有否認過形上學，為何會有這種誤解呢？百餘年來，英美哲學界不斷探討各種形上學問題，從未間斷。我一直百思不解，為何國內學界會有這樣離譜的誤解？直到有一天我突然發現，這或許是來自於國內學者對於邏輯實證論的誤解。一般認為邏輯實證論基於其所謂的經驗可檢證原則，而反對形上學。這是似是而非的。我簡單說明三點：（一）邏輯實證論的哲學家反對的是當時的黑格爾學派（所謂黑格爾式的觀念論）。但是這群哲學家本身還是有形上學主張的，他們都接受所謂的現象論的形上學主張。（二）同樣這群哲學家在 1950 年代時，基於種種緣故，放棄了現象論，改而接受「個物存有論」的形上學立場，並因而將其學派改名為「邏輯經驗論」。（三）邏輯經驗論基於源自英國經驗論的傳統主張：凡是不可觀察的都是不存在的（例如夸克）。這還是一種形上學的立場。從以上三點來看，即使是邏輯實證論（邏輯經驗論）的哲學家也從來不曾將形上學排除過。或許，趁著撰寫這本書，可以矯正對於英美哲學的誤解。英美哲學界對於形上學的討論豐富繁雜，這本書介紹的是個例證。

　　在寫作這本形上學書的時候，我心中是以大學生為對象的。但我也知道，我的學術壞習慣往往使得我的寫作不太讓一般人覺得親近。然而這畢竟是一本專業的教科書，不是哲學普及的讀物，正如同微積分的教科書預設相當的預備知識一樣，這本形上學的教科書也預設讀者必須要有相當的預備知識，尤其初階邏輯的背景是不可少的。這是由於英美哲學的探究與邏輯一直密不可分：或者英美哲學的探討影響乃至於帶動對於舊邏輯系統的修改或促成新邏輯系統的興起，或者各種邏輯的研究促使哲學家重新思考面臨的種種哲學問題。所以，我也刻意在本書一些地方加上了邏輯式子。無論如何，本書不敢預設讀者要有很多的邏輯背景，畢竟邏輯教育在國內尚未生根。本書僅希望有興趣的讀者至少具有初階邏輯的程度，以免遇到某些解說時，有所窒礙。

　　西方形上學的探討已經有幾千年的歷史，討論的問題繁多，沒有任何一本導論性質的書可以全面涵蓋的。因此，對於題材的選擇成了一大困難。我寫這本書的時候同樣深深體會這選材的困難。思考再三，我決定依循恩師 Panayot Butchvarov（當代形上學大師），解說形上學最根本的四大概念：等同、存在、本質、共性。另外，由於我在科學哲學領域裡鑽研了相當長的一段時間，對於因果關係的議題有一些了解，所以也決定增加對於因果關係的解說，畢竟形上學的一項重要議題是涉及這個世界的結構的。

　　本書在一些地方列出了所謂的「想一想」，主要是依據書裡的解說提問了一些問題，以供讀者思索。這些問題沒有所謂的「標準答案」，端視讀者採取哪個形上學立場。我希望讀者在思考問題的時候，會發現自己原有的立場需要修改，甚至重新來過。我一直深信：「勤讀」、「勤思」、「勤問」是做學問的不二法門。就像偵探一樣，只有不放過任何疑點，才有可能找出真象。

　　在本書撰寫過程當中，很多題材都已經在臺灣大學哲學研究所的課堂上講解討論過，很謝謝這些課的研究生，再次證明「教學相長」是至理名言。最後，我要謝謝三民書局的編輯團隊、排版的工作人員，在這本書的出版上費了許多時間和心力。

彭孟堯
臺灣大學哲學系

形上學要義

目 次

作者序

第一章　形上學研究什麼？

第一節　形上學的基本用語

　　鮮少有一本書是以介紹語言的用字來作為開頭的，本書是個例外。會出現這種情形是因為本書以中文解說西方的形上學，然而西方形上學的研究歷史悠久，討論的問題太過基本又太過龐雜，對於許多西方形上學的專技名詞，中文未必有適當的語詞與之對應，為了清楚介紹西方的形上學，迫於無奈，往往只得採用相近的中文語詞，乃至於新創一些語詞。本書先行對於相關的中文語詞做一些介紹，理由在此。

　　首先，在觀念上可被任何一個形上學學說討論的對象的，在本書都稱為東西❶；這當中有些東西被承認為真實的、實在的。被承認為真實的東西構成的總和稱之為「世界」，形上學傳統則稱之為實在或實在界。其它有些東西並不被承認為真實存在的，但由於我們總還是會談論到它們，所以只好仍然將這些納入本書所謂的「東西」，以方便本書的討論。

　　有可能被承認為實在的世界有三種。哲學家會使用外在世界一詞來談論我們所處的這個世界，又稱為「物理世界」，包括整個宇宙在內；與之相對的則是所謂的內在世界，也就是我們的心理世界；另外還有所謂的柏拉圖式的世界，有時稱為「抽象世界」，有時也稱為「第三領域」，是指既不是物理的、也不是心理的世界❷。

---

❶ Lowe (2005) 對於 "thing" 就採取這種最寬鬆的說法。

❷ 當然我們還可以主張「社會世界」，亦即由人際關係構成的世界，像是在各種國家體制以及各種法律和制度之下出現的種種社會關係（如師生關係、勞雇關係、醫病關係、親戚關係、買賣關係……）等。這部分涉及的是另外的重大議題，囿於本書主旨，只得略過。

在物理世界裡的東西包括我們平常所說的物體,亦即具體的事物,例如小狗、石頭、樹木、太陽……,以及這些物體具有的性質,例如顏色、形狀、尺寸、重量、材質……,乃至於物體與物體之間的關係,例如空間關係、時間關係、因果關係、大小關係……。另外,物理學提到的不可觀察物是否存在,例如粒子、夸克等,也是一大議題。在心理世界裡的東西包括所謂的「心理狀態」(例如相信、欲望、各種情緒等)以及「心理機制」(例如推論、知覺、記憶、決策等)。在抽象世界裡的東西包括數學談論的東西(例如集合、數),以及哲學談論的意義、命題、可能世界……,以及它們具有的性質,例如自然數 2 具有 $\langle x$ 是質數$\rangle$ 和 $\langle x$ 是偶數$\rangle$ 這兩個性質 ❸。甚至有些哲學家認為實際上不存在的事物,例如孫悟空、麒麟、金山、貔貅、麒麟、獨角獸、人頭馬、圓的方等,仍然是某種東西。這類東西顯然不是物理的,那麼它們是心理的?還是抽象的?

本書在這裡先建立一個概念架構,以方便後續的解說和討論:

(一)概念上,可能被承認為真實的、實在的東西包括個物(或者個殊物)、個物具有的性質、以及個物與個物之間具有的關係。「個物」在哲學裡也稱為元項,有些是具體的,稱為「具體個物」,亦即存在於時間空間之中的,例如這隻狗、那朵玫瑰;有些是抽象的,稱為「抽象個物」,例如集合和數。

(二)概念上,可能被承認為實在的東西或者是共性的,或者是個殊的 ❹。這組區別在西方哲學史已經有相當悠久的歷史;尤其,我們是否要承認共性是真實的,在哲學史上一直有很大的爭議。個物當然是個殊的,但性質和關係是共性的,還是個殊的呢?

(三)概念上,可能被承認為實在的東西或者是具體的,或者是抽象的。對

---

❸ 本書約定:引號「…」除了有時用來強調或者用來表示專技名詞之外,也用來表示語言;角號 $\langle … \rangle$ 用來表示性質、關係、命題、事實,乃至於事件、事態等。如有必要,將特別以中括號〔…〕來表示心理狀態、知覺經驗、心理概念等人類心智活動的產物。另外,本書有時會使用例如 $\langle x$ 是紅的$\rangle$ 和 $\langle x$ 在 y 右邊$\rangle$ 來表示性質和關係,有時則使用 $\langle$ 紅$\rangle$ 和 $\langle$ 在右邊$\rangle$ 來表示。

❹ 中文界長期將 "universal" 譯為「共相」,將 "particular" 譯為「殊相」,本書深深以為不妥,故而改譯。另外,這兩個英文語詞既可作為名詞,亦可作為形容詞。

許多人來說，這一組區別是很自然的。具體的就是看得到、摸得到的；抽象的就是看不到、摸不到的。但這樣的區別過於鬆散，夸克是看不到、摸不到的，但我們並不將夸克視為抽象的東西。其實「抽象」一詞有幾個不同的用法，但由於本書不認為這幾種「抽象」與「具體」的對照有多大的理論意義，所以本書僅將「抽象」一詞侷限在「非物理、非心理」的用法，意即所謂的「柏拉圖式的存在」，至於這個詞的其它意義，就不考慮了。

　　以上的專技名詞本書在適當的時候會一一交代。目前初步來說，「個物」這個詞談到的東西包括：孔明、《西遊記》、《西遊記》的作者、哈雷彗星、臺北市、臺大校長、那隻狗、那朵百合花、我手上的那枚硬幣、黑板上的那個藍色的「哲」字、9 這個自然數、最小質數……。「性質」這個詞是指個物具有的某些特徵，例如林良具有〈x 是兒童文學作家〉這個特徵、那隻狗具有〈x 在汪汪叫〉這個特徵、2 具有〈x 是質數〉這個特徵……。最後，「關係」是介於多個個物之間的特徵，例如老王和小陳之間具有〈x 比 y 高〉這個關係、自然數 3 和自然數 2 之間具有〈x 大於 y〉這個關係。

　　以上是一個概念架構，用意在於方便本書解說各種形上學的議題，是我們在思考各種形上學問題以及介紹各種學說時，不得不用到的一些基本語詞或概念。至於是否要承認這些語詞或概念談到了真實存在的東西，哲學家各有不同的立場。例如，儘管有些形上學家認為個物、性質、關係都是真實的，另外有些形上學家則認為性質和關係並不是真實的，僅僅只有個物才是真實的；還有些形上學家認為個物不是真實的，只有性質和關係才是真實的。不但如此，即使承認性質和關係是真實的，有些哲學家主張它們都是共性的，有些哲學家卻主張它們都是個殊的。

　　另外，我們必須嚴格區別「述詞」以及「性質」。述詞是語言裡的某些符號。述詞有一位的、二位的、三位的……。這裡的「位」是指該述詞能夠套用的描述個物的單詞的數量。舉例來說，「x 是紅的」是中文的一位述詞，「x is red」則是英文的一位述詞。這兩個都是一位述詞，因為只要搭配一個談論個物的單詞就可以造出一個具有真值的語句，意即這語句不是「真」就是「非真」❺。例如，「那

---

❺ 在接受二值原則的邏輯系統裡，「非真」就是「假」的意思。但有些邏輯系統並不接受二

顆蘋果是紅的」就是使用了「x 是紅的」這個一位述詞以及「那顆蘋果」這個單詞造出來的語句。其次,「x 在 y 的右邊」則是一個中文的二位述詞,因為必須搭配兩個談論個物的單詞才能造出一個有真值的語句,例如,「老王(站)在小陳的右邊」。為方便後續的解說,本書有時候會使用「n 位述詞」這個方式來表達,n 是自然數。

　　另外補充兩點:(一)單詞包括專名、確定描述詞、指示詞、索引詞。「單詞」是指僅僅談論到一個個物的語詞。專名是指東西的名字,例如人名、城市名、國家名。確定描述詞是指用以談論單一一個個物的單數名詞片語,例如「臺大校長」、「《小太陽》的作者」、「最小質數」等語詞。指示詞是指「這」、「那」的語詞。索引詞是指「你」、「我」等語詞。這些詞都是用來談論單一一個個物的。(二)是否每個述詞都表達一個性質?哲學界有豐富觀與稀薄觀之爭。「豐富觀」對於這問題給予肯定答案;「稀薄觀」則否認這點,主張有些述詞沒有表達任何性質❻。對於抱持稀薄觀的哲學家來說,第一大工作就是說明如何區別有表達性質的述詞以及沒有表達性質的述詞。本書接受稀薄觀,但不做辯護,讀者可以在本書各項議題的討論中觀察到這個立場。

　　接著,性質是個物具有的特徵。性質有一元的、二元的、三元的……。「元」是個物的意思。在邏輯和哲學界,一般慣例將一元性質稱為「性質」,將二元以上的性質稱為「關係」。有時候哲學家會說:性質是內在的,關係是外在的。本書援用此慣例,但有時候為了方便後續的解說,也會使用「n 元性質」這個表達方式,n 是自然數。另外,形上學家還主張所謂的關係性質,例如〈x 在老王的右邊〉。這些都將在本書第二章做詳細的說明。

第二節　從「愛智」開始

　　形上學乃是哲學的基礎,也可說是哲學的源頭。哲學是對於「智慧」的愛好。在古希臘——西方哲學的發源地,「哲學」一詞大致是「學問」或者「理性探究」的意思,旨在探究宇宙(亦即這個世界)的本質以及人在這個宇宙中的地位;也

　　值原則,其發展出來的乃是多值的邏輯系統。

❻　這是 Lewis (1986a) 的區別。

就是說，「哲學」探究的內容也包含現代意義的「科學」在內，即使到了十七世紀牛頓發表其物理學學說時，他的著作仍是以《自然哲學》命名的。

所謂的「智慧」又稱為道，但這既不是指我們現在一般所說的「生活智慧」，也不是指中國傳統思想（儒釋道……）闡揚的人生智慧，更不是指各個宗教追求的「解脫」、「超脫」的智慧。古希臘哲學家所謂的「智慧」是指真理，也就是指對於實在（界）的掌握。

「實在界」意指哲學家承認為真實存在的世界。不過，不同的哲學學說對於什麼東西才是真實存在的，有不同的立場。這裡簡單借用柏拉圖的哲學來例示。柏拉圖受到帕曼尼迪斯（先蘇期的一位哲學家）的影響❼，認為只有不會變動的才是真實的、實在的。由於我們生存的這個世界是變動不居的，我們這個世界是虛幻的、不是實在的。在柏拉圖的哲學裡，由於只有理型世界以及數學世界是不會變動的，他因而主張：真正實在的只有理型以及數學的個物而已。按照柏拉圖的學說，顯然對於我們存活的這個世界進行經驗觀察或者科學研究，是不可能獲得真理的❽。不但如此，依據他的學說，只有透過理性（能力）的運作，才能掌握真實個物的定義（本性）；唯有精確掌握關於真實個物的定義，才能真正掌握真理，才是掌握了實在界。請留意，這裡所謂的「定義」與語言無關，不是指對於語詞意義的說明，而是指對於事物本質（本性）的理解。至於柏拉圖所謂理性（能力）的運作，指的是理性思辨或者辯證式論證的思維模式。這也是西方哲學傳統承續下來的思考模式。

大多數人當然很難接受柏拉圖所說的，我們生存的這個世界是虛幻不真實的。姑且擱置他這部分的學說，這裡舉出柏拉圖哲學作為例子的主要用意是：所謂「哲學」，所謂「愛智」，是指這種對於實在（界）的掌握，對於真理的掌握。亞里斯多德說：「吾愛吾師，吾尤愛真理！」❾正是這個意思！姑且不論我們是否願意接

---

❼　一般將西方哲學史粗略分為：先蘇期哲學（先於蘇格拉底時期的哲學）、古希臘哲學、中世紀哲學、近代哲學（包括歐陸理性論與英國經驗論）、德國觀念論、當代哲學。

❽　所謂「經驗觀察」意指直接使用感官知覺系統，或者間接透過發明的儀器，來認識這個世界。

❾　原文是：Plato is dear to me, but dearer still is truth。

受柏拉圖那套特殊的哲學立場，我們可以說：哲學或者形上學就是對於這個世界的理解與掌握。套句話問：

　　這是個什麼樣的世界？❿

從這個問題起步，就是形上學的開始，也是哲學的開始；形上學之構成哲學基礎可說是明顯至極。西元一百多年有位哲學家說了這段名言：

　　不知道這個世界是什麼的人，不知道自己身處何地；不知道這個世界存
　　在目的的人，既不知道自身亦不知道這個世界。⓫

古希臘的泰利斯為什麼被稱為「西方哲學之父」呢？這是由於他在思考一個問題：

　　這個世界是由什麼東西構成的？

雖然他提出的答案沒有人滿意，他的提問卻是哲學史上第一個大問題！為什麼他提的這個問題這麼重要呢？這樣想：如果這個世界的一切都是僅僅由某種東西構成的，那麼我們只要掌握了這類東西的種種特徵，以及這類東西的運作原理，就等於掌握了這個世界的真象。形上學（西方哲學）的出現，可說就是由於這一個大問題的提出，使得後世的人開始思考這個世界是否有根本的結構，這也可說是科學的濫觴。

　　哲學研究的議題很多。依據當代的分法，哲學研究的領域至少包括：形上學、知識論、語言哲學、心與認知哲學、科學哲學、價值哲學（又細分為道德哲學、美學等）……。在當代哲學的發展裡，各種邏輯以及邏輯哲學的蓬勃發展更為當代哲學的研究提供了堅實的思考背景。

　　當然，儘管哲學研究的領域繁多，本書刻意強調：各個哲學領域關懷的問題若非形上學層面的，即是知識論層面的。在前面提到的柏拉圖哲學裡，其實我們

---

❿　這是王文方教授的名言，我亦深有同感！

⓫　原文是：He who does not know what the world is does not know where he is, and he who does not know for what purpose the world exists, does not know who he is, nor what the world is (Aurelius, 167/2005: Book VIII, sec. 52)。

已經遇到形上學了。當柏拉圖主張我們生存的這個世界是虛幻不真實時，當他主張只有理型世界以及數學世界才是真實時，他已經提出了一套形上學；當他主張經驗觀察不能讓我們獲得真理時，他已經提出了一套知識論❷。再以價值哲學為例，這領域探討的問題在形上學裡，包括「價值」的存有論地位以及價值的層級等。例如，某個個物或某人的行為具有的價值，是抽象存在的，還是依附於人的心智活動的？價值有沒有輕重等級之分？此外，這領域探討的問題也有知識論的層面。例如，價值判斷如何獲得證立？人如何進行涉及價值的推論以產生價值判斷？人類如何認知到價值？價值哲學只是眾多哲學領域之一，其它哲學領域也一樣，探討的問題或者是形上學的，或者是知識論的，就不再贅述。

　　本書專注在講解形上學。知識論方面的討論，請讀者另行參考相關文獻。

第三節　形上學在研究什麼？

　　形上學在研究什麼？這的確是不容易回答的問題。亞里斯多德認為「第一哲學」的研究包括三個層次❸：⑴對於「存有之為存有」❹的探究。這是最根本的探究，針對的是所有我們認為存在的東西的本性。⑵對於「最高存有」的探究，亦即對於「神」的探究（這後來成為所謂的神學）。⑶對於「第一原則」的探究，亦即，有哪些原則是適用於所有存在的東西的？本書不討論神學的問題，至於亞里斯多德所說的第一個層次以及第三個層次的問題，本書會有相當的討論。

　　由於亞里斯多德的敘述還不是很容易理解，底下本書再引用另外一位形上學家的說法。當代著名的形上學家布曲法洛夫指出，形上學是一種超驗的探究，這是由於形上學探究四大根本議題：存在、等同、本質、共性。這些議題都不是直接對應到這個世界的任何東西，但卻又是我們在探究這個世界任何東西的最根本特徵時，必須用到的概念❺。因此，他附和亞里斯多德的說法，認為形上學是研

---

❷ 這是知識論裡所謂的「形上學」的研究進路；關於柏拉圖的知識論，請參考彭孟堯 (2009) 第一章第四節的介紹。

❸ 亞里斯多德當時並沒有「形上學」這樣的名稱，他將探討的種種形上學議題統稱為「第一哲學」。

❹ 英文是：being *qua* being。

究「存有之為存有」的一門學問。這裡所說的「存有」不是只有指個物而已，還
包括性質和關係，甚至還包括神、抽象的事物（例如集合、數）、所謂的「可能世
界」、乃至於所謂實際不存在而僅可能存在的虛擬事物（例如，金山、飛馬、孫悟
空、四不像、聖誕老人……）。

布曲法洛夫也將形上學的探究分為三個層次 ❶：

第一層是如何對於這個實際世界給予最普遍的描述，例如神是否存在、心與
物是否存在、這個世界是否具備因果結構、乃至於這個世界是否為決定論的世界
等問題。

第二個層次是更進一步探討「形上可能世界」（與實際世界不一樣、但形上學
理論願意接受的可能性）。例如，有沒有可能存在這樣的世界，在其中僅僅只有個
物存在，性質與關係則都不存在？或者，有沒有可能存在這樣的世界，在其中僅
僅只有性質與關係存在，個物都是由性質構成的？我們這個實際世界屬於哪一種？
或者還有第三種？再例如，有沒有可能存在這樣的世界，在其中僅僅只有心存在
但物不存在？或者反過來，僅僅只有物存在但心不存在？

第三層的探究是最根本的。對於前面兩層的探究都需要使用到存在、等同、
本質、性質（與關係）等概念，以及相關的原則，這一層的形上學就是要探討這
些最根本的概念與原則，這也是為什麼布曲法洛夫說形上學是一種超驗探究的緣
故。

讓我們再從另外一個方式來理解形上學的探究。在西方哲學的傳統裡，形上
學廣義來說，包括宇宙論、存有論（也譯為本體論）以及狹義形上學三部分。底
下做些簡單的說明。

宇宙論

宇宙論研究這個世界（宇宙）的起源、這個世界的生成變化、以及這個世界
運行的根本原理。例如，這個世界是否有所謂的「第一因」呢？所謂「第一因」
就是所有事物的最初原因，並且其自身的存在與運作無需再有原因。又例如，這

---

❶ Butchvarov (1979)，第一章。

❶ Butchvarov (1979: 4–5).

個世界的存在是否有什麼目的呢？這個世界的運行是在朝向哪個目的的實現呢？這個世界有終點嗎（亦即所謂的「世界末日」）？如果這個世界有終點，當抵達終點時，會接著新興另外一個世界嗎？

很多古老的宗教都有關於這些問題的一套說法。這一部分同時也是屬於西方學術（亦即理性研究）萌芽時代的產物。從現代科學的角度來說，大部分宇宙論的問題都已經轉型成天文學的研究了；關於這個世界的起源與生成變化的問題，除了成為物理學的議題之外，也構成當代天文物理學的重要課題。

儘管如此，哲學關於宇宙論的討論並不會因此消褪。舉例來說，十九世紀的德國哲學家尼采曾經提出了所謂的「永恆回歸」。這個宇宙有開始、有結束，而且結束的時刻同時是另一個宇宙的開始。尤其特殊的是，在這個宇宙發生的一切在後續的每個宇宙裡都會重複發生。姑且不論是否有好理由接受尼采的說法，至少他的學說顯示：宇宙論對於宇宙的探討並不侷限於科學的研究。

囿於本書的主旨，本書不討論宇宙論的議題。

存有論

關於存有論這個哲學研究的領域，哲學家有兩種不同的理解。第一種是說：存有論是在探究什麼才是真實的。第二種是說：存有論是在探究我們認為什麼才是真實的（我們如何概念化這世界的）。這是很奇妙的，既然存有論是哲學探討的根本領域，怎麼哲學家居然還會對於這領域有不同的理解？簡單來看，大概在哲學史上還找不出有哪個主張是不曾遭遇哲學家的反對的。因此，對於存有論是什麼樣的一門研究，即使哲學家有不同的看法，也不足為奇。但是更重要的，這兩種不同立場之同時存在，反映了哲學（形上學）研究的一個根本特徵：有些哲學家認為我們不可能探討所謂獨立自存的實在界（亦即其存在不涉及人類的心智活動），我們最多只能觸及被我們人類概念化的世界。因此，對於這個世界的概念化方式不同，我們就會有不同的存有論，亦即不同的對於實在界的概念架構。但是有些哲學家願意接受實在界是獨立自存的說法，並試圖對這實在界加以描述。因此，儘管我們可以採用不同的語言或概念架構來描述實在界，但所謂的實在界就是那一個！本書不強行採取哪個立場，僅能盡量針對傳統存有論探討的議題進行

解說。

　　存有論探討的問題很多，不過從根本來說，幾千年來存有論探討的核心課題可總括為以下兩個：

　　　　課題一：究竟什麼東西才是真實存在的？
　　　　課題二：那些被承認為真實存在的東西是以何種方式存在的？

例如前面提到，柏拉圖認為我們生存的這個物理世界是虛幻的，只有他所謂的理型世界以及數學世界才是真實的（對於課題一的主張）；而且他的哲學主張：這些真實存在的東西是以抽象的方式存在的，亦即這些東西既不是物理現象，也不是人類心智運作的結果（對於課題二的主張）。又例如，英國的經驗論哲學家主張：凡是不可觀察的，都是不存在的。二十世紀的邏輯實證論（以及接續的邏輯經驗論）承襲了這套存有論，因而主張科學裡的理論詞（談論不可觀察物的語詞，例如「夸克」）都是沒有指涉的 ❶，因為對邏輯實證論來說，不可觀察的東西並不存在（對於課題一的反面主張）；換個方式來說，存在的事物必定是可觀察的，因而這些存在的事物必定是物理的，既不會是心理的，也不會是柏拉圖意義下的抽象的（對於課題二的主張）❶ 。

　　以上舉了兩個例子來協助說明存有論的兩大基本課題。現在讓我們跳開這些例子，重新想想對於這兩大課題要如何進行思考。底下列出一些存有論探討的具體議題：

　　　　(A) 物理個物是真實存在的嗎？什麼是個物？
　　　　(B) 性質與關係是真實存在的嗎？它們是什麼？
　　　　(C) 心理性質是真實存在的嗎？

---

❶　「指涉」是指一個語詞談論到的東西，例如，「孔明」這個名字的指涉就是孔明這個人；「《史記》的作者」這個語詞指涉的是司馬遷這個人。但這只是初步的，本書第八章會有比較多的解說。

❶　邏輯實證論（以及邏輯經驗論）將語詞區分為邏輯詞、觀察詞、以及理論詞；理論詞就是「不可觀察詞」。儘管如此，所謂的「理論詞」未必就是「不可觀察詞」，例如 David Lewis (1972) 對於「理論詞」這概念的說法就不一樣，請參第七章第九節。

(D) 抽象（非物理非心理）的個物是真實存在的嗎？

本書對於議題 (A) 採取肯定的回答，並且在第五章進行討論。本書第二章到第四章對於議題 (B) 會有詳盡的解說。至於議題 (C) 和議題 (D)，由於哲學界另外有專門的討論，將不在本書的解說範圍內。例如，對於議題 (C) 的討論已經屬於心與認知哲學的領域 [19]；對於議題 (D)，如果是涉及數學事物的討論，屬於數學哲學的領域，如果是涉及意義的討論，屬於語言哲學的問題，如果是涉及命題和可能世界的問題則另有形上學（邏輯哲學）的專技研究。基於本書的主旨，這些問題都不在本書範圍內，請讀者自行參閱相關文獻。

剛剛說過，存有論質問的問題是：有哪些東西是真實的？我們也可以反問：有哪些東西是累贅的（亦即在存有論上是多餘的），不應承認其實在性？關於這個問題，哲學界接受有名的傲砍剃刀，又稱為存有精簡原則，來排除存有論上多餘累贅的東西。只是，要如何使用傲砍剃刀並不是一件容易的事，本書在適當的地方會有一些說明。

狹義形上學

狹義的形上學進一步說明這些被承認真實存在的東西具有的一些特徵、其存在的方式、乃至於其運作所依循的原則。本書擬依據布曲法洛夫指出的形上學四大根本議題：共性、等同、存在、本質等，來進行解說。此外，一方面，對於這四大根本議題的討論勢必涉及我們對於「個物」以及「類」的理解，本書將有專章進行解說；另一方面，由於關於因致性的探討在當代哲學有很大的進展，而且對於相關的哲學議題有重大影響，因此本書也將另闢專章解說。底下列出七個（狹義）形上學探討的具體議題：

(E) 如何說明兩個相異的個物具有相同的特徵？

(F) 如何對於通詞以及抽象單詞的意義提供形上學的基礎？

(G) 如何說明「個物」？

(H) 如何說明「類」？

---

[19] 請參彭孟堯 (2011)。

    (I) 如何說明「等同」？

    (J) 如何說明「存在」？

    (K) 如何說明「因致性」？

這裡列出的七個議題跟前述存有論的思考密切相關，都是本書要進行探討的。本章接下來幾節先對於這些議題逐一描述其大要，然後本書之後各章再做詳細的解說。

最後說明一點：哲學界關於形上學還有一種區別，大致上是源自十八世紀和十九世紀的西方哲學：普遍形上學以及特殊形上學。普遍形上學大致上相當於本書這裡所謂的廣義形上學。特殊形上學則是針對某些特定領域的議題進行形上學的討論。例如，心物二元論是否可行？這個世界的所有東西（不論是個物還是性質）是否可以分為物理的以及心理的（非物理的）兩大類實體或性質？抑或是這個世界所有的東西都是物理的（物理論的立場）？這個大議題在當代已經歸屬到心與認知哲學的範圍，但仍然是形上學的探究。又例如，價值（例如美感價值、道德價值）是獨立於人的心智活動而存在的，還是人類心智活動的結果？這一個大議題在當代已經屬於價值哲學的範圍，但同樣的，這依然是形上學的探究。再例如，我們人類是否是自由的（具有自由意志）？抑或這個世界是個決定論的世界，因而我們人類不是自由的？這還是形上學的探究。本書不特別討論這些特殊形上學的議題，請讀者自行參閱相關文獻。

第四節　形上學議題簡述（一）

前一節列出了七個形上學的議題，這一節和下一節將對這些議題做一些基本的陳述，以描繪一個大致的形上學探究的輪廓。我們從議題 (E) 開始。

議題 (E)　如何說明兩個相異的個物具有相同的特徵？

這議題與前面提到的議題 (B) 是密切關聯的。這個議題質問的是：如何說明兩個相異的個物具有相同的特徵？藉由這個提問，我們同時也是在探討：性質是什麼？關係又是什麼？

　　假設小陳有件紅色的外衣，老王也有件紅色的外衣，這兩件外衣有相同的顏色（姑且忽略兩者色度上的些許差異）。如何說明這兩件外衣有相同的顏色呢？謹慎的讀者可能會想：為什麼要用「相同」這個語詞或概念來陳述這個問題？舉例來說，既然蘇軾跟蘇東坡是相同的人，所謂「兩個不同的個物」這種說法是不適用的，當然更不可能蘇軾出現在甲地、蘇東坡卻在同一個時間出現在乙地。然而，如果小陳那件外衣和老王那件外衣有相同的顏色（都是紅色），這豈不是說，同樣那個顏色既出現在小陳那件外衣上，也出現在老王那件外衣上？難道說，出現在〈蘇軾跟蘇東坡是相同的人〉裡的「相同」以及出現在〈小陳那件外衣和老王那件外衣有相同的顏色〉裡的「相同」，兩者是不同的嗎？這乍聽之下是很奇怪的：怎麼會有兩種不同的「相同」呢？

　　西方哲學的傳統裡，自柏拉圖和亞里斯多德開始，提倡所謂的「共性」來回答以上的問題，是一種關於共性的實在論：

共性實在論

（論點一）每個個物都具有性質，個物與個物之間具有某些關係；而且，

（論點二）性質和關係都是共性，亦即它們是相異的個物可以共同擁有的。

　　以物理的個物來說，它們具有的性質包括顏色、形狀、大小、重量、材質……；它們之間具有的關係包括空間關係（在左方、在上邊、距離兩公尺遠）、時間關係（早於、晚於、同時）、大小關係、因果關係、共變關係……。當我們說小陳那件外衣和老王那件外衣有相同的顏色（都是紅色）時，共性實在論的說法是：存在有一個〈紅〉共性，而且那兩件外衣都個例化了或者承繼了或者例現了〈紅〉這個共性。

　　「個例化」、「承繼」和「例現」這三個語詞或概念都是指個物與共性之間的關係。前者是從個物的角度來說的：所謂「老王的外衣是紅色的」，意思是說，老王那件外衣是〈紅〉這個共性的一個個例。後兩者是從共性的角度來說的：所謂「老王的外衣是紅色的」，意思是說，〈紅〉這個共性呈現在老王的那件外衣上，或者說〈紅〉這個共性被老王那件外衣所承繼。形上學界使用這三個語詞或概念時，通常是不做區分的。

　　共性實在論似乎無意中主張「等同」有兩種：一種是介於個物之間的，例如蘇軾和蘇東坡是同一個人；另一種是介於性質之間的，例如老王那件外衣的紅色和小陳那外衣的紅色是同一個顏色。然而，馬勁指出：「等同」只有一個，只是適用「等同」的東西既可以是個物，也可以是性質❷。本書雖然願意接受他的說法，但他的說法真能解決共性實在論的兩種「等同」的疑惑嗎？

　　西方哲學史上很早就出現了反對共性實在論的立場，是關於「共性」的反實在論，在西方哲學史上大多稱為唯名論。這立場否認共性是實在的，而且主張根本沒有性質和關係。唯名論又有好幾個支派，包括：述詞唯名論、類集唯名論、概念唯名論、相似唯名論❸。「唯名論」這個名詞嚴格來說，僅僅是指「述詞唯名論」而已。不過由於西方哲學界對於「共性」的否認分別發展了以上幾種不同的支派，都通稱為「唯名論」，所以本書依循慣例，將「唯名論」一詞當做比較廣泛的名詞來使用。前面提到，有幾個問題是我們關心的。這些不同派別的唯名論如何回答這些問題呢？本書第三章會逐一解說。

　　這裡先補充說明一點：「實在論」與「反實在論」這組對立的立場其實不是只有出現在共性方面的議題，也出現在各種哲學領域，如科學哲學、心與認知哲學、數學哲學、價值哲學。嚴格來說，使用這一組名詞時，應該列出被爭議的事項，亦即「對於某 x 採取實在論的立場」或者「對於某 x 採取反實在論的立場」。例如在當代科學哲學裡，有一項爭議是：不可觀察物是否為實在的？在心與認知哲學裡，有一項爭議是：心智是否為實在的？在邏輯哲學裡，有些爭議是：可能世界、命題等是否為實在的？在數學哲學裡，數學抽象物（如自然數和集合）是否為實在的？當某人主張他是實在論（或者反實在論）者時，他必定是針對某個特定主題來談的，針對該特定主題是否真實存在而提出他的立場。因此，有可能同一位哲學家針對某主題是實在論者，針對另外一個主題卻是反實在論者。

　　共性實在論和反實在論之間的爭議是什麼呢？初步來說，共性實在論是一種雙範疇存有論的立場，亦即主張這個世界存在的一切東西既包括個物這個範疇，也包括性質和關係這個範疇；而且，性質和關係都是共性。這正是前面（論點一）

---

❷　參 McGinn (2000: 3)。

❸　Armstrong (1978a; 1989).

和（論點二）的主張。對於共性採取反實在論的哲學家接受的則是單範疇存有論，主張這個世界存在的一切東西都是個物。唯名論主張並沒有所謂的性質和關係。這是由於唯名論與共性實在論一樣，都從「共性」的角度來理解性質和關係，由於唯名論反對共性的實在性，因而也就反對了性質和關係的實在性。唯名論同時否認了（論點一）和（論點二）。

　　關於共性的反實在論在西方哲學史的傳統裡，就是唯名論。不過，唯名論並不是唯一的否認共性真實性的立場。二十世紀另外發展了一派很特別的反實在論的學說。這一派的學者有時說性質是「抽象個殊物」，有時說性質是殊性[22]。在文獻裡，這一派因而稱為「殊性存有論」（在殊性存有論之下又還有一些不同的支派）。殊性存有論反對將性質與關係當做共性，但這立場並沒有因而反對性質與關係的實在性，反而主張性質與關係都是個殊的，亦即接受（論點一）但否認（論點二）。哲學傳統上不論是共性實在論者還是唯名論者，對於（論點一）和（論點二）是不區分的，直到二十世紀殊性存有論受到重視之後，才將（論點一）和（論點二）區別開來。本書第三章第七節會介紹殊性存有論。

　　從反對共性實在論的立場來看，前面提問的形上學議題 (E) 隱藏了共性實在論的偏見，因為已經使用了「相同」這語詞或概念來描述待解釋的現象[23]。反實在論的哲學家認為恰當的提問應該是：

　　(E*) 如何說明兩個相異的個物在某方面是相似的？

這個世界許多個物之間都具有相似性，或者顏色上相似、或者形狀上相似、或者尺寸上相似、或者材質上相似……。形上學要如何說明這些相似現象呢？將問題以 (E*) 的方式重新陳述之後，將不再偏袒某個哲學立場，因為不僅支持共性實在

---

[22] 這裡的「抽象個殊物」之使用「抽象」一詞是與「具體個殊物」相對來說的；具體個殊物就是我們一般說的石頭、樹木、狗、桌子、筆……。不過，Campbell (1990) 在討論殊性存有論時，將「抽象」理解為心智之僅僅關注某些現象、不關注其它現象的「抽離」的運作。

[23] 例如 Campbell (1981: 133) 就已經明白表示，應該以更中立的方式來提問問題，以避免對於共性實在論的偏頗。

論的哲學家依然可以試圖回答這個問題，反對共性實在論的哲學家也同樣可以試圖回答這個問題。

議題 (F)　如何對於通詞以及抽象單詞的意義提供形上學的基礎？

對於議題 (E*) 的形上學立場勢必得繼續回答議題 (F)。這兩個問題不僅與議題 (A) 密切關聯，同時也和語言哲學的研究有關。我們的自然語言（中文、英文、德文……）用到了一些語詞，與本書的討論有關的主要是單詞、通詞和抽象單詞。前面已經提到，單詞僅僅能用在單一一個個物。在初階邏輯裡，通詞是被視為述詞的，可用在至少一個個物，例如「x 是紅的」、「x 是圓的」、「x 在跑步」等述詞。抽象單詞是將通詞抽象化之後的名詞，例如「狗性」、「紅（色）」、「圓（形）」……。

對於議題 (F) 提出的語意問題要如何思考呢？我們日常有這樣的說法：

　　⑴老王那件外衣是紅色的。（此時「x 是紅色的」是通詞。）

　　⑵紅是一種顏色。（此時「紅」是抽象單詞。）

將⑵語句與下列語句對比來看，

　　⑶蘇軾是宋朝人。（此時「蘇軾」是單詞。）

由於「蘇軾」是⑶語句的主詞，談論到的是蘇軾這個人，類比來看，「紅」是⑵語句的主詞，似乎也談論到某個東西。若是如此，它談論到什麼東西呢？共性實在論會主張：「x 是紅的」以及「紅（色）」都是指稱到〈紅〉這個共性的。然而依據外延論的立場，述詞的意義是其外延。對於任何一位述詞來說，其意義是所有滿足該述詞的個物構成的集合；如果是 n 位述詞（談論到 n 個個物的述詞），其意義為所有滿足該述詞的「有序 n 項式」構成的集合。對於抽象單詞的意義也是一樣的說法。哪個立場比較恰當呢？或者還有其它的立場？本書接著兩章會對於這個爭議進行解說。

議題 (G)　如何說明「個物」？

　　前面的問題都與性質和關係有關。形上學還進一步探討議題 (G)。個物是什麼？前面提到，與「共性」概念相對的是「個殊」這個概念。「個物」就是以個殊方式存在的東西，通常就是指可以獨立存在的事物，也就是說，一旦那東西存在了，它的存在不再依附於其它的東西。例如，我手上這枝筆、地球、那隻正在汪汪叫的狗、老王買的那朵花……。這些個物一旦存在，它們的存在是不需要依附在其它東西的。相對地，一個性質的出現必定依附在某個個物之上；一個 n 元關係的出現必定依附在 n 個個物之上。例如，〈x 是紅的〉這個性質之出現有賴於某個個物；〈x 在 y 的右邊〉這個關係的出現必定涉及到兩個個物。每個個物都有一些性質，也會與其它個物具有某些關係；反方向來說，每個性質與關係的出現都需要個物的存在才行。

　　那麼，個物是什麼呢？這是 (G) 提問的問題。這個問題可以細分為兩個子問題。第一個子問題是：

　　(G1) 個物是完全由（一元）性質構成的嗎？

這是涉及到如何理解每個個物的結構的問題。有些哲學家主張：每個個物都是一束（一元）性質而已。這種理論稱為束論。有些哲學家則主張每個個物除了一束（一元）性質之外，還有所謂的基體。本書將這種理論稱為「基體論」。

　　第二個子問題是：

　　(G2) 如何區別兩個相異的個物？

我手上拿著的這兩支藍筆都是同一家廠牌生產的，有同樣的型號，其大小、重量、材質也十分相似。那麼，如何來說這裡有兩支筆，而不是一支筆？這個問題涉及到的是所謂的個別化原則。要回答這個問題自然還是需要一套關於「個物」的理論。

　　依據以上的敘述，我們可以將形上學的幾種立場分為兩大類：單範疇存有論以及雙範疇存有論；在單範疇存有論之下又包括個殊論以及共性論（請留意：「共

性論」與「共性實在論」是不同的)。

個殊論主張：只有個殊的東西才是真實存在的，這立場否認共性的存在。唯名論和殊性存有論都屬於這一種立場。相對地，共性論主張只有共性才是真實存在的，這立場否認個物另外構成一個存有論的範疇。因此，這立場對於個物採取的是共性束論。個殊論與共性論都是單範疇存有論。雙範疇存有論則同時接受個物以及共性的存在，作為兩種不同的存有論範疇。因此，這立場反對對於個物採取共性束論。

從以上的介紹還可以看出兩點：

（一）共性論和雙範疇存有論都是對於共性採取實在論的立場，唯名論和殊性存有論對於共性都是採取反實在論的立場。

（二）接受共性實在論的哲學家可以是單範疇存有論的，因而是共性論者；也可以是雙範疇存有論的，此時就不是共性論者。

議題 (H)　如何說明「類」？

這個世界存在的一切個物都可以分成不同的類。一般來說，我們會區分自然類以及人工類。自然類包括狗、牛、馬等動物，玫瑰、百合、薰衣草等植物，金、銀、鐵等化學元素，乃至於其它大自然的事物。這些都是原本就存在於大自然的，並不是人工製造的產品。至於人工類，則包括桌子、電腦、書、筆等人工製造的物品。

形上學對於「類」的探討，主要是在質問：

(H*) 自然類是真實存在的嗎？

這裡特別強調：主張自然類是真實存在時，表示它們的存在不涉及人類心智的運作。舉例來說，我們會用「狗」這個字或概念來談論那些汪汪叫的動物，尤其這個字或概念的使用不是僅僅在談論張三養的那隻叫做「小花」的土狗，不是僅僅在談論老王養的那隻叫做「小虎」的狼狗，而是任何一隻狗。似乎當我們用「狗」這個字或概念時，我們想談論的是「狗」這個類，而且這個類不但有別於任何一隻狗，也有別於「貓」這個類、「狼」這個類、「馬」這個類……。那麼，「狗」這

個類是什麼？某種抽象的個物嗎？如果將那些汪汪叫的動物和那些喵喵叫的動物歸成同一個類，有什麼不妥嗎？

對於自然類抱持實在論的哲學家主張：「狗」這個字或概念談到的是〈狗性〉——狗之所以為狗（而不是貓、馬……）的特性。對共性實在論的哲學家來說，〈狗性〉是一個共性，是所有的狗必然擁有的特性，而且必然只有狗才有，其它個物不會有。這種必然擁有的、獨一無二的特性稱為本質或者本性。對於自然類採取實在論立場的哲學家因而主張：將那些汪汪叫的動物和那些喵喵叫的動物歸成同一個類是不妥的，這是由於那些汪汪叫的動物擁有的本質是〈狗性〉，那些喵喵叫的動物擁有的本質是〈貓性〉，因此牠們是兩類動物，不是同一類動物。大自然就是存在有一些「類」，這些類各有其本質。我們努力建立的分類系統就是試圖在反映這個世界的結構。就自然類的議題來說，這實在論的立場稱為本質論。

相對來說，對於自然類採取反實在論的哲學家自然是否認所謂的本質了，他們也不認為有什麼類是自然的、不涉及人類心智運作的。這些哲學家主張：任何「類」的形成都不是自然的，而是來自於人為的因素，例如語言的使用、人類進行分類時考慮的旨趣等。大自然並不是已經存在有各種「類」來等待人類發現，對於個物的分類全然是人類特有旨趣下的產物而已，所有的類都是人類的概念架構（分類系統）「製造」出來的。我們人類構作的分類系統決定了這個世界有哪些類，我們人類並沒有發現任何類。

那麼，人類採行的分類系統究竟是在掌握大自然本來就有的結構呢？還是僅僅反映人類語言或概念的使用，或者人類某些特定的旨趣而已呢？關於自然類以及本質論的形上學問題會在本書第六章解說。

第五節　形上學議題簡述（二）

形上學不只討論關於共性與個物的問題而已，其它的問題還有很多。例如，「等同」、「存在」、「因致性」等，都是我們日常使用的很根本的語詞或概念。這些概念要如何理解呢？

議題 (I)　如何說明「等同」?

　　關於「等同」主要有兩條定律：自我等同律以及萊布尼茲等同律。與「等同」有關的推論都會用到這兩條定律。

　　自我等同律是很明顯的：任何東西都等同於自己。至於萊布尼茲等同律，這是有關「等同」的一條重要的形上學原則。這原則試圖回答：在什麼條件下，「等同」成立？依據這條定律，如果 a 等同於 b，則 a 和 b 擁有完全相同的特徵。舉例來說，既然蘇軾等同於（其實就是）蘇東坡，蘇軾和蘇東坡自然擁有完全相同的特徵，畢竟他們是同一個人；如果司馬遷等同於（其實就是）《史記》的作者，司馬遷和《史記》的作者自然擁有完全相同的特徵，畢竟他們是同一個人。因此，如果 a 和 b 在某些地方是有差異的，則 a 和 b 是不同的個物。不但如此，依據這定律，反過來說，如果 a 和 b 有完全相同的特徵，則 a 等同於 b。因此，如果 a 和 b 是不同的個物，它們至少在某些地方是有差異的。

　　然而，萊布尼茲等同律似乎無法說明「變化」對於「等同」造成的問題。這裡所謂的「變化」有兩個方向。（一）時間變化，亦即個物歷經時間而產生的變化，例如昨天的我跟今天的我是同一個人，但是有些微的差異（至少今天的我多了一天的經歷）。這稱為跨時間等同的問題。（二）模態變化，亦即個物實際沒有改變，但有可能產生改變。（所謂模態主要是指「必然」與「可能」。）例如我現在正在打字，但有可能我現在不是在打字，而是在跑步。實際的這個我跟可能的這個我兩者是有些微差異的，但我仍然是同一個我。這稱為跨世界等同的問題。除此之外，萊布尼茲等同律還面臨所謂雙球宇宙的質疑：有可能出現相異的兩顆球，但具有完全相同的一組性質這種情形嗎？這種種質疑使得我們不得不重新思考究竟要如何理解「等同」。這些議題將在本書第七章解說。

議題 (J)　如何說明「存在」?

　　西方中世紀的哲學家曾經提出了所謂的「完美論證」來支持「神存在」的主張。這論證大致如下：存在的東西比不存在完美。神是完美的。因此神存在。康德對於這個論證提出了質疑：這論證預設了「存在」是一個述詞（或者〈x 存在〉

是一個性質）。然而他認為我們沒有好理由來支持將「存在」當做述詞的立場，因此這個完美論證是不恰當的。

康德的主張影響了後世的哲學家和邏輯學家。在當代，述詞邏輯已經不再將「存在」視為一個述詞，反而是以殊稱量限詞「∃」以及命題函數來解析日常使用了「存在」這語詞造出的語句。然而這個進路面臨了一些困難：例如，當代述詞邏輯對於專名有所謂的「存在預設」，因而不可能徹底說明「存在」這個概念。這使得我們不得不重新思考：是否有可能將「存在」視為一個真正的述詞，或者將〈x 存在〉視為一個真正的性質？

這個關於「存在」的問題對於語言哲學也造成很大的困擾。所謂的「空詞」就是沒有指涉到任何個物的語詞，例如「孫悟空」、「福爾摩斯」、「聖誕老人」、「四不像」、「法國（現任）國王」、「臺灣（現任）皇帝」……，與個體有關的單詞，乃至於「貔貅」、「麒麟」、「獨角獸」、「人頭馬」……，與類有關的類詞。這些語詞都沒有談論到任何實際存在的個物。所以照道理來說，像「孫悟空不存在」、「貔貅不存在」這類語句都為真。然而問題來了。類似這樣的語句是說：主詞說的東西不存在。我們是要承認有一個東西存在、它是主詞談論到的、但這語句卻說那東西不存在？這說法明顯是矛盾的。或者，我們要承認主詞可以談論到一個實際不存在的東西？也就是說，我們要在存有論裡承認所謂的不存在物？所以，我們可以承認：「有」孫悟空，但他不存在？「有」貔貅，但是這種動物並不存在？若是如此，這個「有」顯然不是「存在」的意思，那麼，這個「有」的意思是什麼呢？我們要如何理解這種說法呢？一個語詞如何指涉或談論到不存在物呢？這些關於「存在」的議題將在本書第八章探討。

議題 (K)　如何說明「因致性」？

形上學還關心一個很重要的議題：如何理解這個世界的結構？這個問題有兩個不同的向度：

（一）這個世界的個物構成上下層級嗎？例如，從目前所知的最底層的夸克層，向上則有原子層、分子層、……、一般的個物層、個物構成的類（物理類、化學類、生物類等）……。抱持化約論的哲學家認為上層的個物最終都可化約（等

同）到最底層的個物，他們因此否認這種層級存有論 ❷ 。反對存有化約論的哲學家則認為這個世界的一切個物確實構成一個層級，上層的個物不可能化約到（等同於）下層的個物。目前對於這個問題的討論主要是在心與認知哲學以及科學哲學的領域，本書就不特別解說 ❷ 。

（二）關於「如何理解這個世界的結構」這個議題，還可以從「因致性」的向度來思考，也就是探討這個世界的因果結構的問題。這個問題自然是針對我們要如何理解「因果必然性」：

(K1) 如何理解因致性？
(K2) 如何理解這個世界的因果結構？

這兩個問題都是形上學（也是科學哲學）的重大課題。英國哲學家休姆就認為：這個世界並沒有所謂的因果必然性，所謂「x 因致 y」（x 因果上產生 y）只是 x 和 y 之間具有經常伴隨的關係而已。休姆的學說對於二十世紀英美哲學界有重大的影響，一般稱為「休姆式因果論」，本書以下稱之為「休姆學派」。這學派有兩個不同的發展方向：

第一個方向是從古典邏輯的角度來討論因果關係，最典型的代表是麥基提出的依那斯條件分析 ❷ 。這分析運用了充分條件以及必要條件兩個概念，並且仍然維持使用古典邏輯來進行分析。

第二個方向是訴諸如若條件句來分析因致性（因果關係）。借用英文文法，如若條件句就是以反事實語氣表達的條件句。例如，我們有時候會設想：「如果我中了彩券頭獎，我就要環遊世界。」這就是一個如若條件句，因為我（心裡認定）我並沒有中了彩券頭獎，但我在想，要是這件事成真，我會去環遊世界。

---

❷ 最有名的莫過於 Oppenheim & Putnam 在 1958 年的論文提出的存有化約論。

❷ 「化約」有兩個用法：存有化約以及理論化約；前者是針對東西的，包括個物以及性質，例如將水化約到（等同於）具有 H_2O 分子結構的事物；後者是針對理論的，或者借用「橋律」以進行演繹推論，或者使用「配對函數」以對於理論語句進行配對，「配對」是一一對應的意思。請參閱彭孟堯 (2011) 第四章第一節。

❷ Mackie (1974).

　　要如何為如若條件句提供真值條件是一大難題，在二十世紀後半期有兩套很有名的語意理論，分別由史多內克以及路易斯提出來的，本書第四章第三節會做一些說明。這兩套理論的提出正好也幫助我們來理解關於「因致性」的第二個方向。

　　休姆學派關於因致性的說法主宰了二十世紀英美哲學界數十年，直到 1970 年代才開始出現不同的想法，哲學界開始出現對於因果關係採取實在論的立場。到了 1980 年代出現了更新的發展，甚至出現了所謂機率因致性的主張。另外，與「因致性」相關的還包括所謂的同因同果原則、普遍因原則、物理因果封閉原則，乃至於這個世界是否為決定論的世界等問題。本書第九章會對於以上相關議題進行解說。

第六節　「模態」與「可能世界」

　　當代形上學的研究，邏輯是不可或缺的工具，而且即使是初階邏輯也已經不敷使用，哲學界已經發展出許多邏輯來探討有關的議題，尤其模態邏輯、多值邏輯、條件句邏輯、自由邏輯等邏輯理論的發展，對於哲學研究影響非常大。就本書的介紹來說，模態概念是非常重要的，所以先在這一節做一些解說，以協助理解本書後續對於各種議題的討論。儘管本書難免會使用一些邏輯符號，以更明確表達一些概念或主張，不熟悉的讀者可以略過，本書仍會試著以文字說明，並輔以例示。

　　在這裡所謂「模態」指的是必然與可能。所謂「模態脈絡」是指使用「必然」與「可能」這兩個語詞或概念造出來的語句或命題，例如，「蘇軾可能是明朝人」、「2 必然是質數」❷ 。邏輯學家用□表示「必然」、◇表示「可能」；而且，「□φ」可以定義為「¬◇¬φ」。（我們也可以反過來將「◇φ」定義為「¬□¬φ」，這端視我們以哪個邏輯運算子為不必再給定義的原初符號。）這是邏輯關於「模態」

---

❷ 在邏輯裡，「模態」的標準用法是指「必然」與「可能」，但後來擴及到與規範有關的（「義務的」與「允許的」）、與時態有關的（「永遠」與「有時」）、與認知有關的（「相信」與「知道」）……，都是模態。簡單說，□ 和◇只是邏輯運算子，在不同的邏輯系統裡，這兩個符號有不同的釋義。

的標準用法。

為什麼哲學家會關心模態呢？試想，雖然蘇軾事實上是大鬍子，但有可能他沒有大鬍子；雖然某個入圍的電影女主角沒有拿到金馬獎，但她有可能拿到金馬獎；雖然山上那棵神木被雷劈了，但有可能它並沒有被雷劈到；雖然南極在適當時候會出現極光，但有可能極光會出現在赤道❷。對於這些可能性，有一些我們願意接受，有一些我們不願意接受；但無論接受與否，我們都聽得懂這些說法。由於在這些說法裡用到了「可能」這個概念，所以哲學家想瞭解這概念（以及相應的「必然」概念）對於我們的語言、思維、推論的影響，乃至於對於我們之理解這個世界，起了什麼作用。

當代哲學界對於「模態」的理解源自克里普奇的可能世界語意學。「可能世界」又是什麼呢？關於「可能世界」的存有論地位，有各種說法：可能世界是語句的集合、可能世界是真實且具體的世界（但與實際世界沒有因果關聯）……❷。儘管哲學界對於什麼是「可能世界」有一番爭議，由於這已經不是本書的篇幅能夠涵蓋的，將不進入細節。本書這裡先借用克里普奇的說法，他是最先提出「可能世界」這概念來理解「模態」的哲學家❸。

我們生存的這個世界稱為「實際世界」，包括整個宇宙在內。對於這個實際世界進行的種種假想就構成了可能世界，例如假想二次世界大戰是德國打贏了、假想蘇軾沒有寫那篇有名的〈後赤壁賦〉、假想太陽系只有六顆行星、假想窗臺上那朵盛開的百合花是枯萎的、假想那隻被車撞瘸的狗並沒有被撞過……。我們的每個假想都是一個可能世界。另外，這個實際世界也視為一個可能世界。暫時擱置模態邏輯與哲學的專技討論，讀者可以將「可能世界」理解為被我們設想的世界。

可能世界與可能世界之間具備所謂的達取關係。「達取」和「可能世界」這兩

---

❷ 請留意：「可能」不是「機率」，雖然有時候我們說「x 是可能」時，我們是想表達「x 的發生有一些機率」。同樣地，英文的 "possible" 與 "probable" 是不同的，儘管有時候 "possible" 之使用是表達機率的。無論如何，在學術界裡「可能」與「機率」已經是專技的概念，兩者不同，不能混淆。

❷ Divers (2002).

❸ 哲學家其實還將這概念的源起追溯到十七世紀德國哲學家萊布尼茲。

個概念在「可能世界語意學」裡都是不再給定義的原初概念。如果某個可能世界 w_1 達取到某個可能世界 w_2（允許 $w_2 = w_1$），則對於 w_1 來說，w_2 是相干的。此外，達取關係是否具有自反性、對稱性、遞移性等邏輯特徵，將會造出不同的模態邏輯系統，進而影響我們對於模態命題（或語句）的理解。例如，在 S4 的模態命題邏輯系統裡，達取關係只具有自反性與遞移性，不具有對稱性；在 S5 的模態命題邏輯系統裡，達取關係是等值的，亦即具有自反性、對稱性以及遞移性。

命題式模態與個物式模態

藉由可能世界語意學，我們分別從命題（語句）的角度以及個物的角度來探討「模態」。「必然」與「可能」這兩個模態概念或者是用來談論命題的，或者是用來談論個體的；前者稱為命題式模態，後者稱為個物式模態。

「命題式模態」是指命題（或語句）之為真的方式。就命題來說，命題或者是必真的，或者是偶真的，或者是（僅僅）可能真的 ❸。當我們說一個命題是必真的，意思是說，這命題在任何達取到的（亦即相干的）可能世界裡都為真。當我們說一個命題是偶真的，意思是說，這命題在實際世界為真、但在某個達取到的（相干的）可能世界裡為假。當我們說一個命題是（僅僅）可能真的，意思是說，這命題在某個達取到的（相干的）可能世界裡為真。底下是一些例子。

例如，⟨1 + 2 = 3⟩ 為真，而且是必真；亦即，⟨必然地，1 + 2 = 3⟩ 這命題為真；亦即，⟨1 + 2 = 3⟩ 這命題在所有達取到的可能世界都為真。留意：⟨1 + 2 = 3⟩ 與 ⟨必然地，1 + 2 = 3⟩ 是不同的命題。又例如，

如果（現在）在這間教室的人數大於 50 人，則（現在）在這間教室的人數大於 40 人。

這命題顯然不但為真，而且是必真的，它在所有達取到的可能世界裡都為真。換句話說，

必然地，如果（現在）在這間教室的人數大於 50 人，則（現在）在這間

---

❸ 相對地，命題也有必假的和偶假的，這裡略過。

教室的人數大於 40 人。

這命題為真。再考慮下列命題，它是偶真的：

蘇軾是大鬍子。

這命題實際上為真，但一般同意，這命題有可能為假，亦即在某個可能世界裡為假。最後，下列命題是僅僅可能真的：

李白寫了〈後赤壁賦〉。

這命題實際上為假，但一般同意，這命題有可能為真，亦即在某個可能世界裡為真。

　　以上是從命題（語句）的角度來說的。從個物的角度要如何理解模態呢？這得從「性質」著手。「個物式模態」是指個物之具有某性質的方式。形上學家從模態的角度在概念上對於性質做了如下的區分：偶性、本質性質、本質。

　　偶性就是個物偶然具有的性質，亦即個物實際擁有、但可能不擁有的性質。一個性質是某個個物具有的偶性，意思是說，該個物在實際世界具有該性質、但在某個可能世界裡不具有該性質。本質性質其實是指個物必定擁有的性質。為避免用詞上不必要的困擾，本書自此處開始，改用「必然性質」這語詞來代替「本質性質」這語詞。個物具有的必然性質是在每個它存在的可能世界裡都具有該性質。但是這並不排除其它個物也具有該性質，甚至必然具有該性質 ❸。本質，或者本性，文獻裡稱為個物本質 ❸，滿足下列兩要件：⑴在所有該個物存在的可能

---

❸ 請讀者留意：在文獻裡，有時候哲學家使用「本質性質」意思是「本質」，而不是本書這裡說的「必然性質」。

❸ 「個物本質」的英文是 "haecceity"，源自拉丁文的 "haecceitas"，最早是中世紀哲學家 John Duns Scotus 創造出來的概念。值得留意的是，在他的哲學裡，"haecceitas" 有兩種意義：此 (thisness) 以及個物本質 (individual essence)。「此」係用以說明一個東西之所以是個殊的而不是共性的（之所以是一個個物），「個物本質」則是用以說明那個個物「是什麼」(what it is)。在近代哲學和當代英美哲學界主要採取後者的意義來使用這概念，本書也相同。另外，這概念的「此」義似乎與「基體」相近，但又有不同。讀者可參考 Park

世界裡，該個物獨有該性質，而且⑵在任何可能世界裡，任何具有該性質的東西都等同於該個物。一般對於「本質」的說法只談到要件⑴，但這說法不精確，所以本書增補了要件⑵。增補的第二項要件在於排除這種情形：在某個可能世界裡，該個物不存在，但另一個物存在且具有該性質。

　　舉例來說，〈x 的頭髮茂密〉是老王的偶性（儘管他實際上頭髮茂密，但他是個禿子乃是有可能的）；〈x 是人〉似乎是老王的必然性質，但當然不是他獨特擁有的；老王的 DNA（依據目前的科學來看）或許就是他的本質。又例如，任何正方形的邊數必定大於 3，而且並不是只有正方形才具有這個性質，五邊形、八邊形、千邊形……，都具有這性質，並且都是必然具有這個性質。所以〈x 的邊數大於 3〉是任何正方形的必然性質，但也是五邊形、八邊形……具有的必然性質。但是，〈x 有四個等長的邊〉卻必定是正方形獨有的性質，是它的本質。

　　茲將這三個概念的定義以邏輯表示如下：

偶性：

對任何個物 a 來說，P 是 a 的偶性

定義：$Pa \wedge \Diamond \neg Pa$。

必然性質：

對任何個物 a 來說，P 是 a 的必然性質

定義：$\Box((\exists x)(x = a) \supset Pa)$。

個物本質[34]：

對任何個物 a 來說，P 是 a 的本質

定義：$\Box(((\exists x)(x = a) \supset Pa) \wedge (y)(Py \supset y = a))$。

　　對於「命題式模態」與「個物式模態」兩者的差異，從剛剛的解說不難看出，「命題式模態」與命題的真假有關，「個物式模態」與個物如何具有一個性質有關。試考慮下列命題（假設）：

(1990)。

[34] Plantinga (1970). 本書略微簡化他的邏輯式子。

(A) 蘇軾必然是男的。

這命題在邏輯上蘊涵：

(B) 至少存在有個東西（人）是這樣的：它必然是男的。

(∃x)□Mx，其中「Mx」表示「x 是男的」。

但是 (A) 命題並沒有邏輯蘊涵下列命題：

(C) 必然地，至少存在有個東西（人）是這樣的：它是男的。

□(∃x)Mx

即使 (A) 命題為真，(C) 命題未必為真。這是由於這個世界未必會有任何男人存在，亦即這個世界之不存在任何男人乃是可能的；或者我們也可以這樣設想：有一些可能世界裡不存在男人。若是如此，(C) 命題為假。另一方面，(A) 命題是針對蘇軾來說的，陳述的是他具有〈x 是人〉這個性質、而且他必然擁有這性質；但是 (C) 命題不是針對蘇軾，而是針對這個世界，這命題涉及的是這世界是否必然會有男人存在的問題。

(B) 命題和 (C) 命題分別是個物式模態與命題式模態的例子。哲學界說：「個物式模態」與「命題式模態」乃是對於「模態」的兩種詮釋。至於哪種詮釋比較恰當，或者其中一個詮釋可以化約到另一個詮釋，必須在模態哲學裡做更進一步的探討，這裡就略過。

關於「必然」與「可能」的哲學學說，除了克里普奇之外，還有路易斯提出的副本論。囿於本書主旨，不再說明，請讀者自行參閱相關文獻[35]。

「可能」的面向

最後，我們必須區分「必然」與「可能」的幾個面向，依強度為：物理必然、形上必然、概念必然、邏輯必然；或者：邏輯可能、概念可能（又稱為可思的）、形上可能、物理可能。

---

[35] 王文方 (2008) 對於副本論有一些介紹可供參考。

令 x 表示任何個物、現象、情境、事件、狀態、或者任何我們考慮的東西。當我們說 x 是「物理可能的」，意思是說，我們之承認 x 的真實性並沒有違背物理定律。當我們說 x 是「形上可能的」，意思是說，我們之承認 x 的真實性並沒有違背所接受的形上學原則。當我們說 x 是「概念可能的」（亦即「可思的」），意思是說，我們之承認 x 的真實性不會產生概念上的矛盾。當我們說 x 是「邏輯可能的」，意思是說，我們之承認 x 的真實性並沒有違背邏輯定律（亦即沒有產生邏輯矛盾）。不但如此，凡是物理可能的都是形上可能的，凡是形上可能的都是概念可能的，凡是概念可能的都是邏輯可能的。

從另外一個方向來看，x 是物理必然的並不表示 x 是形上必然的，x 是形上必然的也不表示 x 是概念必然的，x 是概念必然的更不表示 x 是邏輯必然的。以下舉例說明。

物理必然的例子：在常溫常壓下將純水加熱到攝氏 100 度，則水達到沸點。其實這種例子太多了，依據當代科學已經找到的定律，我們可以找到很多這方面的例子。至於物理不可能的例子，例如比光速快的太空船（如果愛因斯坦相對論是對的）、會導電的塑膠製品、不靠任何工具就能飄浮在半空中的老王……。

形上必然的例子：設我們在形上學裡接受物理論，主張所有存在的一切東西都是物理的，則比光速快的太空船是形上可能的（雖然是物理不可能的），但神、鬼、靈魂等非物理的東西則是形上不可能的。究竟什麼是形上必然的、什麼是形上不可能的，取決於我們接受了哪些形上學原則。可是哲學家對於各個形上學原則往往都有爭議，就像剛剛提到的物理論，就不是所有形上學家都接受的。因此，同樣的說法對於某些形上學家來說是形上必然的，對於別的哲學家卻未必如此。

概念必然的例子：舅舅是男的、圓形的東西是有形狀的東西、鐘（錶）是計時的儀器……。如何理解「概念必然」呢？本書建議如下思考：「舅舅是男的」是概念必然的，是由於不可能有任何人具有〔舅舅〕概念，卻不具有〔男性〕概念；也就是說，沒有〔男性〕概念的人是不可能具有〔舅舅〕概念的。同樣地，沒有〔計時儀器〕概念的人是不可能具有〔鐘（錶）〕概念的。至於「概念可能」或者「可思的」是指我們人類的心智運作能夠設想到的，不會產生概念上矛盾的情形，例如用純金打造的臺北 101 大樓，雖然事實上幾乎不可能，但概念上是沒有矛盾

的；又例如粉紅色的大象雖然事實上不存在，但卻是概念上可能的。最後，概念不可能的例子，最有名的莫過於〔圓的方〕了。

　　邏輯必然的例子在初階邏輯裡很多，就不舉例了。「概念必然」與「邏輯必然」是不同的；簡單說，概念必真的命題既不是邏輯公設或邏輯定理，也無法僅僅從邏輯的語意理論證明其為真。這是由於概念必真的命題必定涉及某些有內容的概念，邏輯必真的命題則不涉及概念內容。例如，即使這個世界所有女性都沒有兄弟，〈舅舅是男的〉這命題仍然是概念必真的，但這命題並不是邏輯必真——除非增加「『舅舅』的意義就是『母親的男性手足』」這條定義。但是這條定義不是邏輯的，而是針對「舅舅」這個概念的。

　　「形上必然」與「概念必然」之間的關係呢？本書傾向於接受：形上學探討的是這個世界，並不是探討我們對於這個世界具有的概念架構。若是如此，「形上必然」與「概念必然」是不同的。例如，假設物理論是對的，則〈所有存在的東西都是物理的〉這命題是形上必然的，但不是概念必然的；概念上我們仍然可以思考不是物理的東西，像是神鬼等（亦即這些東西都是可思的）。另外，有些哲學家認為有一些情形是邏輯可能或形上可能的，但卻不是可思的，不是人類能夠設想得到的，所以「可思的」（「概念可能的」）與「可能的」（此指「邏輯可能的」或「形上可能的」）是不同的概念。究竟「可思的」與「可能的」是否有差異，本書略過這討論。最後，「形上必然」未必表示「邏輯必然」。假設物理論是對的，則〈所有存在的東西都是物理的〉這命題是形上必然的，但它並不是邏輯必然的，因為它既不是邏輯公設，也不是邏輯定理，也無法僅僅從邏輯的語意理論證明其為真。

第七節　其它的形上學議題

　　形上學研究的議題數量實在過於龐大，發展實在過於細緻，各種議題盤根錯節，交互影響，牽連廣泛。本書無法全部加以解說，只能挑選最根本的議題來進行探討，其它的議題只得略過。但即使如此，就連本書刻意進行探討的這些議題也早已有龐大的哲學文獻，這是為什麼本書只能以「形上學要義」命名，就連「形上學導論」都不敢自稱。

　　為了幫助讀者對於形上學的各種議題有比較周延的認識，以下整理了幾本重
要的形上學教科書解說的各種議題（空格中的數字表示各書的章次）：

	王文方	Lowe	Loux	van Inwagen	Aune
模態及可能世界	2	5, 7	5	6	
存在（含不存在物）	3				2
自由意志	4	11		12	9
「真」概念及其理論	5				7
「等同」概念	6	5			5
個體等同	6	2, 3, 4	8	11	
共性	7	19	1, 2		3
個物			3	2	3
抽象個物	8	20			4
實在論與反實在論	9		9	5	
命題			4		7
因果關係		9, 10, 18	6		6
時間		14, 17	7	4	6
空間		15			
運動與變化		16			5
本質論		6			
如若條件句	2	8			
行動		11, 12, 13			

從以上這張比較表可以看出來，形上學討論的議題非常廣泛。例如，關於「真」
以及「悖論」的哲學探討已經單獨發展成一門專技領域，有許多專門的論文和書
籍在討論這些問題。關於「如若條件句」的問題，哲學界這些年已經發展出「條
件句邏輯」這門專技領域，本書基於解說的需要，不得不以短短一節的篇幅做一
些介紹，難窺全貌。另外，哲學界對於「時間」的探討獨立發展出了時間哲學，
對於「行動」的探討也發展出了「行動哲學」。至於自由意志與決定論之間的爭
議，更是其來已久。這些討論都太過龐大了，不是導論性質的本書能夠容納，只
得捨棄，不予討論，請讀者自行參閱相關文獻了。

第二章　共性實在論

第一節　類型與個例

在日常生活中我們常常使用「相同」（或者「一樣」）這個概念。就像前一章提到的，小陳那件外衣和老王那件外衣的顏色是一樣的。其它像老王和老張身高一樣、這顆籃球和那顆籃球有相同的形狀……，都用到了「等同」這個概念。如何說明這類現象呢？這是上一章提到的議題 (E)：

　　　　議題 (E)　如何說明兩個相異的個物具有相同的特徵？

這問題表面看來真是無趣。有誰在乎那兩件外衣的顏色是不是一樣的呢？說那兩件外衣的顏色「一樣」，又有什麼好質疑的呢？

外衣的顏色當然只是一個例子而已，重點不在這裡。真正的關鍵問題在於：我們依據什麼原則來說明，兩個個物明明是相異的，卻可以具有「相同」的特徵？我們一般都認為同樣一個個物不可能同時出現在兩個相異的空間位置。因此為什麼我們還要接受「這兩件外衣有相同顏色」這樣的說法呢？這似乎有些不妥當。舉例來說，蘇軾跟蘇東坡是相同的人，因此並不會有所謂「兩個相異的個物」這種說法出現，更不可能蘇軾出現在甲地、蘇東坡卻在同一個時間出現在乙地。然而，如果小陳那件外衣和老王那件外衣有相同的顏色（都是紅色），這豈不是說，同樣那個顏色既出現在小陳那件外衣上，也同時出現在老王那件外衣上？西方哲學的傳統將這個問題稱為一之於多難題，也稱為共性難題：同一個東西如何可能出現在相異的地方和相異的個物之上？

然而有些哲學家認為議題 (E) 的提問方式是偏頗的，它的陳述使用了「相同」這語詞或概念。為什麼要用「相同」這個語詞或概念來陳述這個問題？有什麼好

理由嗎？這個問題的陳述方式預設「共性」是真實存在的東西。對於不接受共性的哲學家來說，這個問題的陳述方式無法接受。正如康貝爾說的 ❶：我們需要的是足以解釋相異事物之間如何具有相似性的一套存有論。為了避免偏頗某個哲學立場，當代形上學家改以賦性一致或者相似來重新提問這個形上學問題：

> 議題 (E*)　如何說明兩個相異的個物在某方面是相似的（在某賦性上是一致的）？

所謂「賦性」在這裡就是指個物具有的性質或特徵 ❷。藉由提問這個問題，我們將同時思考如何理解個物具有的性質和關係。

共性實在論就是主張「共性」是真實的，以回答議題 (E*)。從西方哲學史來看，承認共性是實在的主要理由是為了以下三件任務：

> 任務一：對於「賦性一致」現象或者「相似」現象提出解釋；
> 任務二：對於主詞—述詞語句的語意分析提供存有論的基礎；
> 任務三：對於自然類進行說明。

本書這裡特別稱之為「關於性質的三大存有論任務」。第一個任務就是剛剛說的議題 (E*) 質問的；第二個任務就是前一章提到的議題 (F)，亦即對於通詞以及抽象單詞採行的語意分析提供其存有論的基礎；第三個任務就是前一章提到的議題 (H)，亦即如何說明「自然類」的問題。不論是對於共性採取實在論立場還是反實在論立場，都必須對這三大任務進行探討。

對於議題 (E*) 這個形上學的提問讓我們不得不先說明兩件事：（一）類型與個例的區別；（二）「等同」概念在兩種情形下的用法。

類型與個例

「類型」與「個例」的區分最早應是十九世紀美國哲學家皮爾斯提出的。很

---

❶ Campbell (1981: 127).

❷ 近代哲學家如笛卡爾對於「賦性」這概念的用法又有不同。他區分「賦性」以及賦性呈現的「樣式」，後者相當於這裡所謂的「性質」。請參彭孟堯 (2011) 第二章第一節。

多人大概都有這樣的經驗：小時候由於寫錯了某個字，例如「雪」這個字，被老師罰寫十遍。我們知道你寫了十個「雪」字；我們也可以說，你只有寫「雪」這一個字，但同樣這一個字寫了十遍。前者是從「個例」的角度來說的，後者是從「類型」的角度來說的。每個個例都是實際存在於時空之中的。你寫的那十個「雪」字不僅寫的時間不同，出現的空間位置也不同，甚至寫出來的樣子都有些微的差異。這些都是個例。另一方面，這些個例都屬於某個類型，也就是「雪」這個字的類型。

提醒讀者一點：將「個例」理解為存在於某特定時空區段之中的東西，雖然原則上可行，仍有例外。在本章後面會提到：當我們使用「個例」這語詞或概念來描述某些情形時，這些個例並不是存在於時空之中的。儘管如此，本書使用「個例」一詞時，還是盡量維持將「個例」視為存在於某時空區段之中的東西。

現在我們面臨的問題是分類的依據：一群個例是依據什麼原則而屬於同一個類型的？表面看來，這根本不是個問題。或許，再思考另外一個例子。假設你在筆記本上分別用紅筆、藍筆和黑筆寫了三個「雪」字，又用藍筆寫了一個 "snow"。顯然，這裡有四個個例。那麼，它們都屬於同一個類型嗎？

這問題很難回答。從顏色來看，這四個個例屬於三個類型：紅、黑、藍；從形狀來看，這四個個例屬於兩個類型：「雪」以及 "snow"；從字義來看，這四個個例屬於同一個類型，都是指涉到雪那個北方寒冬從天上飄下來的東西。那麼，這四個個例究竟應該如何分類呢？對於正在學英文的學生來說，這四個個例的顏色和形狀是否相同，並不重要，它們的字義才是學生關心的。對於剛開始學中文的小朋友來說，那三個形狀相同的「雪」字卻是很重要的，因為小朋友必須學會這個字的寫法。對於油漆工來說，如果這是要寫在看板上的字，顏色就很重要了。那麼，這四個個例要如何分類才是恰當的？

從這裡衍生的一大議題是這樣的：對於這個世界的個物進行分類當然是人類心智運作的結果，然而我們的分類究竟是反映了這個世界的結構，發現了這個世界本來就有的自然類呢？或者我們的分類只是純粹依據我們的實務所需或研究者的旨趣而採行的作法而已？因此當我們人類的所需或旨趣改變時，對於個物的分類就會不同？這個問題就是第三件任務，等第六章再做詳細的討論，現在先暫時

擱下。

　　第二個問題是這樣的：設我們將這四個個例依據顏色分為三個類型，其中藍筆寫的「雪」與 "snow" 兩個個例屬於藍色的類型。通常我們會說：那是由於這兩者有「相同」顏色的緣故。然而，為什麼要用「相同」這樣的語詞或概念來陳述這個問題呢？就算這兩個藍色字的色度等各方面都是百分之百相似的，是否就表示它們是相同的顏色？會提出這樣的質疑是由於：原則上我們還是認為「相似」，即使是百分之百的相似，與「相同」仍然是不同的概念。

　　或許，我們的疑問是不恰當的？儘管同一「個」顏色不會出現在兩個不同的個物上，同一「種」顏色是可以的。從個例的角度來說，小陳那件外衣的顏色和老王那件外衣的顏色固然是不同的，但是從類型的角度來說，這兩件外衣的顏色是相同的。這樣的說法合理嗎？讓我們看一看「等同」的兩種意思。

類型套式

　　哲學家一般區別「等同」的兩種用法：嚴格等同以及部分等同。「嚴格等同」的意思是說，表面上數量不只一個，但實際在數量上恰恰只有一個。例如，「蘇軾」和「蘇東坡」兩個語詞表面上是談論兩個人，實際上是談論到一個人而已。「嚴格等同」因而又稱為數一等同。

　　那麼，當我們說小陳那件外衣的顏色和老王那件外衣的顏色是相同的，我們也是在使用這個「嚴格等同」的概念嗎？支持共性實在論的哲學家主張：這兩件外衣是「部分等同」的。這裡「部分」一詞的用法有點特殊，不是日常的意思。所謂那兩件外衣是「部分等同」的，意思是說，它們至少有相同的一個共性，亦即〈紅〉這個共性。使用共性實在論的語言來說，這兩件外衣都個例化了或者承繼了或者例現了〈紅〉這個共性，數量上是一個共性，所以這裡說的其實還是「數一等同」，還是使用了「嚴格等同」的概念。

　　前面已經說過，使用「部分等同」這個說法來描述這兩件外衣的顏色，對於反實在論是不公平的，反實在論的哲學家不願意接受議題 (E) 的提問方式。幸好，共性實在論者與反實在論者都可以接受議題 (E*) 的提問方式。現在我們也可以從「類型」的角度來思考這裡提問的形上學問題：直覺上這個世界的一切個物都可

以劃分為各種不同的類型。那麼，這分類的依據是什麼呢？對於這問題給的不同答案就構成不同的理論。為了盡量避免解說上的偏頗，本書參考當代最重要的形上學家阿姆斯壯的提議，改從類型的角度來提問問題。底下將這問題以套式的方式呈現：

類型套式

一群個物構成一個類型，若且唯若 ❸ ，＿＿＿＿＿＿＿＿＿＿。

共性實在論以「共性」來回答這個問題，在右方空格處填入的是：這群個物都例現某個共性。這是這個立場對於前述存有論的第一件任務提出的回應，同時也是對於第三件任務的回答。反實在論的幾個支派則以其它方式來回答這個問題，等第三章再來解說。以下我們繼續說明與「共性」有關的一些議題。

第二節　可多重例現原則

正如第一章第四節提到的，共性實在論主張下列兩點：

（論點一）每個個物都具有性質，個物與個物之間具有某些關係；而且
（論點二）性質和關係都是共性，亦即它們是相異的個物可以共同擁有的。

依據傳統形上學的說法，共性是可再現的、可重複的、可多重個例化的、可多重例現的。澳洲哲學家阿姆斯壯是當代最傑出的形上學家，他提出了下列說明：任何東西 P 之所以是一個共性的必要條件是：邏輯上有多少個物是 P 是沒有限制的 ❹。簡單說，所謂一個特徵或性質 P 是共性的，就是說：有可能不只一個個物是 P，原則上有可能有兩個以上的個物都是 P（強調「有可能」），即使事實上只有一個個物是 P 也沒關係。本書將這主張列為一條原則 ❺：

---

❸　「若且唯若」是對於英文 "if and only if" 的翻譯，在邏輯裡表達的是等值或者雙條件的關係。中文界很不幸常將這英文語詞翻譯為「當且僅當」，但這是嚴重的錯誤，因為「當且僅當」是英文的 "when and only when"，但這個語詞並不是「等值」或「雙條件」的意思。

❹　參 Armstrong (1978b: 37)。

❺　請留意：「可多重例現」在這裡僅僅是列為必要條件而已，這是由於考慮到亞里斯多德學

可多重例現原則

如果一個東西是共性的，則它是可多重例現的（或者可多重個例化的）。

例如〈紅〉這性質之所以是共性的，是由於有可能不只一個個物是紅色的，而且事實上紅色的個物確實不只一個！〈圓〉這性質也是共性，因為有可能（而且事實上）不只一個個物是圓的。〈在右邊〉這空間關係也是共性，因為有可能這空間關係不只出現在老王和小陳之間，也出現在老張和小林之間。

前面說過，與「共性的」相對立的概念是「個殊的」。將「共性」當做名詞來使用時，指的是某種東西；將它當成形容詞時，所謂「x 是共性的」意指 x 至少滿足可多重例現原則。相對地，將「個殊」當做名詞來使用時，是指存在於時間空間中的個物以及殊性 ❻；將「個殊」當成形容詞來使用時，「x 是個殊的」，意思是說，x 不滿足可多重例現原則。

柏拉圖式共性與亞里斯多德式共性

在西方哲學史上，對於「共性」有兩大學派：柏拉圖式的共性學說以及亞里斯多德式的共性學說。

柏拉圖式的共性是獨立自存的，必然存在的，而且其存在是超越於個物之外的，並不與個物有關，稱為超外的。這一派主張：共性是以抽象的方式存在的，共性既不是物理的，也不是心理的，共性也不存在於時空之中。哲學傳統上往往形容說：共性存在於「柏拉圖的世界」；共性是一種柏拉圖式的存在物。所以〈紅〉這共性存在於柏拉圖的世界裡，老王那件紅外衣則是「參與」或個例化了〈紅〉這共性；或者說，〈紅〉這共性被老王那件紅外衣所例現或承繼。小陳那件紅外衣也是一樣。這兩件外衣的顏色是〈紅〉這共性的兩個個例。

相對地，亞里斯多德式的共性是內存的，亦即存在於個物之中，每個共性都具有多重時空位置。所以，〈紅〉這共性就存在於老王那件紅外衣、小陳那件紅外衣……，而不是存在於所謂的柏拉圖世界。

派對於「共性」還有其它要求，詳下。

❻ 這裡暫時不考慮心理個物以及數學和其它領域裡的抽象個物。

　　另外還有一個方式似乎可以進一步區別這兩派關於共性的說法。柏拉圖學派允許有些共性雖然存在，但是實際上沒有任何個例，而僅僅是可能有個例而已。這一派也主張，即使有些共性已經有實際的個例，但原則上是可以沒有任何個例的。相對地，亞里斯多德學派反對這種觀點，主張所有共性都是存在於個物之中的，每個共性至少有一個實際的個例，因此不會有共性是沒有任何實際個例的。阿姆斯壯就接受這想法。他甚至進一步主張：究竟存在有哪些共性是由我們的科學來決定的 ❼。他的哲學融合了共性實在論以及當代的物理論。關於是否允許共性沒有任何實際個例這點，在第五節再繼續做比較詳細的討論。

　　另外有一點必須補充說明。「柏拉圖式的共性」與柏拉圖自己所謂的「理型」是不同的，有基本的差異。當代討論共性問題時，往往對於「柏拉圖式的共性」與柏拉圖自己所謂的「理型」兩者不加區別，這是相當可惜的。柏拉圖哲學裡的「理型」是非物理、非心理的東西，不具時空性、超外的；柏拉圖也允許理型在現實世界裡沒有任何實際的個例。然而，柏拉圖所謂的理型還具有自我謂述的特徵，意思是說，如果 F 是一個理型，則這理型具有自己所說的特徵。柏拉圖舉的例子是：〈善〉這理型是善的。柏拉圖式的共性則不具備〈自我謂述〉的特徵。

　　關於理型之具有〈自我謂述〉這特徵，很不幸地，柏拉圖在《帕曼尼迪斯》這篇對話錄裡另外舉了〈大〉這個理型。這卻出現了兩大困難 ❽：

　　（一）設 a 和 b 都是大的東西，則 a 和 b 都例現了〈大〉這個理型，例如北極熊和印度象都是大的東西。基於〈自我謂述〉這個特徵，〈大〉這個理型是大的。但是，所謂「一個東西是大的」，意思是說，那個東西的體積超乎一般常看到的事物，或者說那東西佔有相當龐大的空間。因此，〈大〉這個理型基於〈自我謂述〉這個特徵也是大的、也佔有相當龐大的空間。然而，柏拉圖的理型怎可能佔有空間呢？怎可能具有體積呢？同理，假設〈紅〉也是理型，則基於〈自我謂述〉這個特徵，這理型本身是紅的。但柏拉圖的理型怎可能是有顏色的？如果柏拉圖的理型可以具有體積或者具有顏色，理型不會是以抽象（非物理、非心理）的方式存在於所謂的柏拉圖世界！這完全違背柏拉圖關於「理型」的學說。

❼ Armstrong (1989: 87).

❽ 本書將柏拉圖的 Parmenides 這篇對話錄譯為《帕曼尼迪斯》。

　　（二）第二個困難是哲學史上聞名的第三人難題。這難題最早源自柏拉圖在《帕曼尼迪斯》這篇對話錄裡的討論，後來被亞里斯多德進一步發揮❾。亞里斯多德是以〈人〉這個理型作為例子。由於司馬遷、孔明、蘇軾都是人，所以他們都例現了〈人〉這個理型。由於理型具有〈自我謂述〉的特徵，所以〈人〉這個理型也是人（這已經很荒謬了）。另一方面，由於司馬遷、孔明、蘇軾、〈人〉等都是人，所以他們都例現了某個理型。那麼，這個理型是什麼呢？暫時稱之為 F_1。由於司馬遷、孔明、蘇軾、〈人〉等都例現了 F_1，而且由於 F_1 具有「自我謂述」的特徵，F_1 本身也是 F_1，所以司馬遷、孔明、蘇軾、〈人〉、F_1 等都屬於同一個類型，這表示它們又都例現了另外一個理型，暫時稱之為 F_2；依此類推，似乎我們落入一個無限後推。為了說明司馬遷、孔明、蘇軾同屬於某個類型，我們得承認某個理型，然而由於這個理型與司馬遷、孔明、蘇軾等同屬於某個類型，為了說明這點，我們得再承認另外一個理型……。這無限後推使得我們不可能對於什麼是一個類型提供完整的理論說明。這是所謂的「第三人難題」。

　　柏拉圖（或者支持他的學說的哲學家）要回應以上兩大困難，目前來看，有兩個作法：第一個作法是對於「理型」做出一些限制，藉以否認將〈大〉、〈紅〉、〈人〉……視為理型。第二個作法是否認理型具有〈自我謂述〉的特徵，因而可以承認〈大〉、〈紅〉、〈人〉……都是理型，而且不會落入「第三人難題」的窘境。

　　姑且不論柏拉圖哲學如何回應以上兩個難題，以上的討論顯示：柏拉圖的「理型」與「柏拉圖式的共性」原則上是不同的：柏拉圖式的共性並未要求具備〈自我謂述〉這個特徵。當然，由於沿襲柏拉圖的基本想法，哲學界仍然有許多哲學家主張共性是超外的，而且是非物理、非心理的東西。所以哲學文獻上仍然採用「柏拉圖式的共性」這個名稱，本書也依然援用這種說法。

第三節　共性與語意分析

　　哲學的一個重要工作是對於語言的意義提出一套理論❿，這工作屬於語言哲學的研究領域。至於前面提到的，關於性質的三大存有論任務的第二件任務則不

---

❾　Aristotle, *Metaphysics* 84.23–85.3.

❿　參王文方 (2011)，這是當前中文界最好的一本解說語言哲學的書籍。

同。語言哲學探討的問題，例如，專名與其指涉到的個物之間的關係是什麼？佛列格、羅素、克里普奇給了不同的答案。這些都是語意學的探討。儘管如此，關於性質的第二件存有論任務和這些語意學的探討思考的是不同的議題，一方面這些語意學預設個體的存在；另一方面，由於我們的語言有通詞以及抽象單詞，並且可以使用抽象單詞作為主詞，進而造出新的具有真值的語句；通詞以及抽象單詞的使用表面來看，又預設了性質的存在。這使得形上學的討論跟語意理論以及「真」理論產生了非常密切的關聯。形上學的第二件存有論任務就在於為各種語詞之語意值以及各種命題（語句）之為真提供一套存有論的基礎。

試考慮以下幾個語句：

⑴林良是兒童文學作家。
⑵勇敢是一種德行。
⑶紅是顏色。
⑷紅比起藍更像橘色。

共性實在論對於⑴語句的說明是：存在有林良這個人以及〈x 是兒童文學作家〉這個共性，「林良」這名字指涉林良這個人，「x 是兒童文學作家」這述詞則指稱〈x 是兒童文學作家〉這個共性，而且林良例化了〈x 是兒童文學作家〉這個共性（亦即林良是〈x 是兒童文學作家〉的一個實際的個例）。這樣的分析比起語言哲學的分析多出來的就是承認了某些東西（例如共性）的存在。不接受這些東西存在（例如否認共性）的哲學家就得另外給一套說明。我們在這一章和下一章再多看一些例子就更清楚了。

共性實在論對於⑵語句的說明是：「勇敢」這個抽象單詞指稱了〈勇敢〉這個共性，「德行」這個抽象單詞指稱了〈德行〉這個共性，而且〈勇敢〉這個共性是〈德行〉這個共性的一個個例（其它像是〈智慧〉、〈節制〉、〈正義〉……，也都是〈德行〉這個共性的個例）。留意：這裡的「個例」不再是指存在於某時空區段的東西。

共性實在論對於⑶語句的說明是：「紅」這個抽象單詞指稱了〈紅〉這個共性，「顏色」這個抽象單詞指稱了〈顏色〉這個共性，而且〈紅〉這個共性是〈顏色〉這個共性的一個個例。

　　共性實在論對於(4)語句的說明是：「紅」這個抽象單詞指稱了〈紅〉這個共性，「藍」這個抽象單詞指稱了〈藍〉這個共性，「橘」這個抽象單詞指稱了〈橘〉這個共性，而且〈紅〉這個共性比起〈藍〉這個共性更相似於〈橘〉這個共性。

　　以上的說法顯然面臨一些問題需要進一步的思索。底下兩大問題都不是容易回答的，仍然有待哲學家進一步的理論發展：

　　（一）共性之間如何比較相似性？不論是柏拉圖式的共性實在論還是亞里斯多德式的共性實在論，要依據什麼原則來對共性進行比較呢？例如，〈方〉為何比〈圓〉更相似於〈五邊形〉？〈紅〉為何比起〈藍〉更相似於〈橘〉？這問題的理論嚴重性更在於：承認共性之存在原本就是為了解釋相似性的，那麼對於共性之間的相似性豈不是要訴諸更高階的共性？抱持共性實在論的哲學家需要承認什麼共性，才能夠解釋〈方〉為何比〈圓〉更相似於〈五邊形〉？有這種更高階的共性嗎？

　　共性實在論對於(2)語句和(3)語句的說明似乎承認有所謂的「二階共性」。〈勇敢〉、〈智慧〉、〈節制〉……，都是一階的共性，〈德行〉則是二階的共性；〈紅〉、〈藍〉、〈橘〉……，都是一階的共性，〈顏色〉則是二階的共性。阿姆斯壯曾經主張〈因致性〉也是二階的、介於兩個一階共性之間的關係 **⓫**，他的形上學是承認二階共性的。所謂一個（一元的）共性是一階的，意思是說，該共性的個例是個物；所謂一個（一元的）共性是二階的，意思是說，該（一元）共性的個例是一階共性。

　　然而，這些說法都啟人疑竇。首先，共性實在論有必要承認二階共性，乃至於更高階的共性嗎？其次，〈勇敢〉與〈德行〉之間真地是一階共性與二階共性的關係嗎？〈紅〉與〈顏色〉之間真地是一階共性與二階共性的關係嗎？第三，即使承認這些二階共性仍然不足以說明〈方〉這共性為何比〈圓〉更相似於〈五邊形〉、〈紅〉為何比起〈藍〉更相似於〈橘〉。

　　（二）這裡其實涉及到了兩個區別：(1)屬一種的區別，以及(2)受決定的一可決定的區別 **⓬**。例如，〈顏色〉是可決定的性質，〈紅〉、〈藍〉、〈綠〉……是受決定的性質；〈形狀〉是可決定的性質，〈圓〉、〈方〉、〈菱〉……是受決定的性質。

　　「受決定的－可決定的」這組對比其實是一種「種－屬」關係。受決定的性

⓫ Armstrong (1978b).

⓬ Johnson (1921) 最早提出這個「受決定的－可決定的」之間的區別。

質是「種」，可決定的性質則是「屬」；「種」隸屬於「屬」。此外，「受決定的—可決定的」這關係還有一些重要的特徵。

⑴首先，在同一個可決定的性質之下的所有受決定的性質彼此之間是互斥的。以〈x 是有顏色的〉這可決定性質來說，例如任何一顆籃球（整個表面）或者是紅的、或者是橘的、或者是藍的……；但這顆籃球（整個表面）不可能同時又是紅的又是橘的，或者又是橘的又是藍的，或者又是紅的又是藍的；它只能是紅的、或者只能是橘的、或者只能是藍的……。

⑵「受決定的」以及「可決定的」都是相對的概念。以〈紅〉為例，相對於〈x 是有顏色的〉來說，〈紅〉是受決定的，〈x 是有顏色的〉是可決定的；但相對於〈赭〉來說，〈紅〉是可決定的，〈赭〉是受決定的。

⑶「受決定的」是遞移的、反對稱的、反自反的。第一，沒有任何性質自己是自己的受決定的性質。第二，如果 P 相對於 R 是受決定的，則 R 相對於 P 不是受決定的。第三，如果 P 相對於 R 是受決定的，R 相對於 Q 是受決定的，則 P 相對於 Q 是受決定的。（「可決定的」亦同。）

⑷所謂一個個物具有某個可決定的性質，表示該個物必定具有屬於該可決定性質底下的某個受決定的性質。例如，任何一顆籃球是有形狀的，則那顆籃球必定具有某個特定的形狀（球形）。

⑸反過來說，任何個物之具備某個受決定的性質，概念上蘊涵該個物具備某個可決定的性質。

對照來看，由於〈勇敢〉與〈德行〉並不具備這種「受決定的—可決定的」之間的關係，因此⑵語句和⑶語句之間是有差異的。一方面，具備〈勇敢〉的人未必是具備〈德行〉的人；二方面，具備〈德行〉的人似乎不是僅僅具備〈勇敢〉、或者僅僅具備〈智慧〉、或者僅僅具備〈節制〉而已。具備〈德行〉的人似乎必須是同時具備很多具體道德特徵的；三方面，同一個人可以同時具備〈勇敢〉、〈智慧〉、〈誠實〉……性質。從這三點來看，〈勇敢〉和〈德行〉之間不是「受決定的—可決定的」之間的關係。〈勇敢〉和〈德行〉之間的關係因而與〈紅〉和〈顏色〉之間的關係是不同的。

關於前面提到的第⑸點，本書將之擴大，建立所謂的例現封閉原則：

例現封閉原則

如果個體 α 例現共性 ϕ，且例現 ϕ 蘊涵例現 ψ，則 α 例現 ψ。

這裡的「蘊涵」可以是「邏輯蘊涵」、「概念蘊涵」、「形上蘊涵」、「物理蘊涵」。試考慮以下三個例子：

(1)如果某個物是金屬製的，由於〈x 是金屬製的〉蘊涵〈x 是會導電的〉，所以該個物是會導電的。

(2)如果老王例現了〈x 是舅舅〉，由於〈x 是舅舅〉蘊涵〈x 是男的〉，所以老王是男的。

(3)如果小陳例現了〈x 是已婚的〉，由於〈x 是已婚的〉蘊涵〈x 是已婚的或 y 是 F〉（y 表示任何個物，也可以是 x 自己，F 表示任何性質），所以小陳例現了〈x 是已婚的或 y 是 F〉。

在這三個例子裡的「蘊涵」並不相同。在(1)這個例子裡的「蘊涵」是「物理蘊涵」的意思，在(2)這個例子裡的「蘊涵」是「概念蘊涵」的意思，在(3)這個例子裡的「蘊涵」是「邏輯蘊涵」的意思。所謂「ϕ 物理蘊涵 ψ」是基於物理定律而出現的，表示「如果 ϕ，則 ψ」是物理必真的。所謂「ϕ 邏輯蘊涵 ψ」，意思是說，「如果 ϕ，則 ψ」是邏輯必真的。所謂「ϕ 概念蘊涵 ψ」，意思是說，「如果 ϕ，則 ψ」是概念真（分析真），或者我們也可以說：擁有 ϕ 概念的人必定擁有 ψ 概念[13]。

> **想一想：**
>
> 是紅的個物都是有顏色的個物；是紅的個物都是有形狀的個物。這些屬於哪種蘊涵關係呢？

第四節　關係與關係性質

前一章已經提到，性質有一元的、二元的、三元的⋯⋯。在邏輯和哲學界，

---

[13] 彭孟堯 (1999)。

一般慣例將一元性質稱為「性質」，二元及其以上的性質則稱為「關係」。

每個關係都有關係項，也就是被該關係關聯到的那些個物。阿姆斯壯對於「關係」提出了下列原則 [14]：如果某個共性的個例是 n 元的，則它的所有個例都是 n 元的。不過，這條原則畢竟是從共性實在論的角度來陳述的，反實在論的哲學家不會接受，因此本書仿其精神，重新陳述，稱為齊一原則 [15]：

齊一原則

對於任何一個性質類型來說，如果它有某個個例是 n 元的，則這類型的所有其它個例（齊一地）都是 n 元的。

例如，對〈大於〉這個類型來說，如果〈3 大於 2〉是它的個例而且是二元的，則依據這原則，它的所有其它個例都是二元的，這個類型就不會有三元、四元……個例。

布曲法洛夫曾經指出，任何東西如果是一個關係，必須滿足至少三個要件 [16]。首先，這東西必須能夠增加關係項的特徵；也就是說，如果構成關係項的個物彼此沒有那關係，就不會有那特徵。其次，關係項必須是明確不同的個物。至於第三要件，因為相當重要，本書特別稱之為位元原則，並陳述如下：

位元原則

每個關係必定具有確定數量的關係項。

也就是說，如果某個東西是一個關係，則它必定是介於 n 個個物之間的，而且 n 必定是某個確定的值，而不是可變動的。例如，如果〈在右邊〉是一個關係，而且是介於兩個個物之間的關係，則它必定是二元的關係，它不可能又能夠是三元、四元……的關係。位元原則對於齊一原則提供了形上學的支持。如果沒有位元原則，我們沒有道理認為同一個關係不能同時有二元的個例、三元的個例……。

這條位元原則應該是相當符合直覺的。我們應該不會認為，有哪個關係既可

---

[14] Armstrong (1978b: 94).

[15] 彭孟堯 (2012)。

[16] Butchvarov (1966: 109–110).

以介於兩個個物之間，又可以介於三個個物之間。假設有某個關係表面上既可以介於兩個個物之間，又可以介於三個個物之間，這應該可以在經過分析之後，確定它是二元的還是三元的。舉例來說，甲愛上了乙，乙愛上了甲和丙；在前者「愛」這語詞是二位述詞，在後者「愛」這語詞是三位述詞。表面來看，似乎前者將〈愛〉表達為二元的關係，後者將〈愛〉表達為三元的關係，這明顯違背了位元原則。儘管如此，稍加分析之後，我們可以發現「愛」這語詞表達的是〈x 愛 y〉這個二元的關係，不是三元的關係。當我們說「乙愛上了甲和丙」時，儘管「愛」表面來看是三位述詞，它並沒有表達一個三元關係。經過分析之後，我們可以說：所謂「乙愛上了甲和丙」，意思是說，「乙愛上了甲而且乙愛上了丙」。這語句表達了〈x 愛 y〉這個二元關係的兩個個例：〈乙愛甲〉以及〈乙愛丙〉這兩件事（命題）。

對於關係我們還得注意另外一件特徵：關係的成立與否涉及到關係項的次序。我們還是用例子來說明。假設事實上老王（站）在小陳右邊。這裡出現的現象可分析為：(1)存在有老王這個人以及小陳這個人，(2)這兩個人處於〈x 在 y 右邊〉這個關係，(3)老王在 x 的位置，小陳在 y 的位置。因此，「老王（站）在小陳右邊」這語句為真，但「小陳（站）在老王右邊」這語句為假。

哲學家和邏輯學家為了凸顯關係項出現的次序，引進所謂的「有序多項式」來表示。對於任何一個 n 位關係述詞「$R(x_1, x_2, \cdots, x_n)$」，從外延的角度來看，這述詞表達的是所有滿足該述詞的有序 n 項式構成的集合。

什麼是有序多項式呢？先想想集合：對於任何一個集合來說，其元素出現的次序並不會影響該集合。例如，{a, b} 和 {b, a} 是相同的集合。但是，對於有序多項式來說，其元素出現的次序是會造成影響的。哲學家和邏輯學家以角號來表示有序多項式。例如，〈a, b〉和〈b, a〉儘管有相同的元素，它們是不同的有序二項式。

設 R 是二位關係述詞，例如「x 尊敬 y」。從當代邏輯來說，R 這個二位述詞的意義理解為：所有滿足 R 的有序二項式構成的集合。假設事實上僅僅 a 尊敬 b、a 尊敬 c、c 尊敬 d、c 也尊敬 b。所以，〈a, b〉、〈a, c〉、〈c, d〉、〈c, b〉這四個有序二項式屬於對應到 R 的集合，但是〈b, a〉或〈b, c〉等有序二項式就不屬於對應到 R 的集合。

內部關係與外部關係

對於「關係」還必須注意一個區別：內部關係與外部關係 **❼**。如何理解這個區別呢？以任何二元關係 R 為例，所謂 R 是個內部關係，是說 R 內部關聯了兩個個物。這當然沒有真正說明什麼。阿姆斯壯對於「內部關係」給的定義就清楚多了 **❽**。以任何二元關係 R 為例：

內部關係（阿姆斯壯的版本）

任何兩個個物是被 R 內部關聯的（R 是個內部關係），若且唯若，僅僅依據這兩個個物的（一元）性質必促 R 的成立。

請留意：這裡的必促不是因果概念，而純粹是形上學的概念。這條原則的意思其實是說：如果 R 是個二元的內部關係，則只要那兩個個物存在，那兩個個物必定是被 R 關聯到的。現在讓我們將這說法擴大到任何位元的內部關係 R：

內部關係

R 是一個介於 a_1 到 a_n 之間的 n 元的內部關係，若且唯若，〈a_1 到 a_n 是被 R 關聯的〉與〈a_1 到 a_n 存在〉這兩命題是相同的。

任何不是內部關係的都是外部關係。按照這條原則，顯然當我們說某群個物被某個關係內部關聯時，這與我們之僅僅承認這群個物的存在是沒有差異的，我們並沒有多承認了什麼額外的事實。阿姆斯壯將這稱為「內部關係之化約原則」。按照這說法，〈x 愛 y〉顯然是一個外部關係，因為儘管 x 和 y 存在，他們之間出現〈愛〉這關係乃是額外的一件事實。那麼，有哪些關係是內部的呢？這問題目前很難回答，等後面幾章遇到時，再來說明。

本書同意以上對於「內部關係」的基本想法。不過康貝爾認為這個關於「內部關係」與「外部關係」的區別仍然有些粗糙，他因而做了些修改 **❾**。本書參考

---

❼ 請留意：「內部的／外部的」、「內在的／外在的」、「內存的／超外的」這三組對照的中文和英文表達都很相似，但卻有明確不同的哲學意義。請參考上一章和這一章相關的介紹。

❽ Armstrong (1978b: 85; 1989: 43).

他的想法，並重新將所有的關係分類。我們先定義兩個概念。有些關係的成立是基於關係項的，有些關係的成立則是關係項本質的，有些關係的成立則這兩者都不是[20]：

「基於關係項」的關係

一個關係是基於關係項的，若且唯若，這關係之成立乃是基於其關係項具有的（一元）性質。

「關係項本質」的關係

一個關係是關係項本質的，若且唯若，只要關係項出現，則必然這關係成立。

依據這兩個概念的定義，所有的關係可以分為三類：內部關係、不純的外部關係、以及純外部關係。

首先，一個關係是純外部的，若且唯若，這關係既不是基於關係項的，也不是關係項本質的。例如，⟨x 在 y 的右邊⟩就是一個純外部關係。設老王（站）在小陳右邊。這關係之成立並不是因為老王和小陳具備的任何（一元）性質或特徵使然（例如他們的身高、體重、外貌……），所以這關係之成立不是基於關係項的；其次，雖然我們承認老王和小陳是存在的，未必剛好老王就（站）在小陳右邊，所以這關係之成立不是關係項本質的。因此，⟨x 在 y 右邊⟩是一個純外部關係。

其次，一個關係是不純的外部的，若且唯若，這關係是基於關係項的，但不是關係項本質的。試考慮 ⟨x 比 y 高⟩這個關係。設劉備比曹操高。這關係之成立顯然必定涉及到劉備的身高以及曹操的身高，所以它是基於關係項的。但是這關係並不是關係項本質的，因為即使事實上劉備比曹操高，原則上我們可以接受 ⟨劉備沒有比曹操高⟩這個可能。因此，⟨x 比 y 高⟩是一個不純的外部關係。

最後，一個關係是內部的，若且唯若，這關係既是基於關係項的，也是關係

---

[19] Campbell (1990: 111–113).

[20] 彭孟堯 (2012)。

項本質的。例如，赭色比紫色暗黑，就顏色來說，〈x 比 y 暗黑〉就是一個內部關係，因為這關係之成立必定涉及這兩個顏色本身，所以這關係是基於關係項的；不但如此，只要赭色和紫色出現，赭色必定比紫色暗黑，所以這關係是關係項本質的。因此，對顏色來說，〈x 比 y 暗黑〉是一個內部關係。

> **想一想：**
> 〈x 是 y 的舅舅〉（對人類來說）、〈x 的延展性比 y 大〉（對金屬來說）、〈x 大於 y〉（對自然數來說），這些關係屬於哪種類型？

關係性質

有些形上學家還會提到所謂的「關係性質」。關係性質和關係是不同的。例如〈x（站）在小陳的右邊〉就是一個關係性質。這個關係性質顯然是一元的，因為只需要套用在單獨一個個物就可以成立了。如果老王（站）在小陳的右邊，則老王具有〈x（站）在小陳的右邊〉這個關係性質；如果老張（站）在小陳的右邊，則老張具有〈x（站）在小陳的右邊〉這個關係性質。再例如，〈x 和 y 與老王有相同的距離〉也是一個關係性質，但它是二元的。如果老張和小陳都距離老王一公尺遠，老趙和小林距離老王兩公尺遠，則〈老張，小陳〉以及〈老趙，小林〉這兩個有序二項式都具有這個關係性質。

這類關係性質儘管是可多重例現的，並不是純的共性。阿姆斯壯將這類關係性質稱為「不純的」，因為這類關係性質必定涉及到某個特定的個物。此外，以〈x（站）在小陳的右邊〉為例，這類關係性質似乎可以重新這樣分析：〈x（站）在 y 的右邊〉這個關係存在於某個個物 x 和小陳之間。若是如此，從存有論的角度來看，似乎沒有必要承認這類關係性質。

形上學家和邏輯學家還提到一個很特殊的「不純的」關係性質，例如〈x 等同於蘇軾〉。請留意，這與〈x 等同於 y〉不同，也與〈x 是自我等同的〉不同。〈x 是自我等同的〉明確是一個可多重例現的一元性質（但既不是關係，也不是關係性質），例如孔明是自我等同的、曹操是自我等同的、蘇軾是自我等同的……。依據

可多重例現原則，我們必須承認〈x 是自我等同的〉是一個（一元的）共性。

　　至於〈x 等同於 y〉，本書認為它不應該是個關係，這是由於依據布曲法洛夫對於「關係」提出的第二要件來看，〈x 等同於 y〉並沒有明確相異的個物作為它的關係項，因為它必定只能適用到一個個物而已！然而，儘管如此，〈x 等同於 y〉似乎是可多重例現的（但同樣地，它既不是關係，也不是關係性質），例如孔明等同於諸葛亮、曹操等同於曹吉利、蘇軾等同於蘇東坡……。若是如此，從共性實在論的立場來看，依據可多重例現原則，我們似乎不得不承認〈x 等同於 y〉是一個共性。依據以上的思路，看來我們應該將〈x 等同於 y〉理解為〈x 是自我等同的〉，是個一元的共性。我們是否要在形上學界裡接受這主張，還有待進一步的思考。

　　無論如何，姑且擱置這個疑點，我們可以確定〈x 等同於蘇軾〉不是共性，因為它不是可多重例現的。從這點也可以看到：〈x 等同於蘇軾〉與〈x（站）在小陳的右邊〉這類不純的關係性質大不同，因為〈x（站）在小陳的右邊〉確實是可多重例現的，因此儘管它是不純的，我們還是得承認它是一個共性。雖然本書還是承認「x 等同於蘇軾」是個一位述詞，但本書不將〈x 等同於蘇軾〉視為一元的關係性質。

　　阿姆斯壯在乎的是「純」的關係性質，亦即不涉及任何特定個物的關係性質[21]。例如，〈x 與某顆球距離 2 公分遠〉就是純的關係性質。試考慮下圖（圓圈代表球，正方形代表書，兩個圖形之間的線段表示 2 公分的距離）：

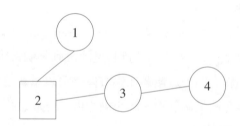

這張圖顯示：2 號書具有〈x 與某顆球距離 2 公分遠〉這個關係性質（它與 1 號球和 3 號球），3 號球也具有〈x 與某顆球距離 2 公分遠〉這個關係性質（它與 4 號球），而且 4 號球也具有〈x 與某顆球距離 2 公分遠〉這個關係性質（它與 3 號球）。

---

[21] Armstrong (1989: 65).

因此，〈x 與某顆球距離 2 公分遠〉這個關係性質確實是可多重例現的，因而是一個共性，而且由於它並沒有涉及某個特定的個物，因而是「純」的。

那麼，這類「純」的關係性質是否能化約到關係呢？若是能夠化約到關係，則在存有論上也沒有必要承認這類「純」的關係性質的實在性，可以使用傲砍剃刀加以剔除。這個問題很難回答，因為這類關係性質確實必定涉及到某個個物，只是並沒有確定哪個特定的個物而已。因此要將這類關係性質化約到關係似乎不太容易。再以上面的例子來看，〈x 與某顆球距離 2 公分遠〉似乎不能化約到〈x 與 y 距離 2 公分遠〉這個二元關係，因為可代入 "y" 位置的未必是顆球，而可以是其它的個物。例如，1 號球與 2 號書之間具有〈x 與 y 距離 2 公分遠〉這個二元關係，但是 1 號球並不具有〈x 與某顆球距離 2 公分遠〉這關係性質。

現在我們遇到了「傲砍剃刀」，趁此做些解說。「傲砍剃刀」在形上學裡是非常有名的一條原則，又稱為「存有精簡原則」[22]：

傲砍剃刀（存有精簡原則）

非有解釋之必要，不做過多的存有承諾。

舉例來說，古代人對於日蝕現象的解釋是「天狗食日」。這解釋必須承認「天狗」的存在，才能說明日蝕現象。然而依據當代的天文學，對於日蝕現象可以訴諸太陽、月亮和地球之間的空間位置來說明，並不需要另外多承認天狗的存在。既然承認天狗的存在並不會增加我們對於日蝕的瞭解，我們無需承認天狗的存在。這就是傲砍剃刀的應用。剛剛我們提到，類似〈x（站）在小陳的右邊〉這種不純的關係性質似乎可以化約到〈x（站）在 y 的右邊〉這關係，因此不必在存有論上承認這類不純的關係性質。這表示我們已經訴諸傲砍剃刀將這類不純的關係性質從我們的存有論剔除了。

傲砍剃刀究竟要如何運用，不是容易的事情，需實際進入特定的形上學議題

---

[22] 拉丁文是 ： *Pluralitas non est ponenda sine necessitate*。英文是 ： Do not multiply entities beyond explanatory necessity。「存有精簡原則」有別於「理論精簡原則」：前者是從存有論的角度探討應該承認哪些東西是實在的，後者考慮的是一套理論是否可被化約到另一套更精簡的理論（例如，使用的概念較少、定律較少，但能解釋的現象種類較多）。

討論才行。本章關於「共性」的討論正好是一個值得思考的議題。本章一開始就已經提到，共性實在論試圖回答幾個重大的議題。然而，即使實在論對於這些議題的回應很好，如果我們不需要訴諸「共性」的實在性，如果對於「共性」採取反實在論的立場，也能恰當回答這些問題呢？若是如此，我們就沒有必要在存有論上承認「共性」是實在的，就可以借用傲砍剃刀將「共性」自存有論中剔除了。這方向是否可行，就只能請讀者閱讀過第三章之後，再來思考了。

第五節　共性及其個例

第二節提到，有一個方式可以用來區別柏拉圖學派與亞里斯多德學派關於共性的不同主張：柏拉圖學派允許有些共性雖然存在，但是實際上沒有任何個例，僅僅是可能有個例而已；而且，即使有些共性已經有實際的個例，原則上是可以沒有個例的。亞里斯多德學派反對這種觀點，主張每個共性至少有一個實際的個例，因此不會有共性是沒有個例的。那麼，有什麼好理由承認或否認沒有個例的共性嗎？

柏拉圖學派有什麼好理由來支持沒有實際個例的共性這種可能性呢？阿姆斯壯整理了文獻上的三個用以支持這可能性的論證，但也指出了它們的困難[23]。底下讓我們來看看：

論證（一）：完美論證[24]

試考慮〈圓〉這個共性。很顯然地，沒有任何實際存在的圓形個物具有完美的圓形，而且大多數圓形的東西彼此圓的程度不一，有些非常圓，有些沒那麼圓。然而它們畢竟都是非常相似的，都是圓的。要說明這現象的最好方式就是承認存在有〈圓〉這個共性，而且每個實際存在的圓形個物都例現了這共性。然而嚴格來說，既然沒有任何實際存在的圓形的個物是完美的圓，〈圓〉是一個沒有實際個例的共性。

這論證是非常有問題的。首先，既然承認實際有很多個物都是圓的，這表示

---

[23]　Armstrong (1978a; 1989).

[24]　這裡的「完美論證」與涉及「神存在」議題的完美論證無關。

它們都是〈圓〉這個共性的實際個例。因此，這例子並沒有真正論證：有些共性實際上沒有個例。反過來說，如果〈圓〉這個共性沒有真正的個例，共性實在論將如何解釋：那些實際存在的圓形個物在形狀方面都是相似的？這不正是第一章提到的議題 (E*) 嗎？

其次，有些個物是比較圓的、有些則沒那麼圓。如果這些個物都例現了〈圓〉這個共性，這難道意味著這些個物例現〈圓〉的程度不一？也就是說，「例現」（或者「個例化」）是有程度的？然而，「例現」（或者「個例化」）怎麼可能是有程度的呢？一般的說法是：一個個物或者有例現一個共性，或者沒有例現那個共性；也就是說，「例現」（或者「個例化」）是一個表達定性的語詞或概念，不是一個表達程度的語詞或概念。舉例來說，「x 有博士學位」 是一個表達定性的語詞或概念：任何人或者有博士學位，或者沒有博士學位，不會出現「擁有博士學位是有程度的」 這種可能性。另外，「x 個子高」 是一個表達程度的語詞或概念：身高 210 公分的人鐵定是非常非常高的；身高 195 公分的人也是非常高的，但沒前者那麼高；身高 180 公分的人也可說是高個子了，但其「高」的程度又不如前兩種人。如果「例現」是一個表達定性的語詞或概念，柏拉圖學派要如何說明不同程度的圓形個物之間的相似性？

> **想一想：**
> 共性實在論是將〈圓〉視為共性的。那麼，〈橢圓〉也是共性嗎？或者，一個橢圓的個物只是在例現〈圓〉的程度上不足而已？

論證（二）：經驗可能性論證

這個論證依據的是可多重例現原則。既然共性是可多重例現的，這表示共性有可能有個例（即使實際上沒有），亦即有可能在這個實際世界（經驗世界）裡，有某個（或某些）個物例現該共性。這稱為「經驗可能性」。

阿姆斯壯曾經提到這樣的回應：我們不會對於個物做類似的思考，因此沒有道理接受以上的論證。例如，我們不會因為「美國皇帝」（僅僅）是經驗可能的，

就說「美國皇帝」是真實存在的。

　　本書認為阿姆斯壯的回應並不恰當。在存有論裡，個物與共性本來就是不同範疇的東西；特別是共性具有可多重例現的特徵，個物沒有。因此依據對於「個物」的基本理解，我們本就不可能從某個個物（僅僅）是經驗可能的，就推論該個物是真實存在的。然而可多重例現原則的意思就是：共性是有可能具有多個個例的東西（強調「有可能」）。因此阿姆斯壯的回應難以令人信服。

　　儘管如此，訴諸可多重例現原則還不足以讓我們區別柏拉圖式的共性實在論以及亞里斯多德式的共性實在論，因為這兩個學派都接受這原則。這兩派學說的差別不在於共性之可多重例現，而在於亞里斯多德式的共性實在論還多了一個主張：共性必定有至少一個實際的個例。既然如此，我們可以擱置可多重例現原則，不予考慮。從論辯的角度來看，如果我們接受共性也可以是僅僅經驗可能的，則這確實可以區別柏拉圖式的共性實在論與亞里斯多德式的共性實在論。所以這兩派的爭議就在於是否要接受經驗可能性而已。但也就因為這個緣故，「經驗可能性」是兩派爭議的焦點，不能作為用以支持所謂「存在有些共性是沒有實際個例」的理由。

　　其實我們還可以進一步思索這個問題：這個論證訴諸的是經驗可能性，那麼，邏輯（形上）可能但經驗不可能的情形呢？例如，依據愛因斯坦的相對論，〈x 比光速快〉是經驗不可能的，但卻是邏輯（形上）可能的。它似乎也是一個共性，因為它是可多重例現的——即使這個世界沒有任何個物能夠例現這個共性。若是如此，〈x 比光速快〉以及其它經驗不可能但邏輯（形上）可能的例子也足以區別這兩大學派。畢竟，亞里斯多德學派是不會承認這類例子是實在的，因為不可能有實際的個例。這一點當然涉及如何理解出現在「可多重例現原則」裡的模態，亦即那個「可」僅僅是指經驗可能呢？還是指邏輯（概念、形上）可能呢？

論證（三）：語意論證

　　試考慮一個有意義的、具備主詞—述詞結構的單稱句。一般來說，主詞是個單詞，指涉到某個個物。所以，述詞應該也是有指稱的。舉例來說，

　　林良是兒童文學作家。

這是一個具備主詞－述詞結構的單稱句，而且明顯是有意義與真值的。「林良」這個單詞指涉到林良這個人；同樣地，「x 是兒童文學作家」應該也有指稱，它指稱到的是〈x 是兒童文學作家〉這個共性。再考慮以下語句：

　　四不像會飛。

我們知道「四不像」是《封神榜》這部小說裡說的姜子牙的座騎的名字，但四不像只是一隻假想的動物，不是真實存在的，因此表面來看，「四不像」這單詞是沒有指涉的。然而這個語句是有意義的，我們讀得懂這語句在說什麼。所以，這語句的主詞一定是有意義的。共性實在論給的解釋就是：「四不像」這單詞確實是有指涉的，它指涉到的是〈x 是四不像〉這個共性。

　　這個論證是從語句意義的角度來論證的：確實有些共性是沒有個例的，例如〈x 是四不像〉這個共性就是沒有實際個例的。我們直覺上會認為有些語詞是有意義的，儘管實際上沒有談到任何具體存在的個物，例如「四不像」、「孫悟空」、「柯南」（日本卡通的主角）……語詞都是。為了說明這些語詞之所以是有意義的，最直接的方式就是主張它們是有指涉的，它們指涉到的東西就是共性。

　　從語言哲學的角度來看，這個論證是很有問題的。首先，這個論證對於語詞採取所謂「意義即指涉」的主張。但是當代語言哲學界對於這點有非常大的質疑。例如，佛列格區別意涵與指涉，就不是這種主張；羅素對於專名和確定描述詞提出的描述論也不是這種主張；克里普奇關於嚴格指稱詞的學說也不是這種主張。

　　其次，再從語言哲學的角度來看，這論證採行的是所謂的「小花」－小花理論 ❷❺。這是個過於單純的理論，主張只要是名詞，必定有指涉，甚至還將這套理論沿用到抽象單詞。然而當代多數語言哲學家認為，我們應該承認有些名詞是沒有指涉的，稱為「空名」。佛列格和羅素（尤其是羅素）對於「空名」造成的哲學問題有相當的討論 ❷❻。

---

❷❺　「『小花』－小花理論」是改譯自英文的 "Fido"-Fido theory；"Fido" 是西方常見的狗的名字。

最後，再從形上學的角度來看，〈x 是四不像〉不是共性，因為不滿足可多重例現原則（如果它有個例，它必定只能有一個個例）。共性實在論對於「四不像會飛」這語句要提出的語意分析明顯是有理論困難的。

依據以上的討論，柏拉圖式的共性實在論提出的三個論證並不足以讓我們接受「沒有實際個例的共性」。所以目前為止，我們依然沒有適當的依據來區別這學說與亞里斯多德式的共性實在論兩者之間的差異。

第六節　共性實在論的困難

這一節將解說共性實在論面臨的一些理論困難，共有七個，底下分別說明。

困難一：無限後推難題

共性實在論面臨的無限後推難題有四種：

（一）設我手上這顆籃球例現了〈球形〉這個共性，則〈例現〉這個共性連結了這顆籃球和〈球形〉這個共性。那麼，這顆籃球和〈例現〉之間的關係是什麼呢？令這關係為 R_1，R_1 連結了這顆籃球和〈例現〉。再問：R_1 和這顆籃球之間的關係是什麼呢？令這關係為 R_2，R_2 連結了這顆籃球和 R_1。再問：這顆籃球和 R_2 之間的關係是什麼呢？依此類推，將出現一個無限後推的窘境。不但如此，我們也可以追問：R_1 和〈例現〉之間的關係是什麼？〈球形〉和〈例現〉之間的關係是什麼？依此類推，將會出現無限多個無限後推！

（二）設我手上這顆籃球例現了〈球形〉這個共性，你手上那顆籃球也例現了〈球形〉這個共性。此時出現了兩次〈例現〉。試問：這兩次〈例現〉是否都例現了〈例現〉這個共性？若不是，則共性實在論者如何說明這兩次〈例現〉是屬於同一個類型的？這將對於共性實在論造成理論上無法說明的一個現象。若是，則第一個〈例現〉例了〈例現〉，第二個〈例現〉也例現了〈例現〉。那麼，這兩次（高階的）〈例現〉是否屬於更高階的〈例現〉類型呢？依此類推，又出現一個有關〈例現〉的無限後推的困難。

（三）第三個無限後推在文獻上稱為中國盒[27]。設某個體 a 具有〈x 是 F〉這

---

[26] 參王文方 (2011)，以及本書第八章第四節和第五節的介紹。

個受決定的性質。依據「受決定的─可決定的」這區別，a 不可能還會具有另外一個受決定的性質 G、H…，其中 F、G、H、… 是同屬於某個可決定性質的。然而這表示原則上可以有一個述詞「x 是＊」用來謂述〈x 是 F〉這個共性，並藉以排除 a 之具有〈x 是 G〉、〈x 是 H〉……。例如，那張桌子的桌面既然是圓的，就不可能又同時是方的、菱的……。然而，這表示〈x 是圓的〉這個共性具有某個特徵＊，以使得這張桌子的桌面之具有〈x 是圓的〉排除了它之具有〈x 是方的〉或者〈x 是菱的〉……。若是如此，這表示〈x 是 F〉這共性具有〈x 是＊〉這共性。顯然，〈x 是＊〉是二階的。然而依據這樣的思路，我們勢必得繼續引進〈x 是＊＊〉這三階的共性、〈x 是＊＊＊〉這四階的共性……。依此類推，我們又面臨一個無限後推。

（四）第四個無限後推涉及的是關係的實在性，文獻上稱為布拉德萊後推[28]。設 a 和 b 兩個個物之間具有某關係 R，但 a 和 c 之間不具備該關係。為了區別這兩種情形，我們必須說明 a、b、R 這三者有連結在一起，但 a、c、R 這三者沒有連結在一起。如何說明呢？似乎我們得承認另外有個關係 R_1 連結了 a 和 R、有個 R_2 連結了 b 和 R，因而使得 a、b、R 這三者連結在一起；至於 a、c、R 這三者之間則缺乏這種連結。然而，針對 a、R、R_1 這組來說，我們得再承認有某個關係 Q_1 連結了 a 和 R_1、Q_2 連結了 R_1 和 R。針對 R_2、b、R 這組也是一樣，我們必須另外承認 Q_3 和 Q_4。依此類推，我們再次落入一個無限多的無限後推的窘境。

布拉德萊藉由這個無限後推來否認關係的實在性。然而如果關係不是實在的，當我們用關係語詞來描述某些現象時，例如老王（站）在小陳右邊、但老張沒有（站）在小陳右邊，我們並沒有做出不同的描述。這似乎是荒謬的。可是，如果我們承認關係是實在的，將如何避免布拉德萊的無限後推呢？

困難二：負面共性

共性實在論者是否要接受所謂的「負面共性」，例如〈醜〉、〈壞〉、〈惡〉、〈姦佞〉、〈笨〉？柏拉圖是反對這類負面共性（理型）的，他承認的理型都是正面的，

例如〈善〉、〈美〉等。因此依據他的立場,「西施美」這語句陳述的是西施這個人例現了〈美〉這個理型。但是「東施醜」這語句並不是在陳述東施這個人例現了〈醜〉,因為〈醜〉不是理型。他的說法是:東施這個人沒有例現〈美〉這個理型。

柏拉圖這主張聽起來並不符合一般人的直覺。當我們說某個人「缺乏美」的時候,確實有時候是委婉地說那個人很醜。不過有些時候,我們是主張「美」或「醜」都與某個個物無關。例如,太陽黑子運動的樣子大概沒有什麼美醜之分的。若是如此,有些個物與美感判斷是不相干的,這時候說這些個物「缺乏美」或者沒有例現〈美〉這個理型,似乎也是恰當的,但這卻不表示這些個物是醜的。或許換個例子會更清楚。以〈善〉為例,有些行為是善的,有些行為是不善的(惡的),有些行為則與善惡無關。例如誠實是善的;謀殺是不善的(惡的);梳頭髮的動作既不是善的,也不是惡的。然而依照柏拉圖的主張,謀殺沒有例現〈善〉,梳頭髮的動作也沒有例現〈善〉。他的學說要如何區別這兩種行為的道德性呢?

共性實在論的哲學家是否可以擺脫柏拉圖學說,接受〈醜〉、〈壞〉、〈惡〉、〈姦佞〉、〈笨〉等負面共性?

想一想:

如果將〈真〉和〈假〉都視為共性,我們要如何說明,例如「蘇軾是漢朝人」這命題(或語句)的真值?

困難三:否定共性

另外一種問題則是有關「否定共性」的議題[29]。接受否定共性的哲學家會主張:「老王不在教室裡」這語句是說老王例現了〈x 不在教室裡〉這個否定共性。不接受否定共性的哲學家則會主張:這語句是說老王沒有例現〈x 在教室裡〉這個共性。這兩種立場很明顯不一樣。哪一種主張比較恰當呢?

我們可以從所謂致真項的角度來思考這個問題。「致真項」的問題是:從存有論角度來看,我們必須承認什麼東西的存在,才能說明一個語句之為真?例如,

---

[29] 「負面共性」與「否定共性」的英文都是 "negative universals",但討論的議題不同。

「蘇軾是宋朝人」這語句為真。從存有論的角度來說，我們承認存在有蘇軾這個人以及〈x 是宋朝人〉這個共性，而且蘇軾例現了〈x 是宋朝人〉，進而承認存在有〈蘇軾是宋朝人〉這個事實；接著，基於這個事實的存在才致使「蘇軾是宋朝人」這語句為真❸，這個事實的存在是這語句之所以為真的存有論基礎。

讓我們先考慮接受否定共性的立場。對於「老王不在教室裡」這語句之為真，形上學的說明是這樣的：存在有老王這個人以及〈x 不在教室裡〉這個否定共性，而且老王例現了〈x 不在教室裡〉，進而承認〈老王不在教室裡〉這個事實；接著，基於這個事實的存在才致使「老王不在教室裡」這語句為真。值得留意的是：這個形上學立場不僅接受否定共性，還進而接受了「否定事實」。

不接受否定共性的立場對於「老王不在教室裡」這語句之為真是這樣解釋的：存在有老王這個人以及〈x 在教室裡〉這個共性，但是老王沒有例現〈x 在教室裡〉這共性。儘管如此，如若老王有例現〈x 在教室裡〉這個共性，則（必當）有〈老王在教室裡〉這個事實❹，以致使「老王在教室裡」這語句為真。然而由於這個事實並沒有發生，所以「老王在教室裡」這語句實際上不為真；接著，「不」是一個邏輯運算子，如果某語句不為真，則其否定為真，因此我們最後推出「老王不在教室裡」這語句為真。

第一個立場有一些困難。設我們承認否定共性，例如〈x 不在教室裡〉。由於這立場同時也承認肯定的共性，例如〈x 在教室裡〉，對於「老王不在教室裡」這語句之為真，就同時可以有兩種解釋：⑴老王沒有例現〈x 在教室裡〉這個共性，或者⑵老王例現了〈x 不在教室裡〉這個共性。那麼，哪一個解釋才是恰當的呢？同樣地，對於「小陳在教室裡」這語句之為真，這立場也有兩種同時可行的解釋：小陳例現了〈x 在教室裡〉這個共性，或者小陳沒有例現〈x 不在教室裡〉這個共性。哪一個解釋才是恰當的呢？這個立場對於如何明確說明這兩類語句之所以為真，都將無從解決。看起來，承認否定共性並沒有帶來多少理論上的優勢。從存有精

---

❸　「致使」不是因果概念，是形上學概念，但形上學家將之視為原初概念，亦即不再給定義的概念。關於「致真項」的討論，請參 Armstrong (2004)。

❹　這是如若條件句，不是一般的條件句。「如若條件句」在英文是使用反事實假想語氣來表達的，本書將這種條件句譯為「如若 φ，則（必當）ψ」。參第四章第二節的介紹。

簡原則來看，如果第一種立場能夠解釋的，第二種立場都能解釋，我們可以訴諸傲砍剃刀剔除否定共性，不須承認否定共性是真實的。

第二個立場是否優於第一個立場呢？這個立場是否認否定共性的。對於「小陳在教室裡」以及「老王不在教室裡」這兩語句之所以為真，也能具體說明。所以這立場比起第一個立場似乎比較佔有優勢。

儘管這個立場比較符合一般人的直覺，卻面臨一個難題：從致真項的形上學來說，似乎我們不得不承認確實存在有些「否定事實」❷。試考慮以下例子：設（此時）某間教室裡共有老張和老王兩個人，而且他們都有選修形上學這門課。因此下列全稱語句為真：

　　⑴所有（此時）在這間教室的人都有選修形上學這門課。

然而，這語句的意義不等同於

　　⑵老張（此時）在這間教室且有選修形上學，且老王（此時）在這間教
　　　室且有選修形上學。

這道理很簡單：⑵並未表達出「已經窮盡了這間教室的所有人」這個意思，因此⑵並未忠實反映⑴的意思。如果要忠實反映⑴的意思，底下是個作法：

　　⑶老張在這間教室且有選修形上學，且老王在這間教室且有選修形上學；
　　　此外沒有了。

這個「此外沒有了」的但書，其作用就在於表達「窮盡」的意思。從形上學的角度來說，我們除了必須承認〈老張在這間教室〉這個事實、〈老張有選修形上學〉這個事實、〈老王在這間教室〉這個事實、以及〈老王有選修形上學〉這個事實之外，還得承認「此外沒有了」這但書所表達的事實。然而，一方面這是個否定事實，如果不承認否定事實，則無以從形上學的角度徹底說明全稱語句如何為真；另一方面，一旦在存有論上承認否定事實，則我們不得不承認否定共性，但如此一來，我們卻被迫回到第一個立場面臨的困難了！

---

❷ Armstrong (2004).

困難四：選言共性

　　共性實在論面臨的第四個困難是這樣的：是否要承認所謂的「選言共性」？依據古典邏輯，「x 是 F」邏輯蘊涵「x 是 (F∨G)」。因此，某個物之例現〈x 是 F〉這個共性，依據本章第三節提到的例現封閉原則，表示該個物也例現了〈x 是 (F∨G)〉這個共性——如果我們承認「F∨G」這語詞表達了一個「選言共性」，亦即〈F∨G〉。同樣地，從古典邏輯來說，「x 是 G」也邏輯蘊涵「x 是 (F∨G)」。因此，某個物之例現〈x 是 G〉這個共性也表示該個物例現了〈x 是 (F∨G)〉這個共性。然而，這卻產生了兩個疑問：

　　⑴依據同樣的思路，我們勢必也得承認：〈F∨H〉、〈F∨I〉、〈F∨J〉…，無限多個選言共性。這是由於在古典邏輯裡，「x 是 F」同樣也邏輯蘊涵「x 是 (F∨H)」、「x 是 (F∨I)」、「x 是 (F∨J)」……，甚至也邏輯蘊涵「x 是 (F∨I∨H)」、「x 是 (F∨I∨J)」……。事實上，「x 是 F」將邏輯蘊涵不可數無限多個語句[33]。我們有必要在存有論裡承認這麼多的選言共性嗎？這引起了一些哲學家的質疑！

　　⑵設 a_1 之為 E（亦即 a_1 例現了共性 E）因致了 b 之為 G（亦即 b 例現了共性 G）、a_2 之為 F 因致了 b 之為 H。依據以上的思路，既然 a_1 之為 E 因致了 b 之為 G，而且 b 之為 G 邏輯蘊涵 b 之為 (G∨H)，所以 a_1 之為 E 因致了 b 之為 (G∨H)。按照同樣的思路，a_2 之為 F 也因致了 b 之為 (G∨H)。那麼，造成「b 之為 (G∨H)」的原因是「a_1 之為 E」呢？還是「a_2 之為 F」呢？這裡涉及到一條原則，姑且稱之為「因果蘊涵原則」：

因果蘊涵原則

如果個物 α 之例現共性 ϕ 因致了個物 β 之例現共性 ψ，且例現 ψ 邏輯（或概念）蘊涵例現 χ，則 α 之例現 ϕ 因致了 β 之例現 χ。

[33]　「可數無限」是數理邏輯的專技術語。所謂一個集合是可數無限的，意思是指，這集合與自然數的集合是對射的。「不可數無限」則是不能與自然數對射的。例如偶數的集合是可數無限的，實數的集合則是不可數無限的。

> **想一想：**
>
> 在這原則裡提到了「邏輯蘊涵」和「概念蘊涵」。如果這原則也含括「物理蘊涵」，是否恰當？

因果蘊涵原則似乎有些問題在。以下舉一個具體的例子：

設張三之亂丟菸蒂造成那棟大樓失火，老王之亂扔那顆籃球造成小李出車禍摔斷了腿。依據以上的思路，〈張三之亂丟菸蒂〉這事件也造成了〈那棟大樓之失火或者小李之出車禍摔斷了腿〉。然而同樣地，〈老王之亂扔那顆籃球〉這事件也造成了〈那棟大樓之失火或者小李之出車禍摔斷了腿〉。這似乎是很奇怪的說法。然而，哪裡出了問題呢？

因果蘊涵原則涉及到對於因果關係的理解，這確實是一大難題。如果反對因果蘊涵原則就表示：即使 a_1 之為 E 因致了 b 之為 G，而且 b 之為 G 邏輯蘊涵 b 之為 (G∨H)，但這並不意味著 a_1 之為 E 因致了 b 之為 (G∨H)。同樣地，即使 a_2 之為 F 因致了 b 之為 H，這也不意味著 a_2 之為 F 因致了 b 之為 (G∨H)。然而我們似乎也可以找到一些例子來支持因果蘊涵原則。試考慮這個例子：老王之亂甩那桶紅色油漆使得那張桌子變成了紅色，由於「x 是紅的」蘊涵「x 是有顏色的」，我們說「老王之亂甩那桶紅色油漆使得那張桌子變成有顏色的」似乎並無不當。再換個例子：設某陰雨天突然打雷，並劈倒了山上那檜樹。由於那檜樹是棵樹，我們似乎也可說那次打雷劈倒了一棵樹。這說法同樣並無不當。

那麼，因果蘊涵原則是恰當而可接受的嗎？或者我們必須將這原則做些修改？如何修改呢？就目前的議題來說，或許我們可以維持因果蘊涵原則、但是否認所謂的「選言共性」乃至於「選言事實」？

困難五：獨特性質

有一些性質明顯不可能滿足可多重例現原則。例如，〈x 是最小質數〉是必定只有自然數 2 才具有的性質，而且 2 必定擁有這性質，此外沒有任何數能夠具有這性質。再例如，〈x 是任何集合的子集合〉是必定只有空集合才具有的性質，而且是空集合必定具有的性質，其它集合都不可能具有這性質。這兩個性質都是必

定只能被一個個物獨特擁有的性質。另外，對照來看，〈x 是最大質數〉是一個不可能被任何數擁有的性質。〈x 比任何個物都平滑得多〉是另外一個例子，因為沒有任何個物會比自己平滑得多。然而依據共性實在論，由於只有滿足可多重例現原則的才是共性，這裡舉的這些性質都不是共性。怎麼辦呢？

共性實在論當然可以逕行否認〈x 是最大質數〉、〈x 比任何個物都平滑得多〉、以及其它類似的東西；不僅不承認它們是共性，甚至不承認它們是性質。不過我們似乎很難否認〈x 是最小質數〉、〈x 是任何集合的子集合〉……，這些應該可以承認是性質，但由於它們都是個物必然獨特擁有的，它們不是共性，它們的真實性因而對於共性實在論造成了困難。

> **想一想：**
> 還有什麼例子是「必定只有一個個物」具有的性質？

困難六：家族相似性

維根斯坦曾經以「遊戲」這語詞或概念為例指出，並不存在有任何方式來定義這概念以涵括各種遊戲；各種遊戲之間頂多具有家族相似性而已[34]。從形上學的角度，我們可以將他這說法理解為：不存在有任何一個共性是所有遊戲共有的。

或許有人可以為共性實在論提出這辯護：所有的遊戲都例現〈x 是遊戲〉這共性。這回應是很糟糕的，只是特設的而已，沒有真正面對問題[35]。

維根斯坦的說法可以借用古德曼提出的「不完美社群」來理解[36]：試考慮三對性質：〈x 是紅的〉與〈x 是藍的〉、〈x 是長方形的〉與〈x 是圓的〉、〈x 是桌子〉與〈x 是椅子〉。相應於這三對性質，共有八個個物：紅色的長方形的桌子、紅色的長方形的椅子……。以 a_1 表示第一個個物、a_2 表示第二個個物……，則這八個個物構

---

[34] Wittgenstein (1958), *Philosophical Investigations*, secs. 66–67.
[35] 「特設」的意思是說，所提出的某個主張僅僅是為了化解某個問題而已，該主張在其它議題並沒有任何作用。
[36] Goodman (1966).

成一個集合：$\{a_1, a_2, \cdots, a_8\}$。這八個個物彼此之間都相似，但顯然它們並沒有共有任何一個性質，也就是說沒有任何一個共性是它們共有的。

共性實在論能回應這個挑戰嗎？阿姆斯壯提出底下兩個回應。

第一個回應是這樣的：將上述八個個物構成的集合稱為 F，則上述八個個物都例現〈x 是 F 家族的成員〉這個共性。因此，「家族相似性」的主張並不足以威脅共性實在論。可是，〈x 是 F 家族的成員〉為何是一個共性呢？這是頗令人起疑的。尤其這似乎是一種特設的回答，並不是真正提出了解決方案。試考慮由下列五個個物構成的集合：此時桌上的那顆橘子、今年撞擊月球的第一顆超過一百公斤重的隕石、正被踩在我腳下的那隻螞蟻、美國總統這個月說出的第一個 "good" 字、老王剛從口袋掏出來的十元硬幣。如果仿照阿姆斯壯的說法，將這集合稱為 G，則這五個個物都例現〈x 是 G 家族的成員〉這個共性。但這是很荒謬的！這五個個物憑什麼可以構成一個家族呢？共性實在論的哲學家難道要主張：任意兩件個物都必定例現一個共性嗎？任意三個個物也都必定例現一個共性嗎？任意四個個物也都必定例現一個共性嗎？

或許共性實在論可以提供一個簡單的說法：這些東西都例現了〈x 是被「x 是 G 家族的成員」這述詞描述的〉這共性。可惜，這樣的說法沒有解決問題。即使〈x 是被「x 是 G 家族的成員」這述詞描述的〉是這群東西都例現的共性，這回應不符合共性實在論的基本精神。共性實在論對於這個世界的解說如果還得依賴人類使用的語言，與述詞唯名論的立場還有多大差異呢？尤其阿姆斯壯一直主張：究竟有哪些共性存在，是要由科學研究來決定的。但讓人訝異的是：只要仿照他提的這個回應，將會有無限多個這類的共性是不需要科學研究就可以承認其存在了。這與他的科學實在論的立場是不合的。

阿姆斯壯的第二個回應就好多了。儘管這八個個物沒有共享相同的性質，沒有例現任何共性，這並不表示共性實在論無法說明這種狀況，畢竟這八個當中的某些個物（子集合）都有一些相同的性質。共性實在論仍然可以主張兩點：(1)例如，a_1 和 a_2 都例現了〈x 是紅的〉這個共性，a_3 和 a_4 都例現了〈x 是桌子〉這個共性；(2)「不完美社群」反映的是：並不是每個集合都是由某個性質（共性）定義的，這正好也是羅素悖論給我們的一個啟示 ❸ 。這些例子並沒有真正駁倒共性實

在論，畢竟共性實在論並沒有極端到主張：只要是個物構成一個集合，這些個物就必定例現了某個共性。本書認為阿姆斯壯的第二個回應是成立的，訴諸家族相似性與不完美社群並不足以駁斥共性實在論。

困難七：共性的個別化

試考慮〈紅〉共性與〈圓〉共性。這兩個是相異的。共性實在論如何說明它們的相異？一個簡單的作法是訴諸它們外延的相異。所有例現〈紅〉共性的個物構成的集合不等同於所有例現〈圓〉共性的個物構成的集合。但這回應是不夠的。哲學家蒯因在很早的時候就提出了一個文獻上很有名的例子：「x 是有心臟的」以及「x 是有腎臟的」這兩個述詞或許有相同的外延，但兩者的意義絕對是相異的。不但如此，即使兩個語詞實際上是共外延的，它們未必是必然共外延的（強調「必然」）。借用他的例子，我們可以質問：共性實在論如何區別〈x 是有心臟的〉與〈x 是有腎臟的〉這兩個相異的共性？或許共性實在論可以訴諸模態：共性既然是可多重例現的（強調「可」），共性的外延乃是所有實際與可能例現的個物構成的集合。在這補強的模態說法下，〈x 是有心臟的〉與〈x 是有腎臟的〉這兩個共性的外延是不同的，所以可以說明它們確實是相異的共性。但這補強的說法依然不足。〈x 是三角形的〉與〈x 是三邊形的〉這兩個共性呢？它們也是相異的，但它們的外延卻必定是相同的。如果不訴諸外延，共性實在論是否還有其它原則可用以個別化共性？

以上是共性實在論面臨的理論困難。共性實在論還得面臨一個挑戰：這立場與競爭立場（反實在論）之間誰能勝出？顯然我們接下來的問題是：反對共性實在論的哲學家是否能夠恰當回答那些形上學議題了。這是下一章的主題。

---

❸❼ 共性實在論甚至可以據此來反對類集唯名論，請參第三章第三節的解說。

第三章 共性反實在論

第一節 述詞唯名論

共性實在論並不是哲學界唯一關於性質與關係的立場，哲學界很早就出現了反對共性實在論的各種學說。澳洲哲學家阿姆斯壯將這些反實在論的學說做了相當詳盡的整理與評論❶。本章以他的說法為本，並增加一些修補和討論。這一章各節解說的反實在論立場共有六個支派：述詞唯名論、類集唯名論、部分學唯名論、概念唯名論、相似唯名論、殊性存有論。

讓我們先從述詞唯名論開始。所謂「述詞」主要是指可用以形容某個個物的語詞，例如「x 是紅的」、「x 是球形的」、「x 很高」、「x 正在跑步」、「x 很能吃」……。這些中文表達式都是一位述詞。其它的述詞還包括「x 大於 y」、「x 尊敬 y」、「x 對於 y 之愛 z 很嫉妒」……，都是多位述詞，也稱為「關係述詞」。另外，我們也將類詞當做述詞的一種，例如「x 是哺乳類」、「x 是鳥」、「x 是桌子」……。

依據傳統的說法，每個述詞都有內涵和外延。例如中文的「紅的」（或者英文的 "red"）這個述詞，它的內涵是指它表示的性質，也就是〈紅〉這個性質；它的外延則是任何具有這性質的個體，亦即所有紅色的東西構成的集合。當代初階邏輯對於述詞僅僅採用外延的立場，不在存有論方面多做預設。這有其道理在：首先，並不是每個性質或關係都有語言（述詞）與之對應；其次，是否每個述詞都表達某個性質或關係呢？簡單說，語言裡的述詞是否與形上學裡的性質（與關係）具有對射的關係，這已經是形上學的一大議題，當代初階邏輯確實沒有必要牽纏這個麻煩。

---

❶ Armstrong (1978a; 1989).

姑且不論當代初階邏輯背後的形上學預設。共性實在論是不承認每個述詞都對應到某個性質或關係的。至於述詞唯名論則是主張：所有的述詞都沒有內涵，只有外延，因為這學說不承認性質與關係的真實性，僅僅承認個物的真實性而已。這套學說僅僅對於謂述之成立與否做出主張。所謂「謂述」就是說：將某個一位述詞應用到某個個物上，進而造出某個具有真值的關於該個物的命題；或者將某個 n 位述詞應用到 n 個個物上，進而造出某個具有真值的關於這組 n 個個物的命題 ❷ 。

述詞唯名論對於第二章第一節提到的「關於性質的三大存有論任務」將如何回應呢？

我們先看看述詞唯名論關於「賦性一致」現象的解釋，也就是它對於類型套式的回答：

述詞唯名論的類型套式

一群個物構成一個類型，若且唯若，某述詞可應用於該群個物。

依據這個回答，述詞唯名論無需在存有論上承認「共性」。

其次，述詞唯名論對於主詞－述詞語句的語意分析，是當代述詞邏輯標準的外延論的語意學：主詞代表某個個物，n 位述詞代表滿足該述詞的有序 n 項式構成的集合（當 n = 1 時，該述詞代表滿足該述詞的個體構成的集合），也就是該述詞的外延。這語意分析僅僅以承認個物以及集合作為真語句的存有論基礎。

如何理解「有序 n 項式」呢？前一章已經約略說明，這裡再做更仔細的講解。邏輯學家用角號來表示有序多項式。有序 n 項式與具有 n 個元素的集合類似，唯一的差別是：其元素的出現次序是有影響的。設 n = 2，有序二項式是指 $\langle a_1, a_2 \rangle$、$\langle a_3, a_4 \rangle$…；儘管 $\{a_1, a_2\}$ 和 $\{a_2, a_1\}$ 是相同的，$\langle a_1, a_2 \rangle$ 和 $\langle a_2, a_1 \rangle$ 是不同的。這一點也可以從邏輯學家提出的等同要件看出來：$\langle a_1, a_2 \rangle = \langle b_1, b_2 \rangle$，若且唯若，$a_1$

---

❷ 這裡對於「謂述」的說法侷限在語言裡的述詞，但在形上學界也經常使用「謂述」一詞來指：使用某個性質來說某個個物（亦即某個個物具有某個性質），或者使用某個關係來說某組個物。為了避免混淆，本書對於「謂述」的說法將侷限在使用語言裡的述詞來談論個物。

$= b_1$ 且 $a_2 = b_2$。依據這種理解，述詞唯名論的主張是：一個 n 位述詞代表的是滿足該述詞的有序 n 項式構成的集合：$\{\langle a_1, a_2, \cdots, a_n\rangle, \langle b_1, b_2, \cdots, b_n\rangle, \langle c_1, c_2, \cdots, c_n\rangle, \cdots\}$。

　　儘管如此，述詞唯名論的解析還是不夠。畢竟，「有序 n 項式」這個概念仍然承認「次序」，例如 $\langle a_1, a_2\rangle$ 和 $\langle a_2, a_1\rangle$ 是不同的。但，「次序」意味著某種關係。因此，述詞唯名論勢必要再設法解消所謂的「次序」，否則這立場將承認至少一個關係，這會違背其基本主張。二十世紀的邏輯學家從集合論的角度幫述詞唯名論做到了這點 ❸。

　　　　第一種方式：將 $\langle a_1, a_2\rangle$ 化約為 $\{\{\{a_1\}\}, \varnothing, \{\{a_2\}\}\}$。

　　　　第二種方式：將 $\langle a_1, a_2\rangle$ 化約為 $\{\{a_1, b_1\}, \{a_2, b_2\}\}$

　　　　（其中，$b_1 \neq b_2$，而且 b_1 和 b_2 都不等同於 a_1 和 a_2）。

　　　　第三種方式：將 $\langle a_1, a_2\rangle$ 化約為 $\{\{a_1\}, \{a_1, a_2\}\}$。

由於第三種分析方式已經被大多數邏輯學家採用，本書也接受這方式。經由集合論的分析，我們就不再需要將「次序」視為額外被承認為存在的關係。到此，很明顯地，述詞唯名論提供的語意分析並不需要另外承認共性的存在，僅僅承認個物（包括集合）的存在即可。依照前面提到的傲砍剃刀，似乎沒有必要承認共性是真實的了。

　　以「蘇軾是宋朝人」這語句為例。這語句的語意分析如下：「蘇軾」這個單詞代表蘇軾這個人，「x 是宋朝人」這述詞的意義是所有滿足這述詞的個體構成的集合：{朱熹，陸象山，司馬光，陸游，……}。如果蘇軾屬於這個集合，則這語句為真；否則這語句為假。再例如，「蘇軾的年代比李白晚」這語句的語意分析如下：「蘇軾」代表蘇軾這個人、「李白」代表李白這個人、「x 的年代比 y 晚」則代表所有滿足這關係述詞的有序二項式構成的集合：{〈孔明，孔子〉,〈司馬光，司馬遷〉,〈羅貫中，唐伯虎〉,〈唐玄宗，唐太宗〉,……}。如果〈蘇軾，李白〉這有序二項式屬於這集合，則這語句為真；否則這語句為假。

　　對於第三件存有論的任務，述詞唯名論的主張是：一群個物構成一個類，若

---

❸ 這是 Wiener、Hausdorff、Kuratowski 三人分別提出來的。

且唯若,存在有一個述詞可用以謂述所有這些個體。述詞唯名論的哲學家不僅對於「共性」採取反實在論的立場,對於「類」也是一樣,這些哲學家否認自然類的真實性。

那麼,述詞唯名論是形上學裡能夠接受的好理論嗎?接受共性實在論的哲學家有不同的聲音。試考慮以下六個語句,為方便後續的解說,茲將這些語句稱為「測試句」:

⑴紅是顏色。

⑵紅比起藍更相似於橘。

⑶老王和他的父親具有一樣的品德。

⑷這兩件外衣有相同的顏色。

⑸勇敢是美德。

⑹仍有一些尚未發現的基本物理性質 ❹。

直覺上,這些測試句看起來是共性實在論比較能夠說明的,唯名論(不論哪個支派)似乎根本不可能給予滿意的說明。支持共性實在論的哲學家藉由這些測試句來挑戰各個支派的反實在論。

試將⑴語句與下列描述相比較:

⑺蘇軾是宋朝人。

「蘇軾」是⑺語句的主詞,談論到的是蘇軾這個人。類比來看,「紅」是⑴語句的主詞,似乎也談論到某個東西。若是如此,它談論到什麼東西呢?支持共性實在論的哲學家說:它談論到的是〈紅〉這個共性。同樣地,在⑵裡,「紅」、「藍」、「橘」三個名詞分別談論到了〈紅〉、〈藍〉、〈橘〉這三個共性;在⑶、⑷、⑸裡,也是類似的。特別是,在⑹裡我們很明顯必須談到性質,而不是談到個物。因此,以上這些例子不但讓共性實在論有很好的理由增強對於「共性」的主張,更對反實在論提出了嚴重的挑戰。

支持述詞唯名論的哲學家如何回應呢?他們採取了所謂的「改寫策略」 ❺。

❹ 這是 Putnam (1970) 舉的例子。

改寫策略是一種語意分析，如果「改寫」成立，則改寫前的語句和改寫後的語句會有相同的真值。以上述的六個測試句為例，述詞唯名論的改寫如下：

(1.1) 對任何個物 x，如果 x 屬於「x 是紅的」這述詞的外延，則 x 屬於「x 是有顏色的」這述詞的外延。
（或者，所有「x 是紅的」這述詞應用到的個物，都是「x 是有顏色的」這述詞應用到的個物。）

(2.1) 對任何個物 x、y、z，如果 x 屬於「x 是紅的」這述詞的外延、y 屬於「x 是橘的」這述詞的外延，z 屬於「x 是藍的」這述詞的外延，則 x 比 z 更相似於 y。

對於測試句(2)的分析有個漏洞。這分析提到了〈x 比 z 更相似於 y〉這多位關係，因此這分析並不徹底，必須再進一步引進對於這多位關係的分析才行。幸好，述詞唯名論可以這樣回應：設 a_1 比 a_2 更相似於 a_3、b_1 比 b_2 更相似於 b_3、c_1 比 c_2 更相似於 c_3……，則依據述詞唯名論的類型套式，這群個物構成一個〈x 比 z 更相似於 y〉的類型，若且唯若，「x 比 z 更相似於 y」這述詞適用於這群個物。雖然這樣的補充使得述詞唯名論對於測試句(2)的分析變得複雜，但至少這分析是徹底而完整的。

述詞唯名論對於另外四個測試句的改寫如下：

(3.1) 在我們的語言裡有這樣一個德行方面的述詞（例如「x 是勇敢的」、「x 是有智慧的」、「x 是誠實的」、或「x 是堅毅的」……），既應用在老王身上，也應用在他父親身上。

(4.1) 在我們的語言裡有這樣一個顏色方面的述詞（例如「x 是紅的」、「x 是綠的」、「x 是紫的」或「x 是藍的」……），既應用在這件外衣之上，也應用在那件外衣之上。

(5.1) 對任何個物 x，如果 x 屬於「x 是勇敢的」這述詞的外延，則 x 屬

---

❺ 在科學哲學以及心與認知哲學裡，「改寫策略」一直是相關議題的反實在論哲學家慣用的解決問題的方式。

於「x 是有美德的」這述詞的外延。

(6.1) 這個世界有一些物理的個物構成某個基本類型，但我們的語言尚未
有機會發展出相關的述詞以應用在這些個物之上。

如果述詞唯名論的改寫策略是成功的，我們確實不需要承認共性。那麼，這改寫策略是成功的嗎？不少哲學家都提出了質疑。除此之外，述詞唯名論還面臨許多理論困難。由於這些困難也是許多唯名論支派會面臨的，所以下一節做比較詳細的說明。

第二節　述詞唯名論的困難

述詞唯名論面臨許多困難，本書列出八件，包括：（一）改寫策略的失敗、（二）共外延難題、（三）述詞的無限後推難題、（四）同義詞造成的困難、（五）因果論證、（六）述詞之闕如與過量、（七）謂述的存有論基礎、（八）可投射述詞造成的問題。底下分別說明。

困難一：改寫策略的失敗

讓我們先思考述詞唯名論對於測試句(1)的改寫，亦即 (1.1)。傑克遜提到這個想法[6]：設想所有紅的個物都散處於各個空間位置，姑且稱之為「x 佔據 L-位置」。因此所有滿足「x 佔據 L-位置」的個物都滿足「x 是紅的」，因而也都滿足「x 是有顏色的」。若是如此，所有佔據 L-位置的個物都是有顏色的。然而，「x 佔據 L-位置」的意義並不是「x 是有顏色的」。因此 (1.1) 的改寫是不恰當的。

本書認為傑克遜這個反駁是有問題的。「x 佔據 L-位置」這述詞並沒有真正描述到（應用到）所有紅的個物佔據的空間，因為每個紅的個物佔據的空間都不相同，無法將這個述詞用在所有這些個物——「L」在這裡其實是個變元，因而「x 佔據 L-位置」算不上是真正的一位述詞。

但傑克遜提出了另外一條思路：有可能所有紅的個物都是三角形的；也就是說，有可能，如果某個物屬於「x 是紅的」這述詞的外延，則該個物屬於「x 是三

---

[6] 以下的討論請參 Jackson (1977)。

角形的」這述詞的外延（強調「有可能」）。因此依據改寫策略，這將是對於「紅是三角形」這語句的改寫。然而這明顯是錯誤的，儘管紅是顏色，紅不是三角形。

這條思路確實可以反駁述詞唯名論對於測試句(1)的改寫方式，亦即 (1.1)。支持述詞唯名論的哲學家因而試圖將(1)重新改寫如下：

(1.1.1) 必然地，對任何個物來說，如果該個物屬於「x 是紅的」這述詞的外延，則該個物屬於「x 是有顏色的」這述詞的外延。

這個改寫重點是增加了模態詞「必然地」。可惜，這改寫依然是失敗的，因為下列說法也為真：

(1.1.1*) 必然地，對任何個物來說，如果該個物屬於「x 是紅的」這述詞的外延，則該個物屬於「x 是有形狀的」這述詞的外延。

這語句也為真。但是滿足「x 是有形狀的」這述詞的個物構成的集合與滿足「x 是有顏色的」這述詞的個物構成的集合未必是相同的，因為一方面有些有形狀的個物並沒有顏色；另一方面「x 是紅的」這述詞的意義與「x 是有形狀的」這述詞的意義並無關聯。換個方式來思考：如果 (1.1.1*) 是正確的，類比前述對於 (1.1.1) 提供的「語意分析」，我們應該推出：「紅是一種形狀」。這當然是錯誤的。所以，我們反推，(1.1.1) 並不是對於(1)的恰當的改寫。

> **想一想：**
>
> 在 (1.1.1) 裡的「必然」和 (1.1.1*) 裡的「必然」是相同意義的嗎？如果意義不同，那麼訴諸 (1.1.1*) 以反駁 (1.1.1) 還能成立嗎？

讓我們再繼續思考述詞唯名論的「改寫策略」對於其它測試句的處理及其遇到的困難。

先考慮(5)語句。依據外延論的主張，述詞唯名論會將(5)語句改寫如下（B 表示「勇敢」的外延，V 表示「德行」的外延）：

(5.1) B 是 V 的子集合；亦即凡是勇敢的人都是有德行的人。

但是這改寫並沒有反映(5)的意義，因為有些人雖然勇敢卻失德。若是如此，(5)為真，(5.1) 為假。然而如果兩個語句有不同的真假值，它們表達不同的意義。因此這改寫是失敗的。

述詞唯名論對於(2)語句的改寫（亦即 (2.1)）一樣是不成功的。這是由於一株紅玫瑰比起一顆橘色柑桔更相似於一株藍色的鬱金香；也就是說，即使 x 屬於「x 是紅的」這述詞的外延，y 屬於「x 是橘的」這述詞的外延，z 屬於「x 是藍的」這述詞的外延，仍然有可能 x 比 y 更相似於 z。這是為什麼呢？很簡單，紅玫瑰是花，藍色鬱金香也是花，儘管顏色差別大，這兩種植物之間的相似程度遠大於紅玫瑰與柑桔之間的相似程度。因此 (2.1) 的改寫是失敗的。

述詞唯名論的哲學家只得繼續修改對於(2)的改寫：

(2.1.1) 必然地，如果個物 x 屬於「x 是紅的」這述詞的外延，個物 y 屬於「x 是橘的」這述詞的外延，個物 z 屬於「x 是藍的」這述詞的外延，則在顏色方面，x 比 z 更相似於 y。

這改寫方式增加了「在顏色方面」，但仍然是不成功的。例如在顏色方面，紅玫瑰確實比起藍色鬱金香更相似於柑桔。可是，「在顏色方面」這個語詞似乎挑出了一個共性。若是如此，述詞唯名論並沒有擺脫對於共性的承認。

此外，由於 (2.1.1) 用到了「必然地」這個模態詞，使得我們對於 (2.1.1) 起了疑慮。這就涉及到了所謂的共外延難題。

困難二：共外延難題

下列對於(2)的改寫似乎為假：

(2.1.1*) 必然地，如果 x 屬於「x 是朱槿的顏色」這述詞的外延，y 屬於「x 是孤挺花的顏色」這述詞的外延，z 屬於「x 是柑桔的顏色」這述詞的外延，則在顏色方面，x 比 y 更相似於 z。

這說法之所以為假，是由於有這樣的可能性：柑桔都是深紅色的（而不是橘色的）。若是如此，(2.1.1*) 為假！（請留意：這說明裡有「在顏色方面」這但書。）

　　為什麼會出現這個問題呢？前面提到蒯因的例子：「x 是有心臟的」以及「x 是有腎臟的」這兩個述詞或許有相同的外延，但兩者的意義絕對是不同的。不但如此，即使兩個語詞實際上是共外延的，它們未必是必然共外延的。(2.1.1*) 之所以為假，關鍵在於：「x 是柑桔的顏色」以及「x 是橘的」這兩個述詞雖然實際上是共外延的，卻不是必然共外延的；也就是說，儘管事實上柑桔是橘的，我們願意承認：有可能柑桔是深紅色的。這裡的關鍵就在於「必然」這個概念出現在 (2.1.1*) 這個改寫的語句裡。再舉一個例子：設紅色碰巧是玫瑰最顯著的顏色，亦即「x 是紅的」與「x 是玫瑰最顯著的顏色」是偶然地具有相同的外延。然而這「共外延」的情形只是邏輯偶然的；也就是說，我們無法排除這樣的可能：玫瑰最顯著的顏色是藍色。在這可能性之下，紅色不會比玫瑰最顯著的顏色更相似於藍色。

　　這些例子都還只是提到：兩個述詞碰巧有相同外延而已，它們之有相同的外延只是偶然的。接著的例子用意更明顯：「x 是三角形的」與「x 是三邊形的」這兩個語詞的意義明顯是不同的，但它們不但有相同的外延，而且它們必定有相同的外延。然而，如果兩個必定有相同外延的述詞有不同的意義，外延論絕對不足以說明通詞或者抽象單詞的意義。述詞唯名論的改寫因而是失敗的。

困難三：述詞的無限後推難題

　　設我們用某個述詞 F 來謂述某個個物，又用這述詞來謂述另一個個物，再用這述詞來謂述第三個個物。此時，這述詞用了三次，這表示出現了三次這個述詞的個例。這三個個例顯然構成一個類型，所以依據述詞唯名論的類型套式，存在有某個述詞「F*」適用於這三個個例。接著，設 F* 這述詞也被使用了三次，因而出現了三個 F* 的個例。這三個 F* 的個例又構成了一個新的類型。所以依據述詞唯名論的類型套式，存在有某個述詞「F**」可以用來謂述這三個 F* 的個例。依此類推，這裡出現了一個關於述詞的無限後推。

> **想一想：**
>
> 老王主張述詞 F 的那三個個例構成一個類型，若且唯若，述詞 F 可用以謂述那三個個例。所以無需再引入新的述詞 F*，也就不會出現述詞的無限後推。老王的回應恰當嗎？

困難四：同義詞

在我們的語言裡有些語詞具有相同的意義，例如德文的 "weiβ" 和英文的 "white" 有相同的意義。這似乎暗示著：存在有〈x 是白的〉這性質（共性）是這兩個語詞共同表達的意義。述詞唯名論要如何化解這點？

從外延論的立場來看，述詞唯名論不難回應這個質疑：一個述詞的意義就是它的外延，亦即所有滿足這述詞的個物構成的集合。因此，兩個述詞是同義的，若且唯若，兩者的外延是相同的。所以 "weiβ" 和 "white" 兩個字的意義是相同的。然而，前面已經提到，共外延難題是外延論的立場無法解決的。既是如此，述詞唯名論還有什麼方式來說明同義詞的現象呢？

困難五：因果論證

這個世界存在有因果關係、具備因果結構，而且這個世界的因果結構與我們人類如何對於這個世界的個物進行分類無關。這是由於因果關係的建立僅僅有賴於構成原因與結果的東西所具備的性質，我們人類語言與概念的使用與否都不會影響一個因果關係之出現與否。因此述詞唯名論是錯誤的。

這論證當然與我們要如何理解「因致性」有關，也與我們如何將這世界的個物進行分類有關。這兩個議題只能等到後面幾章再做解說，目前我們暫時依據常識的看法，承認這個世界確實具有因果結構，也就是說，在這個世界裡，每件事情的發生都是有原因的，而且因果關係是必然的，不是機率的。按照這思路，性質之存在與否顯然與我們的語言無關。述詞唯名論要如何說明因果關係呢？

困難六：類型與述詞並未相對應（述詞的闕如與過量）

述詞唯名論對於前述類型套式的回答是有問題的。直覺上我們似乎願意承認：事實上還有很多類型是我們目前還沒發現的，因此我們的語言根本還沒有發展出相關的語詞來談論屬於這些類型的個物。關於這一點，述詞唯名論似乎可以這樣回應：對於這些目前還沒有發現的類型，儘管事實上我們的語言還沒有發展出相關的述詞，但原則上我們的語言是可以發展出相應的述詞的——只要等這些類型被我們發現就行了。換個方式來說，述詞唯名論可以訴諸「如若條件句」來回應：如若這些類型被發現了，則（必當）我們的語言有相應的述詞來謂述屬於這些類型的個物。

這回應是相當不錯了。然而，如果有一些類型是我們人類不可能發現到的呢？畢竟我們人類的認知是有侷限的。若是如此，對於這些類型的個物我們的語言是不可能有述詞與之相應的。

其次，是不是每個述詞都對應到某個類型呢？設我們的語言發展出了這個述詞 「x 是卡拉的」，滿足這個述詞的個物至少有我手上這顆籃球、盤子裡那顆蘋果、魚缸裡的那隻烏龜、窗臺上那朵百合花；但是你手裡的玫瑰、桌上的茶杯、魚缸裡的那隻金魚、地上那顆棒球則不滿足這個述詞。那麼，「x 是卡拉的」這述詞的外延至少包括我手上這顆籃球、盤子裡那顆蘋果、魚缸裡的那隻烏龜、窗臺上那朵百合花等個物。可是，這些個物真的構成一個類型嗎？前一章提到的「不完美社群」的例子也是一樣，就不再說明。

共性實在論可以主張：這些個物並沒有例現某個共性，因此不構成為類型。但是述詞唯名論卻不能採取這個回應。或許述詞唯名論可以對於所謂的「類型」採取最寬鬆的理解，任何個物的集合都構成一個類型。但是，一般人的直覺是很難認可將這些個物視為同一個類型的。述詞唯名論該怎麼做？

困難七：謂述的存有論基礎

設我手上這顆籃球滿足 「x 是紅的」 這述詞，但是我桌上那顆棒球沒有滿足「x 是紅的」。 述詞唯名論能說明這差異嗎？ 述詞唯名論能說明憑什麼 「x 是紅

的」適用於這顆籃球卻不適用於那顆棒球呢？直覺上我們會說，那是因為這顆籃球是紅色的（具有〈紅〉這個性質），但是那顆棒球不是紅的（不具有〈紅〉這個性質）；也就是說，我們日常是以個物是否具有相關的性質來回答該個物是否滿足某個述詞的。要使得述詞發揮謂述的作用，似乎必須對於「謂述」提供存有論的基礎。若是如此，我們無法接受述詞唯名論。

困難八：可投射述詞

要瞭解這個困難，得先從文獻上知名的翡翠悖論開始，是古德曼提出來的 ❼。這悖論也稱為歸納新謎或者稱為古魯悖論。

先觀察下列枚舉歸納：

> 翡翠 1 在 t 時前觀察到是綠色的。
> 翡翠 2 在 t 時前觀察到是綠色的。
> ⋮
> 翡翠 n−1 在 t 時前觀察到是綠色的。
> ===================================== [r]
> 下一個在 t_1 時將觀察到的翡翠 n 是綠色的。
> （或者，所有翡翠都是綠色的。）

如果歸納前提夠好（亦即 r > .5），這將是一個強歸納 ❽。

接著，讓我們新造一個形容詞「古魯的」，用來表示「在 t 時前為綠色的或者在 t 時後為藍色的」。「古魯的」這語詞是對於英文 "grue" 的音譯；"grue" 一字則是使用 "green" 與 "blue" 造出來的；另外造出來的字則是 "bleen"。再使用上面的歸納前提來做歸納推論：

> 翡翠 1 在 t 時前觀察到是綠色的。
> 翡翠 2 在 t 時前觀察到是綠色的。

---

❼ Goodman (1954).

❽ 亦即，在前提都為真的情形下，結論為真的機率大於 .5。

　　　　　⋮

翡翠 n–1 在 t 時前觀察到是綠色的。

================================== [r]

　　下一個在 t_1 時將觀察到的翡翠 n 是古魯的。

　　（或者，所有翡翠都是古魯的。）

相同的歸納前提，卻支持不同的結論！既然前提都相同，我們要接受哪個結論呢？絕大多數人不會接受第二個歸納結論，因為「古魯的」是一個很奇怪的述詞。然而，為什麼「古魯的」很奇怪，「綠的」和「藍的」卻不奇怪？

　　其實問題不在於「古魯的」（"grue"）這個字是人造的，因為「綠的」和「藍的」（或者英文的 "green" 和 "blue"）這些語詞同樣也是人造的。問題也不在於「古魯的」這個語詞的定義涉及了時間。因為我們甚至可以設想另外一種語言，本來就有 "grue" 和 "bleen" 這兩個字，然後在這語言裡，借用這兩個字用相同的手法造出了 "green" 和 "blue"。同樣的問題依然出現。即使如此，一般人的直覺還是很難接受「古魯的」這個形容詞。我們終究認為「綠的」和「藍的」有指稱到真實的性質，「古魯的」並沒有。它們的差異是什麼呢？由於古德曼將可接受的述詞稱為可投射的（亦即可用以進行歸納的、可進入科學定律的），這問題因而稱為可投射難題：我們語言中有哪些述詞是「可投射的」？更重要的是：我們要依據什麼原則來做決定？述詞唯名論顯然必須解決可投射難題，否則我們將可以任意新造任何述詞來表示任意的類型。

第三節　類集唯名論

　　述詞唯名論並不是唯一反對共性實在論的學說，類集唯名論是另外一個反對共性實在論的支派。「類集唯名論」是阿姆斯壯使用的術語。在當代哲學裡，嚴格來說，類集與集合是不同的：任何一組個物都可以構成一個集合，但是一組個物要構成一個類集，必須它們都具備某個相同的特徵。就這點來說，阿姆斯壯使用「類集」一詞並不恰當，因為對於類集的理解必須承認性質的存在。唯名論既然

是反對共性實在論的立場，使用「類集」一詞來說明這個學派顯然不妥。還好，由於這個差別對於本節的討論沒有造成影響，所以我們就予以忽略，但為了減少混淆，底下的討論將使用「集合」一詞。

類集唯名論對於本書提到的「關於性質的三大存有論任務」將如何回答呢？對於第一件任務，亦即前面提到的「類型套式」，類集唯名論提出的答案如下：

類集唯名論的類型套式

一群個物構成一個類型，若且唯若，這群個物都屬於某個集合。

換句話說，依據這主張，類型與集合是相對應的。由於任何集合都不滿足可多重例現原則，所以集合不是共性，而是（抽象的）個物。類集唯名論這套學說因此不需承認共性的存在。接著，類集唯名論對於議題 (E) 或 (E*) 的回答是：兩個個物在某方面是相似的，乃是因為兩者屬於某個類型，而這則是由於兩者屬於同樣的某個集合。例如，老王的這件外衣和小陳的那件外衣顏色是相似的，因為這兩件外衣屬於相同的某個類型，因為這兩件外衣屬於相同的某個集合。

類集唯名論對於第二件任務提出的答案呢？首先，以「老王是勇敢的」這語句為例。類集唯名論對其語意分析提供的存有論基礎是：這語句為真，若且唯若，「老王」這專名談論到的個物屬於 $\{x|x$ 是勇敢的$\}$ 這個集合。這學說對於議題 (F) 的回答是：通詞以及抽象單詞的意義就是其相對應的集合，例如「x 是紅的」這述詞或者「紅」這個抽象單詞的意義是 $\{x|x$ 是紅的$\}$ 這個集合。最後，類集唯名論對於第三件任務的主張是：一個類就是一個集合。

這派學說對於第一節提到的六個測試句也提出了回應。對於(1)語句「紅是顏色」，類集唯名論的改寫是：$\{x|x$ 是紅的$\}$ 這個集合是 $\{x|x$ 是有顏色的$\}$ 這個集合的子集合。對於(5)語句「勇敢是美德」的說明也類似。對於(2)語句「紅比起藍更相似於橘」，類集唯名論的說明是：$\{x|x$ 是紅的$\}$ 這個集合的元素比起 $\{x|x$ 是藍的$\}$ 這個集合的元素更相似於 $\{x|x$ 是橘的$\}$ 這個集合的元素。

這分析也有漏洞，在它的分析裡依然提到了 $\langle x$ 比 y 更相似於 $z\rangle$ 這多位關係。因此這分析並不徹底。類集唯名論如果要完整分析這語句，勢必得引入對於這多位關係的分析才行。類集唯名論可以這樣回應：設 a_1 比 a_2 更相似於 a_3、b_1 比 b_2

更相似於 b_3、c_1 比 c_2 更相似於 c_3……，則依據類集唯名論的類型套式，對於〈x 比 y 更相似於 z〉這多位關係的分析是：{〈a_1, a_2, a_3〉,〈b_1, b_2, b_3〉,〈c_1, c_2, c_3〉, …}，再運用第一節提到的，以集合來化約有序多項式，將這些都補充之後，類集唯名論對於⑵語句的改寫才算徹底。

對於⑶語句「老王和他的父親具有一樣的品德」，類集唯名論的改寫是：老王和他父親都屬於某個與德行有關的集合，例如都屬於 {x|x 是勇敢的}，或者都屬於 {x|x 是有智慧的}……。類集唯名論對於⑷語句「這兩件外衣有相同的顏色」的改寫也類似。至於⑹語句「仍有一些尚未發現的基本物理性質」，類集唯名論似乎可以這樣改寫：存在有一些集合，其元素都是尚未發現的物理個物。

到目前為止，共性實在論能處理的議題，類集唯名論似乎同樣也能處理。那麼，類集唯名論是否優於共性實在論呢？這理論是否比述詞唯名論更好呢？以下列出幾個類集唯名論面臨的困難。

困難一：改寫策略的失敗

類集唯名論對於⑶語句和⑷語句的分析是有問題的。對於⑶語句，類集唯名論的說明是：老王和他父親都屬於與德行有關的某個集合，例如 {x|x 是勇敢的}。然而類集唯名論如何說明這個現象呢？換個方式來看會更清楚。設老王是勇敢的、老張是怯懦（不勇敢）的。這表示儘管老王屬於 {x|x 是勇敢的}、老張不屬於這個集合。共性實在論可以說明這現象：老王例現了〈x 是勇敢的〉這共性、老張沒有。類集唯名論卻沒有辦法說明這現象。為什麼老王會屬於 {x|x 是勇敢的} 這集合，老張卻不屬於這集合？理由是什麼？類集唯名論對於⑷語句的分析面臨相同的問題，就不再說明。

類集唯名論對於⑸語句「勇敢是美德」的分析是有問題的。正如前一節提到的，勇敢的人未必是有德的。因此，屬於 {x|x 是勇敢的} 這個集合的個物未必就屬於 {x|x 是有德的} 這個集合。甚至，如果這個世界雖然有很多人都很勇敢，卻沒有人是有德的，則 {x|x 是有德的} 是個空集合，但 {x|x 是勇敢的} 卻不是。若是如此，我們無法接受類集唯名論對於⑸語句的改寫。

最後，類集唯名論對於⑹語句「仍有一些尚未被發現的基本物理性質」的分

析也是有問題的。即使存在有一些集合，其元素是尚未被發現的物理個物，這不表示這些集合的元素都具有尚未被發現的基本物理性質。例如，在外太空某個星球上還有很多物體是我們人類未曾觀察過的，但它們卻依然是由人類熟知的物理化學成分構成的，然而由於以這些方式構成的這些物體不曾出現在地球上，所以這些物體都是地球上不曾看過的，我們更不曾將它們分類。這些物體都屬於類集唯名論所說的那些集合，但它們並不具有尚未被發現的基本物理性質。簡單說，「仍有一些尚未被發現的基本物理性質」與「仍有一些物理個物是尚未被發現的」是不同的主張：如果前者成立，則必定後者成立；但後者之成立未必表示前者成立。

困難二：〈屬於〉關係的無限後推

類集唯名論主張集合的存在，個物與集合之間具有〈x 屬於 y〉這個關係（或者〈x 是 y 的元素〉這關係）。既然〈x 屬於 y〉是一個關係，基於反對共性實在論的立場，類集唯名論必須要將之解消。要如何做呢？設個物 a_1、a_2、a_3、… 是某集合 A 的元素，個物 b_1、b_2、b_3、… 是某集合 B 的元素，所以 a_1 屬於 A、a_2 屬於 A、a_3 屬於 A……，b_1 屬於 B、b_2 屬於 B、b_3 屬於 B……。這裡出現了很多次的〈x 屬於 y〉這個關係的個例，姑且稱為 e_1、e_2、e_3…。這些個例顯然構成一個類型。支持類集唯名論的哲學家要如何說明呢？依據他們對於類型套式的說明，顯然他們會主張：這些個例構成某個類型，若且唯若，這些個例屬於某個集合 E[9]，亦即，e_1 屬於 E、e_2 屬於 E、e_3 屬於 E……。然而，這裡又出現了新的〈x 屬於 y〉的個例，姑且稱為 e^*_1、e^*_2、e^*_3…。這些新的〈x 屬於 y〉的個例似乎又構成一個新的類型，因此類集唯名論會主張：這些新的〈x 屬於 y〉屬於另一個新的集合 E*，亦即 e^*_1 屬於 E*、e^*_2 屬於 E*、e^*_3 屬於 E*……。然而這裡又出現更新的〈x 屬於 y〉的個例。依此類推，類集唯名論似乎得主張一個涉及〈x 屬於 y〉的無限後推。這明顯不是反對共性實在論的哲學家能夠接受的。

---

[9] 請留意：這個集合並不是〈x 屬於 y〉這關係的外延 {〈a_1, A〉, 〈a_2, A〉, …}。

困難三：循環定義

　　從剛剛提到的困難也可以看出來，類集唯名論對於類型的主張會面臨循環定義的困難。依據類集唯名論的類型套式，這些個例 e_1、e_2、e_3、… 構成〈x 屬於 y〉這個關係類型，若且唯若，這些個例屬於集合 E。這裡出現了循環定義，因為類集唯名論試圖以「集合」以及「x 屬於 y」（或者「x 是 y 的元素」）來說明類型，但是類集唯名論在對於〈x 屬於 y〉這關係類型提出說明時，〈x 屬於 y〉卻再次出現。

　　從以上困難二和困難三，我們不得不結論說：〈屬於〉是類集唯名論必須承認的關係。若是如此，這學說還是留下了至少一個關係是未能解消的。其實這是類集唯名論必定面臨的：只要在存有論上承認集合是真實的，就必定得承認〈屬於〉是真實的。

困難四：類型與集合並未相對應

　　這個困難應該不難理解。有一些類型並沒有任何個例，但它們是不同的類型。例如，「獨角獸」這類型與「麒麟」這類型是不同的；而且由於它們都沒有個例，它們都對應到空集合。然而，類集唯名論的主張是：每個類型都對應到某個特定的集合；不同類型必定對應到不同的集合。因此，這裡出現了一個困難。

　　對於這個困難，類集唯名論或許可以質疑：為什麼「獨角獸」這類型與「麒麟」這類型是不同的？既然這世界不存在獨角獸，也不存在麒麟，我們還有什麼好理由來說它們是不同的類型呢？甚至，我們有什麼好理由承認它們構成了類型呢？或許這些類型根本不是真實的？

　　直覺上一般人都會認為這兩者是不同的類型。尤其柏拉圖式的共性實在論是可以承認這兩個類型是不同的，因為這兩個類型是由不同的共性〈x 是獨角獸〉以及〈x 是麒麟〉來區別的。反對共性實在論的哲學家當然會認為這回應已經預設了共性的存在，這是他們不能接受的。那麼，類集唯名論究竟應該主張「獨角獸」這類型與「麒麟」這類型是相同的，還是不相同的？抑或應該逕行否認這些類型？就類集唯名論來說，似乎只有兩個選擇：或者這派學說得主張所有這些空的類型

都是相同的，因為都對應到空集合；或者主張所有這些類型都不是真實的，應該從存有論裡剔除。無論哪種選擇都有問題在。試比較下列兩個語句：「獨角獸的身體是馬的形狀」以及「麒麟的身體是馬的形狀」，依照傳說，前者為真，後者為假。類集唯名論要如何說明這兩個語句在真值上的差異呢？

類型與集合並未相對應的困難還可以從另一個方向來看：異質性集合的可能性。所謂「異質性集合」是指這集合的所有元素沒有任何的共通點。由於任何一組東西都可以構成一個集合，因此確實有可能存在這種異質性的集合，前面提到的「卡拉」和「不完美社群」就是例子。但是，我們卻很難承認這些完全沒有任何共通點的個物可以構成一個類型。若是如此，類型與集合並沒有相對應。

困難五：共外延難題

前面已經解說過這個難題。有些類型是不同的，但卻有相同的外延。然而，依據類集唯名論，如果類型不同，與其對應的集合不同。但是與類型對應的集合就是其外延，因此不可能兩個相異的類型有相同的外延。如此一來就出現了矛盾。

例如，「有心臟的」與「有腎臟的」是不同的類型，但兩者是共外延的，都對應到相同的集合。再例如，「x 是三角形的」與「x 是三邊形的」是不同的類型。因此依據類集唯名論，與這兩者對應的集合是不同的。然而，這兩者有相同的外延，而且必然有相同的外延。類集唯名論要如何回應這困難呢？

困難六：關係及其階層

類集唯名論要如何分析關係呢？前面已經提到，對於共性採取反實在論的哲學家可以先將關係理解為有序式，再引進集合論來分析有序式，例如將 $\langle a, b \rangle$ 化約為 $\{\{a\}, \{a, b\}\}$。但是這分析似乎是任意的，沒有什麼依據，因為我們也可以將 $\{\{a\}, \{a, b\}\}$ 理解為對於 $\langle b, a \rangle$（而不是 $\langle a, b \rangle$）的化約。類集唯名論如何回應呢？

本書倒是認為這一點並不會對於類集唯名論造成困難。畢竟，只要類集唯名論維持其化約分析的系統一致性即可，即使其中帶有任意的成分，並不會影響其基本立場。

　　類集唯名論面臨的困難不在這裡，而在於一個無限多的關係層級。這套學說承認存在的東西包括個物、個物構成的集合、這些集合的集合……。這裡會出現一個關係的階層：介於個物之間的關係、介於集合之間的關係、介於集合的集合之間的關係……。即使類集唯名論可以訴諸集合論來分析關係，但在其分析後出現的集合彼此之間依然存在有某些關係，例如〈x 是 y 的子集合〉、〈x 是 y 的冪集合〉……。這分析似乎是沒有終點的。

困難七：「種－屬」關係

　　這個問題前面也提過。類型之間也構成一個層級。所謂「高階類型」指的是〈x 是有顏色的〉、〈x 是有形狀的〉……；至於〈x 是紅的〉、〈x 是藍的〉、〈x 是方的〉、〈x 是圓的〉……，則是一階的類型。〈x 是紅的〉、〈x 是藍的〉……一階類型與〈x 是有顏色的〉這高階類型之間具備的是「種－屬」的關係，或者「受決定的－可決定的」的關係。類集唯名論如何說明「種－屬」關係呢？

　　前面提到，類集唯名論對於⑴語句「紅是顏色」的分析是：{x│x 是紅的} 這個集合是 {x│x 是有顏色的} 這個集合的子集合。由於任何紅色的個物必然都是有顏色的個物，因此類集唯名論必定會承認：{x│x 是紅的} 必然是 {x│x 是有顏色的} 的子集合（此處強調「必然」）。然而，所有紅色的個物也都是有形狀的個物，而且必然是有形狀的個物。因此，不僅 {x│x 是紅的} 是 {x│x 是有形狀的} 的子集合，而且 {x│x 是紅的} 必然是 {x│x 是有形狀的} 的子集合（此處同樣強調「必然」），但是我們並不因而主張〈x 是紅的〉與〈x 是有形狀的〉之間具有「受決定的－可決定的」之間的關係或者「種－屬」之間的關係。

第四節　部分學唯名論

　　有一套學說與類集唯名論頗為近似，訴諸所謂的集聚。所謂「集聚」是由一堆東西構成的。例如，那一堆沙是一個集聚，是由很多粒沙子構成的；天上的銀河也是一個集聚，是由眾多的星星（包括恆星與行星）構成的。

　　集聚與集合是不同的。首先，我們承認沒有元素的集合（亦即空集合）是存在的，但是沒有元素的集聚是不存在的。其次，「集聚的集聚」與「集合的集合」

是不同的。舉例來說，設集聚 A_1 的元素包括 a_1 和 a_2 兩個個物、集聚 A_2 的元素包括 a_3 和 a_4 兩個個物。這兩個集聚屬於一個更大的集聚，其元素是 a_1、a_2、a_3、a_4。對照來看，設集合 S_1 的元素包括 a_1 和 a_2 兩個個物，亦即 $S_1 = \{a_1, a_2\}$、集合 S_2 的元素包括 a_3 和 a_4 兩個個物，亦即 $S_2 = \{a_3, a_4\}$。這兩個集合屬於更大的一個集合 $\{\{a_1, a_2\}, \{a_3, a_4\}\}$，但這集合並不是 $\{a_1、a_2、a_3、a_4\}$。

形上學對於「集聚」的探討稱為部分學或者「部分存有論」，專門研究與「部分」和「整體」有關的各種議題。本書第五章第八節還會對部分學做比較多的說明，這裡我們先看看部分學對於「性質」的主張。

阿姆斯壯將訴諸「集聚」來探討性質的學說稱為「部分學唯名論」，也是一種反對共性實在論的立場。部分學唯名論對於「關於性質的三大存有論任務」將如何回答呢？關於第一件任務，部分學唯名論對於類型套式的主張如下：

部分學唯名論的類型套式
一群個物構成一個類型，若且唯若，這群個物屬於某個集聚。

部分學唯名論對於第二件任務提出的答案呢？以「老王是勇敢的」這語句為例。部分學唯名論對其語意分析提供的存有論基礎是：這語句為真，若且唯若，「老王」這專名談論到的個物屬於〈勇敢-集聚〉。這學說對於議題 (F) 的回答是：通詞以及抽象單詞的意義就是相對應的集聚，例如「x 是紅的」這述詞或者「紅」這個抽象單詞的意義是〈紅-集聚〉。部分學唯名論對於第三件任務的說法是：一個類就是一個集聚。

部分學唯名論要如何分析關係呢？設老王既尊敬老張也尊敬小陳、小陳尊敬小趙但不尊敬老王。部分學唯名論的分析是：老王之尊敬老張、老王之尊敬小陳、小陳之尊敬小趙，都屬於〈尊敬-集聚〉。

接著，對於前面提到的六個測試句，部分學唯名論提出的分析是這樣的：對於⑴語句「紅是顏色」的分析是：〈紅-集聚〉是〈顏色-集聚〉的一個子集聚。（對於⑸語句「勇敢是美德」的分析也類似。）對於⑵語句「紅比起藍更相似於橘」的分析是：〈紅-集聚〉的元素比起〈藍-集聚〉的元素更相似於〈橘-集聚〉的元素。同樣地，部分學唯名論必須進一步對於〈x 比 y 更相似於 z〉這多位關係提出分析才行。

設 a_1 比 a_2 更相似於 a_3、b_1 比 b_2 更相似於 b_3、c_1 比 c_2 更相似於 c_3……。依據部分學唯名論的類型套式，這群個物構成一個〈x 比 y 更相似於 z〉的類型，若且唯若，這群個物屬於〈x 比 y 更相似於 z〉這個集聚。對於(3)語句「老王和他的父親具有一樣的品德」的分析是：老王和他的父親都同樣屬於與德行有關的某個集聚，例如〈勇敢-集聚〉。（對於(4)語句「這兩件外衣有相同的顏色」的分析也類似。）對於(6)語句「仍有一些尚未發現的基本物理性質」的分析是：存在有一些集聚，其元素都是物理的個物，且這些集聚都還沒有被發現。

部分學唯名論並沒有比類集唯名論要好，大致上類集唯名論面臨的困難，部分學唯名論同樣難以解決。

困難一：改寫策略的失敗

部分學唯名論對於(3)語句和(4)語句的分析是有問題的。對於(3)語句，部分學唯名論的說明是：老王和他父親都屬於某個與德行有關的集聚，例如〈勇敢-集聚〉。但同樣地，部分學唯名論必須說明：為什麼他們兩人都屬於〈勇敢-集聚〉？設老張是怯懦（不勇敢）的，則他不屬於〈勇敢-集聚〉。部分學唯名論如何區隔老王和老張？似乎我們還是得承認老王和他父親有相似的特徵，是老張沒有的。部分學唯名論對於(4)語句的分析也面臨相同的問題，就不再說明。

部分學唯名論對於(5)語句「勇敢是美德」的分析是有問題的。既然勇敢的人未必是有德的，屬於〈勇敢-集聚〉的個物未必屬於〈德行-集聚〉，亦即〈勇敢-集聚〉未必是〈德行-集聚〉的一部分；甚至有可能〈勇敢-集聚〉存在，但〈德行-集聚〉是不存在的。

部分學唯名論對於(6)語句「仍有一些尚未發現的基本物理性質」的分析是有問題的。試考慮這樣的情形：存在有一些尚未被發現的集聚，但構成這些集聚的個物是我們原本就熟悉的，我們只是沒想過它們構成了某些集聚而已。例如，這顆蘋果、那片樹葉、那盞檯燈……都是我們熟悉的。部分學唯名論如何將這種集聚與那些在基本物理性質方面的尚未發現的集聚區別開來？

困難二：〈屬於〉關係的無限後推

　　部分學唯名論主張集聚的存在，個物與集聚之間具有〈屬於〉這個關係。既然〈屬於〉是一個關係，基於反對共性的立場，部分學唯名要如何說明這個關係呢？設個物 a_1、a_2、a_3、… 是某集聚 A 的元素，所以 a_1 屬於 A、a_2 屬於 A、a_3 屬於 A……。這裡出現了很多次的〈屬於〉這個關係的個例，姑且稱為 b_1、b_2、b_3…。這些個例顯然構成一個類型。依據部分學唯名論對於類型套式的說明，顯然這學說會主張：這些個例構成某個類型，若且唯若，這些個例屬於某個集聚 B，亦即，b_1 屬於 B、b_2 屬於 B、b_3 屬於 B……。然而，這裡又出現了新的〈屬於〉的個例，姑且稱為 c_1、c_2、c_3…。這些新的〈屬於〉的個例又構成一個新的類型，因此部分學唯名論會主張：這些新的〈屬於〉屬於另一個新的集聚 C。然而，這裡又出現更新的〈屬於〉。依此類推，部分學唯名論似乎得主張一個涉及〈屬於〉的無限後推。這明顯不是反對共性實在論的哲學家能夠接受的。

困難三：無限成長的集聚

　　〈x 屬於 y〉這關係有很多個例，這個類型構成一個集聚，姑且稱之為 A，A 是由這些個例構成的。然而，這些個例與這集聚之間具有的仍然是〈x 屬於 y〉這關係。因此，每個個例與集聚之間的關係也是新的個例，這些新的個例自然也是屬於 A。但這裡又出現了新的〈x 屬於 y〉這關係的個例。這些新的個例又依然屬於 A。依此類推，部分學唯名論必須主張一個不斷自我成長的集聚。這似乎是荒謬的。

困難四：類型與集聚並未相對應

　　前面已經提到有一些類型並沒有任何個例，但是前面也已經提到，沒有元素的集聚是不存在的（這與集合論的說法不同）。因此這些類型沒有對應到任何集聚。

　　類型與集聚並未相對應的困難還可以從另一個方向來看：完全異質性集聚的可能性。所謂「異質性集聚」是指這集聚的所有元素完全沒有任何共通點。由於

任何一組東西都可以構成一個集聚，因此確實有可能存在這種完全異質性的集聚。但是我們很難承認它們構成一個類型。若是如此，類型與集聚並沒有相對應。

困難五：共外延難題

有些類型是不同的，但卻有相同的外延。然而依據部分學唯名論，如果類型不同，與其對應的集聚不同；但與其對應的集聚就是其外延，因此不可能兩個相異的類型有相同的外延。部分學唯名論面臨了矛盾。

我們還是舉相同的例子。前面提到的「有心臟的」與「有腎臟的」是相異的類型，但兩者是共外延的，都對應到相同的集聚。再例如，「x 是三角形的」與「x 是三邊形的」是相異的類型。因此依據部分學唯名論，與這兩者對應的集聚應該是不同的。然而，〈三角形集聚〉與〈三邊形集聚〉事實上是同一個集聚，而且必然是同一個集聚。部分學唯名論要如何回應這困難呢？

困難六：「種─屬」關係

前面已經說過，類型之間也構成一個層級。〈x 是紅的〉、〈x 是藍的〉……等一階類型與〈x 是有顏色的〉這高階類型之間具備的是「種─屬」的關係，或者「受決定的─可決定的」這種關係。部分學唯名論如何說明「種─屬」關係呢？

部分學唯名論對於(1)語句「紅是顏色」的分析是：〈紅-集聚〉是〈顏色-集聚〉的子集聚。由於任何紅色的個物必然都是有顏色的個物，因此部分學唯名論必定會承認：〈紅-集聚〉必然是〈顏色-集聚〉的子集聚（此處強調「必然」）。然而，所有紅色的個物也都是有形狀的個物，而且必然是有形狀的個物。因此不僅〈紅-集聚〉是〈形狀-集聚〉的子集聚，而且〈紅-集聚〉必然是〈形狀-集聚〉的子集聚（此處同樣強調「必然」），但是我們並不因而主張〈x 是紅的〉與〈x 是有形狀的〉之間具有「受決定的─可決定的」之間的關係或者「種─屬」之間的關係。

第五節　概念唯名論

另外一個反對共性實在論的學說是概念唯名論，或稱概念論。澳洲哲學家普雷斯就明確主張概念唯名論 ❿。這裡所說的「概念」是心理個物，不是語言的，

更不是共性實在論所說的共性。

　　概念唯名論對於本書提到的「關於性質的三大存有論任務」將如何回答呢？概念唯名論對於前述類型套式的說法是：

概念唯名論的類型套式

　　一群個物構成一個類型，若且唯若，某個概念適用於這群個物。

因此，日常所謂某個個物具有某性質 F，在概念唯名論裡是理解為：該個物「落入」〔F〕這概念（亦即該概念適用於該個物）。

　　這立場否認抽象（非物理、非心理）東西的實在性。這是由於這立場認為：共性實在論的哲學家之所以會主張抽象東西的存在，只是由於他們將述詞唯名化，接著錯誤地將這些唯名化之後的語詞視為具有指涉的語詞而已。例如共性實在論將「x 是紅的」唯名化並作為主詞之後，造出了(1)語句：「紅是顏色」或者(2)語句：「紅比藍更相似於橘」，然後將佔據主詞位置的語詞當成是有指涉的，亦即「紅」這個語詞，才會誤以為這些語詞談論到了〈紅〉這個共性。

　　概念唯名論對於第二件任務提出的答案呢？以「老王是勇敢的」這語句為例。概念唯名論對其語意分析提供的存有論基礎是：這語句為真，若且唯若，〔勇敢〕這概念適用於「老王」這專名談論到的個物。這學說對於議題 (F) 的回答是：通詞以及抽象單詞的意義就是相對應的概念，例如「x 是紅的」這述詞或者「紅」這個抽象單詞的意義是〔x 是紅的〕這概念。概念唯名論對於第三件任務的說法是：一個類乃是由一組可用某概念描述的個物構成的。

　　對於前面提到的六個測試句，概念唯名論也提出了一套分析。對於(1)語句「紅是顏色」的分析是：任何可以用〔x 是紅的〕這概念描述的個物都可以用〔x 是有顏色的〕這概念來描述（對於(5)語句「勇敢是美德」的分析也類似）。對於(2)語句「紅比起藍更相似於橘」的分析是：用〔紅〕這概念描述的個物比起用〔藍〕這概念描述的個物更相似於用〔橘〕這概念描述的個物。至於概念唯名論對於(2)語句的分析留下來的漏洞可以這樣回應：設 a_1 比 a_2 更相似於 a_3、b_1 比 b_2 更相似於 b_3、c_1 比 c_2 更相似於 c_3……。依據概念唯名論的類型套式，這群個物構成一個〈x

---

❿　Place (1996a; 1996b)。中世紀的 William of Ockham (1288–1348) 也是這學說的重要人物。

比 y 更相似於 z〉的類型，若且唯若，〔x 比 y 更相似於 z〕 這概念適用於這群個物。概念唯名論對於⑶語句「老王和他的父親具有一樣的品德」的分析是：對老王和他的父親都可以用與德行有關的概念來描述，例如〔勇敢〕、〔智慧〕⋯⋯。（對於⑷語句「這兩件外衣有相同的顏色」的分析也類似。）概念唯名論對於⑹語句「仍有一些尚未發現的基本物理性質」的分析是：存在有一些物理的個物還沒有被發現，而且目前我們人類還沒有相應的概念來加以描述。

概念唯名論面臨了一些困難，底下讓我們來看看。

困難一：改寫策略的失敗

概念唯名論對於⑶語句「老王和他的父親具有一樣的品德」的分析是有問題的。這立場必須說明為什麼例如〔勇敢〕這概念可以適用到他們兩人，卻不適用於老張。我們一般還是傾向於認為〔勇敢〕這概念之所以適用於老王和他父親，是由於他們兩人具有某個共通的性質的緣故。概念唯名論對於⑷語句「這兩件外衣有相同的顏色」的分析也面臨相同的困難，不再說明。

概念唯名論對於⑸語句「勇敢是美德」的分析也是失敗的。既然勇敢的人未必是有德的人，對於可以適用〔勇敢〕這概念的個物來說，〔x 是有德的〕這概念未必適用。概念唯名論對於⑹語句的改寫也是失敗的。即使有些個物構成的類型是我們人類尚未發現、因而還沒有相應的概念以應用到這些概念，這不表示這些類型是由具備未發現的基本物理性質的個物構成的。

困難二：關係的無限後推

當我們將某概念 C 應用到某個物（亦即概念化某個物）時，這個〈應用〉是一個介於個物與 C 之間的二元關係，姑且稱之為 R_1。我們接著應用概念 C* 到 R_1（亦即將 R_1 概念化），這個〈應用〉是介於 R_1 與 C* 之間的二元關係，姑且稱之為 R_2。我們接著再應用概念 C** 到 R_2 （亦即將 R_2 概念化），這個〈應用〉是介於 C** 與 R_2 之間的二元關係。依此類推，出現了一個關於〈應用〉這個二元關係的無限後推。

困難三：概念的無限後推

設某概念 C 應用在某個物 a，然後應用在另一個個物 b，然後又應用到第三個個物 c。此時出現了〔C 之應用於 a〕、〔C 之應用於 b〕、〔C 之應用於 c〕這三個個例。這些個例構成一個類型，所以依據概念唯名論，存在有某概念 C* 可以應用在這三個個例，所以又有三個新的個例，這些個例又構成一個新的類型，所以依據概念唯名論，存在某概念 C** 可以應用在這三個新的個例。依此類推，將出現一個關於「概念」的無限後推。

困難四：類型與概念並未相對應

有些類型還沒有被我們人類發現，因此我們還沒有形成相應的概念。這當然無法舉例了，因為一旦舉了某個尚未發現的類型作為例子，就已經將該類型概念化了。這說法是可以接受的。目前科學家還在從事各種科學研究，探討新領域，發掘新事實。既然科學研究還沒停止，主張存在有一些類型是人類還沒發現的，是很合理的。事實上，或許幾億光年外就存在一些物質是地球沒有的。既然這些類型還沒被發現，當然我們還沒有機會形成相應的概念。概念唯名論同樣可以訴諸「如若條件句」來回應：如若這些類型被人類發現，則（必當）我們會發展出相應的概念來將這些個物概念化。

然而，如果有一些類型是我們人類不可能發現到的呢？畢竟我們人類的認知總有其侷限在。因此，對於這些類型的個物我們人類是不可能發展出與之相應的概念的。此外，有些概念似乎沒有對應到任何類型，例如﹝x 比光速快﹞、﹝x 是最大質數﹞、﹝x 是完美的圓﹞。若是如此，概念唯名論對於類型套式的說明是無法接受的。

第六節　相似唯名論

相似唯名論也是反對共性實在論的學說。這套學說對於本書提到的「關於性質的三大存有論任務」將如何回答呢？這立場對於前述類型套式的說明是：

相似唯名論的類型套式

一群個物構成一個類型，若且唯若，它們彼此之間的相似程度大於它們與其它個物的相似程度。

舉例來說，這顆紅籃球、那朵朱槿、熟番茄、草莓、血液、生牛肉……，這些東西之所以構成一個類型，是由於它們之間（在顏色方面）的相似程度大於它們與橘子、乒乓球、芭樂、兔毛、薰衣草……（在顏色方面）的相似程度。

依據阿姆斯壯，相似唯名論還有另外一種說法：

任何一個個物具有性質 F，若且唯若，該個物與 F-範例相似。

阿姆斯壯指出：這兩個相似唯名論的說法是不同的，第一種說法預設第二種說法，但反之不然。他的想法是這樣的：設 a_1、a_2、a_3 彼此之間的相似程度大於它們與其它個物的相似程度，所以依據相似唯名論的第一種說法，這三個個物構成一個類型 A。設 b_1、b_2、b_3 彼此之間的相似程度也大於它們與其它個物的相似程度，所以依據相似唯名論的第一種說法，這三個個物也構成一個類型 B。接著的問題是：為什麼類型 A 對應到性質 F、類型 B 卻是對應到另外一個性質 G 呢？一個回應方式就是訴諸相似唯名論的第二種說法：a_1、a_2、a_3 與 F-範例相似，b_1、b_2、b_3 則與 G-範例相似[11]。

要對於相似唯名論有充分的瞭解自然得先瞭解「相似」這概念[12]。首先，「相似」是有程度之分的。其次，「精準相似」乃是等值關係，亦即它是自反的、對稱的、遞移的；但是「非精準相似」只具有對稱性而已。第三，〈相似〉是一個內部關係。第四，依據布曲法洛夫，「相似」不是一個二位述詞。所謂「x 相似於 y」在邏輯上是不完整的表達式；當我們使用「相似」這述詞時，我們其實談到了至少三個個物：「x 比 y 更相似於 z」。在存有論上，布曲法洛夫進而主張：個物之間的相似性不是一個二元的關係，而是介於兩個一階關係之間的二階的二元關係[13]。

---

[11] 參 Rodriguez-Pereyra (2004) 對於訴諸範例的主張的反駁。

[12] 請對照第六章第六節對於「相似」有比較多的解說。

[13] 參 Butchvarov (1979: 123)、彭孟堯 (2012)。

　　相似唯名論對於第二件任務提出的答案呢？以「老王是勇敢的」這語句為例。相似唯名論對其語意分析提供的存有論基礎是：這語句為真，若且唯若，「老王」這專名談論到的個物屬於所有在「勇敢」方面彼此最相似的個物構成的集合。這學說對於議題 (F) 的回答是：通詞以及抽象單詞的意義就是指一組彼此最相似的個物構成的集合，例如「x 是紅的」這述詞或者「紅」這個抽象單詞的意義是在「紅色」方面彼此最相似的個體構成的集合。相似唯名論對於第三件任務的說法是：一個類乃是由一組彼此最相似的個物構成的。

　　相似唯名論如何分析前面提到的六個測試句呢？對於(1)語句「紅是顏色」的分析是：在「紅」方面彼此最相似的個物構成的集合乃是在「顏色」方面彼此最相似的個物構成的集合的子集合。對於(2)語句「紅比藍更相似於橘」的分析是：在「紅」方面彼此最相似的個物比起在「藍」方面彼此最相似的個物更相似於在「橘」方面彼此最相似的個物。對於(3)語句「老王和他的父親具有一樣的品德」的分析是：老王和他的父親都屬於由在某德行方面彼此最相似的個物構成的集合。（對於(4)語句「這兩件外衣有相同的顏色」的分析也類似。）對於(5)語句「勇敢是美德」的分析是：彼此在「勇敢」方面最相似的個物都是在「德行」方面最相似的。對於(6)語句「仍有一些尚未發現的基本物理性質」的分析是：存在有一些物理的個物彼此在某方面最相似，但還沒有被人類發現。

> **想一想：**
> 相似唯名論對於六個測試句的改寫策略是成功的嗎？例如，在「顏色」（或者「德行」）方面彼此最相似的個物構成的集合，是由哪些個物構成的？

　　相似唯名論也面臨了一些理論困難，底下做一些說明。

困難一：羅素的無限後推

　　羅素曾經提出這個論證來拒斥反實在論，特別是相似唯名論[14]。設 a_1 與 a_2 相

---

[14] Russell (1911).

似，並將這相似關係稱為「$a*$」；設 b_1 與 b_2 相似，並將這相似關係稱為「$b*$」；設 c_1 與 c_2 相似，並將這相似關係稱為「$c*$」；……。顯然 $a*$ 與 $b*$ 也相似、$a*$ 與 $c*$ 也相似、$b*$ 與 $c*$ 也相似。這三個新的相似關係彼此之間又相似。依此類推，我們造出一個關於「相似」的無限後推。羅素認為這無限後推對於反實在論造成了理論威脅。他因此主張：解決之道就只有承認至少存在有一個共性，亦即承認〈相似〉是一個共性。然而如此一來，相似唯名論，乃至於各個唯名論的支派，都因而瓦解了。

困難二：循環定義

如果相似唯名論的學說預設第二種說法，則我們不禁要問：我們要如何理解 F-範例？如果主張：某個個物之所以是 F-範例是由於它具有 F 性質，則相似唯名論的分析並不徹底，並沒有真正取消性質。如果相似唯名論主張：一個個物之所以是 F-範例，是由於該個物與某個具有 F 性質的個物相似，則相似唯名論訴諸 F-範例的第二種說法是循環定義的。

困難三：範例的多重性

這困難很簡單：任何一個被當成是某個範例的個物可以同時作為不同的範例。例如，芭樂既可以是綠色的範例，也可以是水果的範例；麥當勞既是速食店的範例，也是美國文化的範例；雞既是家禽的範例，也是不會飛的鳥的範例。按照這思路，相同的一群個物同時構成不同的範例是有可能的。然而依據相似唯名論的第二種說法，不同的類型是對應到不同範例的，這就造成了理論矛盾，因為一方面，不同的類型必定具有不同的個例；另一方面，卻有可能同一群個物同時構成不同的範例，或者與不同的範例都相似。

困難四：孤例

所謂「孤例」是說某個個物具有某性質，但全世界碰巧只有這個個物具有這性質，因而沒有任何其它個物與它在這性質方面是相似的。「孤例」對於相似唯名論的兩種說法都造成了理論困難。

　　「孤例」不會威脅到共性實在論，也不會威脅到述詞唯名論、類集唯名論、概念唯名論。但是「孤例」除了會對於相似唯名論造成威脅之外，對於部分學唯名論似乎也會造成理論困難。正如同一粒沙子不構成一堆（一個集聚），一個孤例也不會構成一個集聚。

第七節　殊性存有論

　　反對共性實在論的哲學家，特別是唯名論，既否認共性也否認性質和關係。但是另外有一群哲學家儘管否認共性，卻並未否認性質與關係，他們只是不將性質和關係理解為共性，而是理解為個殊的：性質與關係跟日常的個物一樣，都是個殊的。文獻上對於這種個殊的性質和關係有幾種不同的稱呼：抽象個物、具體性質、性質個例……。自從威廉斯在 1953 年使用 "trope" 這個語詞之後，這用詞逐漸成了哲學界的主流用法。由於這學派將性質以及關係視為個殊的，本書將 "trope" 譯為「殊性」，這個學派則稱為「殊性存有論」。

　　對於「殊性」提出比較系統的哲學討論的，應該是起自 1921 年，到了 1953 年威廉斯做了比較詳細的討論，到了 1990 年康貝爾出版專書，算是進入了高峰期。底下對於殊性存有論的基本主張做一些介紹[15]。

⑴在殊性存有論裡有三個根本的、原初的東西，亦即在存有論上是不再說明的：共現、殊性、（殊性之間的）相似[16]。

⑵所有的性質和關係都是個殊的，都是殊性。就這點來說，殊性也是個物，但不是像籃球、蘋果……日常的個物。儘管有些接受殊性存有論的哲學家同時主張殊性與共性，但本書接受阿姆斯壯的說法[17]：既然已經承認了殊性來說明各個形上學議題，又何必再引入共性呢？

⑶每個日常個物都是一個殊性束，或者是一個（基體＋殊性束），關於

[15] 參 Stout (1921)、Williams (1953)、Campbell (1990)。在殊性存有論底下其實還有一些支派，本章的介紹略過這些細節。

[16] 「共現」一詞最早是羅素提出來說明共性束的，參 Russell (1911)。

[17] Armstrong (1989: 17).

「基體」，等第五章再來說明❶。

⑷每個類型都是由一群精準相似的殊性構成的。例如，「方」這類型是由所有精準相似的〈方-殊性〉構成的。

⑸日常個物之間的相似是由個物具有的殊性之間的相似來解釋的。例如，這顆籃球和那顆籃球（在形狀上）相似，意思是說，這顆籃球有一個〈球形-殊性〉，那顆籃球也有一個〈球形-殊性〉，而且這兩個殊性相似。

⑹殊性之間的共現與相似都是內部關係。

⑺一個日常個物具有的殊性是不可能轉移到其它日常個物的。這在文獻上稱為殊性不可轉移原則。

⑻允許沒有與其它任何殊性共現的單獨存在的殊性，這在文獻上稱為「自由浮動」的殊性。

提醒一點：並不是所有支持殊性存有論的哲學家都同意這裡列出的主張，例如是否承認「自由浮動」的殊性❶？是否承認殊性是不可轉移的？即使在殊性存有論的哲學家之間也有爭議。

另外，在殊性存有論裡，〈x 等同於蘇軾〉不是殊性。因為，如果它是殊性，而且是蘇軾具有的性質，則由於蘇軾是一個殊性束（或者基體＋殊性束），這殊性屬於這個殊性束。然而，對於這個殊性的存有論理解必定涉及蘇軾；對於蘇軾的存有論理解又必定涉及這個殊性。一方面這裡有循環的理解；另一方面，承認這殊性將會違背殊性存有論之以殊性為根本存在東西的主張。

殊性存有論對於本書提到的「關於性質的三大存有論任務」將如何回答呢？首先，對於類型套式，殊性存有論的主張是：

殊性存有論的類型套式

一群（日常）個物構成一個類型，若且唯若，這群裡的每個個物都具有某

---

❶ 嚴格來說，既然在殊性存有論裡，性質與關係都是個殊的，它們也都是個物。本章為了不造成說明上的混淆，如果談論的還是日常講的那些個別的東西，將使用「日常個物」一詞（也包括科學裡講的個物，像是硫酸、夸克……）。

❶ 例如 Campbell (1990) 是承認「自由浮動」的殊性的，但 Mertz (1996) 則否認。

個殊性彼此是精準相似的。

例如，一群日常個物 a_1、a_2、a_3、… 等構成「紅」這個類型，是由於 a_1 具有一個〈紅-殊性〉、a_2 具有一個〈紅-殊性〉、a_3 也具有一個〈紅-殊性〉……，而且這些殊性都是精準相似的。殊性存有論對於第三件任務的說法與前者相同，就不贅述。

殊性存有論對於第二件任務的主張呢？以「老王是勇敢的」這語句為例。殊性存有論對其語意分析提供的存有論基礎是：這語句為真，若且唯若，「老王」這專名談論到的個物具有一個〈勇敢-殊性〉。這學說對於議題 (F) 的回答是：通詞以及抽象單詞的意義就是指一群精準相似的殊性構成的集合，例如「x 是紅的」這述詞或者「紅」這個抽象單詞的意義是指由所有精準相似的〈紅-殊性〉構成的集合。

殊性存有論如何分析前面提到的六個測試句呢？對於(1)語句「紅是顏色」，殊性存有論的說明是：「紅」這類型乃是所有精準相似的〈紅-殊性〉構成的集合，這個集合是定義「顏色」這個類型的殊性集合的子集合。（對於 (5) 語句「勇敢是美德」的說明也類似。）對於(2)語句「紅比藍更相似於橘」，殊性存有論的說明是：任何一個〈紅-殊性〉都比任何一個〈藍-殊性〉更相似於任何一個〈橘-殊性〉。對於(3)語句「老王和他的父親具有一樣的品德」，殊性存有論的說明是：老王具有一個品德方面的殊性、他父親也具有一個品德方面的殊性，而且這兩個殊性是相似的。（對於 (4) 語句「這兩個外衣有相同的顏色」也是一樣的說明。）對於(6)語句「仍有一些尚未發現的基本物理性質」，殊性存有論的說明是：還有一些精準相似的殊性集合尚未被發現。

此外，殊性存有論不會面臨共外延難題。試考慮「x 是有心臟的」與「x 是有腎臟的」這一組語詞。我們已經看到，這共外延難題對於許多學說都造成了理論困難。幸好，在殊性存有論裡，「x 是有心臟的」與「x 是有腎臟的」並不是共外延的，這是由於前者的外延是所有〈x 是有心臟的-殊性〉構成的集合，後者的外延是所有〈x 是有腎臟的-殊性〉構成的集合，這兩個集合是不同的。

殊性不可轉移原則

本書在這裡對於「殊性不可轉移原則」補充一些說明[20]。卡莫農討論了這條原則的三個版本，本書分別稱之為「強不可轉移原則」、「弱不可轉移原則」、以及最弱的「同世界之不可轉移原則」。茲介紹如下：

強不可轉移原則是說：任何個物 a 具有的任何殊性 T 都是與 a 不可分離的，⑴不僅沒有其它個物可能會具有 T，而且⑵T 必定屬於 a。第⑴點的意思是說，在所有 T 存在的可能世界裡，任何具有 T 的個物就是 a；第⑵點的意思是說，T 不可能是自由浮動的，亦即不存在這樣的可能世界：在其中 T 存在，但不屬於任何個物。令「Tyx」表示「x 是 y 的殊性」，這原則的邏輯式子是：

強殊性不可轉移原則

$(x)(y)(Tyx \supset \square((\exists z)(z = x) \supset Tyx))$

弱不可轉移原則接受上述第⑴點，但不接受第⑵點；也就是說，這原則允許「自由浮動」的殊性：

弱殊性不可轉移原則

$(x)(y)(Tyx \supset \square((z)(Tzx \supset z = y)))$

這兩條原則都是主張：個物具有的殊性是「跨世界不可轉移的」。如果某個個物 a 實際上具有殊性 T，則在任何可能世界裡，只要 T 屬於某個個物，那個個物就是 a。

我們還可以採取更弱的立場：個物具有的殊性只是「同世界不可轉移的」，但允許殊性是「跨世界可轉移的」：

同世界之殊性不可轉移原則

$\square((x)(y)(Tyx \supset (z)(Tzx \supset z = y))$

設個物 a 實際上具有殊性 T，則在這個實際世界裡，任何其它個物不具有 T，但

---

[20] Cameron (2006).

是允許在別的可能世界裡，個物 b $(b \neq a)$ 具有 T；而且同樣地，在那個可能世界裡既然是 b 具有 T，則只有 b 具有 T——即使 a 正好也存在於那個可能世界。

想一想：
殊性不可轉移原則這三個版本，究竟哪一個比較恰當呢？（請閱讀過第五章之後再回來繼續思考這問題。）

殊性的個別化

最後，讓我們思考殊性的個別化問題。首先考慮如何個別化兩個相異的殊性類型。從外延論有兩個方式。

（一）試考慮殊性類型 F，這類型裡的每個殊性 F_1、F_2、… 都是精準相似的。將所有實際上具有 F_i 的日常個物構成的集合視為與 F 類型相對應的外延。同樣地，對於另一個殊性類型 G，其中的每個殊性 G_1、G_2、… 都是精準相似的。將所有實際上具有 G_i 的日常個物構成的集合視為與 G 類型相對應的外延。所以類型 F 與類型 G 是相異的，若且唯若，與類型 F 相對應的外延以及與類型 G 相對應的外延是相異的。例如「紅」殊性類型的外延與「圓」殊性類型的外延就不同。這說法顯然立即面臨共外延難題：「x 是三角形的」與「x 是三邊形的」這兩個是不同的殊性類型，但不可能有相異的外延。

（二）幸好，殊性存有論對於類型的外延其實不必再從日常個物的角度來決定，而應該改從殊性的角度來決定。也就是說，「紅」這個類型的外延不是所有紅色的日常個物構成的集合，而是所有〈紅-殊性〉構成的集合。如此一來，殊性存有論仍然維持了外延論的立場。以下是訴諸外延論來個別化殊性類型的原則。設殊性類型 F 的外延是所有精準相似的殊性 F_1、F_2、… 構成的集合；殊性類型 G 的外延是所有精準相似的殊性 G_1、G_2、… 構成的集合；類型 F 與類型 G 是相異的，若且唯若，類型 F 的外延與類型 G 的外延是相異的。

以上是針對殊性類型來說的。接著我們要思考的是：有什麼原則可據以個別化兩個相異的殊性？例如，這顆籃球的〈紅-殊性〉與那張講桌的〈圓-殊性〉是相異

的，有什麼原則可以說明這點？

　　有一個主張是訴諸兩個殊性佔據的時空區段不同[21]。本書認為這回應是不恰當的。試考慮這顆籃球的〈紅-殊性〉與它的〈球形-殊性〉。這兩個殊性是相異的，但它們佔據相同的時空區段。

　　另外一個主張是這樣的：這顆籃球的〈紅-殊性〉與它的〈球形-殊性〉之所以是相異的，是由於它們並不相似。這回應好多了，而且還可以說明〈紅-殊性〉與〈橘-殊性〉之所以是相異的是由於兩者只是（不精準）相似而已。那麼，要如何個別化兩個精準相似的殊性呢？兩者依然是相異的殊性，但由於它們是精準相似的，我們還能找到什麼方式來說明它們之相異？

　　薛佛提出了一條原則[22]，似乎可以解決以上的疑問，本書稱之為薛佛原則：

> 兩個殊性是相異的，若且唯若，(1)兩者不是精準相似的，或者(2)兩者是有空間距離的。

這條原則確實解決了以上提到的幾個疑點。但是我們不禁要問：第(2)個子條件有什麼好理由呢？為什麼兩個相異但精準相似的殊性必須要有空間距離，兩個相異但不精準相似的殊性就可以沒有空間距離呢[23]？或者，我們沒有理由再這樣追問下去？

　　最後，讓我們來看看殊性存有論面臨的兩個理論困難。

困難一：羅素式的無限後推

　　前面已經提到，相似唯名論面臨羅素提出的無限後推難題。殊性存有論由於承認殊性之間的相似性，似乎也會面臨相同的理論困難。試考慮 a_1、a_2、a_3 等殊性，而且 a_1 與 a_2 相似、a_2 與 a_3 相似、a_1 與 a_3 相似。由於殊性存有論否認共性，這三個相似關係本身都是殊性，稱為 b_1、b_2、b_3。由於它們彼此也是相似的，所以又有三個新的相似關係。依此類推，出現了一個關於（殊性之間的）相似關係

---

[21] Maurin (2002) 反對這點；另外，參 Schaffer (2001) 有一些討論。

[22] Schaffer (2001).

[23] Daly (1994/5) 就主張：兩個相異但精準相似的殊性是可以出現在同一個時空點上的。

的無限後推 ❷ 。

　　本書認為這個無限後推是假的，不會對於殊性存有論構成困難。這是由於在殊性存有論裡，殊性之間的〈相似〉是一個內部關係。依據第二章的解釋，一個關係是內部的，表示其關係項之存在就足以使得該關係成立。內部關係不是在其關係項之外額外存在的東西。因此，即使兩個殊性是相似的，並不會額外存在有一個〈相似-殊性〉存在於兩者之間，當然更不會出現關於相似關係的無限後推了。

困難二：語意分析的方向

　　殊性存有論對於具備主詞—述詞結構的語句進行的分析是：主詞談到的個物具有一個殊性，那個述詞談到的是一群精準相似的殊性構成的集合，而且那殊性屬於那集合。例如，「老王是勇敢的」這語句為真，若且唯若，「老王」這專名談論到的個體具有一個〈勇敢-殊性〉。這殊性自然是屬於由所有精準相似的〈勇敢-殊性〉構成的集合。將這集合稱為 B。接著，由於殊性存有論將每個日常個物都視為一個殊性束，或者是一個（基體＋殊性束），所以老王至少是一個殊性束。將這殊性束稱為 W。既是如此，「老王是勇敢的」這語句之為真表示：B 與 W 是有交集的，亦即它們共有老王的那個〈勇敢-殊性〉。然而，「{〈勇敢-殊性〉} 是 B 與 W 的交集」與「{〈勇敢-殊性〉} 是 W 與 B 的交集」是一樣的說法。那麼，究竟哪個語詞才是主詞，哪個語詞才是述詞？更精確來說，哪個東西是被謂述的，哪個東西是用以進行謂述的？

---

❷ Daly (1994/5: 149–153) 提出這個無限後推來反駁殊性存有論。

第四章　傾　性

第一節　「傾性」的哲學問題

哲學界對於性質提出了一個區別：定性的以及傾性的 ❶。例如，個物具有的顏色、形狀、尺寸等，都是定性的性質；玻璃的易碎性、糖的水溶性、個物的溫度、橡皮筋的彈性、棉花的易燃性、黃金的延展性、銅的導電性……，則是傾性的性質，簡稱傾性 ❷。洛克在區別「初性」與「次性」時，就主張次性是個物具有的某種力量造成的，個物的顏色乃是其力量的顯現。個物具有的這種力量就是個物具有的一種傾性。

傾性顯然與定性不同。我們考慮兩點差異：

（一）一個性質是定性的，如果該性質之所以是該性質並不涉及其因果力。例如，一個方形的個物之所以是方形的，是基於它有四個等長的邊的緣故，與它具有的因果力無關。相對地，一個性質之所以是一個傾性是基於其因果力的，例如銅具有的導電性使得銅在連接電源時將會造成任何觸摸的人觸電。

（二）對於「傾性」的理解必定包括相關的刺激以及它的顯現。傾性是什麼呢？初步來說，傾性是個物具有的不可觀察的性質，但許多定性都是可觀察的性質。（有些哲學家反對這點。）其次，傾性是個物實際具有、但未必顯現出來的性質。很多人不加詳察，以為傾性是個物可能具有的、或者潛在具有的性質，而不是個物實際具有的性質。這是錯誤的。黃金的導電性是黃金實際具有的性質，不是它可能擁有的性質。

---

❶ 「定性的」一詞有兩種用法，一是與「程度的」相對照，前面已經提過，另一是這裡提到的，與「傾性的」相對照的用法。

❷ 哲學史上對於「傾性」與相關概念的探討，可參 Gnassounou & Kistler (2007)。

　　每個傾性通常都有其特定的顯現方式，只要有適當的環境刺激出現，這些傾性就會顯現出來。例如玻璃的易碎性是它的傾性，玻璃遇到強力撞擊後之碎散一地，則是這傾性的顯現。對於「傾性」的理解既包括適當的環境刺激（和相干的背景因素）也包括它特定的顯現方式。對於「定性」的理解則不包括這兩者。尤其，傾性未必需要顯現出來。玻璃和陶瓷製品都具有易碎性，但是它們未必都會碎掉；糖和鹽雖然都具有水溶性，但未必糖和鹽都會遇到水。除非有適當的環境刺激出現（例如糖真的被放進水裡），才會促使這些傾性顯現出來。

　　「傾性」概念還出現在很多地方。例如，在心與認知哲學的探討裡，弱哲學行為主義主張：每個心理狀態（如痛覺）化約到（等同於）一組行為或行為傾性，也就是說，如果有適當的環境刺激出現，人就會表現出某些行為反應❸。又例如在當代關於「因致性」的探討裡，有一派主張：因果關係的出現來自於個物本身具有的因果力；「因果力」是個物具有的一種傾性。再例如，在道德哲學裡，有一派主張：人有道德方面的傾性來做出良善的行為。另外，對於一個人的道德評價也往往訴諸傾性，例如，說老王是有正義感的人，就是說老王具有〈x 是有正義感的〉這傾性，在必要的場合，老王就會顯現出他的正義感。再例如，在知識論裡，德行知識論學派主張：知識的成立來自於「知德」這種德行；知德也是一種傾性，在適當的場合，這傾性的運作就會使得認知主體擁有知識。最後，在數學哲學裡，〈x 可被 2 整除〉是所有偶數具有的傾性，很多偶數都不曾被 2 整除過，但它們都仍然具有這傾性❹。

　　「傾性」概念之所以重要，在科學領域裡也是很明顯的。科學界承認：有太多的物理個物都是具有傾性的。例如，黃金具有高度的延展性、金銀銅鐵等金屬具有導電性、砒霜（三氧化二砷）具有致命的毒性、橡膠是絕緣體、苯是易燃的……。對於這個世界的種種個物，科學界往往訴諸其具有的傾性來刻劃這些個物的特徵，特別是其因果力，並試圖找出相關的科學定律。

---

❸ 這是源自 Ryle (1949) 的學說。參彭孟堯 (2011) 對於哲學行為主義的解說。

❹ 這是 Mumford (1998: 9–10) 的例子，他區分「具體」的傾性以及「抽象」的傾性，前者是具體（物理）的個物具有的性質，使得這些個物具有因果力；後者是抽象個物具有的性質，並不會使得抽象個物具有因果力。本書略過關於「抽象」傾性的討論。

　　傾性可說是無所不在。「傾性」似乎是很自然的一個概念。可是我們真的理解傾性嗎？畢竟傾性一般來說不是可觀察到的性質，我們至多只能觀察到一個個物的傾性顯現出來後的狀態而已。甚至，有些個物的傾性從來不曾顯現過。那麼，我們要如何理解傾性呢？「傾性」的哲學重要性在於兩點：（一）一個個物之具有某個傾性足以將其與不具有該傾性的個物區隔開來。例如，黃金具有導電性、塑膠不具有導電性，因此黃金與塑膠必定是不同類的東西。（二）一個個物之具有某個傾性可以說明那個個物如何與其它個物能夠產生因果關聯。例如，當黃金與電源接觸時，如果我們去碰觸那黃金，就會觸電，這是因為黃金具有導電性的緣故。

　　本章接下來幾節將詳細解說哲學家對於「傾性」的探討結果。第二節到第四節介紹對於「傾性」的邏輯解析，特別是訴諸「如若條件句」的進路。第五節介紹澳洲幾位重要哲學家關於「傾性」的化約論爭議。第六節思考「傾性」與「因果力」之間的關聯。最後，第七節介紹從功能論來理解「傾性」的進路。

第二節　從卡那普開始

　　當代哲學界對於傾性的探討，最早大概是卡那普 ❺。卡那普之所以會討論傾性，主要理由是：他是邏輯經驗論的重要人物，而邏輯經驗論主張所有具備認知意義（亦即有真假值）的語句最終都可以化約到（改寫為、轉譯為）觀察語句。這是一種外延論的取向。由於「傾性」是內涵語詞，不是外延語詞，因此必須設法將使用「傾性」語詞的語句化約到觀察語句。以下說明卡那普的主張：

> 某個物具有傾性 D，若且唯若，如果在某時間點該個物處於 F 狀態，則它處於 G 狀態。

請留意：在這分析的右半部使用了條件句，而且是實質條件句（亦即初階邏輯的「⊃」），其中的 F 和 G 都是可觀察狀態。茲以個物的溫度為例：令 a 表示某個物、「T」表示該物體的溫度。「a 的溫度是 T」這語句本身並不是觀察語句，但是卡那普建議，這語句可以依據上述分析，轉譯為下列觀察語句：

---

❺ Carnap (1928; 1936).

如果在某時間點將溫度計放到某個物 a 旁邊，則該溫度計（的水銀柱）
會出現在刻劃 T 度的位置。

卡那普這裡的敘述使用的是實質條件句。然而這是有問題的。依據初階邏輯對於
實質條件句的理解（亦即真值表對於「⊃」的定義），條件句為真的一個情形是：
前件為假。這表示：即使沒有將溫度計放到 a 旁邊，這條件句依然為真，不論它
的後件說了什麼！可是，如果沒有將溫度計放到 a 旁邊，這溫度計（的水銀柱）
怎可能會出現（上升或下降）在刻劃 T 度的位置呢？

　　我們當然還可以質疑：在溫度計未發明之前，這個條件句依然為真，但這個
條件句也不會有人提出來。哲學分析如果要等待科技的發明，似乎有點怪異。而
且我們可以設想：萬一溫度計根本沒有被發明出來呢？在這情形下，我們如何說
明這個傾性呢？不但如此，卡那普的分析並不徹底。溫度計裡的水銀柱本身是具
有傾性的：在遇到不同個物時，水銀柱的高度會產生變化。在他對於「傾性」的
分析裡其實還是隱含了「傾性」概念。

　　曼佛甚至指出卡那普這分析會產生悖論 **❻**。依據卡那普的分析，某個物 a 之
具有某傾性 D 的分析是：如果在某時間點 a 是 F，則 a 是 G；反之亦然。也就是
說，下列式子為真：

　　(1) $Da \equiv (Fa \supset Ga)$

依據這分析，一個個物不具有某傾性 D，表示

　　(2) $\neg Da \equiv (Fa \supset \neg Ga)$

這說法如何產生悖論呢？依據初階邏輯，設「Fa」為假。所以「$Fa \supset Ga$」為真，
所以依據(1)，「Da」為真；但同樣地，「$Fa \supset \neg Ga$」也為真，所以依據(2)，「¬Da」
為真。所以在「Fa」為假的情形下，將會推導出矛盾。如果那塊玻璃不曾被撞擊
過，這就已經足以使得我們對於玻璃易碎性的分析會一直面臨矛盾。這當然是荒
謬的！曼佛就是使用這悖論來反駁卡那普的分析。

---

❻ Mumford (1998: 46–47).

　　儘管如此，從論辯角度來說，這悖論未必迫使我們放棄卡那普的分析（亦即(1)），因為我們也可以選擇放棄(2)。事實上，本書根本不認為這悖論是成立的，這其中的關鍵在於我們要如何分析「一個個物之不具有某傾性 D」。在（暫時）接受(1)這個等值句的情形下，既然「¬Da」是對於「Da」的否定，「¬Da」應該是等值於「Fa ∧ ¬Ga」。所以(2)是不恰當的，下列式子才是對於「一個個物不具有某傾性 D」可接受的分析：

　　　　(2*) ¬Da ≡ (Fa ∧ ¬Ga)

一旦我們接受 (2*) 的分析，(1)和 (2*) 並不會產生悖論。曼佛的反駁其實是站不住腳的。

> **想一想：**
> 我們有好理由來支持(2)的主張嗎？

　　無論如何，卡那普確實發現他的分析是有困難的。為了處理這困難，他提出了所謂的「化約語句」或者所謂的「部分定義」來重新說明「傾性」：

「傾性」的部分定義

　　如果在某個時間點將溫度計放到某個物 a 旁邊，則（T(a) = 攝氏 T 度，若且唯若，該溫度計出現在刻劃攝氏 T 度的位置）。

這主張比起剛剛的說法是好多了，但仍然有困難在。例如，對於〈x 是易碎的〉、〈x 是可延展的〉、〈x 是有彈性的〉、〈x 是會導電的〉等傾性很難使用類似的方式來定義。理由很簡單：對於很多傾性來說，我們往往很難清楚說明與其有關的環境刺激是什麼。

　　卡那普的分析之所以面臨這些困難，究其因恐怕乃是由於他採取外延論的立場來說明「傾性」的緣故，以實質條件句「⊃」來理解他的分析裡說的「如果……，則……」顯然不足。哲學界很快就轉向改以如若條件句來重新分析「傾性」，不再採取實質條件句的理解方式。由於「如若條件句」在此處以及後續的一

些討論有其重要性，本書先行補充對於這個概念的說明，然後再來看如何使用「如若條件句」來分析「傾性」。

第三節　如若條件句

「如若條件句」一般是與所謂的直敘條件句相對的。從英文的語法角度來看，如若條件句使用假設語氣來表達，也就是所謂的「反事實條件句」的語法："If it were the case that..., then it would be the case that..."，或者 "If it had been the case that..., it would have been the case that..."。從英文的語法角度來看，直敘條件句的表達使用的是直敘語氣，不是假想語氣。這些都是英文以及一些西方語言才有的語法，中文並沒有。儘管如此，這裡提問的是哲學的問題，與哪個語言無關，因為問題的關鍵在於：我們是否要主張：在理論上可以劃分不同類型的條件句，它們具有不同的邏輯結構，因而它們具有不同的真值條件❼？

為了思考這問題，我們先在概念上區別「實質條件句」、「直敘條件句」、「如若條件句」。有些哲學家會提出理論，主張對於直敘條件句與如若條件句都採用實質條件句（亦即「⊃」的真值表）來理解；有些哲學家主張對於直敘條件句與如若條件句應該有不同的理解方式；甚至有些哲學家引進「機率」概念來理解條件句。這些都不是本節一點點的篇幅能夠處理的。所以本節暫時僅僅從概念的角度來說明這幾種條件句，至於要採取哪個理論比較好，請讀者參考相關文獻自行研判。

本書以「如若 ϕ，則（必當）ψ」這個套式來陳述如若條件句，以方便後續的講解❽。一般來說，如若條件句與實質條件句是不同的。對於自然語言裡的「如果 ϕ，則 ψ」這種條件句來說，如果將之理解為邏輯裡的實質條件句，表示我們是以初階邏輯對於「⊃」的真值表來理解條件句的。但是，有些條件句似乎以這種方式來理解並不恰當。例如，不少熟悉中國現代史的人大概會覺得：如果孫文

---

❼ 有些哲學家有不同的意見，他們主張如若條件句還是能夠以實質條件句來理解的。關於條件句（如若條件句以及直敘條件句）的邏輯及其哲學，王文方 (2007) 有詳盡的介紹與討論，可供參閱。

❽ 這裡所謂「套式」是後設邏輯的概念，意指 ϕ、ψ、χ 等是可以套用完構式的位置。

多活十年，中國的發展將會不同；又例如，買彩券的人心裡大概老想著：要是（如果）中了第一特獎，就去環遊世界；再例如，小李在偷東西時現場被逮個正著，送警法辦。他很後悔地說：如果剛剛沒有偷東西，就不會有牢獄之災了。由於這些條件句的前件都為假（都與事實不符），如果採取實質條件句的方式來理解，則不論它們的後件是什麼，整個條件句都為真。但這看起來並不恰當。例如，如果對於「如果蘇軾是女的，則蘇軾有喉結」以及「如果蘇軾是女的，則蘇軾沒有喉結」這兩個語句都採取實質條件句的方式來理解，則由於兩者的前件都為假，依據「⊃」的真值表定義，這兩個條件句都為真。然而我們直覺上會認為第二個語句為真、第一個語句為假。有些哲學家因而將條件句劃分為「直敘條件句」以及「如若條件句」兩種不同的類型，並且對於「如若條件句」不再採取初階邏輯的實質條件句「⊃」的理解方式。本節介紹三套關於「如若條件句」的分析：古德曼的共支撐理論、史多內克以及路易斯的可能世界語意學。

古德曼的共支撐理論

古德曼在很早的時候就已經試圖說明「如若條件句」，只是他當時還沒有可能世界語意學可供使用。現在的哲學家將他採取的進路稱為「後設語言進路」。

古德曼先提供下列的初步分析[9]：

(G1)「如若 ϕ，則 ψ」為真，若且唯若，

　　⑴存在這樣一個由真命題（語句）構成的有限集合 $\mathcal{D}$：

　　　　(1a) $\mathcal{D}$ 與 ψ 和 $\neg\psi$ 都邏輯相容，

　　　　(1b)「$\phi \wedge \mathcal{D}$」是自我一致的，

　　　　(1c)「$\phi \wedge \mathcal{D} \wedge \mathcal{L}$」邏輯蘊涵「$\psi$」；而且

　　⑵不存在這樣一個真命題構成的集合 $\mathcal{H}$：

　　　　(2a) $\mathcal{H}$ 與 ψ 和 $\neg\psi$ 都邏輯相容，

　　　　(2b)「$\phi \wedge \mathcal{H}$」是自我一致的，

　　　　(2c)「$\phi \wedge \mathcal{H} \wedge \mathcal{L}$」邏輯蘊涵「$\neg\psi$」。

---

❾ 以下的說明皆援引自 Goodman (1954: 13–16)，本書這裡稍微做了調整。

在這分析裡的「$\mathcal{D}$」就是描述實際出現的背景因素的命題構成的集合,「$\mathcal{L}$」指的是一組相關的科學定律。古德曼的想法是引進科學定律、並且純粹從初階邏輯的角度來分析如若條件句❿。

　　借用古德曼的例子,我們來看看他的思考過程:如若摩擦這根火柴,則它被點燃。讓我們假設事實上這根火柴並沒有被摩擦,也沒有被點燃。同時我們假設事實上這根火柴是乾的、周遭有足夠的氧氣、沒有颳大風……,所有這些相關的背景因素都成立,並以「$\mathcal{D}$」表示描述這些因素的命題構成的集合,所以這些命題都為真。接著我們規定一些縮寫:M 表示這根火柴被摩擦了,E 表示這根火柴被點燃, D_1 表示這根火柴是乾的 , D_2 表示周遭有足夠的氧氣 , …… , 所以 $\mathcal{D}=\{D_1, D_2, \cdots\}$。依據以上的假設,M 為假、E 為假、$D_1$ 為真、D_2 為真。現在,我們要分析的如若條件句可以表示如下:

　　　(A) 如若 M,則（必當）E。

依據 (G1) 的分析結果如下:

　　　(A) 為真,若且唯若,
　　　　⑴ $\mathcal{D}$ 是這樣的:
　　　　　(1a) $\mathcal{D}$ 的每個元素 D_1、D_2…,既與 E 邏輯相容,也與 ¬E 邏輯相容,
　　　　　(1b) M∧$\mathcal{D}$ 是自我相容的,
　　　　　(1c) (M∧$\mathcal{D}$∧$\mathcal{L}$) 邏輯蘊涵 E;而且
　　　　⑵ 不存在任何真命題集合 $\mathcal{H}$ 是這樣的:
　　　　　(2a) $\mathcal{H}$ 與 E 和 ¬E 都邏輯相容,
　　　　　(2b) M∧$\mathcal{H}$ 是自我一致的,
　　　　　(2c) (M∧$\mathcal{H}$∧$\mathcal{L}$) 邏輯蘊涵 ¬E。

---

❿ 所以古德曼的分析與可能世界語意學的進路不同。不過,Loewer (1979) 論證:依據古德曼分析建立的條件句邏輯系統其實乃是路易斯系統的一個子系統。若是如此,古德曼的分析與路易斯訴諸可能世界語意學的分析並不是不同種類的分析。

（這裡所說的 $\mathcal{L}$ 顯然包括火柴棒上的燐的燃點以及摩擦生熱的科學定律。）

然而這分析是過於寬鬆的，某些假的如若條件句在這分析下會為真。古德曼舉的例子是：

(B) 如若 M，則 $\neg D_1$。

令 $\mathcal{D}$*=$\{\neg E, D_2, \cdots\}$，它滿足 (G1) 的分析（假設要件⑵也成立），所以 (B) 為真。但是我們直覺認為 (B) 為假。為了排除這種情形，古德曼建議對於 (G1) 這分析裡的 $\mathcal{D}$ 做出限制（對 $\mathcal{H}$ 也一樣）：「ϕ」與 $\mathcal{D}$ 是共支撐的。什麼是「共支撐」呢？所謂 ϕ 與 ψ 是共支撐的，意思是說，$\neg$（如若 ϕ，則 $\neg\psi$）。由於 $\mathcal{D}$ 是個集合，所以我們將「『ϕ』與 $\mathcal{D}$ 是共支撐的」理解為：「ϕ」與「$D_1{\wedge}D_2{\wedge}\cdots$」是共支撐的，然後再使用「共支撐」的定義，就可以重新說明如若條件句了。（加入「共支撐要件」之後，在 (G1) 這分析裡的 (1a) 和 (2a) 是冗贅的，不必再列出。）茲將古德曼的討論最後出現的分析列出：

(G2) 古德曼的共支撐理論：
「如若 ϕ，則 ψ」為真，若且唯若，
⑴存在一個由真命題（語句）構成的有限集合 $\mathcal{D}$ 是這樣的：
(1a) ϕ 與 $\mathcal{D}$ 是共支撐的，
(1b) $(\phi{\wedge}\mathcal{D}{\wedge}\mathcal{L})$ 邏輯蘊涵「ψ」；而且
⑵不存在任何真命題構成的集合 $\mathcal{H}$ 是這樣的：
(2a) ϕ 與 $\mathcal{H}$ 是共支撐的，
(2b) $(\phi{\wedge}\mathcal{H}{\wedge}\mathcal{L})$ 邏輯蘊涵 $\neg\psi$。

細心的讀者應該立刻就發現，(G2) 對於如若條件句的分析是循環的！在 (G2) 裡用到了「共支撐要件」，但是對於「共支撐」的理解又用到了如若條件句。古德曼自己當然也發現了這點。他指出：對於任何一個如若條件句的理解勢必得引進對於另外一個如若條件句的理解，因此，如何對於如若條件句提出理論說明是一個

不可解的難題。這就是文獻上知名的共支撐難題 **⓫**！

> **想一想：**
> 在古德曼的共支撐理論裡，加入「共支撐要件」之後，在 (G1) 這分析裡的 (1a) 和 (2a) 為什麼是冗贅的？

史多內克與路易斯的可能世界語意學

　　哲學界從二十世紀初期到中葉一直沒有對於「如若條件句」提供一套恰當的語意學。不過到了 70 年代和 80 年代，這困境終於有所突破。這當中最重要的莫過於史多內克以及路易斯的貢獻了。他們分別藉由「可能世界」的概念提出了兩套語意學，影響至今。底下簡單介紹 **⓬**。

　　對於「如若 ϕ，則（必當）ψ」這種如若條件句，史多內克以「$\phi > \psi$」來符號化，路易斯則以「$\phi \square \rightarrow \psi$」來符號化（這不同的符號化自然是反映了他們之採取了不同的語意學）。他們兩人都訴諸「可能世界」的概念來說明如若條件句的真值條件。史多內克的理論是這樣的：

史多內克的語意學

「如若 ϕ，則（必當）ψ」（亦即「$\phi > \psi$」）為真，若且唯若，在最接近實際世界的 ϕ 為真的可能世界裡，ψ 為真。

所謂「最接近實際世界的可能世界」是指與這實際世界最相似的可能世界。例如對於「如若小李剛剛沒有偷東西，則他不會有牢獄之災」這語句來說，依據史多內克的理論，我們想找的最接近實際世界的可能世界乃是指一切幾乎都與實際世界完全相同，但是小李那時並沒有偷東西的世界。在這個世界裡，要是小李沒有牢獄之災，則這如若條件句為真，否則這如若條件句為假 **⓭**。

⓫ 王文方 (2007: 8–9) 對於共支撐難題有一些說明，可參考。

⓬ 參 Stalnaker (1968) 以及 Lewis (1973a)。

⓭ 如何決定哪個可能世界才是與實際世界最相近（最相似）的世界？這個問題引起哲學界很大的關注，但這議題跨出本書範圍太多，只能請讀者自行參閱相關文獻。

茲將史多內克的理論整理如下：

⑴他接受「極限預設」，亦即必定存在有至少一個最接近實際世界、且 ϕ 為真的可能世界。

⑵他接受「獨特預設」，亦即最接近實際世界、且 ϕ 為真的可能世界恰恰只有一個。請留意：獨特預設蘊涵極限預設。

⑶他提出所謂的「選擇函數」來決定哪個可能世界才是最接近實際世界的。至於要採用哪個選擇函數，則需要引進語用的考量。

將史多內克的理論做上述的整理是有用意的：路易斯既不接受極限預設，也不接受獨特預設。路易斯的語意學相當繁複，以下對其理論的介紹做了簡化。首先，他主張在所有最接近實際世界且 ϕ 為真的可能世界當中，有一些可能世界是 ψ 為真的世界，有一些可能世界則是 ψ 為假的世界。接著，依據這想法，他提出以下語意理論：

路易斯的語意學

「如若 ϕ，則（必當）ψ」（亦即「$\phi \square \to \psi$」）為真，若且唯若，在所有最接近實際世界且 ϕ 為真的可能世界當中，ψ 為真的世界比起 ψ 為假的世界更接近實際世界。

以剛剛的例子來說，那如若條件句為真，若且唯若，在所有小李沒有偷東西的可能世界當中，小李沒有牢獄之災的可能世界比起小李有牢獄之災的可能世界更接近實際世界。

請留意，在如若條件句邏輯裡，初階邏輯的一些有效推論將會是無效的，例如前件強化律、換位換質律、假言三段論都是無效的。也因為這個緣故，如若條件句的邏輯似乎比起初階邏輯更能處理一些涉及條件句的思考。

> **想一想：**
> 為什麼在如若條件句邏輯裡，前件強化律、換位換質律、假言三段論都是無效的？

第四節　「傾性」的如若條件句分析

前面提到，卡那普採取「實質條件句」（亦即「⊃」）來分析傾性。由於他的分析遇到了困難，哲學家因而改採「如若條件句」來分析傾性 **⑭**，以下就是標準的分析：

> 任何一個個物具有傾性 D，若且唯若，如若適當的環境刺激 C 出現、且相應的背景條件 B 皆滿足，則（必當）該個物顯現 M。

M 是一個現象或狀態，是 D 的顯現；「背景條件 B」既包括正面因素的存在，亦即有助於 M 出現的因素，也包括負面因素之不存在，亦即會干擾 M 出現的因素。舉例來說，印表紙具有易燃性，如果讓印表紙接觸火源，印表紙就會出現燃燒的現象。所謂的環境刺激 C 就是指火源。所謂的背景條件 B 既包括印表紙與火源夠接近、現場有氧氣……，更包括印表紙是乾的（不是濕的）、印表紙沒有經過防火處理、印表紙沒有被防火的材質包覆、印表紙在接觸火源時沒有被風將火吹熄……。所謂〈易燃性〉這傾性的「顯現」就是指印表紙實際出現了燃燒的現象。

再舉另外一個例子。玻璃製品具有易碎性，〈玻璃製品之碎散一地〉就是玻璃製品具有的易碎性的顯現。但是要使得這傾性顯現，還必須要有適當的環境刺激，例如這些玻璃製品必須受到強力的撞擊（被堅硬的東西撞擊、從高處掉到地面等），而且必須與其相關的適當的背景條件都滿足（例如這些玻璃製品在被撞擊之前沒有被棉絮或厚布包著、這些玻璃製品並不是強化玻璃……）。借用史多內克的語意學，我們可以這樣理解〈x 是易碎的〉這個傾性：

> 某玻璃製品 a 是易碎的，若且唯若，在某個最接近實際世界的、a 被強力撞擊、且相關背景條件皆滿足的可能世界裡，a 碎散一地。

---

⑭ 參 Ryle (1949)、Goodman (1947; 1954)、Quine (1960)。嚴格來說，傾性語句只有蘊涵相應的如若條件句，兩者並不是等值的關係。但本書為了討論上的方便，以等值方式來表示兩者之間的關聯。

對於其它傾性進行的如若條件句分析也是一樣，就不再舉例說明。另外，請讀者自行練習使用路易斯的語意學來分析「易碎性」。

訴諸如若條件句來分析「傾性」的理論優點在於：即使某個玻璃製品從來不曾被強力撞擊過，也因而從來不曾碎散一地過，我們仍然可以承認這玻璃製品具有〈x 是易碎的〉這個傾性。使用如若條件句來分析傾性確實比起使用實質條件句所做的分析要恰當得多。尤其從這種分析可以看出：對於「傾性」的理解用到了「因致性」概念。一個個物之具有某傾性 D 表示這個物具有某種因果力，亦即在適當條件下，這個個物會出現某種因果現象。不過，即使如此，這種訴諸如若條件句的分析仍然必須回應幾個難題。底下逐一說明。

困難一：背景條件

當我們對於某些概念（例如「傾性」以及「因致性」）採取如若條件句的分析時，總不免必須列出所謂的背景條件。然而我們要如何才能適當陳述這些背景條件呢？舉例來說，我們將玻璃之具有易碎性理解為「如若玻璃被鋁棒強力撞擊，且相干的背景因素都成立，則（必當）玻璃碎散一地」。在這分析裡的「相干的背景因素」至少包括：那玻璃沒有經過強化處理、那玻璃沒有用厚布包覆著、那鋁棒在即將撞擊玻璃時沒有被推開、那玻璃在被撞擊前沒有被移走。我們已經窮盡了所有相干的背景因素了嗎？如果那鋁棒在撞擊玻璃前突然有厚厚的不鏽鋼板擋住了呢？如果那鋁棒在撞擊玻璃前突然被高溫雷射槍熔解了呢？原則上似乎我們還可以找到很多其它的相干因素。哲學家要依據什麼原則才能窮盡所有相干的背景因素？我們真能窮盡所有的相干背景因素嗎？有這種原則嗎？

困難二：共支撐難題

第二個難題是哲學家古德曼提出的共支撐難題，前面已經解說過了。古德曼經由逐步分析發現必須增加「共支撐要件」作為限制；但即使如此，他也知道這分析仍然面臨重大問題無法克服，他因而將這問題稱為「共支撐難題」。不過嚴格來說，共支撐難題是如若條件句理論面臨的困難，不是「傾性」理論本身面臨的困難；也就是說，如果不對「傾性」採取如若條件句分析，就不會面臨這困難了。

然而如果不對於「傾性」採取如若條件句分析，我們該採取什麼分析呢？

困難三：因致性

第三個難題自然是涉及「因致性」。對於「傾性」的理解似乎無可避免地必須訴諸因果關係。例如，〈x 是易碎的〉這傾性必定涉及某個個物遇到相關的環境刺激，就會出現碎散一地的現象；〈x 是（對人類）有毒的〉這傾性必定涉及到某個人會出現身體機能受損或者生命喪失的現象。如果我們沒有適當的理論來說明「因致性」，則我們不能完全理解「傾性」。那麼，我們要如何理解「因致性」呢？初步來說，每個實際發生的因果關係都是某個因果律的個例，但是因果律又蘊涵相應的如若條件句。所以為了理解「傾性」，我們得理解「因致性」，為了理解「因致性」，我們又得引入「如若條件句」。我們有可能真正理解「傾性」嗎？

顯然，如何理解「因致性」對於如何理解「傾性」是相當關鍵的。關於「因致性」留待本書第九章再來做詳細的解說。附帶一提，在古德曼的共支撐理論裡引入了自然律，但一方面大多數自然律都是因果律，另一方面科學哲學界主張自然律是支持如若條件句的，亦即自然律蘊涵相應的如若條件句，因此他對於「傾性」採取的分析很可能不是循環的就是無限後推的。

困難四：回復者、遮掩者、模仿者

第四個難題涉及所謂的回復者、遮掩者、模仿者三種反例。

所謂的「回復者」最早是馬丁提出來的[15]。舉例來說，銅線具有導電性。依據如若條件句的分析，這表示：如若銅線接觸電源，則它（必當）導電。當然，銅線有可能因為某些物理作用而不再導電。然而假設我們發明了某種裝置，對於任何已經失去導電作用的銅線來說，當這裝置偵測到這銅線即將接觸電源時，這裝置就會起作用，將這銅線暫時活化，使得它能導電。這裝置稱為「回復者」，其用意在於讓失去某傾性的個物顯現出一些現象，彷彿那個物仍然還具有那傾性。假設老王手上這條銅線已經因為某種原因失去了導電的功能。然而將上述裝置啟動後，如若他手上那條銅線接觸電源，則那銅線（必當）出現導電的現象。這如

---

[15] Martin (1994).

若條件句為真，但是由於老王手上那條電線早已經失去導電的功能，那條銅線已經不再具有〈導電性〉這個傾性。既是如此，對於「傾性」提出的如若條件句分析是錯誤的。

想一想：

⑴當那裝置啟動之後，老王手上那條銅線是否還具有〈導電性〉這個傾性？若是如此，這「回復者」的反例還能成立嗎？

⑵在訴諸「如若條件句」以分析銅線的〈導電性〉時，當然必須說明相干的背景因素。那麼，是否可以在說明相干背景因素時，就將「回復者」排除掉？

「遮掩者」的反例是這樣的 **⓰**：玻璃具有易碎性，所以按照如若條件句的分析，如若某片玻璃被強力撞擊，則該玻璃碎散一地。然而，如果這片玻璃被用很厚的布包裹住了呢？在這情形下，這如若條件句為假，但我們不會因此說這玻璃沒有易碎性。這厚布就是所謂的「遮掩者」或者「阻擋者」，其用意在於阻止個物所具有的傾性的顯現。依據這反例，對於「傾性」提出的如若條件句分析是錯誤的。

有一種回應方式是這樣的：在這些反例裡，我們可以對於個物具有的傾性提出新的理解。例如在「遮掩者」的反例裡，我們可以說：玻璃的易碎性不是「如若玻璃被強力撞擊，則碎散一地」，而是「如若玻璃在沒有被厚布包裹下（或其它保護下）被強力撞擊，則碎散一地」。

本書認為這種回應方式是特設的、失敗的，因為我們還可以設想更多的「遮掩者」或「阻擋者」，例如，在玻璃被強力撞擊前，有人用自己的身體擋住了撞擊；例如，在玻璃被強力撞擊時，那撞擊的力道被別的某種因素削弱甚至抵消了；例如，在玻璃被強力撞擊前，玻璃已經被強化了（近似防彈玻璃的硬度）。原則上我們似乎可以設想很多（乃至於無限多）的情形會使得「如若玻璃被撞擊，則玻璃碎散一地」這如若條件句為假。若是如此，這裡提到的對於「傾性」提出新理

⓰ Johnson (1992)、Bird (1998).

解的回應將無法應付這許多種的「遮掩者」。這正好與第一個困難相呼應。

> **想一想：**
> 「遮掩者」的反例其實就是在質疑「背景條件」的問題。這問題與古德
> 曼所謂的「共支撐難題」是一樣的嗎？

　　「模仿者」的反例又與前兩者不同 **⓱**。舉例來說，保麗龍做的盤子在觸摸時
會發出某種奇特的聲音。設老王很討厭這種聲音，以至於如若他聽到這種聲音時，
他（必當）將那保麗龍盤子扯破。老王在這裡就是所謂的「模仿者」，其用意在於
模仿（偽裝）使得保麗龍顯現出「被扯破」這現象。所以，「如若保麗龍盤子被觸
摸，則它（必當）被扯破」這如若條件句為真。但是，保麗龍盤子其實並沒有〈被
扯破〉的傾性。若是如此，訴諸如若條件句來分析「傾性」是錯誤的。

　　本書認為這個反例是失敗的。因為老王未必總是會聽到保麗龍盤子被觸摸時
發出的怪聲。如果老王人現在臺灣，在美國某個人觸摸保麗龍盤子發出怪聲時，
那保麗龍盤子不會被老王扯破。換個方式想，與這反例有關的如若條件句應該是：
如若保麗龍盤子被觸摸而發出的怪聲被老王聽到了，則他（必當）將保麗龍盤子
扯破。然而如此一來，這是老王具有的傾性，不是保麗龍盤子的傾性。這更不表
示「如若保麗龍盤子被觸摸，則它（必當）被扯破」為真。

> **想一想：**
> 想像一下：事實上每個人（不只老王）都有這種傾性：如若一聽到保麗
> 龍盤子被觸摸而發出的怪聲，則（必當）將它扯破。那麼，「如若保麗龍
> 盤子被觸摸，則它（必當）被扯破」這語句是否為真？（請使用史多內克
> 或路易斯的語意學來思考。）如果這語句為真，豈不是表示保麗龍盤子
> 具有〈被扯破〉的傾性？問題出在哪裡呢？

⓱ Prior, Pargetter, & Jackson (1982)、Lewis (1997).

第五節　關於「傾性」的化約論爭議

採用如若條件句來分析使用「傾性」的語句，乃是概念上或邏輯上的分析，終究並沒有觸及要如何對於「傾性」提供存有論的說明。在接下來的幾節，讓我們來看看哲學家如何探討「傾性」的形上學基礎。

許多哲學家認為「傾性」與個物的基底結構有關。不過，這關聯是什麼呢？阿姆斯壯、普雷斯、馬丁三位澳洲哲學家在這裡有一番爭議。由於他們的爭議引起當代形上學家的高度重視，本節特別做一番介紹。

他們三人都同意對於「傾性」採取如若條件句的分析，但他們都主張必須對於相應的如若條件句提供一套形上學的解釋。尤其，他們一致同意要從致真項的角度來探討傾性的形上學基礎。所謂「致真項」是這樣的：設有某語句是偶真的（亦即在這實際世界為真、但在某可能世界為假）。這個實際世界應該有某個東西以某種狀態存在，以致使這語句為真[18]。當代形上學界主要是以事態作為語句的致真項。所謂「事態」是指某個個物之處於某種狀態，不論這事態是否真實存在。例如，〈蘇軾之為〈後赤壁賦〉的作者〉、〈蘇軾之為《史記》的作者〉、〈胡適之有博士學位〉、〈地球之有兩顆衛星〉、〈101大樓之位於高雄市內〉、〈那隻狗之汪汪叫〉、〈那鍋湯之滾燙〉……，都是事態。這些事態有些是實際存在的，有些不是。而且從形上學的角度來說，事態之出現構成了致使一個語句為真的存有論基礎[19]。

依據以上的說明，「林良是兒童文學作家」這語句之所以為真，是由於〈林良之為兒童文學作家〉這事態確實出現在這個實際世界，這事態因而使得這語句為真。又例如，「蘇軾是《史記》的作者」這語句之所以為假，是由於〈蘇軾之為《史記》的作者〉這事態並沒有出現在這個實際世界，真正出現的是〈司馬遷之為

---

[18] 關於「致真項」的形上學討論，依據阿姆斯壯的說法 (Armstrong, 2004)，最早大概是來自馬丁。阿姆斯壯這本書對於「致真項」做了詳盡的討論，值得一讀。

[19] 這裡說的「致使」不是因果意義的，而是形上學意義的。但很可惜，哲學家並沒有對於這裡說的「致使」概念多做一些說明，這導致我們仍然無法徹底理解這些形上學關於「致真項」的學說。

《史記》的作者) 這事態。

那麼，使用了傾性詞的語句，其致真項是什麼呢？由於我們採用如若條件句來分析使用了傾性詞的語句，我們可以改問：這些如若條件句的致真項是什麼？阿姆斯壯、普雷斯、馬丁三人都從這個角度出發，來探討「傾性」的存有論基礎。底下分別介紹他們的學說以及他們之間的爭議。

阿姆斯壯的「傾性」學說

阿姆斯壯主張：在對於個物具有的傾性採取如若條件句的分析裡，致使相應的如若條件句為真的致真項乃是該個物具有的某些定性的性質[20]。在他的學說裡，傾性是被化約到個物具有的定性性質的。本書將他的學說稱為關於「傾性」的存有化約論。但提醒讀者，儘管這定性性質通常是指這個物具有的微觀結構，阿姆斯壯的學說並沒有特別要求這點[21]。

阿姆斯壯的學說主張：當具有某微觀結構的個物遇到某個環境刺激、而且相關的背景條件亦滿足時，該個物就會顯現出相應的因果現象（亦即該個物的定性性質)，尤其這些都是依據自然律而出現的現象。舉例來說，所謂玻璃製品具有易碎性，意思是說，這玻璃製品具有某種微觀結構，當玻璃被強力撞擊且相關背景條件也滿足時，這玻璃製品就會碎散一地。尤其這些現象都是受到自然律的宰制的，亦即存在有某組自然律能夠說明：受到強力撞擊且相關背景條件都滿足的玻璃製品，基於其具有的微觀結構，會碎散一地。請留意：不論我們人類是否已經發現到這些相關的自然律，都不影響這裡的形上學分析。

阿姆斯壯認為他的學說有兩個優點。

（一）從傲砍剃刀的角度來看，他的學說在存有論上比較精簡。他的學說將個物的傾性等同於個物的微觀結構，但他仍然可以說明為什麼那些相應的如若條件句（例如關於玻璃製品的易碎性的分析）仍然適用於該個物。由於他的學說不需要假定個物既具有微觀結構又另外具有某個傾性，顯然他的學說比起否認這化約（等同）的學說在存有論上將是比較精簡的。

---

[20] Armstrong (1996a; 1996b).

[21] Armstrong (1996a: 18, fn. 3).

　　（二）對於「傾性」的理解是訴諸自然律的。因此不僅「傾性」不是什麼神祕不可解的東西，而且對於任何一個傾性的理解原則上是可以訴諸科學研究的。即使有些傾性是科學不可能研究出來的（囿於人類認知的侷限），他的學說依然維持他一貫的科學實在論的立場，並不會因此將傾性放在神祕的（亦即反科學的、違背自然律的）一端。

　　當然，細心的讀者很快就會詢問：什麼是自然律？這說來話長，不是本書能專章處理的了，只能在底下做一些簡單的說明。

　　阿姆斯壯以及一些哲學家主張：自然律是介於兩個共性之間的關係[22]。這裡所說的「自然律」不是指科學定律語句，而是指存在於大自然的必然性——不論科學家是否發現這種必然性。這種必然性稱為「物理必然性」或者「自然必然性」，有別於邏輯必然性和概念必然性。有些大自然（這個宇宙）的必然性已經被科學家找出來了，但是還有許多大自然的必然性目前還沒有被科學家發現。甚至，或許有些大自然的必然性是科學家找不出來的，畢竟人類的認知是有侷限的，我們不知道我們人類有沒有足夠的能力來發掘大自然的一切真理。這樣的學說其實已經是一種關於物理必然性的實在論的立場；也就是說，這學說承認這個世界確實存在有物理必然性。然而在西方哲學史上，十七世紀的英國哲學家休姆是有名的反對這種立場的。他主張這個世界並不存在這種物理必然性。休姆以及當代他的追隨者一方面否認這種物理必然性；另一方面或者主張日常所謂的必然性其實源自心理「必然性」（其實是心理習慣）而已，或者引進如若條件句來分析關於物理必然性的語句。關於休姆學說，詳見本書第九章的說明。讓我們先回到關於「傾性」的討論。

　　茲將阿姆斯壯關於「傾性」的學說整理為以下四點：

　⑴一個個物具有的某傾性都化約到（等同於）該個物具有的定性性質。
　⑵這用來化約的性質通常是指該個物具有的微觀結構，但未必非得是該個物的微觀結構。
　⑶個物具有的微觀結構是它具有的定性性質。

---

[22]　Armstrong (1983)、Dretske (1977)、Tooley (1977; 1984).

⑷個物具有的傾性都是遵循自然律而運作的。

顯然，阿姆斯壯的化約論在存有論上不再將性質分成「定性的」以及「傾性的」兩類，所有的性質都是定性的。

　　阿姆斯壯的這些主張有一些困難必須解決。以黃金為例，黃金具有延展性以及導電性。設依據他的學說，黃金的微觀結構只有一個，因此依據「等同」之具有遞移性，我們不得不推導出：黃金的延展性等同於它的導電性。這明顯是荒謬的。黃金的延展性與它的導電性是兩個不同的性質！或許阿姆斯壯可以這樣回應：黃金某些「部分」的微觀結構等同於它的延展性，另外有些「部分」的微觀結構等同於它的導電性。至於如何說明所謂的「部分」的微觀結構就不是哲學家要回答的，直接由物理學家來回答即可。

　　即使如此，這個問題可以換個方式來提問。依據當代科學，我們可以承認：「基於」黃金的微觀結構，黃金既具有延展性，亦具有導電性。這個「基於」似乎不是「等同」的意思。那麼，這個「基於」是什麼意思呢？對於這問題的考量就引進了普雷斯的想法了。其它的問題等介紹普雷斯的學說之後，再繼續講解。

普雷斯關於「傾性」的學說

　　普雷斯反對阿姆斯壯關於「傾性」的存有化約論。他認為個物具有的傾性是不可被化約的、真實的性質；尤其，他主張傾性並不是等同於個物的微觀結構，傾性乃是個物微觀結構因致出來的性質[23]。本書將他的立場稱為「關於傾性的反化約論」。

　　普雷斯的學說最引人注目的是他主張：傾性是個物具有的意向性。在當代心與認知哲學裡，依循布倫他諾的想法，意向性乃是心靈的標記[24]。所謂「意向性」是一種指向或者關涉。說某個東西具有意向性，就是說這東西指向或者關涉到另

---

[23] 參 Place (1996a; 1996b)。Molnar (2003) 稱之為「物理意向性」。

[24] 原文是：Intentionality is the mark of the mental。布倫他諾主張：非心理的東西，亦即任何物理的東西，都不可能具備意向性。

外一個東西，不論這個被指向或關涉到的東西是否真實存在。意向性就是指向性，就是關涉性。例如，設老王說：「我相信」，這是不完整的表達，我們必定得追問：他相信什麼？當老王相信時，他必定是相信某人或者相信某件事情；不可能一方面老王相信，但卻沒有什麼人或者什麼事情是被他相信的。那件被老王相信的事情就是他的信念指向或關涉到的東西。除了相信之外，欲望、判斷、希求、愛、思考等心理狀態也一樣具有這種意向性的特徵[25]。

　　意向性或者指向性的一大特徵是：被指向的東西未必是實際存在的，甚至僅僅是可能存在而已。例如，秦始皇一直想要長生不老，他非常希望他的煉丹士能夠提煉出長生不老藥。（漢武帝也是一樣。）秦始皇的「想」和「希望」這兩個心理狀態具有意向性，而且這些心理狀態都指向不存在的事態。又例如，聖誕夜時，很多小孩子相信聖誕老人會送他們想要的禮物。這些小孩子的「相信」指向的也是不存在的事態。這些被指向的事態都是實際不存在，但可能存在的。

　　普雷斯學說的特異之處就在於主張：物理個物具有的傾性其實是該個物的一種〈指向〉的特徵。他認為意向性或者指向性乃是「傾性」的標記，剛剛提到的那些心理狀態只不過是其中的一些個例而已。這說法當然是相當震撼的。首先，在當代心與認知哲學裡，意向性是被用來區隔心與物的一個非常重要的存有論特徵：沒有任何物理個物或狀態具有意向性（指向性），但有些心理個物或狀態具有意向性，因此心與物是截然不同的。這心與物的差異造成物理論很大的理論困難。然而，如果我們接受普雷斯的主張，這表示有很多物理的個物都具有意向性，因為這些個物都具有某些傾性，這將使得心與物的存有論區別失去了一件重大的特徵。

　　普雷斯之主張傾性乃是物理個物具有的意向性，是什麼意思呢？他的說法是：所謂傾性具有意向性（指向性），就是說，這傾性能夠指向未必是實際存在的東西，也就是指向它未曾發生的顯現。例如，所謂玻璃具有的易碎性乃是玻璃具有的意向性，意思是說，玻璃具有的這傾性指向「玻璃會碎散一地」這個未必（甚至一直不曾）顯現出來的現象。

[25]　參彭孟堯 (2011) 第七章的解說。

茲將普雷斯的學說整理如下：

　(1)個物具有的傾性乃是個物的微觀結構因致出來的性質；
　(2)個物具有的傾性都具有意向性或指向性這特徵。

請留意：普雷斯關於「傾性」的反化約論立場似乎讓人以為他會主張：在存有論上，性質必定區分為「定性的」以及「傾性的」。不過這只是表面而已。普雷斯在存有論上根本不承認性質可以區分為「定性」以及「傾性」兩大類，但這不是說：他主張所有性質都是傾性，而是他認為「定性」是一個不清楚的概念，因此無從在形上學裡劃分「定性」與「傾性」。

　阿姆斯壯不能接受普雷斯的說法。以玻璃的易碎性為例，設某片玻璃已經碎散一地。他指出對於這現象的解釋包括了以下三點：該片玻璃受到強力的撞擊（或者掉落地面）、該片玻璃具有某個微觀結構（有別於黃金、塑膠……的微觀結構）、相關的適當背景條件滿足（例如這片玻璃不是強化的、這片玻璃沒有包著棉絮或者厚布、這片玻璃不是掉在柔軟的毛毯上……）。但是阿姆斯壯認為：依據普雷斯的學說，對於這現象的解釋除了這三點之外，還多包括一個：這片玻璃具有易碎性。阿姆斯壯因此論證說：如果他提的這三點就足以解釋那片玻璃碎散一地的現象，則在普雷斯的解釋裡額外提到的易碎性顯然是多餘的，因而可以訴諸傲砍剃刀將其剔除。

　普雷斯立刻反駁阿姆斯壯，認為他有所誤解。普雷斯主張：個物的微觀結構因致該個物之具有某傾性，而不是這個物的微觀結構因致了該個物之顯現[26]。再借用先前的例子，普雷斯的意思是說，玻璃的微觀結構因致了玻璃之具有易碎性，而不是因致了玻璃之碎散一地。因此，阿姆斯壯之訴諸傲砍剃刀是不恰當的。

想一想：
對於普雷斯的反駁，阿姆斯壯要如何回應呢？

---

[26] Place (1996b: 58).

普雷斯進一步說明傾性為何不會等同於個物的微觀結構。他提出了三個理由[27]。

首先，依據他提出的「傾性」具有意向性（指向性）的說法，傾性與微觀結構是不同類的性質。如果個物具有某個傾性，則這傾性必定指向一個未必會發生的現象（強調「必定」），但個物具有的結構並不具有意向性（指向性）。簡單說，傾性與微觀結構在「模態」方面的表現是不同的，因此這兩者不會是等同的。

其次，普雷斯指出，有些傾性發生的空間位置不是個物微觀結構的空間位置。既然兩者的空間位置不同，它們不會是等同的。他舉的例子是磁鐵的磁場。磁鐵具有磁力，是它的一個傾性，磁力的作用就是同性相斥、異性相吸。當然，有可能某磁鐵始終未曾遇到另外一塊磁鐵或者任何金屬，因而它的磁力根本沒機會發揮任何作用。但這磁力並不在該磁鐵的內部，而是在該磁鐵之外的。若是如此，個物的傾性不該等同於個物具有的微觀結構。

第三個理由涉及傾性扮演的因果角色與微觀結構扮演的因果角色。阿姆斯壯主張這兩者扮演的因果角色是一樣的，畢竟他主張個物具有的傾性等同於該個物的微觀結構。但是，普雷斯認為這兩者扮演的因果角色是不同的，因此這兩者不會是等同的。他舉汽車的汽缸及汽車的馬力為例。汽車的馬力不會等同於汽車的汽缸容量，反而是汽缸容量因致了這汽車能夠具有的馬力。由於汽車的結構扮演的因果角色與汽車馬力扮演的因果角色不同，至少有這類例子顯示：個物的結構不會等同於個物具有的傾性。

本書認為這個關於汽車的例子很值得想想。這例子並不是訴諸個物的微觀結構。一方面，由於阿姆斯壯並沒有硬性主張傾性等同於微觀結構，所以他確實得思考如何回應這例子。另一方面，普雷斯則明確主張個物的微觀結構因致了它具有的傾性，因此他自己也得思考，如何從微觀結構說明汽車的馬力。

馬丁關於「傾性」的學說

馬丁關於「傾性」的立場又與阿姆斯壯和普雷斯不同。馬丁將自己的學說稱

---

[27] Place (1996b: 59–63).

為極限觀，包括三點主張 [28]。在介紹這三點之前，讓我們對他的學說做一個補充：馬丁不太願意使用「定性」與「傾性」這樣的對照，他覺得這組名詞容易讓人誤以為傾性並不是真正定性的，因而不是真正為個物具有的性質。所以他改用「質性的」這名詞來與「傾性的」做對照。但是性質並不是就簡單分類為「質性的」與「傾性的」。馬丁主張：所有的性質構成一個類似光譜的排序，「純粹的質性」和「純粹的傾性」構成這光譜的兩端。他的三點主張如下：

⑴所謂「質性」的性質，是將個物具有的性質視為純粹的質性，而且將個物實際具有的某些性質視為「質性」的極限，儘管事實上這些性質並沒有達到這種極限。

⑵所謂「傾性」的性質，是將個物具有的性質視為純粹的傾性，而且將個物實際具有的某些性質當做「傾性」的極限，儘管事實上這些性質並沒有達到這種極限。

⑶從這兩端的極限來看，平常所謂的個物實際具有的那些性質都不是真實的。

馬丁主張：從「質性」的角度來看，個物實際具有的任何性質都是質性的，但不完全是質性的；從「傾性」的角度來看，個物實際具有的任何性質都是傾性的，但也不完全是傾性的。換句話說，沒有一個性質是純粹質性的或者純粹傾性的。所有的性質可以用類似光譜的方式來排列，純粹質性的性質在一端，純粹傾性的性質在另一端。這是他所謂的「極限觀」。

　　馬丁與普雷斯一樣，都反對共性實在論，因此他們與阿姆斯壯的形上學立場是不同的。尤其，馬丁對於「性質」接受的是殊性存有論的立場，也就是說，性質（殊性）之間的相似性比起日常個物之間的相似性，在存有論上更為根本（因為個物之間的相似性源自殊性之間的相似性）。不但如此，個物具有的傾性（或者質性）其實源自殊性的傾性（或質性）。很明顯地，馬丁這主張既與阿姆斯壯不同，也與普雷斯不同。

　　馬丁的理論相當艱澀難解。就他的三點主張來看，他關於「傾性」的立場確

<hr />

[28]　Martin (1996a: 74).

實與阿姆斯壯和普雷斯不同，但他究竟多說了什麼呢？或者，他只是在概念上提出了不一樣的觀點，打破「傾性」與「定性」的區別而已？這兩個概念都是有程度的概念？可是從形上學來看，我們總是想知道：要如何對於黃金的導電性、玻璃的易碎性等，提出適當的理論分析。這一點馬丁的理論並沒有讓我們滿意。他的理論還有許多地方尚待進一步的發展。

第六節　傾性與因果力

一般對於「傾性」的理解都提到了「因果力」。某個物之具有某傾性表示該個物具有某種因果力：只要適當的環境刺激出現，個物就會顯現（被因致出現）某些現象。然而，傑克遜等三位哲學家為文主張：傾性並不具有因果力，傾性並不會因致其顯現[29]。這一節特別介紹他們三人的理論。

傑克遜等三位哲學家提出三點具體主張：（一）傾性必然具有因果基礎，（二）傾性與這因果基礎是相異的，（三）傾性本身沒有因果力。底下簡述他們三人對於這三點的論證。

（一）所謂「因果基礎」是指個物具有的某些性質 P，這些性質加上適當的環境刺激 S，就會使得個物顯現出某些現象 M。其次，一個個物之具有某傾性 D 蘊涵相應的如若條件句 S > M（此處已經簡化，省略了背景條件）。所以，如果「S > M」為假，我們推出該個物不具有 D；如果「S > M」為真，則我們有好理由主張該個物具有 D。

借用史多內克的分析，我們要問的是：在最接近實際世界的「S」為真的可能世界裡，「M」為真還是為假？如果「M」為假，這表示「S > M」在實際世界為假，所以我們推出該個物並不具有傾性 D。如果「M」為真，這表示在那個可能世界裡，該個物之遭遇 S 因致了 M 的發生，也就是說，該個物有個性質 P，是在因果上要為 M 之發生負責的。該個物具有的該性質 P 就是這裡所謂的「因果基礎」[30]。

（二）傾性與這因果基礎是相異的。這一點正好與阿姆斯壯的學說相反。傑

---

[29] Prior, Pargetter, & Jackson (1982).

[30] 這裡的說明略過決定論世界與非決定論（機率）世界的差異。

克遜等三人提出了三個論證來支持這主張。

第一、有些傾性在不同的個物有不同的因果基礎。例如，汽油和丙酮都是易燃的，但它們的分子結構很不一樣（這裡假設所謂的因果基礎就是個物的分子結構）。如果傾性等同於個物具有的因果基礎，則易燃性等同於汽油的分子結構，也等同於丙酮的分子結構。由於「等同」具有遞移性，所以我們推出汽油的分子結構等同於丙酮的分子結構。但這當然是錯誤的。所以，我們反推傾性與因果基礎是相異的。這個論證，借用當代心與認知哲學的術語，是主張：傾性具有可多重具現性。類比來說，在某齣戲裡第一男主角是由其功能（因果）角色定義的（亦即劇本對於第一男主角各種言行的描述），無論找誰來演，只要能將其功能角色演出來就符合了第一男主角的身分，並沒有侷限非得由誰來演才行。（至於誰來演會比較「傳神」則是另外的問題。）

第二、即使某些傾性 D 只對應到一種因果基礎 P，仍然有可能：有 D 的都有 P，但是有 P 的未必有 D。我們可以假想這種情形：有些具有 P 的個物另外還具有 Q 性質，但它們之具有 Q 卻會使得 P 無法發揮作用，因而這些個物沒有 D；至於那些具有 P 但不具有 Q 的個物是可以具有 D 的。按照這假想，D 與 P 顯然是不同的。

第三、性質的名稱都是嚴格指稱詞，例如「x 是紅的」是〈x 是紅的〉這性質的專名，在所有可能世界裡都指涉這性質——儘管在不同的可能世界裡或許會有不同的外延[31]。「可能有不同外延」這點恰恰足以佐證「x 是紅的」乃是嚴格指稱的。同樣地，傾性的名稱也是嚴格指稱詞。接著，依據第一點，傾性是可多重具現的，因此有可能某些個物之具有 D 並不表示它具有 P，而是具有 P*。在這可能世界裡，「D 等同於 P」為假。最後，基於「x 是 D」和「x 是 P」都是嚴格指稱的，我們反推「D 等同於 P」為必假，它在這個實際世界也為假，所以傾性與因果基礎是相異的。

---

[31] 這裡已經預設承認性質是真實存在的，故而不是前一章唯名論的立場，而只能是共性實在論或者殊性存有論的立場。

> **想一想：**
>
> 在第二點裡提到：「有些具有 P 的個物另外還具有 Q 性質，但它們之具有 Q 卻會使得 P 無法發揮作用。」我們有什麼好理由承認這種個物的存在嗎？

（三）傾性本身沒有因果力。理由很簡單：依據第一點，某個物之出現某個顯現乃是由於該個物具有某種因果基礎的緣故。個物之具有那因果基礎（搭配外在環境刺激）就足以因致其顯現出某些現象，因此個物的其它性質都與這因果關係無關。依據第二點，個物的因果基礎與個物的傾性是不同的。所以，個物的傾性與這因果關係無關，也就是說，傾性並不會因致個物顯現出那現象。

然而，如果傾性不具有因果力，又何必承認傾性的存在？對於玻璃之碎散一地，只要訴諸玻璃的分子結構、它之被強力撞擊、相關的因素都滿足等就行了，「易碎性」在這因果解釋裡沒有任何作用。若是如此，又何必承認「易碎性」是真實的呢？依據傲砍剃刀，我們應該將傾性從存有論裡剔除。

請留意：傑克遜等三位哲學家關於「傾性」的學說與阿姆斯壯的學說表面來看似乎有很多地方是相同的，但在形上學裡，這是兩個不同的進路。阿姆斯壯採取的是存有化約論的進路，傑克遜等採取的是取消論的進路。這兩種進路的差異可以簡單以下列例子彰顯出來：「取消」的意思是在存有論上否認某個東西的真實性。例如十九世紀的科學界曾經訴諸燃素來說明燃燒現象，當代科學則已經否認了燃素的存在，但這並不是將燃素等同於氧氣。對照來看，「存有論化約」是「等同」的意思，在存有論上將 x 化約到 y 就是主張「x = y」，例如主張「水等同於具有 H_2O 分子結構的東西」，這說法還是承認水的存在的。

第七節　傾性的功能論

曼佛從概念層面以及存有論層面對於「傾性」做了相當詳盡的討論[32]，值得我們留意。本節將做一些介紹。

在概念上，曼佛對於「定性」與「傾性」的區別釐清了兩個誤解：

---

[32] Mumford (1998).

　　首先，將「定性」理解為「無條件的」這種主張並不足以區別「定性」與「傾性」。曼佛指出：我們常常以為「傾性」是「有條件的」，但這是誤解。因為「傾性」事實上也是無條件的，有條件的乃是傾性的「顯現」：在適當環境刺激出現的條件下，某傾性的「顯現」特徵才會出現❸。不但如此，傾性跟定性一樣，都是個物實際擁有的性質。尤其，傾性並不是個物潛在擁有的性質，個物潛在擁有的性質是其傾性的顯現特徵。例如糖實際上就是具有水溶性，而不是在某些條件下才具有水溶性；但是糖之實際出現溶於水的現象需要滿足「適當的環境刺激有出現」這個要件，亦即「糖實際上被放進水中」這條件成立之後，糖的水溶性才顯現出來。

　　其次，一般認為使用「傾性」概念的語句蘊涵相應的如若條件句，使用「定性」概念的語句則沒有蘊涵任何相應的如若條件句。然而，曼佛接受梅樂的說法。梅樂指出，即使是使用「定性」語詞的語句也能夠蘊涵某些如若條件句。他舉出的例子是：如若某人（正確地）去數三角形的角的數量，則他必當給出「3」這答案❸。然而，三角形的角的數量是三角形的定性，不是傾性。

　　以上兩點是曼佛對於一些誤解的釐清。他接著提出一個方式來區別「傾性」與「定性」：每個傾性都是有因果力的。這一點又與前一節提到的傑克遜等三人的主張相反。

　　曼佛的論證是這樣的：設對於任何兩個個物 a 和 b 我們施加相同的環境刺激 S（包括相同的背景條件），但是 a 的反應與 b 的反應卻不相同，一個是 R_a，另一個是 R_b。這兩個個物在反應上的差異顯然只能訴諸兩者本身的差異。兩者之間的差異自然是因果力方面的差異：a 對於 S 的反應是 R_a，b 對於同樣的 S 的反應卻是 R_b。這表示，a 本身必定具有某些特徵使得它對於 S 的反應是 R_a，而不是 R_b；b 本身也必定具有某些特徵使得它對於 S 的反應是 R_b，而不是 R_a。例如，以某種力道對著玻璃門投擲一塊大石頭（背景條件亦滿足下），會因致其玻璃碎散一地；但是以相同的力道對著鐵門投擲同樣的大石頭（相同背景條件亦滿足下），卻只會使得那鐵門凹陷一塊。同樣的環境刺激（同樣的背景條件）造成的結果卻大不相

---

❸ Mumford (1998: 64).

❸ Mellor (1974: 171).

同。這表示，玻璃具有某個傾性，使得玻璃遇到該環境刺激時會出現「碎散一地」的現象；鐵門則具有另外的傾性，使得它遇到該環境刺激時會出現「凹陷一塊」的現象。

根據這說法，曼佛指出：在概念上我們確實可以區別「定性」與「傾性」。每個傾性在概念上都蘊涵〔x 是具有因果力的〕，但是定性並沒有在概念上蘊涵〔x 是具有因果力的〕[35]。請留意，這裡說的是「概念蘊涵」。舉例來說，〔舅舅〕概念蘊涵〔男性〕，所以舅舅必定都是男的；但是〔舅舅〕並沒有概念蘊涵〔已婚〕，這當然不表示舅舅都是未婚的。同樣地，個物具有的性質 D 如果是一個傾性，則概念上蘊涵該個物必定會有某種因果作用（只要適當環境刺激出現）；個物具有的定性則在概念上沒有這種蘊涵，當然這不表示個物之具有某定性，就不會出現因果作用。

曼佛接著在存有論上提出微型人功能論來理解「傾性」[36]。在文獻上對於功能論討論最多的是心與認知哲學的研究領域。功能論的版本很多[37]，其基本主張是以「功能」（或者「功能角色」、「因果角色」）來理解其研究的對象。一方面，功能論會將被研究的對象等同於某種功能（類型）；二方面，對於所謂的「功能」必定是以「刺激－反應」的因果關聯來理解的。

微型人功能論自然也是以「因果角色」來理解功能。除此之外，這套學說還有一些獨特的主張是其它版本的功能論沒有的。要瞭解微型人功能論，最好的方式是看這學說如何說明人類的心智系統。依據這套學說，人類的心智系統是由一群次系統構成的，每個次系統又是由一群更小的次系統構成的，每個更小的次系統又是由更小的次系統構成的；依此類推。不但如此，（一）上層系統的特徵乃是其下層（第二層）各個次系統共同運作的結果，每個第二層的次系統又是其更下層（第三層）的次系統共同運作的結果；依此類推。（二）在人的心智系統之下的每個第二層次系統本身也是心智系統，但心智力量不如上層的心智系統；每個第

---

[35] Mumford (1998: 75–77).

[36] 在文獻上對於微型人功能論最主要的提倡者是 Lycan (1987)。

[37] 除了這裡提到的微型人功能論之外，還有因果角色功能論、算機功能論、生物功能論等。參彭孟堯 (2011) 第五章的介紹。

二層次系統底下的第三層次系統也仍然是心智系統，但其心智力量又不如第二層
的次系統；依此類推。

以上的說法可以抽象表示如下：令 M 表示人類的心智系統，M_1、M_2、M_3
…，是 M 這個系統的次系統；而且 M_1 是由 A_1、A_2、A_3、… 構成的，M_2 是由
B_1、B_2、B_3、… 構成的，M_3 是由 C_1、C_2、C_3、… 構成的；依此類推。不但如
此，（一）M 的特徵乃是 M_1、M_2、M_3、… 運作的結果，M_1 的特徵乃是 A_1、A_2、
A_3、… 運作的結果，M_2 的特徵乃是 B_1、B_2、B_3、… 運作的結果，依此類推；
（二）M_1、M_2、M_3…，B_1、B_2、B_3…，C_1、C_2、C_3… 都是心智系統，只是下層
的心智力量不如上層的心智力量。所以心與認知哲學家比喻說：每一層的系統都
是一個微型人（心智力量比較小的人）。這套學說顯然主張心智系統構成了層級：
各個層級的心智系統都是真實存在的，而且各個層級的心智系統具有的特徵必定
是在其下層的心智系統共同運作的結果❸。

這套學說明顯立即面臨一個疑問：這種層次分析是否無限呢？還是有個最底
層呢？如果沒有最底層，則我們對於人類心智系統的理解終究是不完全的。即使
有個最底層，如果這底層仍然是心智系統（即使心智力量更為薄弱），我們仍然未
能徹底說明人的心智。支持微型人功能論的哲學家的想法是這樣的：這層次分析
是有最底層的，而且在最底層的系統乃是純然不具有心智力量的系統，是純粹的
物理操作。這一點可以從算機功能論的學說獲得支持。依據算機功能論，最終執
行算機（程式）的只不過是純粹物理機制而已，對於這些機制的運作無需再訴諸
心智力量才能理解，只需訴諸物理化學的作用就行了。

曼佛將微型人功能論引進對於「傾性」的說明。依據他的理論，這個實在界
乃是由個物具有的各種傾性構成的層級，每一層都存在有個物的某種結構，這些
結構都等同於在該層的個物具有的傾性❹。如果不考慮「傾性層級」的主張，曼
佛的學說與阿姆斯壯的化約論相當接近。

茲將曼佛的理論整理如下：

---

❸ 這裡涉及到「化約」以及「浮現」的議題，超出了本書的範圍，只得略過。

❹ Mumford (1998: 196).

⑴個物具有的傾性都是具有因果力的，亦即個物具有某些功能角色或者因果角色；但是定性沒有。

⑵這個世界所有個物具有的種種傾性構成一個層級，在上層的傾性是由其下層的傾性構成的。

⑶每一層的傾性都等同於個物在該層的結構。

⑷這個傾性層級有最底層，而且在最底層的東西不但依然是傾性，而且是最簡單、不具結構的東西。

本書認為曼佛的微型人功能論有兩大問題必須處理：

（一）依據微型人功能論對於「傾性」的說明，個物之具有某個傾性蘊涵個物之具有某種功能（因）角色。反過來呢？個物之具有某種功能（因）角色是否也蘊涵個物之具有某個傾性呢？若是如此，則對於微型人功能論來說，「傾性」與「功能」是一樣的。然而這樣一來，一方面我們使用「功能」來說明「傾性」，另一方面我們也可以使用「傾性」來說明「功能」。我們似乎很難主張我們已經真正理解了「傾性」。

不但如此，如果我們對於「功能」（亦即「因果角色」）採取如若條件句的分析，也對於「傾性」採取如若條件句的分析，則對於「傾性」提出功能論的主張未免多此一舉。我們只要逕行採用如若條件句來分析「傾性」不就夠了嗎？

這兩點質疑曼佛已經注意到了。他否認個物之具有某種功能（因果）角色蘊涵個物之具有某個傾性。在某些情形裡，我們會承認某個物具有某個功能，但我們並不會因而承認該個物具有某個傾性。曼佛舉的例子是「規則」在遊戲裡是有功能的（扮演某種因果角色），但是我們很難同意遊戲之具有規則乃是它的傾性。其它還有很多類似的例子，例如交通號誌具有某種功能，但是我們大概不會說交通號誌具有某種傾性，比方說，紅色八角形、裡面寫個「停」字的標誌，它的功能是讓汽車駕駛人看到這標誌時，先停下車，才能再前行。

不過，本書認為曼佛的回應是有困難的。首先，這裡的議題是關於個物具有的傾性要如何理解，但是「遊戲」不是個物。交通號誌雖然是個物，但它的功能

是依附於人類的；沒有人類，這些交通號誌不再具有任何（與交通有關的）功能。此外，我們為何不能承認，這些交通號誌是有傾性的呢？這看不出道理。例如，我們可以主張：紅色八角形、裡面寫個「停」字的標誌具有這樣的傾性：如若這標誌被汽車駕駛人看到（在其它相關條件也滿足下），則（必當）汽車駕駛人會先停下車來再往前開。

另外一個困難是：曼佛的回應並沒有觸及到第二點質疑。如果對於「功能」和「傾性」都可以採用如若條件句來分析，又何必要使用「功能」來說明「傾性」？簡單說，既然訴諸「如若條件句」是最好的分析方式，再訴諸「功能」或者「因果角色」實在是多此一舉。

（二）這個由傾性構成的層級是否有最底層？如果有，這最底層是否還是傾性的？在上面已經提到，在心與認知哲學裡，微型人功能論在說明心智系統時，已經承認有最底層，而且這最底層的東西不再是具有心智的。曼佛在引進微型人功能論來說明「傾性」時，給的答案不太一樣。他主張在傾性構成的層級裡確實存在有最底層，而且在這最底層的東西都是最簡單的，亦即沒有結構的東西；但是他還是主張在這最底層的東西依然是傾性❹。

本書認為曼佛這個回應實在令人難以接受。我們探討的議題是：在存有論上，「傾性」是什麼？曼佛的理論卻主張所有存在的一切都是傾性的（只是各種傾性構成層級而已）。那麼，我們真正對於「傾性」提供了一套存有論的說明嗎？雖然對於「傾性」採取這種存有論的立場並無不可，但很不幸地，這與曼佛的微型人功能論卻有衝突，這又與以下的兩個問題有關。

首先，曼佛主張：每一層的個物具有的傾性都等同於該層個物具有的結構。我們不禁要問：既然最底層的個物是沒有結構的，這些個物為何還會有傾性？

其次，曼佛的微型人功能論主張將「傾性」理解為功能角色（或者因果角色）。但是，個物（不論是哪一層）具有的結構與個物具有的功能角色是不同的。個物具有的結構「具有」功能角色，而不是「等同」於功能角色。這是由於理論上允許不同的個物可以具有相同的功能角色（或因果角色），也就是前面提到的

---

❹ Mumford (1998: 212–213).

「可多重具現性」。但是，曼佛又同時主張，個物具有的傾性都等同於個物具有的結構。這些主張放在一起構成了理論矛盾。

　　以上兩大問題使得我們不得不質疑，曼佛的學說真地值得接受嗎？

第五章　個　物

第一節　關於「個物」的哲學問題

　　前面幾章都在探討性質以及關係，乃至於關係性質和傾性。這些都是個物具有的。但，什麼是個物？這一章將轉向思考與「個物」有關的種種議題。

　　所謂「個物」包括眼前這張桌子、手上這顆蘋果、公園裡那棵大樹、池塘邊那塊石頭等，這些日常都可以看到的東西。此外更大的東西像是地球、月亮、太陽等星球，也是個物。這些稱為「日常個物」，通常是指可觀察的個物。更小的東西像是電子、粒子、夸克等，乃是不可觀察的東西。如果承認這些東西存在，則這些東西也是個物。科學哲學界對於這些不可觀察的東西是否存在是有爭議的。以上舉的例子都是物理的個物，就是一般所說的「物體」。

　　另外，數學裡提到的自然數、函數、以及各種集合（如空集合、自然數的集合、質數的集合）……也是個物，通常稱為「抽象個物」。除了這些之外，哲學界獨有的一些東西，例如命題、意義、可能世界等，也常被視為抽象的東西。（是否要將這些東西視為個物呢？）按照一般的理解，抽象的東西既不是心理的，也不是存在於某個時空區段的。由於對於這些抽象的東西哲學界已經另有探討，本書將不討論這方面的議題。

　　日常個物是一般人都很熟悉的，大概很少人會疑問「個物是什麼？」對大多數人來說，這種問題是很怪異的。這是一顆蘋果、那是一朵玫瑰，這有什麼好疑問的！表面來看確實如此。但是哲學家會提問這個問題不是沒有道理的。至於什麼道理，就只好先看看哲學家的討論才能知道了。

　　哲學家關於「個物」主要探討兩大議題[1]：個物是什麼？如何將個物個別化？

---

[1]　在殊性存有論裡，殊性也是個物，但本章只著眼在一般所說的個物，不考慮殊性。

關於「個物是什麼」的議題涉及到所謂「個物等同原則」：對於表面上是兩個相異的個物，但其實是一個個物的現象，我們要依據什麼原則來提出說明？至於如何將個物個別化的問題是這樣的：如果 a 和 b 確實是兩個相異的個物，依據什麼原則來說那確實是兩個個物、而不是同一個個物？

對於這兩大議題本章將從兩個大方向來思考。

第一個方向是從性質著手。有一種主張是：個物就是一束（一元）性質而已。這稱為「束論」。另外一種主張是：個物是由一束性質以及某個「基體」構成的。本書將這稱為「（基體＋性質）論」。隨著對於共性採取實在論還是反實在論的差異，束論以及（基體＋性質）論也各有一些變化的版本。

第二個方向是從所謂的組合以及幾個與「個物組合」有關的悖論著手。文獻上出現了四個很有名的困難，使得形上學家不得不做一番探究：加增悖論、特休斯之船、身體減損論證（無尾貓）、組合悖論。「特休斯之船」的問題留到第七章第五節再解說，另外三個問題將在本章第五節解說。同時，也請讀者在閱讀過第七章之後，再回頭思考這一章的討論，以便有更完整的理解。

值得注意的是：這四大困難都是針對個物組合（或者等同）的議題提出來的，但文獻上大都是分別處理這四個困難，並各自發展出相應的解決方案。對於這四個困難之間的理論關聯卻是一直要到呂在 1995 年才發表論文進行探討，他並將這稱為組合難題。當代形上學界發展出了幾套學說，例如組合論以及四維論，一方面建立關於個物的理論，一方面試著回應這些理論困難，都將在本章解說。另外，二十世紀的形上學（邏輯）發展了所謂的部分學，雖然其原始哲學動機並不是為了討論「個物」的，但其理論被形上學家援引以發展並研究關於「個物」的問題，形成了很重要的學派。基於這個緣故，本章第八節將特別解說部分學在這個議題的主張。

第二節　性質束與基體

從「性質」的角度來說，關於「個物」的形上學主張，在西方哲學的傳統裡，主要是所謂的「實體－賦性」的立場以及束論的立場。

實體一詞有兩種用法。第一種用法大致上是從古希臘先蘇期的哲學家，尤其

是後來的亞里斯多德，就一直沿用到現代的。這用法下的「實體」有時候指的是不會有生成變化的東西，有時候指的就是一般的個物。例如，笛卡爾的實體二元論主張這個世界存在的事物只有兩大類：心實體以及物實體；「心實體」指的是每個人具有的心智系統，「物實體」指的就是每個個別存在的物體。本書不介紹這個傳統概念❷。

　　「實體」的另一種用法比較難理解，是所謂的「基體」。如何對於兩個不同的個物進行個別化？如果 a 和 b 有完全相同的性質，則 a 和 b 是相同的一個個物，不是相異的兩個個物。這樣的說法成立嗎？有些哲學家無法接受這種說法，因而引進了「基體」概念。「基體」就是這些哲學家用來說明個物是什麼、以及如何個別化兩個相異個物的一種形上學的設定❸。

　　文獻上對於「個物」的理解有兩大派：將個物理解為性質束，以及將個物理解為（基體 + 性質束）。讓我們暫時承認一元性質是真實的。首先，我們可以這樣問：是不是每個個物都相當於其具有的一切一元性質而已？若持肯定回答，這種主張稱為「束論」：每個個物等同於一束一元性質。羅素並且使用「共現」一詞來描述在同一個性質束裡的所有性質之間的關聯。

　　性質束論將「共現」視為一個原初的、不再給定義的概念。不過，我們還是可以對它做一些說明。首先，〈共現〉是一個內部關係，不是外部關係。其次，「共現」是用來說明個物之所以具有它具有的所有那些性質的，也就是說，「共現」是用來說明個物具有的性質如何「凝聚」在那個個物之上的。例如，這顆籃球等同於它具有的橘色、球形、橡膠材質等性質構成的整體，這顆籃球是這些性質共現而形成的一束。對照來看，這顆橘子的橘色、那顆棒球的球形、那輪胎的橡膠材質等性質由於並沒有出現〈共現〉的關係，並不構成一個性質束，不構成一個個物。第三，在同一個性質束裡的所有性質都是必然共現的。請留意，這並不是說這個性質束是必然存在的，而是說：如果這個性質束存在，亦即如果這些性質共現了，則它們必然共現，但是有可能這些性質並不曾共現過❹。

---

❷ 請參閱彭孟堯 (2011) 第二章第一節的介紹。

❸ 形上學的文獻裡，除了使用 "substratum" 這語詞外，也有使用 "bare particular"、"thin particular" 等語詞，談的都是相同的東西。

如果我們將性質視為共性，則每個個物都等同於一個「共現的共性束」，文獻上將這一派稱為「共性束論」；如果我們將性質視為殊性，則每個個物都等同於一個「共現的殊性束」，文獻上將這一派稱為「殊性束論」。

羅素是主張共性束論的，他並且主張每個個物都是「完整的共性束」 ❺ ，意思是說，這共性束不可能再增加新的共性，因為任何新的共性與這共性束裡至少一個共性是無法共現的。對於共性束論來說，〈共現〉關係是自反的且對稱的。但表面來看，〈共現〉似乎不是遞移的，亦即對任何共性 F、G、H，「如果 F 與 G 共現而且 G 與 H 共現，則 F 與 H 共現」為假。例如，設某個物 a 具有 F 和 G，但不具有 H；個物 b 具有 G 和 H，卻不具有 F。所以，F 和 G 是共現的、G 和 H 是共現的，但這不表示存在有某個個物具有 F 和 H。不過，這是橫跨了兩個個物來談的。就同一個個物來說，〈共現〉確實是自反的、對稱的、遞移的；〈共現〉是一個等值的關係。既然個物是一個共現的共性束，裡面的任何兩個共性都是共現的。因此，設任何三個共性 F、G、H 屬於同樣一個共性束，則「如果 F 與 G 共現，則 G 與 F 共現」為真；「如果 F 與 G 共現而且 G 與 H 共現，則 F 與 H 共現」也為真。

共性束論如何說明個物的個別化呢？如果 a 和 b 是完全相同的共性束，則它們是同一個個物，不會是兩個相異的個物。換句話說，如果 a 和 b 至少有一個（一元）共性不同，則它們是兩個個物，不是同一個個物。

然而有些哲學家無法接受共性束論，因為他們願意承認這種情形：a 和 b 是兩個相異的個物，即使 a 和 b 具有完全相同的一組（一元）共性。為了說明 a 和 b 是兩個相異的個物，這些哲學家因而引進了「基體」概念，主張每個個物其實是等同於一個基體以及一束共性 ❻ 。本書將這派學說稱為「（基體＋共性）論」。

康貝爾是主張殊性束論的。依據他的說法，每個個物乃是一個最大的共現殊性束 ❼ 。對於殊性束論來說，〈共現〉是一個等值的關係，亦即它是自反的、對稱

---

❹ van Cleve (1985: 99).

❺ Russell (1940) 第六章。

❻ Allaire (1963).

❼ Campbell (1981: 132; 1990: 21).

的、遞移的。首先，同一個殊性不可能同時出現在兩個不同的個物之中。其次，就同一個個物來說，既然它是一個共現的殊性束，裡面的任何兩個殊性都是共現的。設任何三個殊性 F、G、H 屬於同樣一個殊性束，則「如果 F 與 G 共現，則 G 與 F 共現」為真；「如果 F 與 G 共現而且 G 與 H 共現，則 F 與 H 共現」也為真。

這裡補充說明一點。羅素主張每個個物都是完整的共性束，康貝爾主張每個個物乃是一個最大的共現殊性束。依據這樣的說法，構成一個個物的性質束（不論是共性還是殊性）是不可能再增加新的性質的，因為再增加任何一個新的性質都會與原來性質束裡的某些性質相衝突。然而，設某個物 a 等同於 F、G、H 三個性質構成的最大性質束，而且設 E 並不與 F、G 或 H 相衝突。是什麼使得 F、G、H 構成最大的性質束，而 E、F、G、H 就不可能構成性質束呢？

或許我們的假設一開始就是有問題的？性質束論可以主張說：a 不會等同於 F、G、H 三個性質構成的性質束，亦即 F、G、H 三個性質根本就沒有構成一個最大的共現性質束。別忘了，並不是任意一組性質的集合就構成一個性質束的。一個最大的共現性質束才是一個個物。儘管如此，我們似乎還可以這樣質疑：設個物 a 具有性質 F_1、F_2、…、F_m，個物 b 具有性質 F^*_1、F^*_2、…、F^*_m、G_1、G_2；而且 F_1 與 F^*_1 隸屬同一個「可決定」類型（例如顏色）、F_2 與 F^*_2 隸屬同一個「可決定」類型（例如形狀）、……、F_m 與 F^*_m 隸屬同一個「可決定」類型。性質束論允許這個假設嗎？性質束論不難回應，既然 b 是最大的共現性質束，a 只是 b 的一個子集合（或者一個子部分），所以 a 不能算是一個個物，因為它不是最大的共現性質束。

殊性束論對於如何個別化兩個相異個物的說法是這樣的：如果 a 和 b 是完全相同的殊性束，則必定它們是同一個個物，不會是兩個相異的個物。但是，如果 a 這殊性束與 b 這殊性束是完全精準相似的，則它們仍然是不同的個物。儘管如此，有些哲學家，例如馬丁，仍然將「基體」概念引進殊性存有論對於「個物」的說明，將任何一個個物理解為由某個基體以及一組殊性束構成的。本書將這學說稱為「（基體＋殊性）理論」。

在這個形上學的思考方向上，最令人不解的自然是「基體」這個概念了。如

何說明「基體」呢？這實在是一個非常棘手的問題。在西方哲學，大概洛克是最早提出這概念的哲學家，偏偏洛克對於他所謂的「基體」僅僅說：那是個我們不知的東西。請留意，洛克這句話不是僅僅知識論的主張而已。從知識論的角度來看，對於個物的認知必定涉及到該個物的某個性質，既然基體本身是沒有任何性質的，基體是不可能被我們認知到的。從形上學的角度來說，既然構成每個個物的基體都是沒有性質的，「基體」是形上學裡一個不可能說明的東西（除了說「基體」具有個別化的功能之外）。經驗論哲學家勢必無法接受「基體」，因為在經驗論的哲學主張裡，不可能被經驗認知的東西是不存在的。即使不是經驗論的哲學家也很難接受「基體」，因為那是一個形上學無法說明的東西。

　　無論如何，「基體」概念的提出是有其理論用意的。首先，個物具有的基體是用來「支撐」它具有的性質的，亦即使得個物具有的那些性質可以「凝聚」在一起。（這一點跟「共現」概念的提出是一樣的用意。）其次，基體本身是沒有任何性質的個殊物。第三，每個個物的基體必定都不同，因此我們可以訴諸「基體」來進行個別化：即使個物 a 和個物 b 具有完全相同的一束共性，由於兩者的基體不同，它們是不同的個物。然而，這說法還是留下一些疑問：既然基體是沒有任何性質的個殊物，我們如何個別化基體？這顆籃球和那顆籃球各有一個基體，有什麼原則可以說明這裡有兩個相異的基體，而不是一個呢？

　　有些哲學家主張一個個物的基體就是它佔據的時空區段 ❽。所以，即使 a 和 b 有完全相同的共性束，由於它們的基體（佔據的時空區段）不同，它們是不同的兩個個物。如此一來，就也同時回應了前述關於「個別化原則」的問題。然而，我們真地要將個物佔有的時空區段作為個物的基體嗎？有沒有可能兩個相異的個物佔據相同的時空區段呢？無論如何，這說法至少面臨一個困難：有一些個物是非物理的，例如數和集合。這些個物都不佔據任何時空區段。另外，如果神存在，則神也是個物，但神是非物理的，同樣不佔據任何時空區段。當然，這些哲學家可以主張：他們僅僅是對於物理個物提出形上學的說明而已，這說明不適用於非物理的個物。然而即使如此，如果有非物理的個物存在，他們勢必得另外提出一套關於這些非物理個物的形上學。其實，就算這些哲學家僅僅只是針對物理個物，

❽ Sider (2006).

他們還是面臨一些重大挑戰的。有些哲學家就主張：兩個相異的個物也可以佔有相同的時空區段❾。

形上學家是否還有其它的方式來說明「基體」呢？關於這點，因為涉及到其它的議題，等後面幾節再繼續說明。

茲將以上提到的幾個立場整理如下。接受共性實在論的哲學家對於個物可以採取兩種立場：（一）個物就僅僅是共性束而已（共性束論），以羅素為代表；以及（二）個物就是基體及其共性構成的（（基體＋共性）論）❿。另一方面，接受殊性存有論的哲學家對於個物也同樣有兩種立場：（一）個物就僅僅是殊性束而已（殊性束論）⓫；以及（二）個物就是基體及其殊性構成的（（基體＋殊性）論），以馬丁為代表。按照前面對於洛克的簡單介紹，他似乎也是主張個物就是基體及其性質構成的。

不論是共性實在論還是殊性存有論，對於個物採取的性質束論或者（基體＋性質）論都面臨一些困難，底下是一些說明。

困難一：〈共現〉為什麼是內部關係？

性質束論（不論是共性束論還是殊性束論）都將〈共現〉視為一個內部關係。然而，這是很啟人疑竇的。〈共現〉不滿足形上學家對於「內部關係」的主張。依據第二章第四節，一個內部關係必定是「關係項本質」的，亦即只要關係項出現，則基於關係項具有的一元性質，這關係必然成立。然而，當我們說構成那顆籃球的性質束裡面的〈x 是紅的〉、〈x 是球形的〉、〈x 是橡膠製的〉、〈x 重 600 公克〉等性質是共現時，我們憑什麼主張這些性質的出現就必定會使得它們是共現的？〈x 是球形的〉與〈x 是紅的〉……，這些性質有什麼特別的地方能夠使得它們之存在就足以保障它們是共現的？

將〈共現〉與真正的內部關係相比較就更清楚了。在殊性存有論裡，殊性之間的相似是內部關係。例如，金庸《天龍八部》第一冊的〈長方形-殊性〉與第二冊的

---

❾ Baker (1997: 601).

❿ 以 Allaire 為代表。

⓫ 以 Stout、Williams、Campbell 為代表。

〈長方形-殊性〉（幾乎）是精準相似的。基於這兩個殊性本身就足以使得這相似關係必然成立。那麼，那顆籃球的〈x 是紅的〉、〈x 是球形的〉等性質是基於什麼而使得它們之間必然出現〈共現〉關係呢？如果它們之間不必然會出現〈共現〉關係，如何可以說〈共現〉是內部關係呢❷？

困難二：奇特的個物

設在這間教室裡，這顆籃球是橘的、球形的、重 600 克；那張講桌桌面是棕的、方形的、重 900 克；那枝粉筆是白的、圓柱形的、重 2 克。那麼，那個橘、那個方、那個重 2 克是否構成一個性質束？這裡的關鍵顯然在於這幾個性質是否出現〈共現〉關係。設這些性質沒有出現〈共現〉關係，那麼性質束論如何說明這顆籃球的橘、球形、重 600 克是共現的，剛剛那組性質則沒有？設這些性質有出現〈共現〉關係，則依據性質束論，這個性質束構成一個個物。但這不是很奇怪的一個個物嗎？

或許性質束論可以接受這種奇特個物的存在，儘管這違背一般人對於個物的看法，承認這種個物存在不能算是性質束論的理論困難！它的理論困難仍然在於：要如何說明構成這奇特個物的所有性質如何是共現的？

困難三：變化

我們可以換一個角度來看剛剛的困難。我們通常都會承認個物會歷經變化。例如儘管個物的顏色、形狀、重量等會有改變，但它依然存在。然而這表示這個個物的性質束（共性束或者殊性束）裡的性質是會改變的，這卻違背了性質束論之主張它們是共現的。性質束論有三個回應方式：

(1)性質束論可以逕行否認個物有可能歷經變化。但這明顯違背我們日常的直覺❸。這回應顯然是主張個物所有的性質都是它必然擁有的。當然，這不表示性質束論是錯誤的，只是說一般人很難接受這種觀點而已。

(2)性質束論可以主張：在同一個性質束裡的這些性質只是偶然共現而已。但

❷ Austin (2008) 有一些討論。

❸ van Cleve (1985: 122).

這回應違背了將〈共現〉視為內部關係的主張。

⑶性質束論可以主張：有些性質是個物必然擁有的、有些性質是個物偶然擁有的。這樣一來確實可以允許個物有可能歷經變化。在殊性束論這個學派裡，有這樣一個支派：每個殊性束裡的殊性分為「核心的」以及「周邊的」 ❶ 。核心的殊性彼此之間是「嚴格相依的」，意思是說，在這個殊性束裡，任何一個核心殊性都必然與其它的核心殊性共同存在的。周邊的殊性則沒有這特徵，它們是個物有可能不具有的性質。簡單說，核心殊性之間是共現的關係，其它則不是。

這第三個回應面臨兩個問題：第一，這回應就殊性束論來說，會承認所謂的「個物本質」。但哪些殊性是個物的本質呢？亦即，哪些殊性是核心的呢？第二，個物必然擁有的性質與其偶然擁有的性質之間是否具有〈共現〉關係呢？別忘了，「共現」是用來說明個物之所以具有那些性質的，同一個性質束裡的所有性質之所以「凝聚」在一起，是由於它們具有〈共現〉的關係。如果將個物擁有的性質區分為必然擁有的與偶然擁有的，則這兩種性質之間如何出現〈共現〉關係？

> 想一想：
> 共性束論能否接受「核心」與「周邊」的區別？如果不能，這理論將如何說明個物之能夠歷經變化？

困難四：〈共現〉不是關係

如果〈共現〉是一個關係，則依據第二章第四節提出的位元原則，這關係必定有固定數量的關係項。但是，我們可以發現〈共現〉其實並沒有固定數量的關係項。舉例來說，這顆籃球是紅色的、球形的、橡膠製的、重 600 公克……；依據性質束論，這顆籃球等同於由這些性質構成的性質束，這些性質都是共現的。另外有一顆彈珠，它是白色的、球形的、玻璃製的、重 2 公克……；依據性質束論，這顆彈珠是由這些性質構成的性質束，這些性質都是共現的。試問：在這顆籃球（性質束）裡的性質總量與這顆彈珠（性質束）裡的性質總量必定是相同的

❶ Simons (1999).

嗎？只要我們允許這兩個性質束內含的性質總量不同，則出現在前者的〈共現〉與出現在後者的〈共現〉不會具有相同數量的關係項。既是如此，〈共現〉不會滿足位元原則，因此不可能是一個關係。我們可以將以上的思考構作成論證：每個個物都是一束共現的性質。〈共現〉是一個關係。每個關係都有固定數量的關係項。所以，每個共現的性質束（亦即個物）都有相同數量的性質。但，這是荒謬的！許多個物都具有不同數量的性質。我們因此反推〈共現〉不是一個關係。

或許一個回應方式是：否認位元原則，主張〈共現〉是一個可變的多元關係，亦即允許〈共現〉的關係項的數量是可以變化的 [15]。本書很難接受這樣的說法，因為這看起來只是一個特設的說法而已。

困難五：共性束是抽象的

這個困難是針對共性束論的，對於殊性束論沒有作用。依據第二章，共性是抽象的東西，共性束因而也是抽象的。但是，個物卻是具體的東西。至少，共性是不可觀察的，（日常）個物是可觀察的。所以，個物不可能等同於共性束。就這點來看，殊性束論比起共性束論更能說明個物。（請留意，雖然殊性有時候也稱為「抽象個殊物」，這語詞所說的「抽象」是指人類心智活動抽離了個物的其它特徵而只集中在某個特徵 [16]。）

困難六：殊性對調

殊性對調的問題是阿姆斯壯提出來的 [17]，本書做了些補充。設在同一個世界裡，個物 a 具有殊性 F_1、個物 b ($b \neq a$) 具有殊性 F_2，而且 F_1 和 F_2 是精準相似的。似乎有可能兩者的殊性是對調的，亦即在某個可能世界裡 a 具有 F_2、b 具有 F_1。若是如此，F_1 並沒有真地與 a 實際具有的所有殊性共現，F_2 也並沒有真地與 b 實際具有的所有殊性共現。不但如此，阿姆斯壯指出：從語言以及因果角色來看，殊性對調與否都沒有差別。既然 F_1 和 F_2 是精準相似的，不論 a 是具有 F_1 還是

[15] van Cleve (1985) 和 Benovsky (2008) 都曾提到這個主張。

[16] Campbell (1990).

[17] Armstrong (1978a).

F_2,「a 是 F」這語句為真；而且，所有〈a 之具有 F_1〉能扮演的因果角色〈a 之具有 F_2〉都能，反之亦然。

本書認為阿姆斯壯的「殊性對調」不構成殊性束論的理論困難。讓我們考慮第三章第七節提到的殊性不可轉移原則。依據強（以及弱）不可轉移原則，在任何包括了 F_1 的殊性束存在的可能世界裡，a 都等同於那個殊性束，因此殊性對調是不可能的。依據同世界不可轉移原則，在同一個世界裡的兩個個物無法進行殊性對調的。但是這原則確實允許在某個可能世界裡，將個物的殊性對調。然而，殊性對調的可能性為什麼是一個理論困難呢？畢竟一方面，實際扮演因果角色的是〈a 之具有 F_1〉，不是〈a 之具有 F_2〉；另一方面，因果律是針對類型做量限的，〈a 之具有 F_2〉與〈a 之具有 F_1〉屬於相同的類型，它扮演的因果角色也是被同一條因果律涵蓋。

困難七：殊性堆積

這問題也是阿姆斯壯提出來的。設個物 a 等同於由 F_1、G、H、…、M 構成的殊性束；另外，設 F_1、F_2、F_3、… 殊性都是精準相似的。有沒有可能 a 也具有 F_2、F_3、… 殊性呢？阿姆斯壯認為這是可能的。這自然涉及到如何理解「最大殊性束」了。依據殊性束論對於「個物」的分析，既然 a 等同於由 F_1、G、H、…、M 構成的殊性束，則這是一個最大的殊性束，所以 a 不會再具有其它的殊性，不可能將 F_2、F_3、… 加入到 a 裡。然而，為什麼呢？康貝爾主張的「最大的共現殊性束」是指對於構成一個個物的殊性束來說，再增加任何一個新的殊性都會與這殊性束裡的某些殊性相衝突。但是，我們現在考慮的是將 F_2、…、F_n 增加到 a 裡，既然 a 已經具有 F_1，而且 F_1 又與 F_2、F_3、… 是精準相似的，顯然將 F_2、F_3、… 增加到 a 裡不會與它的任何殊性相衝突。若是如此，F_1、G、H、…、M 不會構成最大的共現殊性束。但這還不夠，因為還有與 G 精準相似的殊性、與 H 精準相似的殊性、……、與 M 精準相似的殊性等，都可以依據剛剛的思考加入到 a 裡。也就是說，a 不是個物，所有與 F_1 精準相似的、與 G 精準相似的、……、與 M 精準相似的等殊性才構成一個最大的共現殊性束。殊性束論這種對於個物的分析看來並不恰當！

　　殊性束論應該可以訴諸第三章第七節提到的薛佛原則來回應。既然 F_1、F_2、F_3、… 是精準相似的，依據薛佛原則，如果它們存在，它們彼此之間必然有空間距離。因此，它們不可能堆積在同一個殊性束裡。然而，如果我們再考慮前面提到的「困難二」，則這回應似乎不能解決問題。另外一個回應是這樣的：如果 F_1、F_2、F_3、… 是精準相似的，它們想必是同屬於某個「可決定」的類型，例如「形狀」。依據第二章對於「可決定－受決定」的說法，一個個物只能擁有同一個「可決定」類型之下的某個「受決定」的性質，因此，既然 a 已經具有 F_1 了，它不可能再具有 F_2 或 F_3 或……。本書接受第二個回應。

困難八：基體的個別化

　　在（基體＋性質）理論（不論是共性還是殊性）裡，每個個物都是由一個基體以及一束性質構成的，而且「基體」是用來個別化兩個不同個物的，這在（基體＋共性）論裡尤其是如此。即使兩個個物具有完全相同的一組共性，它們仍然是不同的個物，因為它們的基體不同。那麼，我們要如何個別化基體呢？基體是沒有任何性質的，所以，如何說明兩個基體是不同的？

　　有些哲學家主張基體也是有性質的：每個個物具有的性質它的基體都有[18]。但這實在是相當奇怪的主張。「基體」 概念的提出原本就是指沒有任何性質的東西，為什麼現在居然又將基體視為具有性質的東西呢？其次，如果每個個物具有的性質，該個物的基體都有，則我們如何區別個物及其基體？這主張是否有些疊床架屋？本書很難採信這個主張。

困難九：基體與性質的關聯

　　基體與性質之間的關聯又是什麼呢？ 這關聯不會是〈例現〉或〈個例化〉的關係，因為若是如此，基體就會是具有性質的東西了，例如基體是紅色的、球形的……。但基體是沒有任何性質的東西。有些哲學家主張：基體與性質之間是一種非關係的繫結。但，這「繫結」既不是一元的性質，也不是多元的關係，更不是個物，那麼它究竟是什麼？本書認為這主張沒有任何理論意義，無法採信。

[18] Sider (2006).

關於「個物」的形上學還有一個大問題，涉及所謂「跨時間等同」以及「跨世界等同」，由於涉及到「等同」概念，將留到第七章再來解說。

> **想一想：**
>
> (1)性質束論為何要提出「共現」？換個方式來問：如果不引進「共現」概念到性質束論裡，將個物等同於一組性質構成的集合，會有什麼理論困難嗎？請分別從共性束論以及殊性束論思考這問題。（參 van Cleve (1985)。）
>
> (2)設性質束論與（基體 + 性質束）論兩者是理論等值的，亦即兩者具有相同的理論解釋力。若是如此，我們沒有必要在形上學裡承認基體是真實的。那麼，這兩套理論是等值的嗎？（參 Benovsky (2008)、Morganti (2009)。）

第三節　個物本質

在第一章第六節已經提到，形上學家在概念上將性質區分為偶性、必然性質、本質。附帶一提：亞里斯多德對於「本質」與「偶性」的區別有些不同。一個東西的「本質」是它必有的，但它必有的性質未必是它的本質，而可以是它的偶性。這關鍵在於：一個東西必然具有的性質未必說明了那東西「是什麼」。按照這區別，本書所謂的偶性與必然性質都屬於亞里斯多德所謂的「偶性」。

有些哲學家主張：每個個物具有本質，稱為「個物本質」。此外，每個類也具有本質，稱為「類本質」，留待下一章再來解說。「個物本質」是一個性質。所謂某性質是某個物的本質，意思是說，在所有該個物存在的可能世界裡，該個物獨有該性質；而且在任何可能世界裡，任何具有該性質的東西就是（等同於）該個物。

「個物本質」一方面定義了該個物，說明該個物是什麼（東西）；另一方面，「個物本質」也用來個別化兩個相異的個物。例如，蘇軾具有某個個物本質，使得蘇軾之所以是蘇軾；柳宗元也具有某個個物本質，使得柳宗元之所以是柳宗元。

而且蘇軾與柳宗元是相異的個物，因為他們的「個物本質」是不同的。

　　一般的想法是認為：既然本質是個物必定獨有的性質，則失去那本質表示那個物不再存在。「本質」與「存在」是一體兩面的。這想法源自亞里斯多德。

　　附帶提及一點：在（基體＋性質）論裡，我們不能將基體視為個物具有的本質，儘管每個基體都是個物必然獨有的，而且基體和個物本質一樣都可以個別化兩個不同的個物，基體畢竟不是性質——既不是共性，也不是殊性。

　　接著，讓我們分別思考共性實在論與殊性存有論關於「個物本質」的看法。接受共性實在論的哲學家不可能接受所謂的「個物本質」。這道理不難懂。在共性實在論的立場下，只有滿足可多重例現原則的東西才是共性，但是所謂的「個物本質」乃是個物必然獨有的性質，這表示這性質不可能是多重例現的，因而不可能是一個共性。不論是共性束論還是（基體＋共性）論，都不能接受「個物本質」的主張。事實上，對於（基體＋共性）論來說，訴諸「基體」就可以將個物個別化了，因此「個物本質」的概念對於這套學說是沒有必要的。

　　對於抱持（基體＋殊性）論的哲學家來說，表面來看，他們也不需要將「個物本質」納入其學說之中。話雖如此，（基體＋殊性）論似乎是冗贅的，這學說沒有必要將「基體」納入其學說之中。這是由於個物具有的殊性就足以擔任個別化的工作了：如果 a 和 b 具有的殊性不同（即使是精準相似），a 和 b 是不同的個物。

　　最後，對於接受殊性束論的哲學家來說，每個個物都等同於一個殊性束。如果每個個物的殊性束裡的每個殊性都必然屬於這個殊性束，則這個個物的每個殊性都是它的本質嗎？這得看殊性存有論的哲學家接受哪個版本的殊性不可轉移原則了。對任何個物 a 的任何殊性 F 來說，強不可轉移原則否認：有這樣的可能世界，在其中存在有某個個物 b ($b \neq a$) 具有 F。因此，不僅在所有 a 存在的可能世界裡，a 都獨有 F，在任何可能世界裡只要有個物具有 F，那個物就是 a。依據「本質」的定義，這個個物（這個殊性束）裡的每個殊性都是這個個物的本質。

　　對任何個物 a 的任何殊性 F 來說，如果依據弱不可轉移原則，由於這原則與強不可轉移原則的差別只在於它允許「自由浮動」的殊性，因此這原則允許 F 在某個可能世界是自由浮動的，不跟任何其它殊性共現。儘管如此，F 是 a 的本質，

因為除了 a 之外，沒有任何個物可能具有 F。

> **想一想：**
> 由於承認「自由浮動」的殊性，這裡有個很特殊的理論結果：本質與存
> 在是分離的。雖然個物之存在必定具有其本質，其本質之存在卻未必表
> 示該個物存在。這樣的理論是否恰當？

　　不論是強不可轉移原則還是弱不可轉移原則，對任何個物 a 的任何殊性 F 來
說，F 都是 a 必定獨有的性質。例如，這顆籃球不但是紅色的，而且它必定是紅
色的；蘇軾不但是〈後赤壁賦〉的作者，而且他必定是〈後赤壁賦〉的作者。這
是很強的主張，相當違反我們日常的直覺，但我們當然不能因而就主張這在理論
上構成殊性束論的困難。

　　最後，如果殊性束論的哲學家僅僅接受同世界不可轉移原則，對任何個物 a
的任何殊性 F 來說，固然同世界裡不會有其它個物具有 F，這原則允許有這樣的
可能世界，在其中存在有某個個物 b ($b{\neq}a$) 具有 F。因此，F 不會是 a 的本質。

> **想一想：**
> 老王一方面接受殊性束論，二方面接受對於性質劃分偶性、必然性質、
> 本質，三方面也接受殊性的同世界不可轉移原則。他這套學說能回應以
> 上的種種困難嗎？

第四節　麥農式個物

　　麥農及其追隨者，以下統稱麥農學派，對於什麼是個物提出了另外一種不同
的觀點。這一學派訴諸所謂的廣涵原則來定義個物。初步來說，依據「素樸廣涵
原則」，任何一組性質的集合都獨特地定義了某個個物。例如，{〈x 是紅的〉} 獨特
地定義了一個個物，這個物僅僅只有〈x 是紅的〉這性質；{〈x 是紅的〉,〈x 是方的〉}
獨特地定義了另一個個物，這個物僅僅只有〈x 是紅的〉以及〈x 是方的〉這兩個性

質。最有名的例子大概是僅僅由 {⟨x 是金的⟩, ⟨x 是山⟩} 定義的個物（金山）以及僅僅由 {⟨x 是圓的⟩, ⟨x 是方的⟩} 定義的個物（圓的方）。

這套學說明顯有很多問題無法解決。

困難一：不完整個物

第一個問題就是所謂的「不完整個物」帶來的疑慮。設我們接受二值原則。在這原則下，一個個物或者具有某性質，或者具有該性質的「補性質」。舉例來說，一個個物或者是方形的，或者是「非方形的」（亦即是圓的、或菱形的、或長方形的……）。然而，素樸廣涵原則卻允許一個個物既不是方形的，也不是非方形的，剛剛提到的僅僅只有 ⟨x 是紅的⟩ 這性質的個物就是個例子。這當然是很奇怪的，因為從物理角度來說，有顏色的東西不可能沒有形狀。

困難二：種與屬

那個僅僅只有 ⟨x 是紅的⟩ 這性質的個物必定具有 ⟨x 是有顏色的⟩ 這性質，因此這個物具有兩個性質。但我們才說這個物僅僅具有一個性質而已。這豈不造成矛盾！

困難三：不可能有個例的性質

設 ⟨x 是最大的質數⟩ 是個性質。依據素樸廣涵原則，單單這性質即定義了某個個物，亦即僅僅具有 ⟨x 是最大的質數⟩ 這性質的個物，但這個物明顯不可能存在。關於這點，或許我們可以訴諸共性實在論做這樣的回應：⟨x 是最大的質數⟩ 不是共性，因為它不可能是多重例現的。那麼，殊性存有論呢？

困難四：不存在的存在個物

試考慮 {⟨x 是豬⟩, ⟨x 是會飛的⟩, ⟨x 存在⟩}。依據素樸廣涵原則，這組性質同樣定義了某個個物，亦即存在的會飛的豬。但是，事實上當然不存在有會飛的豬。如果 ⟨存在⟩ 不是性質，這疑慮就解消了，然而麥農學派卻又承認 ⟨存在⟩ 是個物可以擁有的一階性質，這使得麥農學派不得不承認「存在的會飛的豬」這種個物。

接受素樸廣涵原則的麥農學派大概很難回應困難四，但對於其它三個困難，這學派能提出具體回應嗎？

以上種種問題的關鍵顯然出在素樸廣涵原則，所以麥農學派的哲學家認為必須對這條原則進行修正。在文獻上這修正有兩個方向：

第一個方向以帕森斯為代表 [19]。他首先將性質分為「核子的」以及「非核子的」兩大類。只有核子的性質才構成個物的本性（本質），非核子的性質並不能說明一個個物的本性。帕森斯接著主張：廣涵原則僅僅適用於核子性質。因此，任何表面上是相異的兩個個物，其實是同一個個物，若且唯若，兩者具有相同的一組核子性質。例如蘇軾與蘇東坡表面上是兩個個物，但其實是同一個個物，因為兩者有完全相同的核子性質。不但如此，蘇軾與韓愈之所以是兩個相異的個物，乃是由於兩者的核子性質不盡相同。

非核子性質有哪些呢?帕森斯區別了四種非核子性質：第一種與存有論有關，例如〈x 存在〉、〈x 是虛擬的〉；第二種與模態有關，例如〈x 是可能的〉；第三種與意向性有關，例如〈x 愛 y〉、〈x 是大家都尊敬的〉；第四種是專技性的，例如〈x 是完備的〉、〈x 是真確的〉（這些都是邏輯系統的後設性質）。

依據以上的說法，由於帕森斯主張〈x 存在〉不是核子性質，我們因而不能訴諸廣涵原則，使用 {〈x 是豬〉,〈x 會飛〉,〈x 存在〉} 來定義一個個物（亦即存在的會飛的豬）。不但如此，前面提到，{〈x 是紅的〉} 獨特地定義了一個個物，這個物僅僅只有〈x 是紅的〉這性質。儘管〈x 是紅的〉概念蘊涵〈x 是有顏色的〉，由於〈x 是紅的〉是核子性質，〈x 是有顏色的〉不是核子性質，所以也不會出現前面提到的困擾。最後，這個修正方向呼應了阿奎那的主張：本質與存在是相獨立的，因為只有個物的核子性質才能構成個物的本質，但〈x 存在〉並不是核子性質。

這個修正方向是否真地回應了上述困難呢？本書認為這修正方向問題重重。區別「核子」性質與「非核子」性質的依據是什麼？〈x 是紅的〉為什麼是核子的性質呢？〈x 是有顏色的〉為什麼不是核子性質呢？尤其，〈x 存在〉為什麼不是核子

[19]　參 Parsons (1980)。Simons (1999) 也有類似的主張。

性質呢？很遺憾地，帕森斯並沒有提出具體的說明。我們沒有任何具體原則來決定哪些性質是核子的，哪些不是。

第二個修正方向是主張「謂述」有兩種模式，以卓塔為代表。他主張「謂述」有編碼的模式以及例現的模式[20]。在他的學說裡，廣涵原則受到了限制：這原則只適用於編碼的性質；換句話說，每個個物都相當於一組性質的編碼，至於這組性質是否有例現卻是另外一回事。依據卓塔的想法，福爾摩斯相當於一組編碼的性質、而且這組性質沒有例現；蘇軾也相當於一組編碼的性質、而且這組性質是有例現的[21]。

依據這套學說，「金山」這語詞確實談到了一個個物，且這個物既編碼了〈x 是金的〉，也編碼了〈x 是山〉。同樣地，「圓的方」這語詞確實談到了一個個物，且這個物既編碼了〈x 是圓的〉，也編碼了〈x 是方的〉。特別要提醒讀者一點：如果某個個物僅僅只有編碼一組性質，例如〈x 是圓的〉以及〈x 是方的〉，這並不是說這個個物是圓的（亦即屬於圓的個物構成的集合），因為只有例現〈x 是圓的〉這性質的個物才屬於圓的個物構成的集合。一個個物如果編碼了至少一個性質，則它是「抽象的」，稱為「抽象個物」，既不是心理個物，也不是存在於時空區段之中的。

本書認為卓塔的學說只是對於前述各種問題提出了偽裝的回應而已，並沒有真正解決那些問題。首先，我們無法理解為何「謂述」有兩種模式？這主張是否只是特設的？其次，我們如何區別「編碼」的謂述模式以及「例現」的謂述模式？舉例來說，在「福爾摩斯是英國人」以及「羅素是英國人」這兩語句中，為什麼「x 是英國人」在前者是「編碼」的謂述模式，在後者卻是「例現」的謂述模式？為什麼〈x 是英國人〉是福爾摩斯的編碼但沒有例現的性質，卻是羅素的編碼且有例現的性質？我們難道不是僅僅在使用「編碼但未例現」來代替「不存在」而已嗎？我們難道不是僅僅在使用「編碼但有例現」來代替「存在」而已嗎？若是如此，這套學說有解決我們的困惑嗎？

---

[20] Zalta (1983).

[21] 卓塔為了在邏輯裡區別這兩種謂述模式，使用了兩種不同的邏輯表達：「Fa」表示 F 這性質為個體 *a* 例現、「aF」表示個體 *a* 編碼了 F 這性質。

第五節　加增悖論、組合悖論、無尾貓

　　有可能兩個相異的（物理）個物佔據相同的時空區段嗎？我們一般的直覺認為這是不可能的，但是有些哲學家提出了質疑。

　　「加增悖論」源自西元前的一段故事：小陳欠老王一筆錢一年了，老王決定找小陳討債。但小陳這樣回答：每個人都是由一堆粒子構成的（都等同於一個粒子堆），每增加一顆粒子就等於造出一個新的粒子堆。我現在是一個新的粒子堆。但，新的粒子堆不等同於舊的粒子堆，欠你錢的是當初那個跟你借錢的粒子堆，所以欠你錢的不是現在這個我，所以我不用還你錢！

　　事實上，依據加增悖論，任何一個人都是不可能長大的，因為每增加一點點，就是另一個人，不是原來的人。這當然是很荒謬的，嚴重違逆我們的日常直覺。那麼，這思考哪裡出錯了呢？附帶一提：加增悖論以及其它三個悖論都是在考慮「部分」與「整體」之間的關聯。在形上學裡，部分學就是研究這個主題的一門學問。不過，嚴格來說，這些悖論未必是針對部分學提出的挑戰，對於其它理論，例如組合論，也是一樣的。

　　加增悖論的推論過程如下：

加增悖論
1. 在 t_1 時，個物 a_1 等同於它所有部分的總和 S_1。
2. 在 t_2 時，個物 a_2 等同於它所有部分的總和 S_2。
3. S_2 比 S_1 多了一些部分。
4. 所以，$S_1 \neq S_2$，
5. 所以，$a_1 \neq a_2$。
6. $a_1 = a_2$。（日常直覺）
7. 矛盾。

這個論證邏輯上是有效的，但由於推導出矛盾，所以我們必須否定至少一個前提。問題是：要否定哪一個前提？理由何在？

　　形上學家對於「個物」還提出了組合悖論，來質疑我們日常的直覺。紀拔曾

經質問：一坨陶土以及由這坨陶土製作出來的塑像是否為兩個不同的個物[22]？為了掌握他質疑的重點，讓我們想像底下的情形：設在週一老王買了一坨陶土。在週二早上八點老王將這坨陶土製作成唐太宗的塑像。但是在週三早上八點時，老王不知為了什麼緣故，將這個唐太宗的塑像又捏回一坨陶土。試考量底下的論證[23]：

組合悖論

1. 這坨陶土在週一和週二時都是存在的。
2. 這唐太宗的塑像在週二存在（在週一不存在）。
3. 在週二時這坨陶土和這唐太宗的塑像存在於同一個空間區段之中。
4. 由於這唐太宗的塑像在週一是不存在的，但這坨陶土在週一是存在的，所以這坨陶土和這唐太宗的塑像是不同的個物。
5. 所以，在同一時空區段可以存在兩個相異的個物，即使它們是由相同物質組合成的。
6. 兩個相異的個物不能存在於同一個時空區段裡。（日常直覺）
7. 矛盾。

這是文獻上所謂的「組合悖論」。這論證邏輯上是有效的，所以我們勢必得否定其至少一個前提。哪個前提呢？我們直覺上一方面認為如果兩個個物有完全相同的組合，則兩者是相同的個物，這稱為「組合即等同」；二方面認為兩個相異的個物不能佔據相同的時空區段；三方面又認為這坨陶土和這唐太宗的塑像是不太一樣的。哪個直覺是應該放棄的？

紀拔接受「組合即等同」的想法，認為這坨陶土和這唐太宗的塑像是等同的，但只是偶然等同的。可是形上學的主流以及我們的日常直覺都認為等同是必然的。如果蘇軾等同於蘇東坡，他們必然是等同的。請留意，這是形上學的主張，和我們如何使用語言描述他們無關。這裡我們顯然面臨了一些困擾。如果我們認為這坨陶土和這唐太宗的塑像是等同的，則它們必然是等同的，而不會是偶然等同的。

---

[22] Gibbard (1975).

[23] Sider (2008: 248)，列出了三個論證；本書對這些論證稍微做了些調整。

　　讓我們最後來看一看「無尾貓」的例子[24]。設老王養了一隻貓，姑且稱之為「卡拉」。卡拉當然有個頭（以及眼睛、耳朵、鼻子……），卡拉還有個軀體（包括四隻腳）、還有一條尾巴。假設不知為了什麼緣故，卡拉的尾巴整根斷了並毀掉了。姑且將斷尾巴之前的那隻動物稱為「喵喵」，將這隻無尾貓稱為「咪咪」。試問：喵喵和咪咪是兩個不同的個物，還是相同的個物？試問：卡拉和喵喵是同一個個物嗎？卡拉和咪咪是同一個個物嗎？

　　這問題表面來看或許無趣，畢竟一般人的回答是：卡拉和喵喵和咪咪都是同一隻貓，只不過咪咪就是少了尾巴的喵喵（或者卡拉）而已。可是，這回答似乎有些不對。既然喵喵是有尾巴的、咪咪是沒有尾巴的，我們是依據什麼原則來說兩者其實是同一隻貓呢？

　　會提到「卡拉」是因為對於這悖論並不引進四維論對於「個物」的主張。依據四維論，每個個物都是空間三維加上時間維度構成的，所以喵喵和咪咪都只是卡拉的子部分而已，它們還不能算是真正的個物。對於這個悖論談論的個體，侷限在持續論的立場：每個個物都是空間三維的、持續存在於時間之中的。

> **想一想：**
>
> 關於無尾貓的例子，可以建立一個類似「組合悖論」的推論，稱為「身體減損論證」。該如何做呢？（參 Rea (1995: 537–539)。）

　　哲學家提出加增悖論、組合悖論、身體減損論證（包括特休斯之船），其實是想找出一套原則，據以回答什麼是「（物理）個物」這問題。

　　與「組合」有關的幾個悖論文獻上各自都有一些回應。不過，對於這四個悖論之間的理論關聯卻是一直要到呂才開始進行探討，他試圖建立這些悖論的共通之處，並將這稱為「組合難題」，以下依據他的論文對這難題做一些解說。

　　首先，他指出在這些悖論背後有五件預設，這些預設單獨來看都是可接受的，但同時接受這五件預設卻會導致矛盾。所謂的「組合難題」指的就是這現象。這五件預設如下：

---

[24]　Wiggins (1968)、Geach (1980).

（一）存在預設：存在一個是 F 的個物 a，以及存在一群組合出 a 的個物 p。

（二）必然預設：如果這群 p 組合出一個是 F 的個物 a，則 a 是這樣的：必然地，a 與它的部分之間具有某關係 R。

（三）其它組構可能性原則：如果這群 p 組合出一個是 F 的個物，則它們組合出來的是一個可以存在但不與其部分具有 R 的個物。

（四）等同預設：如果這群 p 既組合出 a 也組合出 b，則 $a = b$。

（五）等同必然預設：如果 a 等同於 b，則 a 必然等同於 b。

這五個預設如何導致矛盾呢？以下是推論的過程：

組合難題

1. 在 t 時，個物 a 是 F，而且一群 p 組合出 a。（存在預設）

2. 存在一個 z_1 是這樣的：（這群 p 在 t 時組合出 z_1；而且必然地，對任何一群 q 是這樣的：如果這群 q 在 t 時組合出 z_1，則 z_1 和這群 q 之間具有 R）。（依據 1. 以及必然預設）

3. 存在一個 z_2 是這樣的：（這群 p 在 t 時組合出 z_2；而且可能地，存在一群 q 是這樣的：在 t 時這群 q 組合出 z_2，而且 z_2 並沒有和這群 q 之間具有 R）。（依據 1. 以及第三件預設）

4. 這群 p 在 t 時組合出 z_1；而且必然地，對任何一群 q 是這樣的：如果這群 q 在 t 時組合出 z_1，則 z_1 和這群 q 之間具有 R。（依據 2.）

5. 這群 p 在 t 時組合出 z_2；而且可能地，存在一群 q 是這樣的：這群 q 在 t 時組合出 z_2，而且 z_2 並沒有和這群 q 之間具有 R）。（依據 3.）

6. $z_1 = z_2$。（依據等同預設）

7. 可能地，（z_1 存在或 z_2 存在）而且 $z_1 \neq z_2$。（依據 4.、5.）

8. $z_1 \neq z_2$。（依據 7. 以及等同必然預設）

9. 矛盾。（依據 6.、8.）

剛剛提到的四個悖論由於背後都有這五件預設，因而可以各別造出推論上的矛盾，

但這些悖論其實都源自於以上的組合難題。文獻上出現了幾個理論：組合論、四維論、部分學，在接下來三節分別介紹。

第六節　組合論

貝可發展了一套組合論 ㉕。以上的討論爭議的是：兩個個物如果有相同組合，則它們或者是等同的，或者是相異的；而且只有這兩種選擇。貝可的學說則主張：組合非等同，但是「組合」與「等同」又有非常緊密的關聯，她因而提出了有別於傳統爭議的第三個方向 ㉖。

就「組合非等同」這點，貝可提出了一個更簡單的論證（套式）㉗：

1. a 必然是 F。
2. b 不必然是 F。

所以，$a \neq b$。

將上述的「唐太宗塑像」代入「a」、「這坨陶土」代入「b」、「x 是塑像」代入「x 是 F」，就可以推出「唐太宗塑像 ≠ 這坨陶土」這結論。不但如此，由於這唐太宗塑像和這坨陶土具有完全相同的成分，而且在週二時處於完全相同的時空區段，因此我們可以推導出：即使成分完全相同，不表示是一個個物，而可以是兩個相異的個物。我們還可以推導出：即使佔據的時空區段相同，不表示是一個個物，而可以是兩個相異的個物。

既然這是個論證套式，意味著這論證並不侷限在這個「陶土／塑像」的例子，前面提到的加增悖論、無尾貓的例子、以及後面會提到的特休斯之船的例子，只要做些調整，一樣可以適用，請讀者自行練習。

㉕ Baker (1997; 1999).

㉖ Wilson (2007) 區別了組構構造與增廣構造；前者是指類似加增悖論提到的，由很多小個物構成一個大個物的情形；後者是指類似陶土與塑像之間的構造關係。本書認為這區別有其道理在，並且使得我們對於幾個涉及「構造」的悖論必須思考更細膩。但囿於篇幅，本書不得不略過這區別。

㉗ Baker (1997).

　　組合論承認兩個相異的個物確實可以佔有相同的時空區段，甚至具有相同的物質成分。因此這學說不會接受前面提到的「組合悖論」。

　　至於貝可提出的第三個方向，則是要說明「組合」與「等同」之間的關聯。設 x 組合出 y。我們所謂的「組合」必須足以說明兩點：一方面，x 和 y 佔有相同的空間，而且共享許多性質，這一點使得「組合」與「等同」很像（這也是為什麼許多人主張「組合即等同」的緣故）；另一方面，x 和 y 各自可以經歷的變化是不同的，而且它們並不是獨立存在的兩個個物，這一點是「組合」與「等同」不一樣的地方。

　　要瞭解貝可對於「組合」提出的理論，得先引介兩個概念：「主要類型」以及「境況」。每個個物必定屬於某個主要類型；如果個物失去了定義其主要類型的性質，則該個物就不再存在。例如，那唐太宗塑像的主要類型就是「塑像」（而不是陶土）、那面國旗的主要類型就是「國旗」（而不是布）。所以，如果某個物屬於某個主要類型，則用以定義其主要類型的性質是該個物的必然性質。「境況」是指某個能使得某個物屬於某主要類型的情境。例如，一塊經過設計的布之所以是一面國旗，必須要有一群人組成一個國家，並且將那設計的布視為國旗才行。藉由這兩個概念，貝可對於「組合」提出了定義 [28]。令 F 為 x 的主要類型性質、G 為 y 的主要類型性質、D 為使得 y 屬於 G 的境況、F* 為〈x 具有 F 為其主要類型性質〉這性質、G* 為〈x 具有 G 為其主要類型性質〉這性質：

組合論

一群 x（在 t 時）組合出 y，定義：

(1) x 和 y（在 t 時）佔據相同空間位置、並擁有完全相同的物理成分；

(2) x（在 t 時）處於 D 中；

(3) 必然地，（對任何 z 是這樣的：如果（在 t 時）F*z 且 z 在 D 中，則存在 u 是這樣的：（在 t 時）G*u 且 u 與 z 佔據相同空間）；

(4) 可能地，（在 t 時 x 存在，而且不存在 w 是這樣的：在 t 時 G*w 而且 w 和 x 佔據相同空間位置）；

---

[28] Baker (1999).

⑸如果 y（在 t 時）有任何非空間的部分，則 x（在 t 時）也有相同的非空
間部分。

依據以上的定義，〈組合〉並不是〈等同〉。首先，〈組合〉是偶然關係，不是必然的。
例如，雖然這坨陶土可以組合成這唐太宗塑像，但有可能它被塑成別的東西。其
次，〈組合〉是反自反的，這從第⑷要件可以推論出來。第三，〈組合〉是反對稱
的❷。對照來看，〈等同〉既是必然的，也是等值的。因此，〈組合〉與〈等同〉是不
同的。

　　「組合」與「等同」之間有什麼緊密的關聯呢？這又涉及到所謂的「性質借
用」概念。貝可首先給出下列定義：

　　設 x 和 y 之間具有〈組合〉關係（或者 x 組合出 y，或者 y 組合出 x）。如
　　果 x（在 t 時）之具有 H 純粹是源自 x 之與某個獨立具有 H 的個物之間
　　具有〈組合〉關係，則 H 是 x（在 t 時）借用的性質。

什麼是「獨立」具有的性質呢？設 x 組合出 y：

⑴ x（在某時）獨立具有某性質 H，亦即 x 之具有 H 並不蘊涵 x 組合出
　任何個物；或者，
⑵ y（在某時）獨立具有某性質 H*，亦即 y 之具有 H* 並不蘊涵 x 是某
　個即使不組合出任何個物也能具有 H* 的個物。

讓我們用「陶土／塑像」作例子。這唐太宗塑像具有〈x 是唐太宗形狀的〉這性質，
但這並不表示那坨陶土如果不組合出任何個物，那坨陶土也能具有〈x 是唐太宗形
狀的〉這性質。所以，依據⑵，這性質是這唐太宗塑像獨立具有的。另外，那坨
陶土具有〈x 是濕的〉這性質，但這不表示那坨陶土必定會被用來組合出某個個物。
所以依據⑴，〈x 是濕的〉這性質是那坨陶土獨立具有的。接著，藉由這說法就可
以定義「性質借用」了：

　　x 在 t 時從 y 借用 H 性質，定義：

---

❷ Baker (1999: 150) 對於這點提供了一個論證。

存在有某個 y 是這樣的：

⑴ x 在 t 時之具有 H 並不是獨立於 x 和 y 之間的〈組合〉關係；而且

⑵ y 在 t 時之具有 H 乃是獨立於 y 和 x 之間的〈組合〉關係。

從以上的敘述來看，在週二這坨陶土借用了〈x 是唐太宗形狀的〉這性質，這解釋了我們日常直覺會認為這坨陶土等同於唐太宗塑像。

組合論遇到一些困難，底下是一些說明。

困難一：違反直覺

有些哲學家認為這套學說並沒有真正解釋：為什麼兩個相異的個物確實可以具有相同的物質成分？他們認為這套學說僅僅是做出一個宣稱而已，這套學說僅僅只是在掩飾組合悖論而已 **㉚** 。

本書認為這質疑不盡公允。儘管組合悖論的結論是日常直覺上無法接受的，但是陶土和塑像的例子本來就是在挑戰這日常直覺，組合論只是提出一套不同於日常直覺的理論而已。更何況，這套理論是否真地違背日常直覺，還很難下定論。「兩個相異的個物可以具有相同的物質成分」真地違背了日常直覺嗎？再者，從論辯的角度來看，這質疑並沒有提出任何理由來說明組合論有什麼不恰當的地方；雙方都只是提出一個宣稱而已。因此從論辯的角度來看，究竟哪一方的說法比較可信，目前還沒有比較好的依據來進行判斷。

困難二：違背關於「部分－整體」的主張

既然依據組合論，這坨陶土和這唐太宗的塑像是不同的個物，這表示即使這坨陶土和這唐太宗的塑像有完全相同的部分，它們是兩個不同的整體。但是，這說法違背了部分學的存有論主張，因為所謂的「整體」就是其所有「部分」的總和；如果 a 和 b 具有不同的部分，則它們是不同的個物。（參下一節。）

關於這個困難，組合論的一個簡單回應是：不接受部分學對於個物的存有論主張！其次，組合論似乎還可以這樣回應：當我們說這坨陶土的部分是如何如何

㉚ Sider (2008: 250).

時，與我們說這塑像的部分是如何如何時，我們使用的「部分」這語詞有相同的意義嗎？就一般人的想法，我們會說：這塑像的手是它的一部分；如果我們眼前只是一坨陶土，我們會說，從這陶土捏出來的任何一小坨陶土都是它的一部分。那麼，那塑像的手是那坨陶土的一個部分嗎？這裡關於「部分」這語詞的用法似乎有些歧義。當我們說那隻手是那塑像的一部分時，我們是從特定的形狀來說的：那塑像是那坨陶土以某種結構呈現的，那隻手是一些陶土以某種形狀呈現的。所以，我們願意承認那隻手是那塑像的一個部分，但是我們很難說那隻手是那坨陶土的一個部分，至多我們能說的是：構成那隻手的那坨陶土乃是構成那塑像的那坨陶土的一部分。

困難三：實在界的爆炸

　　組合論遇到的第三個困難稱為「實在界的爆炸」[31]。假設我們將那坨陶土捏來捏去，原則上這坨陶土可以被捏出的形狀有無限多個（也許這次捏的是唐太宗像，下次捏的是一艘船，再下次捏的是什麼我們也不認得）。而且，依據組合論，我們每捏出一個形狀就等於是捏出一個不同於那坨陶土的新個物。因此，原則上將會有無限多個個物都存在於相同的空間、並且是由完全相同的那一坨陶土構成的。這是非常違背一般日常直覺的。

　　組合論能回應這個困難嗎？或者，這真是一個困難嗎？組合論的主張與亞里斯多德式的存有論學說頗有淵源。在亞里斯多德式的存有論學說裡，個物是由「物質」與「形式」共同構成的。因此，即使 a 和 b 的構成物質是相同的，只要構成兩者的形式不同，它們是不同的個物。就這點來說，似乎佔據相同空間的相同一組物質可以（在不同時間）例現不同的形式。若是如此，組合論確實會面臨「實在界的爆炸」。可是，支持組合論的哲學家或許想問：「實在界的爆炸」為什麼是個理論困難呢？

第七節　四維論與持續論

　　對於上述涉及「組合」的幾個悖論，第二種回應是訴諸四維論（又稱為接續

---

[31]　Sosa (1993).

論）。在形上學裡，關於個物（特別是物理個物）的一個重要議題是：時間因素是否要列入對於個物的理解？路易斯曾經區別了持續以及接續兩個概念 ❸，並因而形成兩套關於個物的不同學說：四維論以及持續論。

　　持續論對於個物的看法大致上就是一般日常的看法，將每個（物理）個物都理解為具有三度空間的東西，而且個物只是持續存在於時間之中而已；也就是說，任何一個個物不管存在於哪個時空區段，都是同一個個物。個物至多具有空間的部分，不會具有所謂的「時間部分」。舉例來說，假設教室裡的這張講桌是 2000 年 1 月 1 日製造的，到了 2012 年 12 月 31 日被銷燬。從它被製造出來到它被銷燬為止，它都是同樣一張講桌，只是歷經了很長的時間而已；而且它具有所謂的「空間部分」，因為它有體積，佔據了某個大小的空間，它的桌腳佔據一部分空間，它的桌面又佔據另一部分的空間。但除此之外，不論是 2000 年 2 月 1 日還是 2000 年 10 月 1 日，這張講桌一直以「個物」的方式存在。

　　持續論的一個重要主張是：將個物之具有某性質（或關係）加上時間索引。例如，通常我們說：這顆籃球在 t 時具有〈x 是球形的〉這性質；持續論的說法則是：這顆籃球具有〈x 在 t 時是球形的〉這性質。這一點與日常大多數人的說法卻又不同。

> **想一想：**
> 所謂「這顆籃球具有〈x 在 t 時是球形的〉這性質」比起「這顆籃球在 t 時具有〈x 是球形的〉這性質」哪種說法比較適當呢？

　　四維論也將時間因素納入對於「個物」的理解。最早提出四維論的大概是蒯因 ❸。四維論比較奇特，與日常的想法不同。這學說主張：對於「個物」的理解不能只有考慮三度空間，還得納入對於時間的考量，每個個物都是四維的，不是三維的。對於一個個物的「部分」的理解，必須包括三維空間以及時間；對於「個物」的理解必定是四維的。舉例來說，所謂眼前「這張講桌」指的是從 2000 年 1

---

❸ Lewis (1986a).

❸ Quine (1960).

月 1 日開始到 2012 年 12 月 31 日為止的那個東西；每個時間點（或者稱為「時間片段」）都是這張講桌的「時間部分」而已，所有這些時間片段的總和才是這張講桌。所謂的「這張講桌」並不是一個個物歷經了很長的時間，而是一個擁有很多「時空部分」的個物。

依據四維論，我們可以將那坨陶土視為一個個物，將那塑像視為另一個個物，但是它們之間有重疊的部分。首先，存在有一個個物是這樣的：它是一坨陶土，而且它具有的時間部分包括了（至少）週一到週三的一切，其中包括了那坨陶土在週二早上八點到週三晚上八點是以唐太宗的塑像呈現的，這都是它的時間部分。其次，還存在有一個個物是這樣的：它以唐太宗塑像的方式存在於週二早上八點到週三晚上八點。所以，其實存在有兩個不同的個物，而且它們有重疊的（時間）部分。四維論因此也接受上述組合悖論的結論，只是將時間因素納入了對於個物的理解，因而對於這結論的說法也有不同的理解。

四維論比起組合論以及部分學似乎都比較好，因為組合悖論在這套學說裡已經被解消。不但如此，這套學說未必違背部分學的主張：那坨陶土以及那唐太宗的塑像由於具有不同的（時間）部分，它們是不同的個物。同樣地，從四維論的角度來看，喵喵和咪咪也是不同的個物，因為後者的存在是從沒有尾巴的那時刻開始，但是前者卻是在更早之前就「開始」存在了。兩者是不同的個物，儘管牠們剛好有一些時間部分是重疊的。

四維論也有一些理論困難。底下是一些說明：

困難一：模態性質

有些哲學家認為四維論是無法接受的，因為這學說無法說明個物具有的一些模態性質。暫時假設四維論。以剛剛提到的那張講桌為例：儘管事實上那張講桌是在 2012 年 12 月 31 日被銷燬的，但有可能那張講桌是在 2001 年 1 月 1 日就被銷燬的；也就是說那張講桌有可能只是佔據了 2000 年 1 月 1 日到 2001 年 1 月 1 日的那個個物而已。然而，既然那張講桌事實上是指那個佔據了 2000 年 1 月 1 日到 2012 年 12 月 31 日的個物，從 2000 年 1 月 1 日到 2001 年 1 月 1 日只是它具有的「時間部分」而已。由於沒有任何一個整體有可能會等同於它的任何一個子

部分，我們因而推導出矛盾，因此反推四維論是無法接受的。

困難二：對於「時間部分」的謂述

　　另外一個困難是這樣的。一般來講，我們會說：老王在 2013 年 4 月 1 日下午三點在公園散步；也就是說，我們會主張老王這個物在 2013 年 4 月 1 日下午三點具有〈x 在公園散步〉這性質。但是，按照四維論，我們只能說：具有〈x 在公園散步〉這性質的是老王的那個時間部分，而不是老王本人。（別忘了，在四維論裡，老王是一個含括所有時空部分的整體。）❹ 可是這是很奇怪的，因為我們原本想說的是：老王在那個時間具有〈x 在公園散步〉這性質，我們並不是想說：老王的某時間部分具有〈x 在公園散步〉這性質。究竟哪種說法是恰當的呢？

　　暫時將性質理解為共性，這裡的疑問是：我們要主張：個物在某時間例現了某個共性？還是要主張：個物的某個時間部分例現了某個共性？這兩種說法的差別在於：可以例現共性的究竟是個物，還是個物的時間部分？當然，接受四維論的哲學家會解釋說，我們日常對於個物的直覺預設的是持續論，不是四維論，所以才會出現這種日常的說法。只要改從四維論的角度來看，「老王的某時間部分具有〈x 在公園散步〉這性質」這說法是可以成立的。

　　儘管如此，這裡提出的理論困難想指出的是：即使我們依據四維論的學說而不得不承認老王的某時間部分具有〈x 在公園散步〉這性質，我們不可能承認老王（所有時間部分的總和）具有〈x 在公園散步〉這性質。似乎我們得說：老王具有〈老王的某時間部分具有〈x 在公園散步〉〉這性質。但是，這似乎是很奇怪的性質。不但如此，所有類似「老王在 2013 年 4 月 1 日下午三點在公園散步」這種語句都是錯誤的；我們只能說：「老王的 2013 年 4 月 1 日下午三點的時間部分在公園散步」。哪一種立場比較恰當呢？按照四維論的主張，老王（所有時間部分的總和）不可能在公園散步、老王不可能結婚生子、老王不可能長高變胖、老王不可能擁有博士學位、老王不可能摔一跤……。四維論是否太過違反日常直覺了呢？

---

❹ 如果將性質束論引進四維論，則每個個物其實等同於由很多性質束構成的束，其中的每個性質束都是個物的時間部分具有的性質。如果將（基體＋性質束）論引進四維論呢？似乎說法沒有太多差異。參 Benovsky (2008)。

困難三：如何個別化個物？

這個困難是說：在什麼條件成立下，才能主張這是一個個物，那是另外一個個物？讓我們以前面提到的無尾貓例子來說明。依據四維論，卡拉是一個個物，喵喵和咪咪都是它的時間（子）部分而已。現在，假設有人提出這樣的主張：喵喵是一個從出生到尾巴斷掉為止的那個個物，尾巴斷掉的時刻，就是喵喵結束存在的時刻。繼之而起的則是咪咪，一個新的個物。假設咪咪後來長出一根新尾巴。我們主張咪咪是從喵喵斷掉尾巴那時刻開始，一直存在到長出新尾巴為止的那個個物。至於長出新尾巴之後的那個個物（暫且稱為「咕嚕」）則又是一個新存在的、不同於喵喵與咪咪的個物！簡單說：這裡存在有三個不同的個物：喵喵、咪咪、咕嚕。它們都是由不同時空部分構成的。四維論有什麼好理由反對這主張嗎？

這裡的困難是這樣的：一旦將時間納入對於個物的考量之後，似乎我們可以任意擷取一段時間，然後將這時空區段視為一個個物！換個方式來問：如果卡拉是一個個物，喵喵、咪咪、咕嚕只是它的時間部分而已，我們也可以說：喵喵、咪咪、咕嚕都是個物，並且組成更大的個物（亦即卡拉），並且喵喵也是由時空區段較小的個物構成的、咪咪也是由時空區段較小的個物構成的、咕嚕也是由時空區段較小的個物構成的。依此類推，我們甚至可以主張：每個時空點（不是時空區段）的東西就是一個個物。四維論能允許這樣的主張嗎？

我們也可以從另一個方向提問：如果依據四維論，喵喵、咪咪、咕嚕不是個物，卡拉才是個物，四維論的依據是什麼？我們能不能將那坨陶土視為一個個物，至於那唐太宗塑像只是那坨陶土的一個時間部分而已，不是一個個物？

第八節　部分學

部分學是一種形上學的研究進路，試圖探討「部分」與「整體」之間的關聯以及「部分」與「部分」之間的關聯[35]。這一節我們先對部分學做一些初步的瞭解，然後再來看這套學說對於上述幾個悖論的回應。

---

[35] 參 Simons (1987)、van Cleve (2008)、Markosian (2008)、Rea (1998) 對於部分學的解說與討論。

　　當代對於部分學的發展引進了邏輯，變得相當專技，為精準理解部分學的主張，底下的說明將同時引進一些邏輯式子。在部分學裡，「x 是 y 的部分」是最基本的、不再給定義的原初概念。（另外一個作法是以「x 是 y 的子部分」作為最基本的概念，再藉之以定義「x 是 y 的部分」，兩種作法是一樣的。）儘管如此，我們還是可以對於這個概念做一些說明。底下以「x ﹤ y」表示「x 是 y 的部分」、以「x ≪ y」表示「x 是 y 的子部分」。

　　首先，依據部分學，〈x 是 y 的部分〉是一個偏序的關係，亦即它是（完全）自反的、遞移的、抗對稱的 **❸** ：

　　⑴（完全）自反的：每個東西都與自己具有〈x 是 y 的一個部分〉這關係；亦即 (x)(x ﹤ x)。簡單說，每個東西都是自己的部分。

　　⑵遞移的：如果 *a* 跟 *b* 具有〈x 是 y 的一個部分〉這關係、*b* 跟 *c* 也具有〈x 是 y 的一個部分〉 這關係 ，則 *a* 跟 *c* 具有〈x 是 y 的一個部分〉這關係 ；亦即 (x)(y)(z)(((x ﹤ y) ∧ (y ﹤ z)) ⊃ (x ﹤ z))。

　　⑶抗對稱的：如果 *a* 跟 *b* 具有〈x 是 y 的一個部分〉這關係，而且 *b* 跟 *a* 也具有〈x 是 y 的一個部分〉這關係，則 *a* = *b*；亦即，(x)(y)(((x ﹤ y) ∧ (y ﹤ x)) ⊃ x = y)。反方向來說，如果 *a* 跟 *b* 是相異的，則或者 *a* 不是 *b* 的一個部分，或者 *b* 不是 *a* 的一個部分。

　　藉由「x 是 y 的部分」這概念，就可以繼續定義其它的概念，包括子部分、重疊、低疊、割離 **❼** 。首先是對於「子部分」的定義：

子部分

$$x \ll y = df. \; x < y \wedge x \neq y$$

根據這個式子，「x 是 y 的子部分」是借用「x 是 y 的部分」來定義的。此時我們也可以說：y 是 x 的擴展。請留意：〈x 是 y 的子部分〉這個關係是嚴格偏序的；亦即這個關係是反自反的、反對稱的、遞移的。這使得「x 是 y 的子部分」明顯與「x 是 y 的部分」是不同的概念。

---

❸　一個關係 R 是抗對稱的，定義：(x)(y)((Rxy ∧ Ryx) ⊃ x = y)。

❼　「=df.」是「定義」的意思。

接著是關於「重疊」、「低疊」、「割離」的定義。

x 與 y 重疊

x∘y = *df*. (∃z)((z < x) ∧ (z < y))

這意思是說，存在有某個個物 z，z 既是 x 的部分，也是 y 的部分。（這概念類似集合論裡的「交集」。）

x 與 y 低疊

x•y = *df*. (∃z)((x < z) ∧ (y < z))

這意思是說，存在有某個個物 z，x 是 z 的部分，y 也是 z 的部分。

x 與 y 割離

Dxy = *df*. ¬(x∘y)

這意思是說，x 和 y 沒有重疊。最後，在概念上，一個沒有任何子部分的個物稱為「部分學原子」。至於是否在形上學裡要接受「部分學原子」的真實性是有爭議的。

在部分學裡，所謂「個物」是一個「部分學整體」（或稱「部分學總和」）。令集合 A={a_1, a_2, …}，其中每個元素都是割離的。所謂「*a* 是所有那些 a_i 組成的一個部分學整體」定義如下 [38]：

_a_ 是一個部分學整體，定義：

(x)(x ∈ A ⊃ x < *a*) ∧ (y)(y < *a* ⊃ (∃z)(z ∈ A ∧ y∘z)

這意思是說：每個 a_i 都是 *a* 的部分，而且 *a* 的每個部分都至少與一個 a_i 重疊。在這定義下，任何一群彼此沒有重疊的個物都組合出一個部分學整體。

接著，讓我們引進一些重要的部分學原則。第一條是所謂的補餘原則。大多數部分學的哲學家都接受這條原則。它的意思是說，如果 *a* 是 *b* 的子部分，則存

---

[38] 這是 Tarski 的定義。這定義用到了「集合」概念，如果不想在部分學裡引進「集合」概念，則這定義的寫法比較複雜，可參考 van Cleve (2008: 335, fn. 6) 的介紹。

在有一個 c 是 b 的子部分，而且 c 與 a 沒有重疊。它的邏輯式子如下：

補餘原則

$$(x)(y)(x \ll y \supset (\exists z)(z \ll y \land \neg(z \circ x)))$$

由此可知，如果 x 和 y 是補餘的，則兩者必定是割離的。提出這條原則主要是保留我們日常的一個直覺：任何一個個物只要具有一個子部分，則它必定還有其它的子部分，而且這些子部分彼此是割離的。

> **想一想：**
> 根據補餘原則以及〈x 是 y 的部分〉這關係之具有（完全）自反性和遞移性，可以證明〈x 是 y 的部分〉這關係具有抗對稱性。請證明。

　　還有些哲學家提出了「強補餘原則」：$(x)(y)(\neg(y < x) \supset (\exists z)(z < y \land \neg(z \circ x)))$。這意思是說，對於任何不是 x 的部分的個物來說，它都有至少一個部分是與 x 割離的。這條原則邏輯蘊涵補餘原則。我們是否要接受這麼強的原則呢？這條原則在文獻上引起了不少爭議，本書略過。如果接受強補餘原則，下列說法是成立的：設 a 是有子部分的。a 等同於 b，若且唯若，（a 具有的任何子部分都是 b 具有的子部分，反之亦然）。路易斯將這稱為「組構獨特性」[39]：

組構獨特性

$$(x)(y)(((\exists z)z \ll x \lor (\exists z)z \ll y) \supset (x = y \equiv (z)(z \ll x \equiv z \ll y)))$$

依據組構獨特性，對於任何個物（部分學整體）來說，它的每個部分都是它必然擁有的。所以，如果某個個物有某個部分消失了或者改變了，則這個個物就不存在了。我們是否要接受這條原則？如果否認這條原則，則我們必須跟著否認強補餘原則。所以，這條原則是相當關鍵的。讓我們再多做些思考。對任何有子部分的個物，依據組構獨特性原則，下列的部分學外延律是成立的：

---

[39] Lewis (1991).

部分學外延律

$$(x)(y)(x = y \supset (z)(z \ll x \equiv z \ll y))$$

形上學家對於這條定律又有不同的理解，因為還涉及時間因素。有兩種方式可以將時間因素考慮進來：（一）對於這條外延律量限的個物逕行採取四維論的角度來理解。（二）對於這條外延律量限的個物採取持續論的立場，但引進時間變元。

在第二種方式下，以「$x \ll_t y$」表示「x 在 t 時是 y 的子部分」，則部分學外延律的理解如下：

部分學外延律（持續論版本）

$$(x)(y)(x = y \supset (z)(t)(z \ll_t x \equiv z \ll_t y))$$

想一想：

這條定律受到「變化」引起的質疑，例如前面提過的「無尾貓」的例子。那麼，這「無尾貓」的例子對這條定律究竟如何提出質疑的呢？

另外一條反方向的式子是：

部分學無分辨律

$$(x)(y)((z)(z \ll x \equiv z \ll y) \supset x = y)$$

將時間因素納入考量，則這條定律的持續論版本是：

部分學無分辨律（持續論版本）

$$(x)(y)((z)(t)(z \ll_t x \equiv z \ll_t y) \supset x = y)$$

然而這條原則是有問題的：有完全相同子部分的個物未必是相同的。例如，"listen" 和 "silent" 儘管有完全相同的子部分（使用完全相同的一組字母），卻是兩個相異的英文字。

接受部分學的哲學家或許可以反駁：這例子已經使用了其它的原則（語意的、發音的）來決定 "listen" 和 "silent" 是相異的兩個個物。這是個好的反駁嗎？另外

一個反駁更簡單：我們現在處理的是「個物」，但是出現在 "listen" 裡的字母 "s" 是一個個物，出現在 "silent" 裡的字母 "s" 是另一個個物。所以，"listen" 和 "silent" 並不具有相同的子部分！

> **想一想：**
> 老王拿六張紙剪出了 i、l、e、t、s、n 等六個字母。在 t_1 時老王將這些字母排成 "listen"，在 t_2 時老王重新將這些字母排成 "silent"。這是否構成對於部分學外延律以及無分辨律的反例？請分別從四維論以及持續論思考。

最後要引進的是差補原則。

差補原則

$$(x)(y)(\neg(y < x) \supset (\exists z)(w)(w < z \equiv (w < y \wedge \neg(w \circ x))))$$

這意思是說：如果 y 不是 x 的部分，則存在一個個物是這樣的：它的任何部分都是 y 的部分而且都是與 x 割離的；反之亦然。這條原則的重要性在於它會承認所謂「碎散」的個物，這是所謂「普遍論」的主張，稍後很快會說明。另外，差補原則邏輯蘊涵強補餘原則，由於強補餘原則蘊涵組構獨特性，所以只要不接受組構獨特性，就得否認差補原則。這使得組構獨特性的理論地位更為重要了。

以上的介紹當然不可能掌握部分學的全貌，不過就目前的討論來說已經足夠了。讓我們來看看部分學如何思考前面提到的悖論。

依據部分學，一個個物即使它的部分經過重組，只要它沒有增減任何部分，它依然存在。所以，部分學並不接受前述「組合悖論」的結論，因為它不會接受那推論的第四個步驟，因此也不會接受它的第五個步驟；也就是說，從部分學的立場來看，那坨陶土和那唐太宗的塑像由於具有完全相同的部分，所以兩者是同一個個物！部分學對於其它的幾個悖論的回應方式，請讀者自行練習。

部分學同樣面臨一些困難，底下分別敘述：

困難一

　　那坨陶土（或者那塑像）的部分本來就一直存在的，甚至那坨陶土的各個部分在更早之前就已經存在了，一直要到某個時間點，那一大堆分散各地的陶土才「湊成」這一坨陶土。我們要承認這一坨陶土早就已經存在了嗎？換個例子來說，構成眼前這張講桌的所有部分：各個木頭和各個不鏽鋼材質等，在做成桌面、桌腳、螺絲釘之前，早就已經存在了。既然這些東西早就存在了，依據部分學，這是否表示這張講桌早就存在了——即使這些東西還沒有被「湊成」這張講桌？這當然是很奇怪的說法。

困難二

　　我們一般人都會承認，眼前這隻狗跟牠剛出生時是同一隻狗。可是，很明顯地，構成眼前這隻狗的部分與構成剛出生的那隻狗的部分是不同的（畢竟眼前這隻狗體型大多了）。若是如此，部分學如何說明這現象呢？

困難三

　　對於前面提到的無尾貓的例子，部分學必須主張喵喵和咪咪是不同的個物，因為兩者具有的部分不同（咪咪並沒有尾巴）。可是，我們一般日常的直覺是認為喵喵和咪咪其實是同一個個物。若是如此，部分學無法說明我們這個日常的直覺。那麼，究竟是我們日常的直覺錯了呢？還是部分學出錯了呢？

> **想一想：**
> 這些困難是針對部分學的哪些原則進行質疑的？

特殊組合問題

　　部分學面臨的最主要問題在於所謂的特殊組合問題[40]：一群東西之組成一個

---

[40]　這是 van Inwagen (1990) 提出的，引起了部分學哲學家很多的討論。

部分學總和需要滿足哪些條件？對於這個問題，目前在部分學裡有四大進路：取消論（又稱為「虛無論」）、普遍論、限制論、概念相對論。底下簡述這四個立場。

取消論主張：唯一真實存在的只有所謂的「部分學原子」。任何所謂的組合物都不是真實存在的，只是邏輯建構物而已，亦即都只是這些部分學原子以某種方式排列而已。依據取消論，「組合悖論」其實是被解消的，不論是那坨陶土還是那塑像都不是真實存在的個物。無尾貓的例子也是一樣：喵喵和咪咪都不是真實存在的個物。這派學說是很違反日常直覺的，因為我們一般認為桌子、花、蘋果、地球……，都是真實存在的組合物。另外一個問題是：如果在形上學裡否認所謂的「部分學原子」，亦即主張所有存在的個物都是組合的，則依據取消論，所有個物都是邏輯建構的、不是真實存在的。這顯然不是很恰當的說法。

普遍論主張：任何一群東西都組合成一個（而且唯一一個）部分學總和 [41]。所以，這立場不但承認一般的個物是真實存在的，甚至承認任何組合物是真實存在的（強調「任何組合」）。例如，月亮與桌上這枚一元硬幣就組成一個個物 [42]，我研究室地上那紙片與今年飄在美國阿拉斯加州州長頭上的第一片雪花也組成一個個物。普遍論接受我們一般的直覺：沒有任何兩個相異的個物可以存在於相同的時空區段，來回應所謂的「實在界的爆炸」。依據普遍論，那坨陶土以及那塑像是真實存在的個物，而且是同一個個物（因為具有完全相同的部分）。至於無尾貓的例子，普遍論必須主張：喵喵和咪咪是不同的個物。

限制論沒有以上兩種立場極端，一方面這理論承認組合物是真實存在的，另一方面這理論對於一群個物如何組成一個部分學總和試圖提出限制。有些哲學家提出部分與部分之間要有接觸才算是組合出一個整體；有些哲學家提出部分與部分之間要凝聚在一起才行。限制論對於組合悖論以及無尾貓的例子會如何回應，得看提出的限制是什麼。由於接受限制論的哲學家對於應該做出哪些限制還在爭議當中，所以這裡不再說明。

最後，概念相對論主張 [43]：究竟要承認什麼（複雜）個物存在，必定是由一

---

[41]　Lewis (1986a)、Rea (1998)、van Cleve (2008) 是主張普遍論的。

[42]　這是 van Cleve (2008) 的例子。

[43]　Sosa (1993) 是主張概念相對論的。

套概念架構來決定的；但沒有哪個概念架構是優於其它概念架構的。因此，依據概念相對論，在不同的概念架構下，對於組合悖論以及無尾貓的例子可能會有不同的回應。例如，假設在某個概念架構裡並沒有「塑像」以及相關的概念，則那個版本的組合悖論並不成立。概念相對論的問題是：能否將普遍論也視為一個概念架構？能否將組合論也視為一個概念架構？能否將取消論也視為一個概念架構？如果可以，概念相對論其實並沒有真正回應任何挑戰。

　　由於以上幾套學說涉及的都已經是部分學內部的爭議，本節不再多做說明。對於組合悖論，或許我們可以更直覺的回應：那是一個個物（那坨陶土）以不同的方式呈現而已！那坨陶土即使沒有被捏成某個塑像，也必定要以某個形狀存在。不論是哪個形狀，都是那坨陶土的呈現樣式。那隻貓卡拉也是一樣，喵喵和咪咪是同一個個物，只是在不同的時間裡呈現的方式不同（有尾巴以及沒有尾巴）。這回應恰當嗎？

第六章　自然類

第一節　「類」的哲學問題

　　「類」或者「分類」的問題有這麼重要嗎？其實我們每天都在做分類的工作。比如說，選舉的時候，國民就分為有投票權的以及沒有投票權的；便利商店販售的飲料可以分為有酒精成分的和沒有酒精成分的，或者分為有含咖啡因的和不含咖啡因的；選課的時候，有些課是必修，有些課是選修，有些課是通識領域的；聽演唱會的時候，座位一樣有分類，並依據不同類別而有不同的價位。像這樣的例子在日常生活太多太多了。人有很多關於「類」的信念，例如「某人相信水是透明的」；或者對於「類」的欲求，例如「某人想要挖到黃金」。日常生活中對於事物的分類方式明顯影響我們人類的各種行為。

　　不但如此，在科學裡，「類」更是核心的，因為「類」就是科學研究的對象。金和鐵是不同的類，貓和狗是不同的類，蘋果和葡萄是不同的類，水和油也是不同的類。分類在科學領域裡之所以重要，是由於科學研究的一大工作就是找出每個類的重要特徵，各個類的因果力，乃至於找出類與類之間的定律關聯。我們幾乎可以說：科學律都是描述「類」的定律。例如，科學家對於金和鐵的延展性、導電性等特徵，對於蘋果和葡萄含有的各種維他命等，都有相當的瞭解。對於承認自然類的哲學家來說，科學律其實就是在描述自然類的特徵以及各個類彼此之間的關聯。

　　「類」的另外一個重要性是：是否有可能對於歸納推論提出證立？亦即，提出好理由來辯護歸納推論的合理性？這是哲學史上知名的「休姆難題」。有一些哲學家認為：如果承認自然類的存在，就可以提供好理由來支持歸納推論，因而回應了「休姆難題」❶。歸納推論是日常生活相當根本的推論模式；人類依據日常

歸納推論而對於環境做出相應的行為反應。說人類是歸納的動物也不為過。歸納推論對科學探究更是不可或缺的,科學通則的建立往往是從對於某些已觀察現象進行歸納開始的。如果在形上學裡承認自然類的實在性,並因而能夠對於歸納推論提出好的理由來支持,這自然是對於科學方法論的重大貢獻。

「類」的第三個重要性涉及到「類詞」的意義以及指涉。這個議題是語言哲學的。對於單詞的意義與指涉理論,粗略來說,主要是傳統派(包括羅素與佛列格)以及克里普奇和帕南之間的對立,而且後者大致上贏得多數哲學家的支持。尤其,克里普奇和帕南將他們對於單詞的語意學說援引到對於自然類詞意義與指涉的說明,乃至於進一步在存有論上論證本質論,對於自然類採取實在論的立場。這些發展對於當代研究自然類的哲學家格外重要。

「類」的第四個重要性涉及到我們如何看待科學史的發展。如果承認自然類是真實存在的,則對於科學史的發展,我們可以說:科學是在進步當中,因為基於科學研究的成果,讓我們對於大自然各種個物的分類及其特徵有了更精確的瞭解;也就是說,科學不斷在修正對於大自然的分類方式,對於各種類具有的特徵提供更精確的理解,並試圖建立科學律來掌握其中的關聯。相對來說,否認自然類的哲學立場對於科學史以及科學定律勢必得提出不同的理解。這種反實在論的立場要如何理解科學律呢?如果我們否認自然類的真實性,還有可能承認科學一直在進步嗎?(所謂「進步」至少意味著消除更多的錯誤、並發現更多的真理。)

那麼,所有的類都是自然的嗎?還是說,這個世界之有這些類其實完全是我們人類心智活動運作的結果而已?這個世界所謂的「類」僅僅只是我們人類依據某種旨趣進行分類的結果,我們並不是發現了各個類?也就是說,這個世界究竟會有哪些類,其實是隨著我們採取的分類原則的不同而不同?若是如此,我們還能說科學真的在說明這個世界嗎?真的在理解這個世界的真象嗎?舉例來說,化學元素週期表只是我們人類對於這個世界的一種劃分方式而已,原則上我們人類可以「創造」出不同的化學元素週期表?還是說現在這個化學週期表忠實記錄了科學對於這個世界的發現?植物學、動物學、天文學、地質學……分類系統又該

❶ 參 Kornblith (1993) 對於人類如何認知自然類的問題以及如何辯護歸納法的討論。另外,Wilkerson (1995: 63–66) 提出了兩個論證來辯護歸納法。

如何理解呢？

　　關於自然類的形上學議題，當然又是一種實在論與反實在論的爭議❷。在存有論上我們是否要承認自然類？這涉及到是否要接受本質論，以及如何說明本質的議題。亞里斯多德大概是第一位以「本質」來定義自然類的哲學家。「本質」是一種性質，凡是屬於某個自然類 k 的個體必定擁有該性質，而且必定只有該類的個體擁有該性質。在哲學史上，洛克曾經提出了「唯名本質」以及「真實本質」的區別。究竟洛克採取唯名論還是實在論的立場，不是很清楚。對於洛克的立場文獻上有兩個可能的詮釋：一是認為洛克就是唯名論（反實在論）的主張；另一則是認為洛克是實在論的立場，只是在他的經驗主義知識論下，事物的真實本質是不可知的❸。本書不擬涉入關於洛克哲學的詮釋問題。無論如何，本質論在二十世紀後期有了新的發展，根據艾力斯的說法，大約自 70 年代開始，一些英美哲學家開始反對經驗主義思潮下的唯名論主張，並發展出所謂的「新本質論」，對於自然類的學說逐步地重新建立其形上的基礎❹。本章第四節到第六節會對於這些議題逐一解說。

　　涉及到「類」的哲學問題包括：共性問題、歸納與投射問題、如何說明自然律的問題、模態與本質的問題、理論化約的問題、乃至於科學實在論等問題❺。除此之外，關於「類」的問題還包括：如何將「類」分類？如何認知到「類」？假設自然類是真實存在的，我們的分類系統是否確實反映了自然類？關於如何將「類」分類的問題在本章第二節和第三節會討論，至於如何認知到「類」的問題，假設我們承認自然類的存在，則我們人類如何認知到自然類的問題將變得格外重要。囿於本書僅討論純粹形上學的議題，那些涉及到知識論和心與認知哲學的議題，如「類」與歸納推論的理論關聯、人類如何認知到自然類❻，本書只得略過。

---

❷　歷程與事件也可以構成類，所以關於「自然類」的形上學討論自然也包括這些在內。唯囿於篇幅，本書只得略過。

❸　Kornblith (1993)、Ellis (2002a).

❹　包括 Kripke (1971; 1980)、Putnam (1975)、Ellis (2001; 2002a)、George Bealer、John Bigelow、Evan Fales。

❺　Churchland (1985).

第二節　「類」的分類（一）

　　一般人都將「類」分為自然類以及人工類。例如金、鈉、水、硫酸……化學週期表裡的元素以及由這些元素組合的化合物，這些是所謂的「化學類」；狗、虎、駱駝、百合花、蘭花、檳榔樹、椰子樹……，這些是所謂的生物類；金星、火星、水星……，這些是所謂的行星類。所有這些都是平常所說的自然類。相對地，桌子、幫浦、鎚子、釘書機、電腦……，則是平常所說的人工類。

　　初步來說，自然類是大自然本來就已經存在的類，人工類則是經過人類認知運作結果製造出來的。臺灣金瓜石挖掘的黃金和南非約翰尼斯堡挖出來的黃金都是屬於同一類，都是自然類；雖然產地不同，兩者並不會因此構成不同類的黃金。但是人工類必定與人類心智的運作有關。飛機原本是不存在於這個自然界的，是人類的發明製造之後才出現的。一般來說，人工類不是根據其構造所使用的物質以及其運作的物理原則來決定的，而是以其具備的設定功能來決定的。所謂一個個物具有的功能是指該個物具有的因果力，或者該個物可能扮演的因果角色。「設定」功能的意思是說，人類之所以將那東西製造出來，是有特定用途的，借用那東西的因果力來達到製造者或使用者的某些目的。例如鎚子雖然一般都是用鐵做的（所以大都被稱為「鐵鎚」），但也可以是不鏽鋼做的、木頭做的、乃至於塑膠做的。儘管構造的材質不同，只要它們都具備那設定功能，它們都屬於鎚子類。當然，由於使用的材質不同，因而能適用的物理律不同，這會使得製造出來的鎚子能夠發揮的功能大小產生一些差異。還好，這一點在理論上並不重要，可予以忽略。

　　我們平常大致上是以這種方式來區分自然類和人工類的。不過這種區分的方式過於粗糙。本節提出兩大議題來做一些討論：

　　（一）有一些類是自然的，但是這些類跟平常所謂的自然類又有所不同，因為這些類是依據其具有的功能來區分的，但並不是人工的。因此我們或許可以將所有的類區分為「自然類」以及「功能類」，然後再將功能類進一步區分為「自然

---

❻　當代認知科學界對於涉及「類」的認知進行了許多研究，參 Barsalou (1989)、Keil (1989)、Rips (1989)、Smith (1989)、Vosniadou & Ortony (1989)、Medin & Ortony (1989)。

功能類」以及「人工功能類」。將這稱為「類」的「第一種分類方式」：

「自然類」指的是那些不是人造的、而且其定義不涉及功能的類。「自然功能類」指的是那些不是人造的、但卻依據其功能來定義的類。「人工功能類」指的是那些人造的、而且是依據其設定功能來定義的類。舉例來說，心臟就是一種自然的、非人工的存在物，而且其之所以自成一類是以其功能來決定的。因此，心臟是一種自然功能類。對照來看，人工心臟則是人工的產物。儘管人工心臟跟真實心臟的構造材質不同，由於都具有相同的功能，所以我們可以說兩者屬於同一個功能類，差別只在於前者是人工的而已。又例如，熱水瓶自成一類，杯子另成一類，其分類方式也是依據功能來決定的，所以這些都是人工功能類。其它還有一些日常可見的例子。例如教師、醫師、律師等社會類也可說是人工功能類，因為一方面這些類是依據社會功能來區別的，另一方面這些類的出現純粹是人類社會文化的產物，不是大自然本來就有的。

自然功能類與人工功能類除了材質可以不同之外，是否還有一些其它的差異？這些差異究竟有無哲學上的意義？這些並不是很明朗，本書也不擬細問這個問題。但是至少有一點是很重要的：一般來說，自然功能類具有的功能與人工功能類具有的功能來自不同的來源。對於自然功能類的功能來源，一般是訴諸天擇演化來決定的。這主張是特別針對生物類的。至於人工功能類的功能來源，當然是訴諸我們人類（製造者或者使用者）的意圖來決定的。

想一想：

有沒有一些類是自然功能類，但不是生物類？這些不是生物的自然功能類，要如何說明其功能的來源？其功能又該依據什麼原則來決定呢？

以上第一種對於類的分類方式已經相當不錯了，然而即使如此，這說法還是

有一些困難必須先行解決，底下做些說明。

困難一：生物功能的決定

如何決定生物功能類具有的功能？例如心臟、腎臟、乃至於大腦神經系統？在生物哲學裡，對於如何決定生物功能一直存在有爭議。例如，有些學說是從古代演化史來決定生物功能的，有些是從近代演化史來決定生物功能的，也有些則是絲毫不從演化史的角度來決定功能的❼。我們究竟要依據什麼原則來決定生物功能呢？如果我們不能先回答生物功能是如何決定的，我們自然無法回答如何依據生物功能來對於生物進行分類。

困難二：生物功能改變難題

有些生物功能類在生物演化的過程中有其本來的功能，但是經由長期演化的過程之後，它的功能被改變了。例如依據目前生物學的說法，鳥類的翅膀原本是保暖與防濕的，後來卻演化出飛行的功能。那麼，我們要如何決定鳥類翅膀具有的功能是什麼呢？鳥類的翅膀屬於哪一種自然功能類？

困難三：生物功能喪失難題

有些個物原本具有某種生物功能的，但因為某些緣故，在演化的過程中，這類個物雖然還留存了下來，卻已經喪失了原來的功能，盲腸就是很有名的一個例子。（盲腸原本的生物功能是消化纖維素的，但現在已經失去了這功能。）若是如此，盲腸屬於哪一種自然功能類？

困難四：生物分類

生物類是否為自然類？訴諸「功能」（或者因果力）來分類的說法未必適用於生物類。例如，很多動物都有尾巴，「尾巴」是否構成一個自然功能類呢？尾巴的功能是什麼呢？

另一方面，對於生物類一個常見的分類原則是訴諸其生物源始或者其是否可

❼ Bigelow & Pargetter (1987)、Cummins (1975)、Neander (1991)、Prior (1985).

能交配以繁衍後代，而不是訴諸其功能（或者因果力）。我們一般人之認為狗與貓之所以是不同的生物類是由於兩者有不同的生物源始，而且兩者不能交配以繁衍後代。這種生物分類的主張在當代生物哲學受到相當的反駁，例如有哲學家舉出：獅與虎是可相互交配的（馬與驢也是可相互交配的），但是獅與虎是不同類的生物。這又衍生了新的問題出來。依據科學家的研究，公獅與母虎交配出來的稱為「獅虎」（英文名為 "Liger"），公虎與母獅交配出來的稱為「虎獅」（英文名為 "Tigon"），這兩種在體型和外顯特徵上都很不同。（這兩個英文名字源自 "lion" 與 "tiger" 兩個字的拼湊。）然而科學研究發現，⑴公的獅虎不能生育；⑵母的獅虎有一定的生育力，牠或者與雄獅交配而產生「獅獅虎」，或者與雄虎交配而產生「虎獅虎」；另一方面，⑶公的虎獅沒有生育能力，⑷母的虎獅卻有生育能力，而且其生育力還高於母的獅虎。從這裡的敘述來看，科學家不自覺地區分了至少下列幾類生物：獅、虎、獅虎、虎獅、獅獅虎、虎獅虎，另外加上第⑷種情形下產生的動物（雖然沒有名稱）。顯然，物種之間是否能交配不是用以決定分類的依據。那麼，科學家的分類依據是什麼呢？

　　究竟要依據什麼原則來對於生物進行分類呢？如何說明生物功能以及相關的議題一直是一大困難，以上幾個棘手的問題只能由生物哲學家繼續探究了。

困難五：人工類功能之決定

　　對人工功能類來說，由於人的意圖是會改變的，同樣一個個物有可能因為人類意圖的改變而改變了它原先被設定的功能。甚至許多人工製品的功能可以隨時依脈絡的不同而改變（當然這種改變仍然要受到該製品的物理性質的限制）。例如，磚塊製造出來原本是用在建築上的（用來砌牆），但將幾塊磚塊疊起來就可以用來墊高，也可以將磚塊當成攻擊的武器（用來打破玻璃、敲擊人的身體等）。又例如，馬克杯原本製造出來是作為喝熱飲料（咖啡）的，但也可以拿來當做漱口杯，甚至拿來養小魚蝦也未嘗不可。花瓶雖然是插花用的，但拿來當做盛雨水的容器，也是可以的。我們似乎很難有具體明確的方式來區隔不同的人工功能類。

　　從以上幾項困難來看，如何從功能來決定自然功能類以及人工功能類，仍有待進一步的思考。這當然不是反對對於「類」的第一種分類方式，而是要求我們

對於自然類、自然功能類、人工功能類這三種類各自遵循的原則必須要有更具體的說明。

> **想一想：**
> 盆栽屬於哪一類？自然類、自然功能類、還是人工功能類？

（二）第二個大議題是這樣的：隨著科學與技術的發達，許多原本存在於這個世界的東西已經可以經由人工的方式製造出來。例如我們已經可以經由人工的方式將水製造出來。這些被製造出來的東西屬於人工類呢？還是自然類呢？假設有一天科學家能在實驗室裡製造出黃金，這些黃金還是自然類嗎？初步來看，我們似乎可以說：被人工製造出來的水，依然是水；被科學家製造出來的黃金與我們挖掘提煉出來的黃金一樣，仍然屬於黃金類。如果被製造出來的東西不可能是黃金，我們在這裡也沒什麼需要疑惑的了。正是由於我們願意承認靠著科學與科技使得我們有可能在實驗室裡製造出黃金來，所以我們才會出現這疑惑。

對於這疑惑，我們可以這樣想：這個世界原本就存在有黃金，只要被製造出來的東西與原本實際存在的黃金具有完全相同的微觀結構以及種種特徵（例如延展性、導電性……），這些被製造出來的東西依然是黃金，依然屬於自然類。然而這是由於這個世界本來就已經存在有黃金了，所以我們直覺上認為在實驗室製造出來的黃金還是屬於自然類。我們真正的疑惑應該是這樣的：如果科學家在實驗室裡製造出一種全新的、某種很複雜的化學結構、而且是這個世界原本就沒有的東西呢？這種東西是自然類還是人工類？

本書認為對於這個問題的思考涉及到的是：「人工」一詞是歧義的。這語詞或概念有時是就個物的產生方式來說的，有時是就製造者或使用者的某種意圖來說的。這裡所謂的「意圖」當然不是指「製造出新個物」的意圖，而是指製造者別有所圖，其所圖是在「純粹出於知性好奇心」以外的一些想法，其中主要是被製造出來的個物是否有「工具價值」，亦即是否具有某些「效益」以實現製造者或使用者的意圖。所謂的「人工」或者是就個物的產生方式來說的，或者是就個物對於製造者或使用者具有的效益來說的。

　　姑且不論如何詳細說明「人工」的這兩個意義，我們確實可以假想有些個物和類是因為人類的製造而第一次存在於世界的。化學家之製造出新的化學物、農業科技之培植出新的水果品種和新的花種等，都是以人工方式製造出來的新的類，它們之存在於這個世界乃是純粹源自人類心智能力的運作。就「個物的產生方式」這個意義來說，將它們視為人工類並無不妥。不過如果我們是從製造者或使用者的意圖來看，就未必了。畢竟從這個角度來看，製造出全新的化合物或者全新的水果品種是一回事，製造出鎚子、鉛筆、筆電又是另外一回事。我們通常還是傾向於將新（第一次）製造的化合物或水果品種視為新存在於這個世界的自然類，但我們幾乎不會將新（第一次）製造出來的鎚子或鉛筆視為新存在於這個世界的自然類。這裡的差別是什麼呢？看來一般人還是訴諸與人類意圖（效益）有關的設定功能來決定一個類是否為人工的。以鎚子為例，人類製造這種東西的意圖是希望借用它的因果力來達到某些人類特有的目的（例如將釘子釘入木板），這是製造鎚子的設定功能，也是鎚子對於人類能夠提供的效益。然而，新（第一次）製造的化合物就沒有這種設定功能了，因為這種東西有一些根本的特徵，不論人類製造它們的意圖是什麼，我們總還是依據它們根本特徵的差異來進行分類的。再舉一個例子：假設科學家製造出了某種全新的化學藥品。我們固然可以從製造這種藥品的政治軍事意圖（效益）而將這種藥品歸為「生化武器」類，但我們也可以換個方式，僅僅依據這化學藥品的分子結構來進行分類。從前者來看，我們將這種化學藥品視為人工（功能）類，它的功能（因果力）可以滿足人類的政治軍事目的。但是從後者來看，我們是將它視為自然類的，因為我們只考慮這化學藥品與其它的化合物之間的物理化學差異，至於它是否另有政治軍事的用途，不在我們進行分類的考量之中。

　　無論如何，對於生物界進行分類時所考量的因素，與對於物理化學界進行分類時所考量的因素，兩者明顯有不同的要求。基於這種種考量，或許在考慮「自然類」的問題時，我們在概念上應該區別「物理自然類」以及「生物自然類」，並分別對於這兩種自然類提出不同的理論。就物理自然類來說，功能（或者因果力）和源始（產生方式）等明顯都不是分類的依據。就生物自然類來說，功能（或者因果力）和源始（產生方式）反而是值得思考的可能原則。

當然，我們也可以有別的選擇。有些哲學家懷疑是否要將生物類視為自然類[8]，艾力斯更基於他的科學本質論反對將生物類視為自然類[9]。不過我們當然也可以反過來說：本質論不適用於生物類。這表示即使我們對於生物類還是採取實在論的立場，將生物類視為自然類，卻必須訴諸另外的、不是本質論的想法。這也表示：對於自然類採取實在論的立場未必就是對於自然類採取本質論的立場。不論是哪種作法，如何處理生物類遲早是研究自然類的哲學家的一大議題。

第三節　「類」的分類（二）

讓我們擱置生物類帶來的困擾。前述關於「類」的第一種分類方式或許是不夠週延的，阻礙了我們的思考，以至於遭遇了一些困難。或許我們應該重新思考我們如何將「類」分類的概念架構。威爾克森對於「類」的區別提出了與前述不同的說法[10]：(1)自然類、(2)依附類、(3)自然但表面類、(4)混合類。他的說法應該可以幫助我們重新思考關於「類」的形上學問題。底下對他的分析做一些介紹。

首先，威爾克森對於所謂的「自然類」提出了三項要件[11]：

(1)任何一個自然類的成員都具有定義這個類的「類本質」；

(2)自然類及其本質都是受到科學律量限的；

(3)類本質都是內在（亦即一元）的性質，既不是關係，也不是關係性質。

第(3)項要件應該是顯而易見的，不多說明。根據(1)這項要件，任何個物是否屬於某個自然類，要看這個個物是否具有定義那個類的類本質，這是所謂「本質論」的立場。至於(2)這項要件明顯是科學實在論的立場，這也是自帕南和克里普奇 70年代以降從語言哲學角度發展的形上學，以及自阿姆斯壯和艾力斯等人從科學哲學角度一直倡議的哲學立場。

「依附類」是這樣的：一個個物如果是某個依附類的成員，表示這個個物之

---

[8]　例如 LaPorte (2004) 對於生物類是否為自然類就提出了質疑。

[9]　Ellis (2001).

[10]　Wilkerson (1995: 45–59).

[11]　Wilkerson (1995: 30–33).

屬於這個類是依附於人類的意圖的。例如，桌子、硬幣、筆電、交通工具……，都是依附類，因為任何一個個物如果屬於桌子類，必定是由於該個物被人類用來執行定義桌子類的設定功能。依據這說法，「依附類」就是前面提到的「人工功能類」。

「自然但表面類」是這樣的：這些類的出現是大自然原本就有的，其出現並不涉及人類心智活動的運作；但是這些類並沒有真正的類本質，個物之所以構成一個類是由於一些表面的相似性而已。例如，樹、鵝卵石、矮樹叢、丘陵……。這些類都是自然的，因為分類所依據的特徵不涉及人類的心智活動，但這些類又與剛剛說的自然類不同，因為其分類的特徵並不是類本質，沒有滿足前述關於自然類的三個要件。

「混合類」是指自然類與依附類的混合，威爾克森舉的例子包括盆栽、綠洲、滑雪坡地、水果、寵物……。一個個物之所以能夠屬於寵物類，一方面是由於這個個物必定屬於某個自然類（例如狗、貓、金魚），另一方面這個個物必定也具有屬於「寵物」的一些特徵（這特徵自然是與人類有關）。舉例來說，依據剛剛的說法，狗屬於自然類，因為狗有一些必然獨有的特徵構成了牠的類本質；但是狗同時也是被人類豢養的寵物（有些人會幫狗取名字、穿衣服、甚至美容等）。「混合類」顯然既是自然類（所以與黃金之構成一個類相似）、又是人工的（所以與鉛筆之構成一個類相似）、但又不是依據其因果力而形成的類（所以與鉛筆之構成一個類又不相同）。

本書認為威爾克森關於「類」的分析比起前面所謂「類」的第一種分析要精緻多了。本書因而大致上接受他對於「類」的分類方式，但還是要做些補充說明。

第一個要補充說明的是這個問題：前面提到的「自然功能類」在威爾克森的理論裡要如何分析呢？（人類和一些動物的）心臟明顯是自然的（其存在與人類的心智活動無關），分類的依據則是它的功能，而不是它的材質或它的某些一元性質。按照「類」的第一種分類方式，心臟類是一種自然功能類，但並不是自然類。那麼，依據威爾克森的方式，心臟類是哪一種呢？顯然心臟類不是混合類、也不是依附類、更不是自然但表面類。那麼，心臟類是威爾克森理論所說的自然類嗎？這當然得看心臟類是否滿足他提出的三要件。暫時不考慮人以外的其它動物，如

果人類的心臟自然構成一類（有別於腎臟、肝臟……），則在他的理論裡：首先依據第(1)項要件，心臟類應該具有用以定義該類的類本質；其次依據第(2)項要件，確實科學界對於心臟類是有一套理論的。然而，心臟類不滿足第(3)項要件。因此，依據威爾克森的理論，心臟類不構成為一個自然類。儘管如此，我們還是傾向於依據心臟的自然功能，認為心臟是自然構成一類的。若是如此，威爾克森的分類方式似乎遺漏了自然功能類。

威爾克森或許可以如此回應：所謂的「類本質」未必是指個物的微觀結構，原則上並沒有排除將個物具有的功能視為類本質。因此我們可以依據心臟、腎臟、肝臟等具有的不同功能，將它們的功能視為各自的類本質，並依據這個來將它們分為不同的類。可惜的是，如果威爾克森採取這回應，他的理論將會出現矛盾，因為他的理論關於自然類的第(3)項要件要求：能夠作為類本質的必定是個物具有的一元性質，但是「功能」並不是個物具有的一元性質！基於這個緣故，威爾克森的理論只有兩個選擇：第一、修改他所提議用以定義自然類的第(3)項要件；也就是說，類本質未必非得是一元的性質，也允許可以是多元的關係（亦即功能或因果角色）。第二、維持他關於自然類三要件的主張，但是另外增加一個類別：自然功能類，並另外給予定義。

威爾克森的理論第二個要補充的是關於「自然但表面類」的問題。有些個物之所以構成一個類是由於一些表面的相似性而已。然而，如何說明「表面相似性」呢？在他的理論裡，「自然類」與「自然但表面類」如何區別？提出這個問題乃是由於這個考量：第二章提到，形上學的一大課題就是如何說明個物之間的相似性。借用共性實在論的主張，對於所謂兩個個物具有「表面相似性」，是說它們都例現了某些共性。這些共性是否可以作為它們的類本質呢？如果可以，則唯一區別「自然但表面類」與「自然類」的就只有第(2)項要件了。也就是說科學研究的對象才是真正的自然類。例如，由於科學並不以「鵝卵石」作為特定的研究對象，鵝卵石不構成真正的自然類。然而這樣一來，「自然但表面類」就不是如威爾克森宣稱的缺乏類本質，並不是沒有滿足他提出的第(1)項要件。這裡的關鍵顯然是：自然但表面類有沒有類本質？

威爾克森關於自然類的主張其實就是科學本質論的立場。底下讓我們來看看

這個立場。

第四節　自然類實在論

形上學對於「自然類」的議題同樣有實在論與反實在論的爭議。柏德曾經呼籲：關於自然類的形上學立場，我們應該區別「強實在論」以及「弱實在論」，後者又稱為自然論 [12]。這區別涉及對於三個問題的回答：（一）自然類是真實的嗎？亦即自然類與其成員分屬不同的存有論範疇嗎？（二）這個世界的個物是否自然構成不同的群？（三）如果個物是自然構成不同的群的，這是不是源自某種形上學的依據？（由於（一）和（二）的問題不同，所以在（二）裡暫時改用「群」這個詞。）

第一個問題和第二個問題的差別可以從兩方面看出來：⑴對於第一個問題持肯定回答的哲學家主張：每個自然類都與數和集合一樣，是自成一類的抽象個物，而且與其成員有別。例如，「黃金」是一個自然類，是一個抽象的個物，而且有別於個別存在的這塊黃金、那塊黃金……。⑵對於第二個問題持肯定回答的哲學家主張：所有一公斤重的個物自然構成一個群，亦即不依附於人類心智活動的，但是我們一般不會將所有一公斤重的個物構成的群視為一個自然類 [13]。當然，這立場也會承認個別存在的這塊黃金、那塊黃金……也是自然構成一個群的。因此，對於第一個問題持肯定回答的必定對於第二個問題也持肯定回答；但反過來不成立，因為有可能有人對於第二個問題持肯定回答，對於第一個問題卻持否定回答，不認為自然類是自成一類的抽象個物。

柏德所謂的「強實在論」對於前兩問題都給予肯定的答案。這立場在存有論上承認：自然類乃是有別於其成員而存在的個物，而且是自成一類的抽象個物（對於第一個問題的回答），而且是個物之所以自然構成為一群的依據（對於第二個問題的回答）。弱實在論對於第一個問題給予否定的答案，對於第二個問題給予肯定的答案。弱實在論並不承認在個物之外還另外存在有自成一類的自然類。至於第三個問題，個物之所以自然構成一群的依據，則有不同的說法。

---

[12]　Bird (2009).

[13]　這是 J. S. Mill 的觀察。

　　相對來看，反實在論當然也有強弱之分。本書依據柏德提出的三個問題，區分三種程度不同的反實在論。最強的反實在論對於前兩個問題都給予否定的答案，既否認抽象的自然類，也不認為自然界的個物是自然構成一群的；也因此，所有的分類乃至於科學對於類的理解都僅僅是反映人類的旨趣而已。次強的反實在論對於第一個問題給予否定的答案，對於第二個問題則是不否認個物可以自然構成一群的可能，但認為即使如此，我們也不可能知道。最弱的反實在論同意自然類的存在或許是可能的，也可以接受個物或許可能自然構成一群，但認為即使如此，我們人類不可能發現這些**⓮**。所以同樣地，這立場主張：所有的分類乃至於科學對於類的理解都僅僅是反映人類的旨趣而已。提醒讀者兩點：⑴次強的反實在論與強實在論是衝突的立場，但與弱實在論則是相容的。⑵最弱的反實在論，嚴格來說，並不是形上學的立場，而是知識論的立場。

因果穩定性質叢集論

　　讓我們先探討關於自然類的實在論立場，至於反實在論下一節再來介紹。這裡介紹兩套學說：第一套主張自然類的成員具有因果穩定性質叢集。通常實在論的立場都是接受本質論的，但這一套理論卻不接受。第二套主張本質論，並且主張「類本質」乃是類的成員的基底結構具有的某種因果力**⓯**。

　　「因果穩定性質叢集論」是波以德發展出來的。他主張以「因果穩定性質叢集」來定義自然類**⓰**，這套理論尤其影響了生物哲學界，許多生物哲學家接受這想法來定義生物類。茲將這套理論整理如下：

　　首先，有一群性質是「叢集」在一起的，這是由於個物具有某種因果機制，這機制的運作可以造成這群性質叢集在一起。不同的類會有不同的因果機制。至於在各個類裡，使得其性質叢集在一起的因果機制是什麼，則需要科學研究來發現。

　　其次，這性質叢集是偶然的，不是必然的。基於這點，波以德雖然對於自然

⓮ 這應該是洛克的立場。

⓯ Harper (1989)、Kornblith (1993)、Wilkerson (1995).

⓰ Boyd (1988; 1989; 1991)；參 Kornblith (1993) 第三章關於 Boyd 理論的探討。

類接受的是實在論的立場，但並不主張本質論；也因為這點，在他的理論裡允許有些叢集會失去一些原本是叢集在一起的性質。

儘管如此，第三，性質叢集是有其穩定性的，這當然是由於性質之能叢集在一起依靠的是某個因果機制。所謂「因果穩定」是針對一組性質來說的；它的意思是說，這一組性質不但是叢集在一起，而且是共同發揮作用的，尤其在遭遇各種變化時（在面臨因果交互作用時），這組性質大致上還是維持不變。這一點也說明了：為什麼並不是任何一組性質都構成「叢集」，因為關鍵就在於「性質的因果叢集」具有相當的穩定性，其背後有一套維持其穩定性的因果機制，但是任意組合的一組性質則沒有這個特徵。

對於這套理論我們最想知道的莫過於這問題：個物具有的什麼因果機制可以使得一群性質叢集在一起，卻又不是必然叢集在一起？例如，黃金具有什麼因果機制以使得導電性、延展性、高熔點、高密度、金色……等性質都能叢集在一起呢？最好的解釋似乎是主張這因果機制就是黃金的原子結構，或者源自黃金的原子結構？或者還有別的解釋？我們為何不直接以這些因果機制來作為自然類的依據呢？

科學本質論

第二套對於自然類的實在論接受了本質論的立場，尤其是艾力斯在二十世紀90 年代起，大力發展所謂的「科學本質論」。

底下我們先從概念的向度對於「自然類」以及「類本質」做一些說明。

在概念上，我們暫時借用共性實在論的主張，一群個物之構成一個自然類，是由於(1)這群個物例現了某個（或某些）共性 E，(2)所有這些個物必定具有 E，(3)必定只有這些個物具有 E。這個說法的邏輯表達式如下：

對任何自然類 k 來說，E 是 k 的本質

$$= df. \Box(((\exists x)(x = k) \supset (y)(y \in k \supset Ey)) \land (z)(Ez \supset z \in k))$$

這意思是說，一個性質 E 之所以是某個自然類 k 的本質表示：在 k 存在的所有可能世界裡，所有屬於 k 的個物都獨有性質 E；而且在任何可能世界裡，任何具有

性質 E 的個物都屬於 k。

這裡有六點值得留意：

⑴構成某個自然類的本質未必只是一個性質，也可以是一組性質。

⑵由於「類本質」是某個自然類的成員必定獨有的性質，所以一個個物不可能同時（或者在同一個可能世界裡）屬於兩個相異的自然類。

⑶一個個物可以同時（或者在同一個可能世界裡）屬於某個自然類以及某個（甚至多個）非自然類。

⑷這定義排除了將「1 公斤重」、「球形」……視為自然類，因為一個實際上是 1 公斤重的個物有可能不是 1 公斤重的，一個實際上是球形的個物有可能不是球形的。儘管「1 公斤重」、「球形」……是自然的（亦即不涉及人類心智活動的），放寬鬆來說，這些也可說是自然類，但依據上述的嚴格定義，我們不能將這些視為自然類。這一點也正好呼應了前面柏德所說，第一個問題與第二個問題是有差異的。

⑸依據前面曾經提到的「例現封閉原則」，如果例現 E 邏輯上、概念上、或物理上蘊涵例現 F，則所有具有 E 的這些個物都是 F，而且都必定是 F（留意，這「必定」有不同的含義）。但是這至多只表示 F 是這些個物的必然性質，並不表示 F 就一定是它們之構成一個自然類的類本質。

⑹我們是否要承認：一個個物雖然事實上屬於某個自然類，但有可能實際上它是屬於別的自然類的？也就是說，即使一個個物實際上具有〈x 屬於某自然類 k〉這性質，並不表示該個物必定具有這性質？再換個方式來問，即使一個個物實際上具有定義某個自然類的性質 E，有可能該個物實際上不具有 E？提出這個問題是基於這考量：構成類本質的性質雖然是該類成員的必然本質，並不是該類成員的個物本質，因為任何成員都不是獨有該性質的。設定義某自然類 k 的類本質

是 E，而且 a_1、a_2、a_3、… 屬於 k。則 a_1 必定具有 E，但 a_1 並不是獨有 E——因為 a_2、a_3、… 也具有 E。基於這個緣故，我們不禁想問：儘管 a_1 實際上屬於 k，有沒有可能 a_1 實際上不屬於 k？（請與關於「嚴格指稱詞」的理論說明相類比，就更清楚這裡的提問了。）

直至目前為止，對於自然類以及類本質的說明都是概念上的，並沒有具體指出個物的哪些性質可以構成「類本質」。我們接著就來探討這問題。

有一個說法是這樣的：暫時借用共性實在論，我們可以這樣主張：黃金類的本質就是〈x 是黃金〉、老虎類的本質就是〈x 是老虎〉……。由於任何我們挖掘出來的金子都必定獨有〈x 是黃金〉，其它東西都不可能具有這性質，所以我們依據這方式似乎找到了用以定義黃金類的本質了。然而很明顯的，以這種方式來說明類本質，不會有人滿意。「黃金類是由具有〈x 是黃金〉這本質的個物構成的」，這種說法沒有帶給我們任何新資訊，我們需要更具體的說明方式。

第二個說法是訴諸亞里斯多德所謂的「類差定義」。以亞里斯多德提出的例子來看，他主張：人是理性的動物。按照這說法，⑴〈x 是動物〉是任何一個人必定擁有的性質（必然性質），亦即任何一個人不可能不是動物。但是其它個物也可以擁有這性質，而且也可以必定擁有這性質。⑵〈x 是理性的〉是任何一個人的本質（本性），亦即任何一個人必定擁有這性質，而且必定只有人類具有這性質，其它動物都沒有。以上是亞里斯多德對於「人」提出的「類差定義」。請留意，這裡所謂的「定義」是對於事物的定義，不是對於語詞的定義。

依據類差定義，對於某類事物的定義包括兩個要素：⑴該類個物屬於哪一種屬，這是該類個物具有的必然性質；⑵該類個物與屬於相同種屬的其它類之間的差異，這是該類個物具有的本質（本性）。例如狗、貓……，與人都屬於哺乳動物，但是人與這些類的差異在於人必定具有〈x 是理性的〉這個性質，而且只有人具有這個性質。請留意，雖然這裡舉的是人類的例子，「類差定義」的作法適用於任何的類。

亞里斯多德「類差定義」的主張並沒有比剛剛的說法要好。以他的例子來說，雖然我們訴諸〈x 是理性的〉以將人類與貓類、狗類等區別開來，但是「哺乳動物類」呢？依據他的主張，我們當然得找到某個性質，用以將「哺乳類」與其它類

（例如兩棲類）區別開來。不論那性質是什麼，依據類差定義，我們都得將哺乳動物類歸屬到更高的一個類；依此類推，出現一個「類」的無限後推。亞里斯多德的學說不可能徹底說明所有的類。

　　亞里斯多德的學說還有另外一個問題：這學說必須預設對於這個世界已經先有分類，才能使用類差定義。例如，這學說必須先預設這個世界存在有哺乳類、兩棲類……，才能將人類歸屬到哺乳類。那麼，這分類是如何做到的呢？

　　亞里斯多德學說的第三個問題是：我們依然不知道要依據什麼原則來決定類本質。人的本質是〈x 是理性的〉，那麼狗的本質呢？黃金的本質呢？我們並不是要針對每個自然類一個一個去找出它們的本質，我們想要的是一套適用於各個自然類的形上學通則。訴諸「類差定義」的想法並沒有多提供我們任何線索。

　　以上兩種說法雖然都是本質論的立場，但看起來對於回答「哪些性質才是類本質？」這問題幫助不大。在當代哲學界，自 70 年代開始，克里普奇和帕南從語言哲學的角度，進一步將如何決定自然類本質的工作交給了科學；科學研究建立了許多「理論等同」的主張，例如水等同於（就是）具備 H_2O 這種分子結構的東西，水的本質就是這種分子結構[17]。這可以說是科學本質論的開始。

　　前面提到，威爾克森提出「自然類」的第一項要件就是：屬於同一個自然類的成員都具有定義該自然類的「類本質」。哪些性質可以構成「類本質」呢？孔布利斯主張：任何（物理）類的成員具有的性質可以分為三種：其成員具有的基底結構的性質（這些是它的本質）、其成員因其基底結構而浮現出來的性質（這些是它的必然性質）、其成員具有的偶性。科學本質論就是訴諸個物的基底結構具有的因果力來作為類本質[18]。舉例來說，水具有的分子結構（亦即 H_2O）是水這類東西具有的基底性質；水之無色無臭無味是它的必然性質；水的流動性則是它的偶有性質（因為水也可以是固態的）。此外，水具有的那種分子結構使得水具有某種因果力，例如，水的密度小於油，所以油必定浮在水面上；又例如，當水被電解

---

[17] Kripke (1980)、Putnam (1975). 對於他們學說的理解需要引進語言哲學的專技討論，不是本書能涵蓋的，本章第六節和第七節有一些介紹，至於詳細的解說，讀者可參考王文方 (2011)。

[18] Harper (1989)、Kornblith (1993)、Ellis (2001; 2002a).

時，會產生氧氣。這些都是由於水具有的那種分子結構的緣故。當代哲學家，尤其是自然論傾向的哲學家，多半偏好訴諸個物的基底結構具有的因果力來進行他們的各種哲學說明。

> **想一想：**
> 狗只能汪汪叫，不可能喵喵叫。那麼，「汪汪叫」是狗類必然獨有的特徵嗎？「汪汪叫」因而定義了狗類的本質嗎？

依據艾力斯的科學本質論，這個世界是由自然類的層級構成的，自然類不是人為的結果，而是本來就存在於大自然之中的。自然科學就是在找出這些自然類，並試圖掌握這些自然類的種種性質，尤其是這些自然類具有的因果力，找出關於這些性質（與傾性）的定律[19]。再舉剛剛「水」的例子。科學對於水的說法就是指具備 H_2O 這分子結構的東西　（這背後當然隱藏著關於水的其它種種獨特的特徵，這裡姑且略過）。如果將〈x 有 H_2O 這分子結構〉視為「水」這個類的本質，則所有具有 H_2O 這分子結構的東西都是水　，而且只有具備 H_2O 這分子結構的東西才是水。不但如此，如果具備〈x 有 H_2O 這分子結構〉物理上蘊涵〈x 是無色的〉、〈x 是無味的〉、〈x 是無臭的〉，則這東西必定是無色、無臭、無味的。

阿姆斯壯對於艾力斯的科學本質論提出了兩點質疑：麥農式個物的難題以及史溫本難題[20]。

明確來說，阿姆斯壯的第一點質疑並不是針對艾力斯的，他們兩人也都清楚這點。阿姆斯壯這個質疑是針對僅僅訴諸因果力來說明自然類的理論。這質疑是這樣的：因果力是個物具有的傾性，但是第四章已經提到：傾性的一大特徵就是它未必會顯現出來，甚至始終不曾顯現出來。普雷斯認為意向性乃是傾性的標記；意向性的特徵就是可以指向不存在的個物（麥農式個物）。按照這樣的說法，一個不曾顯現的因果力（傾性）是可以指向不存在的個物的。然而，科學本質論不可能接受麥農式個物，因為科學定律不可能對於不存在的個物進行量限。

---

[19]　Ellis (2001).

[20]　Armstrong (2002).

> **想一想：**
>
> 科學定律真地不可能對於不存在的個物進行量限嗎？理想氣體定律不就是關於不存在物（理想氣體）的定律嗎？是否還有別的例子？所以，阿姆斯壯這個質疑是錯誤的？

　　第二點質疑其實是一個兩難：既然艾力斯訴諸因果力來說明自然類，則或者所有真實存在的性質都是因果力（因而都不是定性的），或者有些真實存在的性質不是因果力（因而是定性的）。不論哪一個情形，都會出現困難。阿姆斯壯將這稱為「史溫本難題」：一方面，如果所有真實存在的性質都是因果力（強調「所有」），則基於因果力的作用而產生的結果本身也必定是一種因果力。這表示終究沒有真正的「顯現」，因為「顯現」是個物具有的定性的性質。另一方面，設並不是所有真實存在的性質都是因果力，亦即有一些性質並不是因果力，亦即承認存在有一些定性的性質。由於這類定性的性質不具有因果力，顯然它們不會進入因果關係之中，它們至多是使得因果關係出現的相關背景要件而已。若是如此，基於因果關係具有必然性的特徵，在涉及到這類定性性質而出現的因果關係裡，其結果的出現是偶然的、不是必然的（因為這些相關背景要件未必出現）。

　　艾力斯由於承認定性性質的存在，所以他不必面對這個兩難的第一面。但他如何回應這個兩難的第二面呢？他的回應是這樣的：⑴一個定性的性質之所以是一個性質與其能扮演的因果角色無關，這一點也是阿姆斯壯說的這個兩難的第二面的說法。⑵艾力斯接著指出，定性的性質乃是個物的結構，這些結構雖然本身不是因果力，但卻「使得」個物具有因果力，個物如果沒有這些結構是不可能具有因果力的（這一點近似普雷斯的主張）**㉑**。

　　儘管阿姆斯壯也是科學實在論者，他會對艾力斯的科學本質論提出這兩點質疑其實與他自己的傾性學說有關（請回顧第四章第五節）。由於他主張個物具有的傾性等同於個物具有的（微觀）結構，他的學說因而不會面臨以上兩點質疑，反而其它學說必須要設法對這兩點質疑提出回應才行。

㉑ Ellis (2002b).

想一想：

艾力斯主張：定性的性質乃是個物的結構，這些結構雖然不是因果力但卻使得個物具有因果力。但沒有因果力的定性性質如何能夠「使得」個物具有因果力？

第五節　俗成論與混雜實在論

前面曾經提到關於自然類的幾種反實在論立場：最強的反實在論既否認抽象的自然類，也不認為自然界的個物是自然構成一群的。次強的反實在論否認抽象的自然類，但不否認個物可以自然構成一群的可能，只是主張我們不可能知道這點而已。最弱的反實在論其實是純粹從知識論的立場來陳述的。從知識論的角度來看，或許有些哲學家抱持懷疑論的立場，認為我們既不可能擁有任何關於自然類的知識，也不可能知道科學發展出來的分類系統是否真實反映了自然界。無論如何，這三種立場都主張：所有的分類乃至於科學對於類的理解都僅僅是反映人類的旨趣而已。這當然不是說，科學發展出來的分類系統以及對於「類」的建立是任意的、沒有道理支持的。哪些「類」是科學家接受的、哪些不被接受，仍然有其理由在。

反實在論的第二個立場和第三個立場都涉及到知識論以及方法論的議題。基於我們在進行形上學的探討，我們似乎可以忽略這個層面。儘管如此，我們還是得想想：實在論是否可以在知識論上接受這種懷疑論的立場呢？設實在論也採取懷疑論的立場，也就是接受我們既不可能擁有任何關於自然類的知識，也不可能知道科學發展出來的分類系統是否真實反映了自然界。那麼，實在論哲學家之主張自然類的存在還有什麼理論上的意義呢？所以我們反推：實在論哲學家不能在知識論上採取懷疑論的立場。然而，除了這反推之外，實在論哲學家有什麼正面的理由不接受懷疑論呢？他們又將如何說明我們是如何獲得關於自然類的知識呢？儘管實在論是形上學的主張，卻不得不回答這兩大知識論的問題！

對於自然類的反實在論在文獻上通常是指俗成論。這學說主張：所謂的「自然類」都只不過是我們人類分類活動的結果而已，都是我們人類進行概念化的活

動時建構出來的（所以俗成論又稱為建構論）。依據俗成論，科學建立的各種分類系統其實僅僅反映了當時科學社群的某種旨趣而已，並沒有反映實在論所謂的「自然界」，因為並沒有這種自然而分的類可供反映。也因此，不僅各種分類系統沒有所謂的正確或錯誤，而且沒有哪一個分類系統是優於其它分類系統的。即使是科學家建立起來的分類系統以及對於各種類提出的說明，既沒有對錯可言，也未必優於其它的分類系統。

依照以上的理解，這裡所說的俗成論顯然是指最強的反實在論。不過請讀者留意：文獻上「俗成論」一詞的使用有時也會指次強的反實在論，有時也會指最弱的反實在論。儘管如此，從形上學論辯的角度來看，一方面，最弱的反實在論因為是知識論的角度，可以擱置一旁；另一方面，既然次強的反實在論與弱實在論是相容的，採取次強的反實在論無法凸顯實在論與反實在論之間的理論緊張關係。為了避免在名詞上做無意義的打轉，本書以「俗成論」一詞專指最強的反實在論立場，並建議讀者針對前一節提到的柏德的第一個問題和第二個問題進行思考。

俗成論的主張似乎有一些困難。帕南曾經提出所謂的無奇蹟論證來質疑反實在論。這論證的大意是這樣的：當前科學研究已經獲得很多進展，對於這個世界提出很深刻的理解、很成功的解釋和預測。我們要如何說明這現象呢？難不成要訴諸奇蹟嗎？對這現象最好的說明是：（已經發展成熟的）科學大致上確實是掌握了這個世界的真象。相對來看，俗成論當然不會訴諸「科學大致掌握了真象」來說明這現象。若是如此，俗成論要如何說明科學的成功呢？

俗成論當然也有一套想法，不容忽視。我們可以從兩個方面來辯護俗成論。

第一個方向，從關於「性質」的形上學來看，幾個支派的唯名論都是反對性質與關係的真實性（請回顧第三章）。因此這幾派學說都不會承認存在有什麼性質可以用來定義自然類。俗成論可以逕行訴諸唯名論來否認自然類。當然，如此一來，關於自然類的爭議就得回到關於性質的實在論與反實在論之爭了。

想一想：

接受共性實在論（或者殊性存有論）的哲學家有可能同時否認自然類嗎？

第二個方向，我們對於這個世界的認知主要是透過知覺和理論建構。就知覺來看，不論知覺的運作是否必定涉及概念[22]，要形成知覺知識（命題知識）我們必定要對於知覺經驗進行概念化的認知活動。然而，如果我們之如何進行概念化必定會受到我們既有概念架構的影響，則只要允許原則上可以存在有兩個相異的概念架構，具備相異概念架構的人彼此對於外在世界的認知就會不同。基於相異的概念架構而對於外在世界產生相異的理論建構就更明顯了。若是如此，所謂「科學大致掌握了真象」這種說法是沒有根據的，因為當前的科學也僅僅是人類建立的一套概念架構，藉以對於外在世界進行理論建構，進而提供解釋預測而已。原則上可以存在有其它對於外在世界的理論建構！

> **想一想：**
> 俗成論是否可行，關鍵在於我們是否要接受「存在有兩個相異的概念架構」這種可能？那麼，這是可能的嗎？（參 Davidson (1974)。）

混雜實在論

除了俗成論之外，還有所謂的混雜實在論，是知名生物哲學家杜普若提出來的。不過這裡得做點說明：杜普若自己明白指出，他關於自然類的理論不是俗成論的立場，而是一種實在論的立場。儘管如此，本書認為他的學說比較偏向俗成論，尤其他明白反對訴諸「類本質」的實在論，因此本書將他的學說列在這一節介紹。

杜普若主張[23]：原則上對於這個世界存在的個物可以有無限多的分類方式；而且，日常的分類方式與科學的分類方式經常是「跨域切割的」，也就是說，同一

---

[22] 知覺哲學界以及認知科學界關於知覺機制的理解粗分兩大派：一派主張知覺的運作不涉及概念（例如 Gibson 的「生態知覺」理論），另一派則主張知覺的運作必定涉及概念（例如知覺心理學家 Rock 的「間接知覺」理論）。本書略過這項議題，有興趣的讀者請自行參閱相關文獻。

[23] Dupré (1993; 1996).

個個物在日常生活裡被分為某個類，在科學裡卻被分為另一個類。但是杜普若特別強調：沒有哪一個分類方式是最優的，每個分類方式都是具有同等地位的。既是如此，顯然他得主張：任何分類方式都沒有所謂的正確或錯誤。尤其他還認為：分類方式必定預設某些進行分類的目的，這目的或者是日常人的或者是科學的。杜普若這些說法顯然與俗成論相同。然而他又認為雖然分類方式眾多，卻都是有客觀依據的，他的學說是所謂的多元論，他的學說似乎又接近實在論的立場。

姑且不論我們要將杜普若關於自然類的學說列為實在論還是反實在論，他的論證訴諸兩項觀察：第一，一般人有其分類這個世界的方式（姑且稱之為「常識分類」），但各個科學學門另外有其不同的分類方式，而且常識分類與科學分類彼此之間是跨域切割的。第二，即使在同一門科學裡，主要是生物學，也存在有不同的分類方式，而且彼此依然是跨域切割的。他舉出了很多常識分類的實例以及生物學分類的實例來佐證他這兩件觀察。最值得注意的是：他認為常識分類與科學分類是同等地位的，都是在對於自然界提供一套理解。

然而我們不禁要問：有什麼好理由接受日常一般人對於這個世界各種個物的分類方式呢？試考慮日常一般人對於自然現象提出的種種因果解釋：對於地震現象訴諸「地牛翻身」，對於日蝕現象訴諸「天狗食日」，對於疾病發瘋等訴諸「中邪」……。科學研究的成果逐步修改了我們日常人對於自然現象的各種說詞。科學雖然不是萬能，但科學並不是另一套與常識相對的概念架構，而是對於一般日常人的種種說法提出修飾、修改、補正、或放棄。我們的日常看法只是我們人類對於這個世界進行理解的開端而已，科學研究同樣是我們人類理解世界的知性活動，只是科學研究的理解方式比起日常一般人的理解方式更為精緻、更有理性依據、更可信而已。對於這個世界各種個物的分類也是一樣，科學分類遠比常識分類更精緻，也更有理論依據。杜普若之主張常識分類和科學分類是同等地位的，看不出有什麼好理由支持。

威爾克森在比較常識分類以及科學分類後，指出兩點差異[24]：(1)常識分類通常與我們的日常實務和興趣有關，例如與食物有關的個物、與謀生所需（經商、務農、漁撈……）有關的個物、或者日常比較常見的個物，在這些方面我們一般

[24] Wilkerson (1995).

人的分類會比較細緻，在其它日常不常接觸或者比較不在乎的領域，一般人進行的分類就顯得非常粗糙。相對地，科學分類通常與日常實務無關。(2)常識分類來自於人類（分類者）特定的希冀和效益，科學分類則鮮少反映人類這種意圖。

其實我們也可以觀察到這樣的事實：當日常對於個物的分類方式與科學分類相牴觸時，我們往往不自覺地修改乃至於放棄日常的分類方式，而接受科學的說法。這其中固然有各種理由，但我們日常人之認為科學比起常識更可信是一大關鍵。簡單說，即使分類反映的是人類的特定旨趣，分類的證立程度也足以區別恰當與不恰當的分類方式。因此，儘管杜普若觀察到的第一件事實是無可否認的，本書不認為這足以使得常識分類能夠與科學分類分庭抗禮，佔有相同的地位。

至於杜普若觀察到的第二件事實則需要比較多的思考。他注意到在生物哲學裡，涉及自然類的爭議主要有三：（一）生物物種是自然類還是個物？（二）有什麼規準可用以決定某個生物屬於哪個物種？（三）物種是否具有本質？杜普若對於第三個問題的回答當然是否定的。他也不認為只有一個規準來決定某個生物屬於哪個物種，原則上是可以有無限多個規準來做決定的。至於第一個問題，他主張物種既是個物也是自然類。最後這一點乍聽之下有點奇怪，因為在形上學裡，個物與自然類是分屬不同範疇的。不過他的意思是說，我們可以將同樣一組具體的生物看做是構成了一個自然類，但同時也可以將它們看做是一個更大的個物（亦即物種）的組合部分。

這些都是生物哲學的議題，不是本書能涵蓋的，但從杜普若的回答可以看出：他之對於（三）抱持否定的答案，表示他反對訴諸本質的實在論；他主張物種既是個物也是自然類，表示他接受實在論。他之主張用以分類的規準（即使在同一門科學裡）原則上可以有無限多個，正是用以支持他對於問題（一）和（三）的立場。然而，即使在同一門科學（尤其是生物學）裡，原則上可以有無限多個分類的規準，這是否足以建立他的多元論呢？對於這種無限多分類規準的情形，訴諸「類本質」的實在論真的束手無策了嗎？另外，即使在生物領域裡不能訴諸「類本質」來將物種視為本質論意義下的自然類，在其它的科學領域呢？例如在化學裡，科學家都接受元素週期表劃分化學元素的方式，對於已知元素的各種物理化學特徵也有很多的瞭解。我們似乎有很好的理由認為在化學領域裡存在有很多自

然類，而且它們都有本質。

> **想一想：**
> 老王主張，對於物理化學領域採取科學本質論的立場，這領域既有自然類，個物也自然構成一群；但是對於生物領域則不必承認生物構成自然類的存在，生物也沒有自然構成一群。這主張可行嗎？

第六節　相似性與類

　　無論是實在論的哲學家還是反實在論的哲學家都同意，個物之間之具有相似性使得它們構成了類。「相似性」概念在「自然類」以及「自然類的認知」這兩問題上究竟扮演什麼角色呢？蒯因對這兩問題提出了他的一些想法。蒯因認為「類」的概念和「相似」的概念實質上是同一個概念，兩者可以相互定義。不但如此，他曾經說：「對於思想和語言來說，沒有什麼比起我們的相似感更根本了」[25]。他認為關於相似性的標準，或者他所謂的「相似感」，在某個意義來說是先天的，是我們天生就有的一種對於質性的區隔[26]：人天生就對於各種不同的形狀、各種不同的顏色、乃至於各種不同的聲音，具有區辨的能力。

　　從「質性區隔」的角度來說我們具有的相似感是先天的、與生俱來的，這一點應該是無須否認的。不過蒯因之主張「類」概念和「相似」概念實質上是同一個概念，只怕是太過寬鬆了。這是由於蒯因所說的「相似」是就質性的區隔來說的，他將「質性相似」概念跟「自然類」概念等同，恐怕還是經驗主義以降的哲學主張。然而，一方面，按照上述波以德等人的主張，一個個物是否屬於某個自然類，不是以其表面的質性作為依據，而是以其是否具有因果性質叢集或者定義該類的本質（亦即其結構的因果力）來決定的。二方面，古德曼在很早的時候就以「不完美社群」的例子來質疑「相似性」與「類」之間的關聯。三方面，科學分類早就脫離了訴諸質性相似的方式。尤其在生物學裡對於很多生物的分類方式

---

[25]　Quine (1969b: 116).

[26]　「質性的區隔」原文是：spacing of qualities，參 Quine (1969b: 123)。

常常修改了我們訴諸表面相似性的常識分類。

　　蒯因當然也注意到了這些問題，但卻沒有進一步調整他的主張。儘管如此，即使接受科學本質論，還是有可能對於蒯因的說法做一些修補。如同前面提到的，按照本質論的說法，一個個物具有三種性質：其基底結構的性質、因其基底結構而浮現的必然性質、以及偶性。因此，只要蒯因所指的相似的質性就是由基底結構浮現出來的必然性質，則我們還是可以將蒯因所說的「質感的相似性」概念與「自然類」概念建立起緊密的理論關聯。（當然，這個修補，蒯因本人是不會同意的，因為他反對「個物模態」，因而反對本質以及必然性質。）無論如何，蒯因道出了一個大多數人認為正確的事：自然類與我們對於個物相似性的衡量是密不可分的。

　　底下讓我們簡單看看認知科學家對於「相似性」的一些研究，這不但有助於我們對於這個概念多一些瞭解，也提供我們另外一個方向來思考關於自然類的哲學爭議。提醒讀者兩點：⑴認知科學界將「自然類」的認知問題當做是範疇化的一個部分，而歸屬於「範疇」的概念表徵問題之一（認知科學家將類稱為「範疇」）。⑵認知科學家研究的是「如何衡量相似性」的問題，因此他們是從個體被表徵後的資訊來做相似性衡量的實驗的，他們並不是如同本書第二章和第三章的作法，從形上學來探討「相似性」的哲學意義。

　　有認知科學家整理了這個研究領域的重要文獻，指出對於「表面相似性」與「深層相似性」的區別，是幾乎所有研究者都接受的預設；不過有趣的是，這些認知科學家對於這個區別卻各有不同的說法[27]。底下簡介五種方式：

　　第一種方式是區分知覺相似性與深層相似性[28]。這些認知科學家逕行將「表面相似性」理解為知覺上的相似性，並認為「知覺相似性」是原初的，而且應該也與蒯因所謂的「質性相似感」相同。「深層相似性」是指結構的相似性。然而這些認知科學家的研究結果還顯示：「知覺相似性」與「類」並不互相蘊涵：一方面，個體對於相似性的衡量對於其如何進行歸類的判斷並沒有太大的影響，這一點明顯駁斥了蒯因的說法。另一方面，個體所做的歸類判斷對其所做的相似性判

[27]　Vosniadou & Ortony (1989).

[28]　Rips (1989).

斷也沒有太大的影響。在認知層面上，「相似性」的衡量與歸類判斷似乎是兩個獨立運作的機制。

　　第二種方式是區別全域相似性與向度相似性[29]。「向度相似性」是指個物在某個向度（例如形狀）上的相似性；「全域相似性」則是整體的，不涉及某個特定的向度。試考量一個橘色正十邊形、一個紅色圓形、一個橘色正方形，三者來看，第一個和第二個的全域相似度大於其與第三個的相似度，儘管第一個和第三個在顏色向度上是相同的。就這個區別來看，前面第一種區別方式所說的「表面相似性」與「深層相似性」都是屬於向度方面的，而不是全域的。

　　第三種方式是接受「表面相似性」與「深層相似性」的區別[30]。這區別與第一種方式不同的地方在於：所謂的「表面相似性」是指一群個物共享的一元性質，並不是從知覺的角度來理解的。所謂的「深層相似性」則是這群個物之間的關係，或者結構上的相似性。這一點也跟第一種方式略有差異，因為個物之間的關係也可以視為深層相似性，所以所謂的「深層」未必就是指個物的微觀結構。

　　第四種方式是提出醒目相似性概念[31]。「醒目」是知識論的概念。所謂個物之間具有醒目相似性，指的是個物在某些比較容易被認知、被擷取的資訊方面相近，尤其這些資訊可以是關於個物的一元性質的，也可以是關於個物之間的關係的。就這來看，很多的知覺相似性都是醒目的，個物在因果力的表現很多也是醒目的。可是，個物的微觀結構是醒目的嗎？提出「醒目相似性」這個概念或許對於「自然類認知」的議題有所幫助，對於如何理解自然類與相似性之間的關聯恐怕不大。

　　儘管如此，「醒目相似性」這個概念倒是有個優點：它幫助我們瞭解前面提到的所謂「常識分類」是如何進行的。愈是醒目的特徵愈容易成為我們一般人進行分類的依據。這是為什麼一般人對於與生活實務有關的個物分類比較精細的緣故。

　　第五種區別方式來自有名的心理本質論[32]。這套學說接受「表面相似性」以

---

[29] Smith (1989).

[30] Gentner (1989).

[31] Vosniadou & Ortony (1989).

[32] Medin & Ortony (1989). 請留意，心理本質論在形上學裡是反對類本質存在的，這學說只是主張：人類的心智系統具有「個物彷彿具有（類）本質」的認知能力。

及「深層相似性」的區別，並且將「表面相似性」視為「知覺相似性」，而「深層相似性」則是指基底結構的相似性。就這點來看，這個區別與第一種方式是一樣的。不過更重要的是，這套學說進一步指出：「表面相似性」與「深層相似性」之間具有因果的聯結。尤其，這因果聯結有兩項重要的功能：（一）這因果聯結使得「表面相似性」提供了我們良好的線索來探究深層結構。（二）這因果聯結提供了我們對個物進行表徵時受到一些限制，使得我們對於個物的表徵方式不是任意的。

心理本質論主張「表面相似性」與「深層相似性」之間具有因果聯結，這一點提醒了我們孔布利斯提到的，必然性質是基於個物的基底結構而出現的。然而必然性質與個物的基底結構兩者還是有差異的：首先，心理本質論所說的表面相似性是指知覺相似性，但孔布利斯（以及形上學）所說的必然性質未必是可被知覺到的性質。其次，就知覺相似性來說，有可能被知覺到的是個物的偶性；但是孔布利斯（以及形上學）所說的偶性與個物具有的基底結構並沒有什麼理論關聯。第三，心理本質論在形上學裡否認類本質。因此這套學說所謂的「基底結構」不是類本質，與孔布利斯所謂的「基底結構」在哲學上有不同的意義。

以上我們看到了認知科學對於人類如何衡量「相似性」的研究，雖然是非常粗略的介紹，但已經足夠引發我們一項思考：這些科學研究固然不足以用來支持對於自然類的實在論立場，但更不足以用來支持俗成論。儘管我們人類對於這個世界的個物原則上可以存在有多種分類方式，對於這現象的一個可能的理論說明是：我們對於個物之間的相似性有不同的衡量方式。然而，⑴這並不蘊涵這個世界就因而不存在有自然類；⑵這也不表示我們不可能認知到自然類，因為或許對於自然類的認知不是僅僅從個物之間的相似性來建立的。

第七節　「自然類」的先在預設

姑且不論在存有論上我們對於自然類是接受實在論還是反實在論，有一個議題頗值得思考。我們天生就有將個物分類的能力，尤其我們天生就有將個物區分為不同自然類的能力。我們很自然地會將老王養的那隻汪汪叫的動物和小陳養的那隻汪汪叫的動物歸到同一類，但不會將老王養的那隻汪汪叫的動物和老張養的那隻喵喵叫的動物歸到同一類（除了「動物」、「哺乳類」這些所謂的「可決定」

類之外)。對大多數人來說,「自然類是真實的」是很直覺的想法,尤其大多數人在發現科學家的分類與自己日常的分類不同時,通常都會傾向於接受科學的說法。似乎我們人類(乃至於很多動物)都有這種關於「自然類」的直覺。這一節要介紹的,就是布隆柏格在這方面提出的理論說明[33]。

　　布隆柏格將我們這種關於「自然類」的直覺稱為先在預設。「先在預設」不是存有論的主張,只是我們人類關於這個世界的一些很根本的信念,我們也可以將之稱為「常識根本信念」。這些信念未必是正確的,但畢竟是人類相當根深蒂固的直覺。

　　布隆柏格指出我們的先在預設有四個層級:最小自然類、準自然類、生物類、自然類。在解說這些之前,這裡先介紹他的一個重要概念:釋模。首先,令 M 表示相對於四項式 $\langle Q_m, Q_o, P, A \rangle$ 的對於 O 的釋模,其中 Q_m 是一組關於 M 的問題構成的非空的集合(亦即 Q_m 必定有至少一個元素);Q_o 是一組關於 O 的問題構成的非空的集合;P 是一個將 Q_m 對應到 Q_o 的配對函數;A 是一個機制,將對於 Q_m 問題的答案翻譯到對應的 Q_o 問題的答案(所以 A 也是個配對函數)[34]。

　　接著,所謂「M 是 O 的精準釋模」定義如下:在這四項式 $\langle Q_m, Q_o, P, A \rangle$ 裡,(1) P 僅僅將 Q_m 問題配對到「準等同」的 Q_o 問題而已;(2) A 僅僅將對於 Q_m 問題的答案配對到對於 Q_o 問題的「準等同」的答案。

　　這裡所謂的「準等同」是本書為了避免解說過於冗長而創用的語詞。所謂兩語句是「準等同」的,意思是說,兩者除了指涉單詞(或類詞)不同之外,其它都相同;簡單說,這兩者使用了相同的語句函數,但不同的指涉單詞或類詞。例如,「老王養了隻狗」和「老張養了隻狗」是準等同的語句,「水的沸點是 100°C、冰點是 0°C」和「酒精的沸點是 100°C、冰點是 0°C」也是準等同的語句——不論這些語句的真假。

　　布隆柏格所謂「先在預設」的第一層是這樣的:我們直覺上認為這個世界的個物分成許多類,這些類的成員彼此在某組問答上是互為精準釋模的。這些類稱

---

[33] Bromberger (1997).

[34] 在科學哲學裡,這種探討稱為提問進路。對於這個進路請參考 van Fraassen (1983) 第五章、Bromberger (1992)。

為「最小自然類」。這解說雖然相當抽象，但其實不難懂。設在甲地發現了某種金屬 (M)，在乙地也發現了某種金屬 (O)。對於 M 我們提問了這些問題：M 的比重是多少？M 的熔點是多少？M 的熱膨脹係數是多少？這些問題構成了 Q_m。我們也對 O 提問了「準等同」的問題：O 的比重是多少？O 的熔點是多少？O 的熱膨脹係數是多少？這些問題構成了 Q_o。設對於 Q_m 所有問題的答案都經由 A 對應到對於 Q_o「準等同」問題的「準等同」答案，例如「M 的比重是 19.32」對應到的是「O 的比重是 19.32」，則 M 是 O 的精準釋模。如果反方向從 O 到 M 也成立，它們就構成了「最小自然類」。

這種「最小自然類」當然是會變動的。隨著我們提問問題的增加，或許釋模的精準性就會消失，這是由於在 Q_m 的問題繼續增加之後，經由 A 對應到的對於 Q_o「準等同」問題的答案就未必是與對於 Q_m 問題的答案「準等同」的。在剛剛的例子裡，或許我們將發現 M 與 O 的某種物理特徵是不同的。

第二層的先在預設是說：我們直覺上認為這個世界的個物構成準自然類。所謂「準自然類」是一個最小自然類 N，此外還同時滿足下列要件：存在某組問題 Q_w 是這樣的：⑴ N 的所有成員都滿足 Q_w 的預想[35]；⑵ N 的不同成員對於 Q_w 的問題給予不同的答案；⑶ Q_w 的問題是「為什麼」的問題[36]；⑷至少有一些對於 Q_w 問題的正確答案是依據科學定律的。

先在預設的第三層是指：我們直覺上認為這個世界存在有生物類，而且生物類是依據子代繁衍來決定的。最後，第四層的先在預設是這樣的：我們一般人認為這個世界存在有一些範疇（是由準自然類構成的），構成科學定律的論域，也就

---

[35] 這裡所謂的「預想」與 Salmon (1984) 所謂的對照類相近。每個問題都有些預想，例如「為什麼老王養了隻杜賓狗？」這問題的預想或許是針對老王而不是針對小陳的（所以精確的問法是：「為什麼老王（而不是小陳、老張等）養了隻杜賓狗？」），或許是針對杜賓狗而不是哈巴狗（所以精確的問法是：「為什麼老王養了隻杜賓狗（而不是哈巴狗、聖柏納狗）？」）。不同的預想限制了可能答案的範圍。至於一個問題被提問出來時，是哪個預想在作用，則往往是由提問脈絡來決定的。

[36] 這裡所說的「為什麼」的問題是指尋求科學解釋（主要是因果解釋）的問題，例如，在某個時間某些人在山上露營，他們問：為什麼這鍋水沒煮開？

是科學定律量限的範圍。所謂「自然類」就是指屬於範疇的那些準自然類。

以上關於第三層先在預設的說法相當容易理解。至於第一層的說法改從「相似性」來理解就容易多了。這一層的基本想法是：如果兩個個物有些地方是精準相似的，尤其是在「自然」的地方（亦即不涉及人類心智活動的地方），則我們傾向於將它們歸為同一個類。當然，參照前一節對於「相似性」的說明，這裡的說法可以變得更複雜一些。第二層和第四層的先在預設則涉及科學定律。當然，我們不能預設一般人有很豐富的科學知識，這裡的說法應該理解成：一般人傾向於接受科學關於各種東西的主張。

布隆柏格對於「先在預設」的觀察似乎在相當程度上描述了我們人類對於自然類的根本想法。這些「先在預設」可能就是為什麼一般人大多傾向於認為這個世界存在有自然類的緣故。當然這觀察還需要認知科學對於人類如何對個物進行分類的機制有更多的瞭解之後，才能得到進一步的支持。這已經超過本書範圍了，就此略過。

第七章　等　同

第一節　「等同」的哲學困惑

　　「等同」是經常使用的概念，哲學界對於「等同」概念討論的問題很多。例如在什麼條件下，「等同」是成立的？在第二章曾經區別了「嚴格等同」以及「部分等同」。「部分等同」又稱為「性質等同」，在本書第二章和第三章已經做了詳細的解說。「嚴格等同」又稱為「數一等同」，意思是在數量上恰恰好只有一個。對於「數一等同」必定要引進自我等同律以及萊布尼茲等同律。尤其，萊布尼茲等同律這條文獻上知名的形上學定律主張：表面上是兩個的個物如果共享所有的(一元) 性質，則它們其實是同一個個物。本書第五章解說了不少關於個物的理論，已經談到了不少關於個物等同的問題，尤其已經發現萊布尼茲等同律面臨了一些嚴重的質疑。但這樣還不夠。個物會歷經變化，包括時間上的變化，以及不考慮時間的模態變化 (可能變化)。「變化」使得個物不太一樣，但還是同樣那個個物。這裡分別是關於所謂跨時間等同以及跨世界等同的議題。以上這些議題都將在第二節到第六節解說。

　　另外，有哲學家認為沒有所謂的「絕對等同」，所有「等同」都是相對的 ❶。其它像是「等同」是否為模糊的 ❷？這些問題由於太過專技，就本書的導論性質來看，不得不略過。請有興趣的讀者自行參閱相關文獻。

　　值得一提的是：路易斯認為所有有關「等同」的爭議，例如關於跨時間等同和跨世界等同的爭議，其實都不是對於「等同」的討論；「等同」根本就不曾構成哲學困難過，它是一個沒有問題的概念。他認為那些涉及「等同」的形上學問題

---

❶　Geach (1973).

❷　van Inwagen (1990).

其實都可以改寫為不涉及「等同」的問題。若是如此，那些問題並不是關於「等同」的問題。事實上我們也可以這樣想：本書一開始就曾經引用布曲法洛夫的觀察，「等同」是形上學四大根本概念之一。這些概念之所以是根本的，一方面是由於我們對於這個世界進行各種形上學探討時，必定會用到這些概念；另一方面，在我們試圖探討這些根本概念時，我們還是得使用到這些概念來進行探討。我們似乎沒辦法不使用這些概念來進行任何思考（哲學的或日常的）。這些概念之所以是最根本的，理由在此。所以，如果這些概念本身是有疑問的，我們的任何思考只怕都是不可能的。

本書雖然同意「等同」乃是最根本的一個形上學概念，但本書不認為路易斯的觀察是對的。即使文獻上那些涉及「等同」的形上學問題其實都可以重新以不涉及「等同」概念的方式來陳述，至少下列這個問題是直接質疑「等同」概念的：〈等同〉是二元的關係嗎？乍聽之下，這質疑是沒有道理的，但本書下一節會提出一些想法。

請留意，目前提到的是形上學關於「等同」的議題，不是語言哲學的議題。語言哲學的問題與形上學的問題是不同的，畢竟語言哲學的議題涉及語詞的意義或指涉，形上學的議題則不涉及語言，雖然我們不得不使用語言來討論形上學問題。關於使用「等同」概念的語言，本章解說以下三個問題：（一）兩個語詞具有相同指涉時，是否可以在語句中進行互換？這個問題不是關於「等同」的形上學問題，但常常與「等同」的形上學問題相混淆。（二）如何說明等同語句的增知性？這是佛列格提出來的，文獻上非常有名的問題。（三）是否所有等同語句都是必真的？抑或有些等同語句是必真的，另外有些等同語句則是偶真的？這些問題源自克里普奇。本章第七節會針對問題（一）和問題（二）做一些釐清和討論，在第八節會對於問題（三）做一些解說。

本章最後會介紹路易斯關於「理論等同」的學說。雖然他的學說不侷限在「個物等同」，但對於自然類的等同問題頗為重要。這是由於前一章已經提到，自然類是科學定律（理論）量限的對象，自然類詞因而是一種理論詞。不過，對路易斯來說，理論詞不侷限於自然類詞或者科學界的專技名詞。本章第九節對於這些會進行解說。

第二節　數一等同

　　我們首先要區別「等同」與「個別化」，這兩者是不同的形上學議題。「等同」質問的是：有什麼原則可以用來說明表面上是兩個個物但其實是一個個物這種現象？例如，蘇軾與蘇東坡、蘇軾與〈後赤壁賦〉的作者……，我們有時候會說蘇軾如何如何，有時候會說〈後赤壁賦〉的作者如何如何。雖然表面上我們彷彿在說兩個人，一個是蘇軾，另一個是〈後赤壁賦〉的作者，但他們其實是同一個人，數量上是一個，不是兩個甚至多個。有什麼原則來說蘇軾與〈後赤壁賦〉的作者確實是同一個人呢？說不定〈後赤壁賦〉的作者不是蘇軾？

　　相對地，「個別化」質問的是：對於確實是兩個相異的個物有什麼原則來說那裡確實是兩個個物，而不是一個個物（數量是多於一個）？例如，孔明與劉備、蘇軾與《西遊記》的作者……，分別談到了兩個相異的個物。雖然我們都同意蘇軾與《西遊記》的作者是不同的人，我們是依據什麼原則來說他們確實是兩個不同的人呢？

　　請留意，這裡探討的是形上學的議題，不是知識論的議題。這裡質問的不是我們如何知道蘇軾就是〈後赤壁賦〉的作者。有可能我們始終不知道蘇軾是〈後赤壁賦〉的作者，但即使如此，蘇軾依然是（等同於）〈後赤壁賦〉的作者。借用英文來說，"identity"（等同）與 "identification"（確認）是不同的，前者是形上學的概念，後者是知識論的概念。這是由於後者需要一套認知的程序，例如，很多國家的海關都會藉由指紋、瞳孔、臉孔等辨識方式來確認眼前這個人與護照上的人是否為同一個人。形上學關於「等同」的問題則不涉及任何認知的程序。

　　從形上學來看，對任何 a、b 來說，或者 $a = b$ 或者 $a \neq b$，不論我們知道與否。

等同是二元關係嗎？

　　還有一個重大的問題需要思考。路易斯的觀察指出：文獻上那些涉及「等同」的形上學問題其實都可以重新以不涉及「等同」概念的方式來陳述。這一點本書

是同意的。但他主張「等同」從來就不曾構成哲學困難，它是一個沒有問題的概念。這一點本書持保留態度。本書在這裡提出三點值得懷疑的地方：(1)〈x 等同於 y〉真地是一個二元關係嗎？底下將試圖指出，〈x 等同於 y〉很可能是一元的性質，亦即〈x 是自我等同的〉這個性質。(2)如果〈等同〉是一元性質，它的外延是什麼？(3)「x 是自我等同的」這述詞的外延是什麼？底下將試圖論證：對於這個述詞以及〈等同〉之為一元性質，很難清楚說明其外延。

　　(一)　依據第二章第四節的介紹，由於〈等同〉不滿足布曲法洛夫對於「關係」提出的第一條要件和第二條要件，〈等同〉不會是一個關係。第一條要件是說，一個東西如果是關係，必須能夠增加關係項的特徵；也就是說，如果構成關係項的個物彼此沒有那關係，就不會有那特徵。但是我們看到，當〈等同〉出現在蘇軾與蘇東坡之間時，它並沒有對於蘇軾（亦即蘇東坡）增加什麼特徵。第二條要件是說，關係項必須是明確相異的個物。顯然當〈等同〉出現在蘇軾與蘇東坡之間時，它的關係項不是相異的個物。由於每次〈等同〉的出現只關聯到一個個物，且必定只關聯到一個個物，依據位元原則以及齊一原則，我們只得結論說：〈等同〉是一元的性質，不是多元的關係；〈x 等同於 y〉不過就是〈x 是自我等同的〉。

　　馬勁從另外一個方向也觀察到了這點 ❸。他指出：我們的語言表達往往讓人以為〈等同〉是二元關係；但在底下介紹的萊布尼茲等同律裡，對於「等同」的理解用到的是「Fx≡Fy」，完全沒有涉及（多元的）關係。既然如此，我們憑什麼認為〈等同〉是個關係呢？

　　然而問題還不止於此。如果〈等同〉是一元的性質，在〈蘇軾不等同於韓愈〉這件事實（命題）裡，被否定的是什麼呢？我們不能回答說：〈等同〉關係不存在於蘇軾和韓愈之間，因為〈等同〉並不是一個關係。其次，如果〈等同〉是一元性質，則由於這性質本身是自我等同的，我們得承認有個二階的〈等同〉性質，由於這二階性質本身是自我等同的，我們得承認三階的〈等同〉性質……。這裡出現了一個無限後推。同樣地，對於一般所說的性質（不論是共性還是殊性）來說，每個性質也都是自我等同的。所以，我們同樣得承認有二階的〈等同〉性質。按照同樣的思考，又出現了一個無限後推！形上學家能夠接受這些無限後推嗎？

---

❸ 參 McGinn (2000: 9)。

（二）「x 是自我等同的」這個一元述詞的外延是什麼呢？這又是另外一個疑問。「x 是紅的」這個一元述詞的外延，依據共性實在論，是所有例現〈x 是紅的〉這共性的個物構成的集合；依據殊性存有論，它的外延是所有精準相似的〈紅-殊性〉構成的集合。那麼，「x 是自我等同的」這個一元述詞的外延呢？難道它是所有例現〈x 是自我等同的〉這共性的個物構成的集合？因此「x 是自我等同的」這述詞的外延其實就是所有東西構成的集合？或者它的外延是所有精準相似的〈等同-殊性〉構成的集合？（事實上，〈等同-殊性〉不可能不是精準相似的。）表面來看是如此，但我們需要多一點思考。

讓我們先從「x 等同於 y」這個述詞開始。在第二章第四節和第三章第一節曾經以有序多項式來理解關係以及關係述詞。按照這理解方式：如果「x 等同於 y」是二位述詞，這述詞的外延是 $\{\langle a_1, a_1 \rangle, \langle a_2, a_2 \rangle, \langle a_3, a_3 \rangle, \cdots\}$。每個有序式又可以化約到一個集合，例如，$\langle a_1, a_1 \rangle$ 化約到 $\{\{a_1\}, \{a_1, a_1\}\}$。但由於 $\{a_1, a_1\} = \{a_1\}$，所以 $\{\{a_1\}, \{a_1, a_1\}\} = \{\{a_1\}, \{a_1\}\}$。由於 $\{\{a_1\}, \{a_1\}\} = \{\{a_1\}\}$，所以 $\{\{a_1\}, \{a_1, a_1\}\} = \{\{a_1\}\}$，所以 $\langle a_1, a_1 \rangle = \{\{a_1\}\}$。我們最後推論出：「x 等同於 y」的外延是 $\{\{\{a_1\}\}, \{\{a_2\}\}, \{\{a_3\}\}, \cdots\}$，亦即每個單集的集合構成的集合❹。接著，由於「x 等同於 y」與「x 是自我等同的」這兩個語詞有相同的外延，所以後者的外延也是：$\{\{\{a_1\}\}, \{\{a_2\}\}, \{\{a_3\}\}, \cdots\}$。然而這個集合並不是所有個物構成的集合，也不會是所有精準相似的〈等同-殊性〉構成的集合！那麼，「x 是自我等同的」這述詞的外延究竟是什麼呢？

或許我們可以主張 $\{\{a_1\}\} = a_1$、$\{\{a_2\}\} = a_2 \cdots$，如此一來，$\{\{\{a_1\}\}, \{\{a_2\}\}, \{\{a_3\}\}, \cdots\} = \{a_1, a_2, a_3, \cdots\}$，也就是所有個物（包括殊性）構成的集合。那麼，$\{\{a_1\}\} = a_1$ 嗎？或許我們需要另外一套集合論的方式來化約有序式？該如何做呢？

基於以上的討論，本書主張：〈等同〉是一元的性質，不是二元的關係。至於「x 是自我等同的」以及「x 等同於 y」這兩個述詞的外延究竟是什麼，卻還有待進一步的思考。

---

❹ 「單集」就是只有一個元素的集合，例如 $\{a_1\}$、$\{a_2\} \cdots$。

自我等同律與萊布尼茲等同律

關於「等同」，有兩條定律是不可不知的：自我等同律以及萊布尼茲等同律：

自我等同律

$(x)(x = x)$

萊布尼茲等同律

$(x)(y)(x = y \equiv (F)(Fx \equiv Fy))$

自我等同律是相當顯而易懂的：每個個物都等同於自身。例如，蘇軾等同於蘇軾、《史記》的作者等同於《史記》的作者、美國現任總統等同於美國現任總統。自我等同律是一條無法否認的定律。「等同」其實就是「自我等同」的意思。

哲學家常說：〈等同〉是最小的等值關係。顯然，〈等同〉這個關係是具有自反性、對稱性、以及遞移性這三個邏輯特徵的。不但如此，其它的關係如果是等值的，則這些關係通常涉及「等同」。舉例來說，〈有相同的顏色〉是一個等值的二元關係，因為：(1)它是自反的，每個個物都與自己有相同的顏色；(2)它是對稱的，如果某個物 a 與另一個物 b 有相同的顏色，則 b 與 a 有相同的顏色；(3)它是遞移的，如果 a 與 b 有相同的顏色，而且 b 與 c 有相同的顏色，則 a 與 c 有相同的顏色。其它還有很多關於等值關係的例子，就不再舉了。〈等同〉之所以是最小的等值關係，就是由於對於許多其它等值關係的理解都使用「等同」概念。

萊布尼茲等同律其實是由兩個子定律構成的：等同項之無分辨律（本書亦將之稱為「萊布尼茲第一律」）以及無分辨項之等同律（本書亦將之稱為「萊布尼茲第二律」）：

等同項之無分辨律（萊布尼茲第一律）

$(x)(y)(x = y \supset (F)(Fx \equiv Fy))$

無分辨項之等同律（萊布尼茲第二律）

$(x)(y)((F)(Fx \equiv Fy) \supset x = y)$

萊布尼茲第一律和萊布尼茲第二律互為逆命題❺。為什麼對於萊布尼茲等同律要分開兩條子定律來敘述呢？這是由於這兩條子定律各自遇到一些理論困難，必須分開來處理，這些將在第四節到第六節解說，這一節我們暫時忽略這些理論困難。

萊布尼茲第一律是相當符合直覺的。它的意思是：如果 a 和 b 是相同的個物，則 a 和 b 具有完全相同的（一元）性質。例如，如果蘇軾跟蘇東坡確實是同一個人，則蘇軾具有的所有性質蘇東坡都有，而且蘇東坡具有的一切性質蘇軾都有。至於萊布尼茲第二律，從邏輯式子可以看出來，它的意思是說：如果 a 和 b 彼此具有完全相同的一組性質，則 a 和 b 是同一個個物。

關於萊布尼茲等同律有三點必須留意：

⑴這裡所謂的「無分辨」是純粹形上學意義的，並不是從人類是否能夠進行區辨的角度來說的。從形上學來說，所謂 a 與 b 是無分辨的，僅僅表示 a 與 b 具備完全相同的性質。然而即使人類知覺系統的運作，乃至於使用精密儀器，都無法分辨 a 和 b，並不表示 a 和 b 是形上學裡無分辨的，因為仍然有可能 a 與 b 具備了一些不同的性質，但人類的認知能力並不足以區辨兩者。

⑵在萊布尼茲等同律提到的性質通常僅僅侷限在一元性質，並不涉及關係。這一點又與「跨時間等同」以及「跨世界等同」這兩個問題有關，前者涉及「時間變化」，後者涉及「模態變化」，稍後繼續說明。

⑶萊布尼茲等同律的邏輯式已經是二階邏輯的表達式，不是初階邏輯的表達式。所謂「初階邏輯」意指該邏輯系統僅僅能對於個物進行量限；所謂「二階邏輯」意指該邏輯系統不僅能對於個物進行量限，還可以對於性質和關係進行量限。由於萊布尼茲等同律是使用二階邏輯表達的式子，這表示「等同」概念在一階邏輯的系統裡是不可能被定義的。

萊布尼茲等同律與共指涉詞互換原則

除了以上三點之外，我們還必須特別留意，不可將萊布尼茲等同律與共指涉

---

❺ 設某命題是「$\phi \supset \psi$」，則其逆命題為「$\psi \supset \phi$」、反命題為「$\neg\phi \supset \neg\psi$」、逆反命題為「$\neg\psi \supset \neg\phi$」。一命題與其逆反命題是邏輯等值的。本節這裡是就「(x)(y)」這兩個量限詞後面的式子來說的。

詞互換原則相混淆；前者是形上學的定律，後者是語意學的原則，因為前者與語言無關，但後者必定涉及語言裡某些語詞的指涉。

共指涉詞互換原則又稱為互換之真值保留原則，意思如下：

共指涉詞互換原則
設兩個語詞 t_1 和 t_2 有相同的指涉。在「… t_1…」這種語句裡，用 t_2 替換 t_1 得到的新語句「… t_2…」與原來的語句有相同的真假值。

舉例來說，

《小太陽》的作者是兒童文學家。

由於「《小太陽》的作者」與「林良」兩個語詞有相同的指涉（亦即都是談論到林良這位作家），將這語句裡的「《小太陽》的作者」這個語詞改用「林良」這個語詞來替換，得到下列語句：

林良是兒童文學家。

這兩個語句同樣都為真（或同樣都為假），不會其一為真，另一為假。簡單說，兩者是邏輯等值的。

然而共指涉詞互換原則並不是在所有語言脈絡裡都成立的，最明顯的莫過於內涵脈絡。所謂「內涵脈絡」有兩個特徵：⑴共指涉詞互換原則不成立，以及⑵存在通則化規則不成立 ❻。內涵脈絡主要有兩大類：意向脈絡以及模態脈絡。在這兩大類脈絡裡都會出現所謂的指涉隱蔽現象 ❼。

意向脈絡涉及到像是「相信」、「希望」等意向性心理狀態的語言脈絡。以下是個例子：

前提一：老王相信《小太陽》的作者是兒童文學家。
前提二：《小太陽》的作者就是《在月光下織錦》的作者。
結論：所以，老王相信《在月光下織錦》的作者是兒童文學家。

---

❻ 存在通則化原則是說：從「ϕa」可以有效推論出「$(\exists x)\phi x$」。
❼ 請參閱彭孟堯 (2011) 第七章。

這個推論看起來是無效的，因為即使老王相信《小太陽》的作者是兒童文學家，有可能他對於《在月光下織錦》的作者是誰一無所知。前提都為真但結論為假的情形是可能的。因此，共指涉詞互換原則在這類涉及意向性的脈絡裡是不成立的。

模態脈絡則是涉及到「必然」與「可能」的語言脈絡。以下是哲學家蒯因提出的相當知名的例子：

> 前提一：太陽系行星總數等於 8。
> 前提二：8 必然大於 7。
> 結論：太陽系行星總數必然大於 7。

這個推論看起來也是無效的，因為有可能太陽系行星總數小於（或等於）7。因此同樣地，共指涉詞互換原則在這類涉及模態的脈絡裡也是不成立的。

哲學家關於意向性脈絡以及模態脈絡其實提出了兩種不同的詮釋：個物式的以及命題式的。以「太陽系行星總數必然大於 7」這語句為例，令 n 代替「太陽系行星總數」這個詞。對於「必然」所做的個物式詮釋是：

$$(\exists x)(x = n \land \Box(x > 7))$$

這意思是說，存在有某個自然數是這樣的：一方面它等同於「太陽系行星總數」這語詞實際上談論到的那個自然數，另一方面這個自然數必定大於 7。這顯然是正確的。自然數 8 是「太陽系行星總數」這個詞實際上談論到的那個數，而且 8 必然大於 7。即使我們假想太陽系行星總數可能小於（或等於）7，並不會造成影響。因為關鍵不在於我們如何談論太陽系的行星總數，而在於我們是透過「太陽系行星總數」這個語詞來談論 8 這個自然數。依據這詮釋，上述的論證邏輯上是有效的。

相對地，對於「太陽系行星總數必然大於 7」這語句裡的「必然」採取命題式詮釋是：

$$\Box(\exists x)(x = n \land (x > 7))$$

這意思是說，「存在有某個數是被 n 談論到的，而且這個數大於 7」這語句是必真

的，亦即在每個可能世界都為真。可惜，這說法是錯誤的，因為「太陽系行星總數」這語詞在不同的可能世界裡談論到的自然數未必是 8，而可以是 7 或 6 等。依據這詮釋，上述的論證邏輯上是無效的。

從這裡的討論我們應該可以清楚看到，共指涉詞互換原則是一條跟語意有關的原則，既與「指涉」概念有關，也與「真假」概念有關。但是我們也看到，對於萊布尼茲等同律的理解絲毫不涉及這些語意概念。

第三節　萊布尼茲等同律與「等同」

萊布尼茲等同律弔詭的地方是：如果承認〈等同〉是一個性質，則這定律似乎並沒有多說什麼與〈等同〉有關的特徵。畢竟這條定律是說，任何自己等同於自己的個體都是自己與自己不可分辨的。我們似乎不會因為知道了萊布尼茲等同律而對於〈等同〉多了一些瞭解。這一點前面已經提過了。

馬勁甚至提出了三點疑問，來質疑我們是否能使用萊布尼茲等同律來定義「等同」[8]。

第一個疑問其實是個理論兩難：萊布尼茲等同律對於「等同」的定義或者是循環的，或者是不充分的。

由於蘇軾等同於蘇東坡，依據萊布尼茲等同律，蘇軾和蘇東坡具有完全相同的一組性質。然而，蘇軾（或蘇東坡）具有〈x 等同於蘇東坡〉這個性質，由於萊布尼茲等同律對於性質做了全稱量限，自然也包括了〈x 等同於蘇東坡〉這個性質。既是如此，這定律邏輯上蘊涵：

(S) 如果蘇軾等同於蘇東坡，則（蘇軾具有〈x 等同於蘇東坡〉這個性質，
　　若且唯若，蘇東坡具有〈x 等同於蘇東坡〉這個性質）。

然而我們看到，在括號裡使用了「等同」概念。所以，如果使用萊布尼茲等同律來定義「等同」，這定義是循環的。

那麼，能否將〈x 等同於蘇東坡〉這一類的性質排除呢？馬勁指出，如果被萊布尼茲等同律量限到的性質不包括〈x 等同於蘇東坡〉這一類的性質，則以萊布尼

茲等同律來定義「等同」將是不充分的；也就是說，「無分辨」不足以保障「等同」。

本書無法認同馬勁提出的這項質疑。首先，依據前面幾章的解說，在共性實在論裡，〈x 等同於蘇東坡〉不是共性；在殊性存有論裡，〈x 等同於蘇東坡〉不是殊性。因此，被萊布尼茲等同律量限到的性質不會包括〈x 等同於蘇東坡〉這一類的性質。既然如此，不會出現循環定義的困難。其次，馬勁並沒有提出任何理由來說明：為什麼如果被萊布尼茲等同律量限的性質不包括〈x 等同於蘇東坡〉這一類性質，則「無分辨」不足以保障「等同」。他這項質疑有什麼根據嗎？

本書另外還要多提一個疑問。在 (S) 右半部那括號裡的等值句的前半段「蘇軾具有〈x 等同於蘇東坡〉這個性質」意思就是說：蘇軾等同於蘇東坡；其後半段「蘇東坡具有〈x 等同於蘇東坡〉這個性質」意思就是說：蘇東坡等同於蘇東坡。由於「蘇東坡等同於蘇東坡」是邏輯必真的（依據自我等同律），所以 (S) 語句其實就是：

(S*) 蘇軾等同於蘇東坡，若且唯若，蘇軾等同於蘇東坡。

可是，(S*) 語句本身是空真的。(S) 語句似乎沒有比 (S*) 語句多說了什麼。若是如此，將〈x 等同於蘇東坡〉這一類的性質納入可被萊布尼茲等同律量限到的性質，有什麼理論作用呢？對照以下例子來看會更清楚。萊布尼茲等同律同樣蘊涵：

(T) 如果蘇軾等同於蘇東坡，則（蘇軾具有〈x 是大鬍子〉這個性質，若且唯若，蘇東坡具有〈x 是大鬍子〉這個性質）。

依據這個語句，如果我們知道蘇軾是大鬍子，則我們可以推論出蘇東坡也是大鬍子。這個結論不是空真的。

馬勁提出的第二點疑問是這樣的：使用萊布尼茲等同律對於「等同」提出的定義預設了「性質等同」：所謂「無分辨」意思是說，當 $a = b$ 時，a 和 b 具有完全相同的一組性質，a 具有的那個性質 F 和 b 具有的那個性質 F 是數一等同的。所以這定義是循環的。

有解決的方法嗎？如果我們提出更高階的萊布尼茲式的等同律來定義「性質

等同」，則這更高階的等同律仍然預設更高階的「性質等同」；依此類推，將出現一個關於「無分辨」或者「等同」的無限後推。我們並沒有真正理解「等同」。

如果考慮另一個方向呢？設我們對於「性質等同」的理解是：性質 F 和性質 H 是等同的，若且唯若，F 和 H 適用於完全相同的一組個物，亦即有相同的外延。這個方向的回應更糟糕，因為一方面這理解又用到了「等同」，已經是循環定義了；另一方面，我們原本對「個物等同」的理解訴諸「性質等同」，現在我們對於「性質等同」的理解又訴諸「個物等同」，又是一個循環定義。

儘管如此，關於馬勁的第二點質疑，本書也難以接受。這是因為對於萊布尼茲等同律裡的「無分辨」未必要使用「性質等同」的說法來理解。從共性實在論的學說來看，我們會使用「性質等同」來理解，是由於我們是從個物的角度來說的：a 例現的那個共性和 b 例現的那個共性是相同的。所以我們似乎是在說：表面上有兩個性質、但其實是同一個性質。若是如此，確實是有循環定義之嫌。不過，我們可以改從共性的角度來看萊布尼茲等同律裡的「無分辨」：共性 F 既被 a 例現，也被 b 例現；共性 H 既被 a 例現，也被 b 例現……。如此就可以避開循環定義的困難。即使訴諸殊性存有論，我們也同樣能夠回應他的質疑。對於萊布尼茲等同律裡的「無分辨」，我們也可以這樣說：殊性 F 既屬於 a 這個殊性束，也屬於 b 這個殊性束；殊性 H 既屬於 a 這個殊性束，也屬於 b 這個殊性束……。我們同樣不會面臨循環定義的困難。

請留意，這裡僅僅只是對於馬勁的質疑提出反駁而已，並不是說「性質等同」是無意義的問題。在形上學裡，我們確實必須思考「性質等同」的問題，例如，如何說明〈x 是最小質數〉以及〈x 是 4 的正平方根〉是相同的性質——如果它們是性質，而且是相同的性質？如何說明〈x 是 y 的舅舅〉以及〈x 是 y 的母親的男性手足〉是相同的性質？我們有什麼形上學原則作為依據呢❾？如果對於「性質等同」的說明不再訴諸「等同」概念，則我們可以回應馬勁這一項質疑。

最後說明一點：在殊性存有論裡，儘管萊布尼茲等同律仍然可用以說明日常個

---

❾ 請留意：這裡談的是形上學問題，涉及的是性質，不是在談語言或者概念的問題。〔x 是最小質數〕與〔x 是 4 的正平方根〕是兩個相異的概念，〔x 是 y 的舅舅〕與〔x 是 y 的母親的男性手足〕也是兩個相異的概念。

物的等同（例如蘇軾與蘇東坡），這定律恐怕無法用來說明殊性的等同。照道理，既然殊性是個殊的，萊布尼茲等同律似乎可以適用。設某殊性 a_1 等同於某殊性 a_2。依據萊布尼茲第一律，a_1 和 a_2 是無分辨的，亦即所有 a_1 具有的性質 a_2 都有，反之亦然。然而，a_1 已經是一個性質了，它還能有（二階的）性質嗎？在殊性存有論裡，所有性質都是殊性，所以如果還有二階的性質，這些性質也是殊性。那麼，我們要如何理解一階殊性之具有二階殊性呢？二階殊性的等同又該如何說明呢？

馬勁提出的第三點質疑是這樣的：任何定義都必定預設「等同」，因為所謂「定義」就是指待定義項與定義項是相同的。他的觀察是：「等同」概念在日常語言和思想裡實在太過根本，以至於無法再給予任何理論定義。本書一開始就已經提到：形上學的幾個根本概念是我們對於這個世界的理解不可或缺的，甚至對於這幾個根本概念進行探討時，我們也不得不用到這些概念。所以，本書同意馬勁這項觀察。

第四節　萊布尼茲第二律與雙球宇宙

哲學家布雷克在 1952 年為文，提出所謂雙球宇宙的例子來反對萊布尼茲第二律，也就是無分辨項之等同律 ❿。

雙球宇宙

設想這樣的宇宙，它是對稱的，而且其中僅僅存在兩顆球，但是這兩顆球具有的一切性質，如顏色、尺寸、形狀……，是完全相同的。

從邏輯角度來說，「雙球宇宙」提供了一個釋模，在這個釋模（宇宙）裡，萊布尼茲第二律不成立，因此這條定律並不是形上必真的！當然，在三個以上個物存在的釋模（宇宙）裡，這條定律仍然為真。現在的問題是：雙球宇宙的例子會造成什麼形上學的困擾呢？

就共性束論來說，每個個體都是一個共性束，如果兩個共性束其實是由完全相同的一組共性構成的，則事實上只有一個共性束而已，因而只有一個個物而已。雙球宇宙顯然對於共性束論造成了理論困難。共性束論或者必須否認雙球宇宙的可能性，或者必須放棄萊布尼茲第二律。

---

❿ Black (1952).

　　支持共性束論的哲學家當然可以試圖指出：在這個雙球宇宙裡，既然是兩顆不同的球，必定至少有一個共性是其中之一擁有、另一沒有的。他們接下來的工作就是要找出這個關鍵的共性。那會是什麼呢？為了方便討論，讓我們將其中一顆球稱為「a」、另一顆球稱為「b」。一個回答是：a 具有〈x 等同於 a〉這個共性，這是 b 沒有的。若是如此，雙球宇宙的例子並沒有對於共性束論造成威脅，這套學說依然可以接受萊布尼茲第二律。然而這回答並不恰當！在第二章第二節已經提到，只有符合可多重例現原則的才是共性。由於〈x 等同於 a〉不是可多重例現的，它不是共性。因此，接受共性束論的哲學家不能訴諸〈x 等同於 a〉來回應雙球宇宙的挑戰。那麼，這些哲學家還能找出其它扮演關鍵作用的共性嗎？

　　至於（基體＋共性）的理論，是一定可以接受這個雙球宇宙的可能性的。即使這兩顆球具有完全相同的一組共性，它們仍然是不同的兩顆球，這是由於它們的基體是不同的。因此，（基體＋共性）論勢必會否認萊布尼茲第二律。

　　支持唯名論的哲學家如何回應雙球宇宙的挑戰呢？底下以述詞唯名論為例，做一些討論。首先，述詞唯名論必須重新陳述雙球宇宙的例子以及萊布尼茲等同律，因為這學說已經否認性質的存在。述詞唯名論對於雙球宇宙的重新陳述是：這個宇宙中存在有兩顆不同的球 a 和 b，但不再說它們具有完全相同的性質，反而得說：對於 a 的一切謂述都適用於對於 b 的一切謂述，而且對於 b 的一切謂述都適用於對於 a 的一切謂述。至於萊布尼茲等同律所謂的「無分辨」（亦即「Fx ≡ Fy」）則重新陳述如下：所有對於 x 的謂述都適用於 y，而且所有對於 y 的謂述都適用於 x。經過重新陳述之後，述詞唯名論不會受到雙球宇宙的威脅！這是由於至少有這個述詞「x 是等同於 a 的」適用於 a、但不適用於 b。因此，這兩顆球不是無分辨的。述詞唯名論否認雙球宇宙的可能性，並依然接受改寫後的萊布尼茲第二律。

想一想：

⑴述詞唯名論對於萊布尼茲等同律的改寫恰當嗎？

⑵其它幾個唯名論支派（例如類集唯名論、相似唯名論、概念唯名論）如何思考雙球宇宙的例子呢？它們會給出不同的答案嗎？

最後，雙球宇宙對於殊性存有論，不論是殊性束論還是（基體＋殊性）論，是否構成威脅呢？同樣地，我們首先必須先重新陳述這個雙球宇宙的例子。我們不再說這兩顆球的一切性質「完全相同」，而只能說這兩顆球彼此具有的殊性都是精準相似的。其次，我們必須將萊布尼茲等同律所謂的「無分辨」（亦即「Fx ≡ Fy」）重新理解為：x 具有的一切殊性 y 都有，而且 y 具有的一切殊性 x 都有（請回顧上一節）。經過以上的重新陳述之後，從殊性存有論來看（不論是殊性束論還是（基體＋殊性）論），這兩顆球確實是不同的，但它們並不是無分辨的，因為它們具有不同的殊性，第一顆球具有的一切殊性第二顆球都沒有，第二顆球具有的一切殊性第一顆球也都沒有。所以，雙球宇宙並不會威脅殊性存有論，這理論依然可以接受萊布尼茲第二律，將它視為一條形上必真的定律。

雙球宇宙的例子想要表達的重點似乎是很直覺的，這尤其可以從萊布尼茲第二律的逆反命題看出來：如果 x 與 y 不等同，則 x 與 y 是有分辨的，亦即 x 與 y 至少有一個地方不同──或者是有個共性不同，或者是有個謂述不同，或者是有個殊性不同，不論我們採取的是哪個關於性質的立場。我們日常都會做這樣的推論：從我們認定 x 和 y 是不同的個物，進而推論它們必定有些地方不同。就這點來看，共性束論或者（基體＋共性）論由於無法承認萊布尼茲第二律，顯然難以說明我們日常進行這種推論的現象。

否認萊布尼茲第二律還有另外一個困難，是知識論和方法論上的。依據邏輯，否認萊布尼茲第二律就表示接受：有可能 $a \neq b$，但是 a 和 b 是無分辨的，它們共享完全相同的一組性質。然而從知識論的角度來看，由於它們是無分辨的，我們人類沒有辦法偵測到或認知到它們之間的任何差異，因此我們根本就不可能知道存在有這兩個相異的個物。既然我們不可能認知到兩個無分辨的相異個物，不可能對它們進行研究，也不可能借用它們來對於其它個物或現象提供因果解釋或任何解釋，在形上學裡承認兩個無分辨的相異個物，還有什麼理論作用呢？

第五節　萊布尼茲第一律與跨時間等同

哲學界對於涉及「等同」的一些想法提出了質疑，是分別從「跨時間等同」以及「跨世界等同」兩方面來提出的。萊布尼茲第一律（亦即等同項之無分辨律）

面臨的挑戰主要就是這兩方面造成的問題，這兩方面的質疑都是從「個物會歷經變化」這個角度著手的。「跨時間等同」涉及的是時間變化，在這一節解說，「跨世界等同」涉及的是模態變化，在下一節解說。

與萊布尼茲第一律邏輯等值的是其逆反命題[11]：

$$(x)(y)((\exists F)(Fx \neq Fy) \supset x \neq y) \text{ 或者}$$
$$(x)(y)(F)((Fx \neq Fy) \supset x \neq y)$$

這意思是說：如果兩個個物是有分辨的，則它們是相異的。為什麼要提到萊布尼茲第一律的逆反命題呢？我們可以這樣設想：假設我們知道 a 具有某個性質是 b 沒有的，則我們會認為 a 和 b 是不同的個物。例如，假設我們知道老王有博士學位但小陳只有碩士學位，我們都會論斷老王和小陳是不同的兩個人。訴諸萊布尼茲第一律的逆反命題，其作用就在於能夠從「有分辨的」來說明兩個個物是相異的。底下我們就會應用這個想法來進行討論。

關於「跨時間等同」的問題，最早應該是洛克提出來的。一般來說，我們會承認：老王和前一秒鐘的老王是同一個人。這聽起來是很自然的、無庸置疑的。不過，洛克從所謂的「時間變化」提出了質疑。姑且以一秒鐘為單位，令 a_n 表示此時此刻的老王、a_{n-1} 表示前一秒鐘的老王、……、a_0 表示剛有生命的老王。現在我們改以下列方式來陳述「跨時間等同」的問題：

$$a_n = a_{n-1}$$
$$a_{n-1} = a_{n-2}$$
$$\vdots$$
$$\underline{a_1 = a_0}$$
$$a_n = a_0$$

前面已經提到「等同」具有遞移性，所以這個推論看起來邏輯上是有效的。然而，另一方面，從萊布尼茲第一律（亦即等同項之不可分辨律）或其逆反命題來看，

---

[11] 這兩個式子是邏輯等值的，請讀者自行證明。

我們得主張 $a_n \neq a_0$。這是由於此時此刻的老王 a_n 與剛有生命的老王 a_0 之間存在有很多不同的地方。此時此刻的老王具有一些性質是剛有生命的老王沒有的，例如，他們的身高不同、體重也不同，此時此刻的老王有蛀牙、近視……，都是剛有生命的老王沒有的。因此，依據等同項之無分辨律之逆反命題，可以推知此時此刻的老王與剛有生命的老王是不同的，亦即 $a_n \neq a_0$。從以上兩方面，我們推導出了一個矛盾！

　　以上的思考必定至少有個錯誤。那麼，錯誤在哪裡呢？對一般人來說，每個前提各別來看都是可以接受的，老王與前一秒鐘的老王當然是同一個人，前一秒鐘的老王與前兩秒鐘的老王當然還是同一個人，畢竟只差一秒鐘而已。其次，「等同」具有遞移性也是無庸置疑的：如果曹操等同於曹阿瞞，曹阿瞞等同於曹吉利，則曹操當然等同於曹吉利。那麼，這是否表示我們只得修改或者放棄萊布尼茲第一律呢？

　　洛克提出這思考是為了探討「人」或者「自我」是什麼的問題，在文獻上稱為個人同一難題。人在時間上歷經種種的變化，但依然是同一個人。那個維持不變的同一個「人」是什麼呢？本章不擬進入這個特別的議題。就這裡的討論主旨來看，我們關心的是針對會歷經時間變化的任何個物，因此我們這裡將不特別考慮洛克所關心的「個人同一」的問題。

　　哲學界曾經有人質疑「等同」是否具有遞移性，藉此以回應「跨時間等同」的難題。這條思路如果成功，則我們就不必放棄萊布尼茲第一律了。不過，不論這回應成功與否，都沒有觸及到真正的問題。讓我們用更簡單的方式來鋪陳「時間變化」對於萊布尼茲第一律提出來的形上學挑戰：一方面，常識上我們一般會同意老王和前一秒鐘的老王是同一個人（亦即 $a_n = a_{n-1}$），但是兩者有些微的差異，亦即至少有個性質是其中一個有、另一個沒有的。另一方面，依據萊布尼茲第一律，既然我們同意老王和前一秒鐘的老王是同一個人，則兩者有完全相同的一組性質。如此，我們便推導出了矛盾，而且這推論無須用到「等同」之具有遞移性這項特徵。

　　看起來我們只能修改或否認萊布尼茲第一律了。然而，我們實在很難拒斥這條定律，因為這條定律太過符合我們日常的直覺了。試想，蘇軾和蘇東坡明明是

同一個人，怎麼有可能蘇軾具有一些性質是蘇東坡沒有的？

> **想一想：**
> 有人說蘇軾具有一個性質是蘇東坡沒有的：〈x 的名字是「蘇軾」〉。因此萊布尼茲第一律是錯誤的。這說法恰當嗎？

　　如果想保留萊布尼茲第一律，有幾個回應方式。在第五章第七節對於「個物」曾經介紹了四維論以及持續論。持續論將每個個物都理解為具有三度空間的東西，而且持續存在於時間之中；也就是說，任何一個個物不管存在於哪個時空區段，都是同一個個物。個物至多具有空間的部分而已，不會具有時間的部分。「跨時間等同」確實對於持續論造成了理論困擾。相對地，四維論主張：個物不是三維的，而是四維的。如果採取四維論，應該可以回應「跨時間等同」的問題。這是由於依據四維論，a_0、a_1、…、a_n 等，都只是老王的「時間部分」而已，所有 a_0、a_1、…、a_n 的總和才是老王這個人。因此，我們不必接受 $a_n = a_{n-1}$、$a_{n-1} = a_{n-2}$ 等前提，也就不會推導出任何矛盾。當然，四維論有其自身的理論困難，請回顧該節的討論，這裡就不再重複。

　　另外，依據共性束論，個物具有的每個共性都必定屬於這共性束，這共性束既不會減少共性，也不會增加共性，因為它的所有共性都是必然共現的。若是如此，個物是不可能歷經時間變化的。這雖然違反我們的日常直覺，但保留了萊布尼茲第一律。

　　依據（基體 + 共性）論，所謂變化只是性質的增減，不影響基體。所以，這理論可以承認個物可以歷經時間變化，但卻無法保留萊布尼茲第一律。

> **想一想：**
> 幾個支派的唯名論（述詞唯名論、相似唯名論……）以及殊性存有論將如何回應「跨時間等同」對於萊布尼茲第一律的挑戰？

第六節　萊布尼茲第一律與跨世界等同

在西方哲學史上有一艘非常有名的船：特休斯之船。古希臘哲學家曾經提出這個問題：設我們將這艘船的每個零件一一汰換，完全汰換後的新船等同於汰換前的舊船嗎？直覺上，這艘船每次只是汰換一個小零件而已，每汰換一次，還是原來的船，一直到將所有零件都汰換了為止。仿照上一節關於「跨時間等同」的思考，這思維實驗同樣會產生矛盾。

以「a_0」表示這艘船、「a_1」表示換掉一個零件之後的那艘船、……、「a_n」表示所有零件都換過之後的那艘船：

$$a_0 = a_1$$
$$a_1 = a_2$$
$$\vdots$$
$$\underline{a_{n-1} = a_n}$$
$$a_0 = a_n$$

同樣地，使用萊布尼茲第一律，既然 $a_0 = a_n$，a_0 和 a_n 應該是無分辨的。然而，這例子已經告訴我們，a_0 和 a_n 的零件是不同的。我們推導出了一個矛盾！不但如此，霍布斯甚至進一步提問：如果將那些拆下來的舊零件重新按照原來的方式組裝，我們是否將原來那艘船組裝回來了？現在，我們似乎有三艘船：汰換零件前的那艘船、汰換後的那艘船、重新組裝後的那艘船。這三艘船是同一艘船嗎？尤其，同時有兩艘船出現在不同的地方，亦即汰換後的那艘船以及重新組裝後的那艘船，但它們卻又是同一艘船？這確實令人困惑！

請留意兩點：

（一）嚴格來說，這個例子還不能說是「跨世界等同」的問題。這是由於理論上這個例子是可以在實際世界裡出現的，並沒有涉及「模態變化」。但即使如此，這實際會發生的例子就已經造成很大的理論困難了。

所謂「模態變化」是指個物跨越不同的可能世界而歷經的變化；簡單說，

個物有可能歷經某些變化，儘管它實際上並沒有歷經那些變化。在日常生活中，我們常常會做一些假想。例如，考完邏輯證明題之後，學生懊惱地想著：要是剛剛有驗算答案就好了。看美國 NBA 籃球賽的時候，也許有人會想：如果林書豪是在臺灣長大的，他大概沒機會進 NBA 打籃球了。禿頭的老王有時候心裡可能想著：如果自己現在是頭髮茂密的，一定會鼓起勇氣去追求他心儀的那個女孩子。窮人大概常常想著：要是這次中了頭彩，一定去環遊世界。很多人都會想：如果明天是世界末日，或許今天將盡情歡樂。這些假想的內容當然都不是已經發生的事實。有些假想是針對過去已經發生的事實，有些假想是針對現在的狀況，有些假想則是考慮未來可能的改變。不過，這裡的假想重點不在於時間，而在於可能性：雖然事實不是如此，但有可能如此。這是所謂的「模態變化」。「跨世界等同」的問題就是模態變化對於「個體等同」或者萊布尼茲第一律造成的問題。

借用「可能世界」的概念，「跨世界等同」的意思是這樣的：所謂「現在是禿頭的老王有可能是頭髮茂密的」將理解成：實際世界的老王是禿頭的，但是在某個可能世界裡他是頭髮茂密的；也就是說，實際世界裡的禿頭的老王等同於那可能世界裡頭髮茂密的老王；這兩個老王是同一個人。

問題來了：實際世界裡的老王是禿頭的，那可能世界裡的老王則是頭髮茂密的，兩者並不具有相同的性質，因此依據萊布尼茲第一律（亦即等同項之無分辨律）或其逆反命題，實際世界裡的老王不會等同於那可能世界裡的老王。然而，這又與日常生活的直覺差異太大：儘管老王實際上是禿頭的，我們還是可以設想他（同樣那個人）不是禿頭，而是頭髮茂密的。我們是針對同一個人在進行各種設想。這裡的困難顯然是來自於：有兩件直覺是一般人日常都會接受的，但這兩件直覺彼此是相衝突的。第一件直覺是：如果 a 和 b 是同一個個物，則 a 和 b 一定具備完全相同的性質。第二件直覺是：儘管某個個物事實上具有某性質 F、但不具有某性質 H，有可能同樣的這個個物不具有 F、但具有 H。這兩個直覺明顯是相衝突的。該怎麼辦呢？我們要放棄萊布尼茲第一律嗎？

（二）這個「特休斯之船」的例子討論的是個物具有的「部分」的改變（那艘船的零件的汰換）。但萊布尼茲等同律原本是對於個物具有的性質進行量限

的。嚴格來講，這個例子並沒有真正挑戰到這條定律。基於這個緣故，我們得改從部分學的角度來陳述萊布尼茲等同律，並且對於個物具有的「部分」進行量限：對任何 x 和 y 來說，如果 x = y，則（x 具有的所有子部分 y 都有，而且 y 具有的所有子部分 x 都有）；反之亦然。（這其實就是第五章第八節介紹的「組構獨特性」原則。）我們也可以從另一個方向來做些調整。我們將個物之具有某個子部分理解為一個性質。例如，這張講桌的桌面是它的一個子部分，我們可以說這張講桌具有〈x 是有這張桌面的〉這性質。這調整方式稍嫌怪異，但不影響這裡的討論。無論採取這兩種調整方式的哪一種，都可以用來討論這個「特休斯之船」的例子。

想一想：
部分學存有論要如何回應「特休斯之船」的例子？

讓我們先別將部分學引進討論，回到原本的萊布尼茲等同律繼續討論。當代著名哲學家齊生提出另外一個例子來質疑這條定律[12]：將亞當和諾亞互換。設亞當實際上具有的性質為 $\{A_1, A_2, \cdots, A_n\}$、諾亞實際上具有的性質為 $\{N_1, N_2, \cdots, N_m\}$（m 與 n 未必相等）。我們將亞當具有的性質與諾亞具有的性質一點一點對調（例如有時一次只對調一個性質，有時一次對調兩個性質）。每進行對調一次，我們直覺上還是會認為亞當依然是亞當、諾亞依然是諾亞。然而，當全部性質都對調完後，試問：對調後的那個人是亞當還是諾亞？換個方式來說，對於這個例子加以分析，我們同樣可以推導出矛盾，因此這推導的過程必定至少有個地方是不能接受的。哪個地方呢？

以上幾個思維實驗就是模態變化對於「等同」，或者萊布尼茲第一律，造成的問題。要回應這些例子對於萊布尼茲第一律的挑戰有幾個方式。

第一個方式是主張:將萊布尼茲第一律應用在跨世界等同的例子是不恰當的。畢竟萊布尼茲第一律是主張：對於每個可能世界來說，如果 x = y，則 $Fx \equiv Fy$。這定律並不是針對分別處於兩個不同可能世界的個體的，因此自然無法說明分別

[12] Chisholm (1946).

處於兩個不同可能世界裡的個物究竟是相同的還是不同的。

不過這回應留下了一個困難：如果萊布尼茲等同律不適合用來談論分別處於兩個不同可能世界裡的個物，那麼，我們要依據什麼形上學原則來決定：分別處於兩個不同可能世界的個物是等同的還是相異的？

第二個方式是主張：個物實際擁有的性質都是它的必然性質。若是如此，個物只要有一點點的改變就不再是原來的個物。簡單說，在這立場下，所謂個物歷經變化是不可能的。然而，這個回應方式與日常直覺相去太遠。日常直覺是認為同一個個物是有可能歷經變化的，而且變化前和變化後的都是同一個個物。

第三個方式是訴諸「本質」與「偶性」的區別。這區別一方面承認個物是可以歷經一些變化的，既然個物有些性質是偶有的，個物歷經的變化指的其實是個物可以失去某些偶有性質，或者獲得新的偶有性質；另一方面，由於個物具有本質，所以即使個物歷經模態變化，只要不影響到個物具有的本質，則歷經變化前後的個物仍然是相同的。

按照第三種回應方式，在亞當和諾亞對調的過程當中，只要還沒有動到亞當的本質或者諾亞的本質，則歷經（局部）變化的亞當依然是亞當，歷經（局部）變化的諾亞依然是諾亞。(這回應方式顯然不是部分學存有論能夠採用的，因為似乎並沒有哪個子部分是個物必定具有的。)

以上的討論還不夠細膩，因為形上學對於「個物」已經提出了分析，使得跨世界等同的問題變得更複雜。讓我們來進一步思考。

依據共性束論，在亞當的共性束裡，所有共性都是共現的，都是必然屬於這共性束的；諾亞的共性束也是一樣。因此，將亞當和諾亞的共性對調是不可能的。依據（基體＋共性）理論，只要不動到亞當的基體和諾亞的基體，則無論如何對調兩者的共性，亞當依然是亞當、諾亞依然是諾亞。

殊性束論的說法不太一樣，這是由於我們還是得將殊性之不可轉移原則納入考量。首先，不論是「強不可轉移原則」還是「弱不可轉移原則」，都不允許殊性束裡的殊性可被轉移給其它不同的個物（請回顧第三章第七節）。因此，不論殊性束論接受哪一條原則，將亞當和諾亞的性質對調都是不可能的。當然，反過來說，如果我們認為將亞當和諾亞的性質對調是可能的，則這又構成了對於「強不可轉

移原則」或者「弱不可轉移原則」的挑戰。那麼，我們是要接受亞當與諾亞對調性質的可能性呢？還是要接受殊性的強（或者弱）不可轉移原則呢？

其次，依據「同世界之不可轉移原則」，在同一個世界裡的亞當和諾亞也是不可能將其性質對調的。但我們確實可以設想：在某個可能世界 w_1 裡，亞當具有一些諾亞在實際世界具有的性質。例如，在那個可能世界 w_1 裡，亞當 = {N_1, A_1, A_2, …}。（如果諾亞也存在於那個可能世界，則諾亞沒有 N_1。）因此，亞當和諾亞對調的例子對於這一派學說將會產生困難。這推論如下：在實際世界 $w_@$ 裡，亞當 = {A_1, A_2, …, A_n}，諾亞 = {N_1, N_2, …, N_m}。在 w_1 裡，亞當 = {N_1, A_1, A_2, …}；在 w_2 裡，亞當 = {N_1, N_2, A_1, A_2, …}；依此類推，到了某個可能世界 w_n 時，亞當 = {N_1, N_2, …, N_m}。然而，根據殊性束論，{N_1, N_2, …, N_m} 乃是諾亞。因此在這個可能世界裡，亞當 = 諾亞！這個推論是否有錯誤？如果有，哪裡出了錯？

第七節　等同語句的哲學困惑（一）──增知性

使用「等同」這語詞造出來的語句（或命題）稱為「等同語句」。這一節和下一節將分別討論「等同語句」帶來的兩個哲學困惑：等同語句的增知性以及等同語句的必然性。

試考慮以下的等同語句（以下的討論都預設所舉的等同語句為真）：

⑴蘇軾就是蘇東坡。
⑵《史記》的作者就是司馬遷。
⑶《小太陽》的作者就是《在月光下織錦》的作者。

⑴語句用到的都是專名；⑵語句同時用到了專名以及確定描述詞；⑶語句用到的都是確定描述詞。

佛列格是最早討論等同語句增知性問題的。他提問：「$a = a$」和「$a = b$」這兩語句有什麼差異？例如，「蘇軾等同於蘇軾」、「蘇軾等同於蘇東坡」、「蘇軾等同於〈後赤壁賦〉的作者」這些語句有什麼重要的差異呢？佛列格提出一項觀察：不會有任何人質疑「$a = a$」是否為假，但是我們確實可以質疑「$a = b$」是真還是假。換個方式來說，「$a = a$」之所以為真，是不需要去發現的；但是，「$a = b$」是

真還是假，卻是需要做研究才能知道的。所以佛列格說：「$a = a$」之為真，並沒有提供我們有關 a 這個個物的任何新資訊；它根本就沒有提供任何歷史的、物理的、天文的、或者任何領域的新知識。哲學家說：這種語句是空真的，亦即沒有提供新資訊。相對地，如果「$a = b$」為真，則這語句提供了一個關於該個體的新資訊。佛列格舉了文獻上非常知名的例子：晨星等同於暮星。他因而說，第二種語句和第一種語句不同的一個地方在於：第二種語句具有增知性，這種語句會帶給我們適當的知識。他的觀察適用在天文學、生物學、化學、歷史、數學……各個領域出現的等同語句。

不但如此，佛列格還指出：就「$a = a$」來說，不論「a」這個單詞談論的是哪個個體，這種語句不僅為真，而且是邏輯必真；但是「$a = b$」這種語句卻允許其有些個例為假，例如，「司馬遷＝司馬光」、「蘇軾＝《史記》的作者」、「《史記》的作者＝〈長恨歌〉的作者」都為假。

依據佛列格的說法，我們知道「$a = a$」以及「$a = b$」這兩種等同語句之間的差異主要在於增知性。接下來的問題是：對於「$a = b$」的真個例之具有增知性要如何理解呢？佛列格提出了一套語意學來回答這個問題，茲摘要如下：

⑴佛列格主張（在理想語言裡）每個單詞都有一個指涉以及一個意涵。這裡的單詞是指專名，而且佛列格主張所有的確定描述詞都是專名。基於這個緣故，佛列格對於剛剛那三個語句的處理方式是一樣的。

⑵所謂一個單詞的「指涉」是指該單詞談論到的個體。例如「蘇軾」這單詞談到的是蘇軾這個人、「太白星」談到的是金星這顆行星、「《西遊記》的作者」談到的是吳承恩這個人、「最小質數」談到的是 2 這個自然數……。

⑶所謂單詞的「意涵」是指單詞指涉到的那個個物具有的某些獨特的「呈現模式」，或者那個單詞表徵該個物的獨特的「表徵模式」。

⑷所謂「呈現模式」是從存有論的方向，亦即從個物的角度來說的，是指被單詞指涉到的個物以某種方式（以其具有的某種性質）來呈現其自己。例如金星這個個物既可以其具有的〈x 是在白天某特定方位出現的行星〉這個性質來呈現其自身，亦可以其具有的〈x 是在晚上某特定方位出現的行星〉這個性質來呈現其自身。因此，「在白天某特定方位出現的行星」以及「在晚上某特定方位出現的行

星」都是「金星」這個專名的意涵。

(5)從語言的方向來說，專名和確定描述詞都是表徵，並且以某種獨特的方式來表徵某個個物 ⑬。對於所謂獨特的「表徵模式」，佛列格指出：一個專名具有什麼意涵有賴於我們對於該專名指涉到的個物具有的知識（或信念）。由於我們對於同一個個物可以具有許多不同的知識，因此同一個專名可以有許多不同的意涵。例如，我們知道蘇軾是〈後赤壁賦〉的作者，我們也知道他是「湖州畫派」的創始人。這些都是「蘇軾」這個專名的意涵。

(6)單詞具有的意涵既不是心理的，亦不是物理的，而是屬於「第三領域」的東西，有時也稱為「柏拉圖式的」抽象個物。

(7)任何一個單詞如果沒有意涵，則沒有指涉。所以，反過來說，如果一個單詞是有指涉的，則必定該單詞至少有一個意涵。這是由於佛列格主張單詞的意涵決定其指涉的緣故。

(8)所謂單詞的「意涵」決定其「指涉」，意思是說，任何滿足該單詞的意涵（獨特具有該性質）的個體就是該單詞的指涉。設「孔明」這個專名的意涵是〈三國時代那個擺八卦陣的人〉。由於諸葛亮這個人是唯一滿足該意涵的個體，所以他是這單詞的指涉；由於周瑜沒有滿足這意涵（不具有這性質），所以他不是這單詞的指涉。

對於所謂單詞的「意涵」決定其「指涉」，我們也可以用另外一個方式來理解：任何兩個單詞如果具有相同的意涵，則它們具有相同的指涉。假設「Cicero」和「西塞羅」這兩個專名都具有「古羅馬最偉大的演說家」這個意涵，則它們談論到的是相同的個物，也就是西塞羅那個人。

(9)儘管一個單詞的「意涵」決定其「指涉」，我們不能排除底下的可能：兩個單詞具有不同的意涵，但具有相同的指涉。例如「〈前出師表〉的作者」以及「三國時代擺八卦陣的人」這兩個單詞是有不同意涵的，但兩者都指涉到相同的個體（也就是孔明這個人）。

(10)佛列格藉由單詞具有的「意涵」得以說明為什麼「$a=b$」這種語句是增知的，「$a=a$」這種語句則沒有增知性。

⑬ 參彭孟堯 (2011) 第八章對「表徵」的解說。

佛列格的語言哲學當然不是只有以上幾點而已，不過就本章討論的重點來說已經夠了。在當代，佛列格的語言哲學遭受強烈的反對，主要的批評來自於克里普奇和帕南。克里普奇的學說主要有兩點[14]：

（一）對於專名與確定描述詞，克里普奇主張必須分開探討其語意學，不能混為一談。克里普奇首先區別嚴格指稱詞與偶然指稱詞。一個單詞是嚴格指稱詞，若且唯若，如果這單詞在實際世界指涉某個個物，則它在任何可能世界裡都指涉那個個物。不具備這特徵的單詞，就不是嚴格指稱詞，也稱為「偶然指稱詞」。克里普奇接著指出：所有的專名都是嚴格指稱詞，大多數的確定描述詞則是偶然指稱詞。（這是由於確實有一些確定描述詞是嚴格指稱的，例如，「最小質數」、「2013 年實際環繞地球的那顆衛星」……。）基於這個緣故，克里普奇對於前面提到的三個例子的處理方式是不一樣的。

舉例來說，「蘇軾」這個專名是一個嚴格指稱詞，不論我們對他做了哪些設想，我們都是在談論同樣的這個人（亦即蘇軾）。例如，我們可以設想蘇軾不曾結過婚、蘇軾是個文盲、蘇軾不曾去過赤壁……。雖然這些都不是實際發生在蘇軾身上的事情，這些設想依然是對於同樣的蘇軾這個人進行的各種模態的（可能的）設想。在「蘇軾可能不曾結過婚」這語句裡，「蘇軾」這個專名仍然是談論到實際世界的蘇軾本人。在「蘇軾可能是文盲」這語句裡，「蘇軾」這個專名仍然是談論到實際世界的蘇軾本人。

對照來看，大多數的確定描述詞並不是嚴格指稱的。例如，「〈後赤壁賦〉的作者」這個單詞儘管實際上指的是蘇軾這個人，卻有可能指的是別人（亦即，在某個可能世界裡，〈後赤壁賦〉的作者不是蘇軾）；「美國（現任）總統」這個單詞儘管實際上（2013 年）指的是歐巴馬這個人，卻有可能是別人（亦即，在某個可能世界裡，美國（現任 2013 年）的總統不是歐巴馬）。

（二）克里普奇對於專名究竟是如何指涉的，提出了有名的因果－歷史論。依據這套學說，一個專名之指涉某個個物是在「命名期」固定下來的：對於某個個物，有人意圖以某串符號作為該個物的名字，從而使得這串符號成為一個專門用以指涉那個個物的專名。例如，蘇軾出生時，他的父親以「蘇軾」這串符號作

---

[14] 帕南的反駁乃是訴諸文獻上知名的「雙生地球」論證。請讀者自行參考相關文獻。

為他的名字，「蘇軾」這串符號就成了一個專名，其指涉就是蘇軾這個人。當然，我們後代的人未必知道這些，更不認識蘇軾。但是當我們使用「蘇軾」這專名時，我們依然是在指涉蘇軾這個人，這就涉及所謂的「指涉轉借期」了：當某個個物經歷了命名期之後，已經有一串符號作為它的名字，這名字可以「傳播」出去，使得其它人都可以使用同樣那串符號來談論相同的那個個體，即使其它人不認識那個個體也沒有關係。例如，我們都會說：「蘇軾是宋朝的大文學家」、「蘇軾的弟弟也是宋朝知名的文學家」、「蘇軾的年代比李白晚」……。在這些語句裡，我們使用了「蘇軾」這個專名，儘管我們不認識蘇軾，我們使用這些語句來談論的仍舊是蘇軾這個人。

克里普奇的學說同樣可以說明等同語句的增知性。「$a = b$」這種真語句具有增知性（設「a」和「b」都是專名），是由於「a」和「b」這兩者源自不同命名期的緣故。由於兩者的因果歷史不同，但又談論到相同的個物，因而使得「$a = b$」這種真語句具有增知性。

> **想一想：**
> 在前面提到的三個例子裡，有些用到了（不是嚴格指稱的）確定描述詞。克里普奇如何說明這種例子的增知性呢？

第八節　等同語句的哲學困惑（二）──必然性

等同語句（命題）是必真的，還是偶真的？在克里普奇提倡他的學說之前，許多哲學家認為等同語句都是偶真的，剛剛介紹的佛列格的語意學就是這種主張。但是，克里普奇指出有些等同語句是必真的。請留意，這是語言哲學的問題，不是形上學關於〈等同〉關係的問題。從形上學來看，如果確實 a 等同於 b，則 a 必定等同於 b。但是，描述等同的語句是否類似呢？如果「$a = b$」為真，這語句（命題）是必真的嗎？

試考慮上一節提到的三個例子：依據佛列格的學說，每個確定描述詞都是專名、每個專名都有意涵和指涉，而且每個專名可以有至少一個意涵。設「蘇軾」

這專名的意涵是〈〈後赤壁賦〉的作者〉、「蘇東坡」這專名的意涵是〈湖州畫派的創始人〉。儘管「蘇軾就是蘇東坡」這語句為真,卻不是必真!這是由於滿足〈〈後赤壁賦〉的作者〉這意涵的未必是蘇軾,而有可能是歐陽修,滿足〈湖州畫派的創始人〉這意涵的未必是蘇東坡,而有可能是郭熙。因此,儘管「蘇軾就是蘇東坡」這語句事實上為真,但卻有可能為假(亦即在某個可能世界裡這語句為假)。另外兩個例子在佛列格的語意學裡也是一樣的處理,就不再多說。

克里普奇的語意學則提出完全不同的分析。依據他的學說,「蘇軾就是蘇東坡」這語句不僅為真,而且是必真的。這是由於在他的語意學裡,「蘇軾」和「蘇東坡」都是嚴格指稱詞,而且既然這兩個專名都指涉到相同的個體,基於它們都是嚴格指稱詞的緣故,它們在任何可能世界裡都指涉到相同的個體,因而「蘇軾就是蘇東坡」這語句是必真的。

但是,「《史記》的作者就是司馬遷」以及「《小太陽》的作者就是《在月光下織錦》的作者」這兩個語句就不同了。雖然這兩語句實際上都為真,卻不是必真。這是由於「《小太陽》的作者」以及「《在月光下織錦》的作者」這兩個單詞都不是嚴格指稱詞,也就是說,這兩個單詞在某些可能世界裡會指涉到不同的人。因此,「《小太陽》的作者就是《在月光下織錦》的作者」這個語句儘管事實上為真,卻不是必真的。克里普奇的學說對於「《史記》的作者就是司馬遷」這種語句的分析也是一樣,就不多說了。

克里普奇的主張簡單來說是這樣的:如果等號左右兩端放置的都是嚴格指稱詞,則這等同語句(如果為真)是必真的;如果等號的左右至少有一端放置的是偶然指稱詞,則這等同語句(如果為真)是偶真的。

直覺上,克里普奇的學說比起佛列格的學說要好,畢竟我們的確經常有這些類的設想:如果孔明多活十年,三國未必是被晉朝統一的;如果明朝的崇禎皇帝沒有殺了袁崇煥,明朝或許不會那麼快滅亡;如果曹雪芹沒有寫《紅樓夢》,這將是中國文學界的一大損失。在這些設想裡,「孔明」、「崇禎皇帝」、「袁崇煥」、「曹雪芹」等專名都還是指涉到實際的那些人,但卻對於同樣的那些人做了一些模態(可能)的設想。

儘管如此,克里普奇的學說依然遇到一些哲學家的質疑。紀拔指出:即使等

號的左右兩端都是嚴格指稱詞，這種等同語句未必是必真的 ⓯。試考慮某陶土做的雕像，例如唐太宗的雕像。姑且將這雕像取名為「a」，將構成這雕像的這一坨陶土取名為「b」；「a」和「b」都是嚴格指稱詞。這雕像與這坨陶土在某段時間裡佔有完全相同的空間，我們似乎可以主張「$a = b$」為真。但我們也知道，這雕像未必等同於這坨陶土，因為有可能我們當初不是在用這坨陶土塑造唐太宗的雕像，而是塑造康熙皇帝的雕像。若是如此，在這個可能性下，這坨陶土並沒有等同於唐太宗的雕像，而是等同於康熙皇帝的雕像。簡單說，儘管「$a = b$」這語句實際上為真，卻不是必真。然而，在紀拔的例子裡，我們為什麼要承認唐太宗的雕像等同於這坨陶土呢？

　　這問題在第五章第五節已經討論過，就不再重複。本書這裡只另外補充一點，以為克里普奇辯護。

　　在克里普奇的學說裡從來不曾主張：「『蘇軾』這專名必然指涉蘇軾這個人。」他的主張是：「如果『蘇軾』這語詞指涉蘇軾這個人，則這語詞必然指涉蘇軾這個人。」在他的學說裡，確實是允許：有可能「蘇軾」這語詞並沒有指涉蘇軾這個人。簡單說，雖然蘇軾這個人的名字是「蘇軾」，有可能他的名字不是「蘇軾」。因此依據他的學說，在剛剛陶土的例子裡，既然「a」已經被約定是那唐太宗雕像的專名，則「a」是嚴格指稱詞，亦即在所有與這個實際世界相干的可能世界裡，「a」都指涉那唐太宗雕像。即使在某個可能世界裡，那坨陶土被塑造為康熙皇帝的雕像，「a」這個專名指涉的仍舊是那唐太宗雕像，而不是康熙皇帝的雕像。有什麼理由來說：在這個可能世界裡，「$a = b$」為假呢？紀拔的例子是認為在這個可能世界裡，「a」指涉的是康熙皇帝的雕像，而不是唐太宗的雕像，所以他才會主張「$a = b$」在這個可能世界裡為假。但這是對於克里普奇學說的誤解。紀拔誤將「『蘇軾』這專名必然指涉蘇軾這個人」視為克里普奇的主張。

　　對於「一個真的等同語句是否為必真的？」這問題路易斯也有他的看法，在下一節說明。

⓯ Gibbard (1975).

第九節　理論等同

在介紹路易斯關於等同語句的討論之前，先說明一個概念：蘭姆吉語句 [16]。為簡化說明，假設某個理論 $\mathfrak{I}$ 有三個理論詞 t_1、t_2、t_3。這個理論裡使用到 t_1 的語句是 A_1、A_2、A_3，這些語句描述了這些理論詞所說事物之間的因果關係。例如 A_1 是「$\cdots t_1 \cdots$」、A_2 是「$\cdots t_1 \cdots t_2 \cdots$」、$A_3$ 是「$\cdots t_1 \cdots t_3 \cdots$」，其中「$\cdots$」的地方表示與 t_1 談論的個物有關的各種因果關聯。理論 $\mathfrak{I}$ 用到 t_1 的語句構成一個連言，亦即「$A_1 \wedge A_2 \wedge A_3$」，或者

$$(\cdots t_1 \cdots) \wedge (\cdots t_1 \cdots t_2 \cdots) \wedge (\cdots t_1 \cdots t_3 \cdots)$$

接著，將這個連言句裡的理論詞全部改為變元 x_1、x_2、x_3，然後前置存在量限詞，並且表達「獨一無二」，亦即前置「$(\exists^1 x_1)(\exists^1 x_2)(\exists^1 x_3)$」，就得到下列蘭姆吉語句 [17]：

$$(\exists^1 x_1)(\exists^1 x_2)(\exists^1 x_3)((\cdots x_1 \cdots) \wedge (\cdots x_1 \cdots x_2 \cdots) \wedge (\cdots x_1 \cdots x_3 \cdots))$$

不論 $\mathfrak{I}$ 是哪個理論，$\mathfrak{I}$ 裡面的每個理論詞都是用「因果角色」來定義的。例如上述的理論詞 t_1 談論到的個物與 t_2 和 t_3 談論到的個物之間都有某種因果關聯。這一點可以用 λ 記述法轉換如下：

$$[\lambda x_1. (\exists^1 x_2)(\exists^1 x_3)((\cdots x_1 \cdots) \wedge (\cdots x_1 \cdots x_2 \cdots) \wedge (\cdots x_1 \cdots x_3 \cdots))]$$

這個式子稱為理論詞 t_1 的蘭姆吉關聯式。對於其它的理論詞也是以相同的方式來建立其蘭姆吉關聯式的。

請留意：（一）路易斯將一套理論裡的指涉詞區分為「理論詞」以及「其它詞」。這一點與傳統邏輯經驗論的區分是不同的。傳統的區分是「理論詞」與「觀察詞」，「理論詞」是意圖指涉不可觀察的個物的。但是路易斯的學說並沒有這樣的區分，他所謂的「理論詞」仍然有可能是指涉可觀察個物的。（二）蘭姆吉語句

[16] Lewis (1972) 以及 Block (1980)。

[17] 「$(\exists^1 x)\phi x$」是「$(\exists x)(\phi x \wedge (y)(\phi y \supset y=x))$」的縮寫。

是一種「主題中立」的表達式，也就是說，蘭姆吉語句本身沒有預設任何存有論的立場。

接著，路易斯開始論述所謂的「理論等同」，並做了一個相當細膩的論證[18]。為方便討論起見，先將剛剛提到的「t_1」的蘭姆吉關聯式簡寫為：$(\exists^1 x_1)T[x_1]$（其它理論詞的蘭姆吉關聯式也可做類似的簡寫）。接著，路易斯引進卡那普有名的意義設定，有兩條[19]：

　　(1)如果 $(\exists^1 x_1)T[x_1]$，則 $T[t_1]$；以及
　　(2)如果 $\neg(\exists^1 x_1)T[x_1]$，則 t_1 沒有指涉。

這兩條意義設定的連言在邏輯上等值於：$t_1 = \iota x_1 T[x_1]$[20]。接著，如果發現有某個 r 獨一無二地滿足 $\iota x_1 T[x_1]$，亦即 $T[r]$，則推論出 $t_1 = r$。

路易斯認為這種等同句是偶真的，原本就是族類特定的，亦即會因族類而異的，並且我們不會因此而推導出理論矛盾。假設我們有一套理論，用到了「司馬光」、「《資治通鑑》的作者」、「歐陽修」。儘管在這理論裡，「司馬光 =《資治通鑑》的作者」為真，但這是偶真的，因為我們可以設想撰寫《資治通鑑》的作者不是司馬光，而是歐陽修，但依據他這套學說，我們不會因而推論出「司馬光 = 歐陽修」[21]。

以上是針對單詞來說的，但即使是針對類詞也是一樣。「水 = H_2O」這語句也一樣是偶真的。

路易斯的學說或許過於專技了點，換個簡單的方式或許可以掌握他學說的要旨。在他的學說裡，具有關鍵地位的是「因果角色」這個概念。設想某劇作家寫了一套劇本，其中有第一男主角，命名為「甲」；第二男主角，命名為「乙」；第

[18] Lewis (1972).
[19] Carnap (1938).
[20] 這裡是使用羅素確定描述詞的符號：$\iota x \phi x$，讀作「這個 x 是這樣的，它是個獨一無二的 ϕ」。
[21] 路易斯關於模態的主張獨樹一幟，使用所謂的副本論來理解，本書這裡的解說略過他理論的複雜度。

一女主角，命名為「丙」；第二女主角，命名為「丁」；其它還有第一男配角、第二男配角……。「甲」、「乙」、「丙」、「丁」……就是這套劇本的「理論詞」。所謂的「其它詞」就是指在劇中會用到的道具的名稱。這套劇本當然會描寫這些男主角、女主角、男配角、女配角……之間的各種互動、說了什麼話、做了什麼動作等，這些就是對於每個演員的「因果角色」的描述。現在，我們可以依據路易斯的學說，將這些理論詞改寫成相應的蘭姆吉關聯式了。接著，我們就要問：誰是扮演第一男主角的？誰是扮演第一女主角的？假想老王是被請來扮演第一男主角的，則老王這個人就是「甲」這個理論詞的指涉。所以，「老王＝甲」這語句為真。但是，我們當然知道，有這樣的可能：導演決定換人，改由老張來擔任第一男主角。所以，「老張＝甲」這語句為真。但是，這並不表示「老王＝老張」這語句為真。結論：即使「老王」、「老張」、「甲」這三個都是專名，即使「老王＝甲」這語句為真，它不是必真的！

> **想一想：**
> 克里普奇的學說能回應路易斯這套關於等同語句是偶真的說法嗎？

對於專名以及理論詞如何與其指涉產生關聯的議題，路易斯的學說明顯與克里普奇不同。這因而導致了他們兩人對於「$a = b$」究竟是必真的，還是偶真的，也有不同的說法。那麼，我們該接受哪一套學說呢？

第八章　存　在

第一節　「存在」有什麼好困惑的？

　　為什麼哲學家要研究「存在」？蘇軾、孔明、中國歷史上的第一位皇帝、最小的質數都是存在的；孫悟空、福爾摩斯、聖誕老人、最大的質數都是不存在的；太陽、臺灣島、眼前那朵花都是存在的；臺灣（現任）皇帝、房間裡那隻粉紅色大象、乃至於麒麟、貔貅等都是不存在的。關於「存在」有什麼好質疑的呢？

　　先這樣想：有時候我們會疑惑某某東西是否存在，例如有些小朋友有時候會「對著空氣」講話，彷彿在跟某個人或東西對話似的，但我們後來發現他只是在對他的假想朋友講話而已。我們當然知道他那假想的朋友不是真實存在的。可是，總得「有」個東西，我們才能否認它的存在吧❶？又例如，十九世紀的科學家一直想確認海王星是否存在。可是，總得「有」個東西，我們才能質疑「它」是否存在吧？

　　再想想：孫悟空存在！這當然是難以置信的。不過，底下是個證明：假設孫悟空不存在，則有個被稱為「孫悟空」的東西不存在。然而既然已經有個被稱為「孫悟空」的東西了，再說那東西不存在，是會產生矛盾的，也就是說，「孫悟空不存在」是矛盾句。我們因此反推「孫悟空存在」是真的，所以孫悟空存在！這推論想必有問題。那麼，問題在哪裡呢？

　　即使一般人沒有想過這個問題，但一般人一定想過孫悟空是會七十二變的，福爾摩斯是絕頂聰明的英國偵探，聖誕老人在 12 月 24 日那天夜裡會從煙囪溜下來將禮物放在襪子裡，三太子腳踏的是風火輪……我們的這些想法或說法都是針對實際上不存在的東西的。然而，「有」一個不存在的東西是我們這些想法或說

---

❶ 這是 Cartwright (1960) 的說法。

法談論到的對象，這不是很奇怪嗎？

這些問題源自我們會承認：「有」些東西不存在（請留意「有」這個語詞）。西方哲學史上很早就出現了關於「存在」（或者「不存在」）的困惑。柏拉圖在《辯士》這篇對話錄中提到帕曼尼迪斯的一個說法：我們不可能否認任何東西的存在。當我們否認某個東西的存在時，我們得先承認「有」某個東西，然後才能否定其存在。但這表示我們已經承認有這個東西，若是如此，我們如何還能否定其存在？這在文獻上稱為帕曼尼迪斯悖論。

「存在」還造成哪些哲學問題呢？本書援引布曲法洛夫的觀察❷，並做一些補充。布曲法洛夫指出，關於「存在」至少有三個問題：

第一個問題是：有哪些東西存在？這問題一般來說，不是哲學問題。例如，火星上是否有生命存在？是否真有外星人？恐龍是否完全絕跡了？是否有大腳怪？是否有尼斯湖怪？這些問題都得靠經驗觀察乃至於科學研究來回答。這些問題並不是哲學關心的。當哲學家提問：「有哪些東西存在？」這問題時，哲學家是從存有論的角度來提問的。前面已經提到了很多例子：柏拉圖的哲學主張這個物理世界不是真實的；唯名論反對共性的存在；當代科學哲學界對於不可觀察物是否存在是有爭議的；在當代心與認知哲學界，有些哲學家否認心智的存在；宗教哲學探討的一大問題就是關於神存在的問題。

第二個問題是：「存在」的規準是什麼？亦即，我們要依據什麼原則來決定一個東西是存在的，還是不存在的？觀念上，這問題顯然先於前面的第一個問題，因為如果我們沒有一套原則作為依據，我們憑什麼來說這東西存在、那東西不存在呢？例如，我們都承認赤兔馬是存在的，四不像是不存在的。我們依據的是什麼原則或規準呢？

那麼，「存在」的規準會是什麼？柏拉圖哲學主張：只有不會變動的東西才是存在的；這說法是以「變動與否」作為「存在」的規準。經驗論的哲學家主張：凡是不可經驗觀察的都是不存在的；這說法是以「可經驗觀察」作為一個東西存在與否的規準。究竟哪些規準才是恰當的，是形上學必須處理的問題。

---

❷ Butchvarov (1979: 82–84).

> **想一想：**
>
> 這些都還不足以回答：我們是依據什麼原則來決定赤兔馬是存在的，四不像是不存在的。該怎麼辦？（訴諸「因果力」可以解決嗎？）

第三個問題是：「存在」是述詞嗎？〈存在〉是真實的性質嗎？這問題的提出最早應可追溯到亞里斯多德。不過，在哲學史上最有名的應該是康德的質疑❸。當然本書已經強調過，述詞與性質是不同的，不可混為一談。「『存在』是否為述詞？」以及「〈存在〉是否為真實的性質？」是兩個不同的問題。康德想提問的應該是第二個問題，他的回答是：〈存在〉不是性質。他的理由是什麼呢？

以上的問題是形上學的。從語言來看，我們還想知道，將剛剛那些關於孫悟空、福爾摩斯……的想法用語言表達出來之後的語句是真還是假？這些語句會用到一些沒有指涉的語詞，例如「孫悟空」、「聖誕老人」、「最大的質數」、「麒麟」、「貔貅」等，這些語詞稱為空詞，前三者是空的單詞，後兩者是空的類詞。空詞不是只有出現在神話、神怪故事、科幻小說和科幻電影而已，在科學界也有出現空詞的時候。十九世紀的科學家曾經訴諸「燃素」來解釋燃燒的現象，訴諸「以太」作為光的傳遞媒介。然而現在的科學家不再承認燃素和以太的存在，這兩個語詞都是空詞，當然這兩個都是空的類詞。至於空的單詞的例子，最有名的大概是十九世紀法國天文學家所說的「瓦肯星」了。當時有科學家主張，在水星和太陽之間存在有一顆行星，並將它命名為「瓦肯星」。只不過，當代天文學家不再承認瓦肯星的存在了，「瓦肯星」因而是個空的單詞。我們的問題在於：當現在的科學家說：「沒有瓦肯星」時，這顯然是個真的陳述，可是這陳述針對的對象是什麼呢？那顆瓦肯星？當然不是，因為沒有瓦肯星！那麼，究竟是這個世界的什麼特徵使得這陳述為真呢？

詳細來說，「空詞」其實至少有三種類型：第一種是我們明知其談論的個物是不存在的，例如「福爾摩斯」、「聖誕老人」、「柯南」（日本著名卡通主角）；第二

---

❸ 康德當時乃是對於所謂「神存在的存有論論證」提出質疑。這論證如下：神具有一切完美。存在是一完美。所以，神具有「存在」這完美，亦即神存在。這裡說的「完美」用現代話來說，就是「性質」的意思。

種是談論到我們原先以為存在但後來發現不存在的，例如「瓦肯星」、「燃素」；第三種是談論到我們大致認為不存在但目前又不能完全確定的，例如「麒麟」、「夏禹」、「有巢氏」。這區分是否有什麼重要的理論意義？本書不敢斷言，以下的討論預設所舉的「空詞」的例子確實是空詞。

空詞會造成一些語言哲學的困難。為方便後續的解說，這裡先介紹一些基本概念。所謂單稱句是指以單詞為主詞而造出來的語句；單詞包括：專名、確定描述詞、指示詞（例如「這」、「那」）、索引詞（例如「你」、「我」）。所謂「專名」就是東西的名字，例如「臺北市」、「蘇軾」、「金星」、「阿里山」、「清明上河圖」、「《史記》」……。

所謂「確定描述詞」稍微有點複雜。暫時以英文來說，確定描述詞是指以定冠詞 "the" 加上單數名詞片語而構造出來的名詞片語 ，例如 "the author of *The Call of the Wild*"、"the smallest prime number"。這樣的介紹容易引起誤會，彷彿中文沒有確定描述詞似的。讓我們改用羅素的哲學主張來理解。羅素認為確定描述詞有兩大預設：存在預設以及獨特預設。依據他的分析，每個確定描述詞在語意上預設存在有某個個物滿足該描述，而且只有該個物滿足該描述。例如，中文的「臺大（現任）校長」、「最小質數」、「《史記》的作者」……，都是確定描述詞。

除了單稱句之外，還有通稱句，包括殊稱句以及全稱句。殊稱句是以「有」（或者「有些」）開頭的語句，例如「有（些）學生被當了」，在當代邏輯是以「∃a」來表示，「a」代表個體變元。殊稱句在述詞邏輯裡也稱為「存在句」，不過由於本章討論的正是關於「存在」的問題，因此暫時不使用這名稱。全稱句是以「任一」（或者「每一」、「所有」）開頭的語句，例如「任何（所有）學生都要繳交作業」，在當代邏輯是以「∀a」來表示（邏輯式子通常會省略「∀」這個符號）。殊稱句和全稱句由於在當代邏輯裡都是使用量限詞來分析的，所以也稱為「量限句」。

空詞以及「存在」這語詞在語言哲學裡造成哪些問題呢？就「存在」是否為述詞這個問題來看，當代哲學家想問的是：使用「存在」一詞造出來的單稱句，包括肯定句以及否定句，其意義如何理解？這個方向涉及到「空詞」造成的困擾，

尤其是空詞對於排中律造成的困惑以及單稱否定存在句的真值如何決定的問題。

　　所謂「單稱否定存在句」指的是類似以下的語句：「孫悟空不存在」、「臺灣（現任）皇帝不存在」、「最大的質數不存在」。這些語句造成的困惑是這樣的：它們明顯為真，然而我們不知道要如何說明它們之所以為真。一方面，例如「孫悟空」這語詞談到的個物是不存在的，另一方面我們豈不是已經承認「孫悟空」這個語詞已經談到了某個個物？我們的語言如何可能既談論到一個個物，又說那個物不存在？文獻裡將這問題稱為「單稱否定存在句的困惑」。

　　不但如此，這些沒有談到實際存在的東西的語詞還造成了排中律的困惑。借用羅素的例子來說，由於「法國（現任）國王」這語詞沒有談到任何人，「法國（現任）國王頭禿」這語句為假，因為即使查遍了所有禿子，也找不到法國（現任）國王。但同樣地，「法國（現任）國王沒有頭禿」這語句也為假，因為即使查遍了所有不是禿子的人，也找不到法國（現任）國王。然而依據排中律，對任何語句來說，或者該語句為真，或者該語句之否定為真，絕對不可能出現該語句及其否定都不為真（亦即為假）的情形。

　　本章後面幾節將分別解說「存在」是否為一述詞（或者性質）的問題、空詞造成的排中律的困惑、單稱否定存在句造成的問題、以及「存在」規準的問題。

第二節　「存在」是一個性質嗎？

　　前面提到了帕曼尼迪斯悖論。或許我們可以試著這樣回應：柏拉圖在這悖論裡使用了兩個不同的概念：存有以及存在。在陳述帕曼尼迪斯悖論時，「有」是「存有」的意思，所有的東西都有（都是）存有，但並不是所有東西都存在。蘇軾是存在的、火星是存在的，它們也都有存有。孫悟空是不存在的、聖誕老人也是不存在的，不過它們還是有存有。對於這些說法，我們立即出現的疑問自然是：如何說明「存有」與「存在」的差異？我們真地要主張：所有的東西都有存有，但不是所有的東西都存在？

　　設「存有」與「存在」確實是有差異的。以下是三個思考帕曼尼迪斯悖論的方式。（一）如果純粹使用「存有」來理解帕曼尼迪斯的思考，而不使用「存在」，則會出現矛盾。例如，將「孫悟空不存在」這宣稱理解為「存有一個孫悟空，他

不存有」，這當然是矛盾的。然而，（二）純粹使用「存在」來理解「孫悟空不存在」這宣稱的結果是：「存在有孫悟空，但他不存在」。這依然是矛盾的。可惜，這兩種理解方式不但相當無趣，而且沒有真正掌握到「孫悟空不存在」的意義，這是由於這兩種理解方式都是空的，亦即沒有增加資訊內容的。但是「孫悟空不存在」卻不是空真的！所以，（三）我們只好採取第三種理解方式：對於帕曼尼迪斯悖論的恰當理解應該是同時使用「存有」以及「存在」，亦即應該將「孫悟空不存在」理解為「孫悟空是一個存有、但不存在」。然而如此一來，並沒有產生矛盾，如何稱得上是個悖論呢？尤其，這樣的理解似乎是說：〈存在〉是一個性質，有些東西具有這性質，有些東西則沒有這性質，就如同有些東西具有〈紅〉性質，有些東西則沒有一樣。但是，哲學家質疑：〈存在〉真地是一個性質嗎？更糟的是：從語言或概念的角度來看，一般人聽得懂「孫悟空是一個存有、但不存在」這句話嗎？哲學家真地聽得懂這句話嗎？從形上學的角度來看，這句話有表達了什麼特別的形上學主張嗎？

　　或許我們不必區別「存有」與「存在」。「存有」是哲學的專技術語，「存在」卻是日常語言就有的。所以，我們何不維持日常使用的「存在」語詞或概念，然後再重新解析帕曼尼迪斯悖論以及其它種種與「存在」有關的哲學議題？

　　然而十八世紀的德國哲學家康德質疑：「存在」是個述詞嗎？這質疑又使得我們陷入了困境！就我們的日常語言（中文、英文、德文……）來看，一般人當然會毫不猶豫地說：「存在」是個述詞，因為這些語言都有相應於「存在」的語詞，並且可以用來造出具有真值的語句。例如，中文有「存在」這個詞、英文有"exist"這個詞，而且使用這類語詞確實可以造出有意義而且有真值的語句。以下是一些例子：

　　　蘇軾存在。
　　　孫悟空不存在。
　　　臺灣（現任）皇帝不存在。
　　　玫瑰存在。
　　　Socrates exists.

Sherlock Holmes does not exist.

The (present) king of France does not exist.

Roses exist.

從日常語言的角度來看，很難說「存在」不是個述詞，康德的質疑似乎沒有道理。不過，這只是表面的。莫爾就明白主張❹：就日常語言來看，「存在」是述詞，但哲學上更重要的是，從邏輯角度來看，「存在」是述詞嗎？我們可以這麼說，哲學家想質疑的是：「存在」這語詞是否真地具有謂述的作用，可用來謂述東西（包括個物以及性質）？

　　讓我們再回到康德。當他質疑「存在」不是述詞時，他究竟在質疑什麼？本書第一章第一節曾經對於「述詞」和「性質」做過區分。「述詞」是語言的，「性質」是形上學的。當康德說「存在」不是述詞時，我們可以這樣理解：他不是在討論語言，而是在談論形上學的議題，亦即〈存在〉是否為一個性質。如果對於性質採取共性實在論的立場，將性質視為共性，則他的主張是：並沒有〈存在〉這共性，因而也不會成為「存在」這語詞所表達的意義。如果採取唯名論的立場，當然〈存在〉不會是一個性質。那麼，在殊性存有論裡，〈存在〉是否為一個性質呢？是否每個實際存在的個物都具有一個〈存在-殊性〉呢？

　　我們也可以這樣理解康德。當他說「存在」不是述詞時，他的意思是說：「存在」這個語詞並不具有謂述的作用。因此他認為將「存在」當做一個述詞是多餘的。不論康德對於性質是採取實在論還是反實在論的立場，這個思考方向可以不考慮他關於性質的形上學立場，我們只要探討「存在」是否如莫爾所說，是邏輯意義的述詞即可。

　　前面已經說過，所謂「謂述」意思是說，將某個語詞應用到某個個體上，以造出一個具有真值的語句。例如，以「x 是宋朝人」這語詞謂述蘇軾，就是將這述詞應用在蘇軾，這應用的結果可以造出一個具有真值的語句：「蘇軾是宋朝人」，這語句或者為真，或者為假。所以，如果我們主張「存在」不是邏輯意義裡的述詞，我們就必須對於使用這語詞造成的語句重新進行邏輯分析。例如「蘇軾存

❹ Moore (1936).

在」、「臺大（現任）校長存在」、「孫悟空不存在」、「臺灣（現任）皇帝不存在」、
「最大的質數不存在」等，對於這些語句都必須重新提出新的分析。這裡我們需
要一套邏輯。然而，如果我們主張「存在」是邏輯意義裡的述詞，這裡我們顯然
需要另外一套邏輯了。

　　姑且不論我們要從「述詞」的角度還是「性質」的角度來理解康德那句名言。
他的質疑是：當我們談論某個個物時，說該個物存在似乎並沒有增加我們對於該
個物的瞭解。例如，從述詞的角度來看，「那朵白色的百合花」與「那朵白色且存
在的百合花」這兩個說法有什麼實質的差異嗎？這裡的關鍵在於：當我們說那朵
白色的百合花如何如何時，我們必須先承認那朵白色百合花的存在，才能說它是
如何如何的。但這樣一來，當我們說那朵存在的白色百合花如何如何時，我們並
沒有多主張了什麼。另一方面，從性質的角度來看，如果將性質視為共性，則性
質的例現或個例化必定得先預設有個個物存在，否則該性質無法被例現。若是如
此，所謂「那朵白色且存在的百合花」是冗贅的，並不比「那朵白色的百合花」
多表達了什麼。因此，「存在」不是述詞，因為沒有謂述的作用；〈存在〉不是性
質，因為在概念上，任何性質的例現必定預設有某個個物存在。

　　讓我們再比較下列兩個語句：

　　⑴蘇軾是宋朝人。
　　⑵蘇軾存在。

⑴語句為真，若且唯若，「蘇軾」這個專名談論到了蘇軾這個人，而且他滿足「x
是宋朝人」這述詞。我們可以說，「x是宋朝人」這述詞真實謂述了「蘇軾」這個
專名談論到的個物。使用「x是宋朝人」做出來的謂述並不是瑣碎的、多餘的。
那麼，⑵語句呢？表面來看，⑵語句為真，若且唯若，「蘇軾」這個專名談論到了
蘇軾這個人，並且他滿足了「x存在」這述詞。但是，既然已經有某個個物是「蘇
軾」這個單詞談論到的，再接著說這個個物滿足「x存在」豈不多此一舉！我們
根本無需使用「x存在」來謂述任何專名談到的個體。

　　除此之外，這裡還有另外一個困惑：「蘇軾存在」這語句不但為真、而且是邏
輯必真，也就是說蘇軾必然存在。因為「蘇軾」這個專名已經預設所講到的個物

是存在的，因此說某個已經預設為存在的個物是存在的，在邏輯上是必真的。這當然是非常荒謬的！蘇軾怎麼會是必然存在的！

對於(1)語句和(2)語句比較之後，我們發現：儘管在日常語言的文法上，兩者有相同的結構，但是如果我們僅僅是依據日常語言的文法來理解這兩個語句的意義和真值，我們將會面臨嚴重的理論困難。這也是為什麼莫爾會主張我們應該從邏輯角度來思考「存在」是否為述詞的緣故。

對於「蘇軾存在」這語句之為必真的論證，文獻上曾經有底下的反駁。試考慮下列語句：

　　神不存在。

設這語句為真。則「神」這個詞談論到了某個個體，並且那個個體不滿足「x 存在」這述詞，亦即神不存在。然而，不是已經有個個體被「神」這個詞談論到了嗎？所以，我們似乎只得推論出：神不存在而且神存在？若是如此，由於這裡推導出了矛盾，依據歸謬的原理，我們只能反推「神不存在」這語句為假。因此，「神存在」這語句為真，亦即神存在。

這個思路是相當令人訝異的。因為依據這個思路，我們將會證明所有東西都是存在的！試考慮第一節提到的例子：

　　孫悟空不存在。

按照相同的思路，我們同樣可以論證出孫悟空是存在的！這明顯是荒謬的。

以上關於「蘇軾存在」和「孫悟空不存在」（或者「神不存在」）的討論產生的荒謬結論都讓我們不得不思考：將「存在」視為邏輯意義的述詞恐怕是非常不恰當的。所以，我們必須做出「存在」不是述詞（或者〈存在〉不是性質）的結論。

想一想：
有沒有其它方式回應這裡推論出來的荒謬結果呢？（可從語言哲學思考。）

第三節　存在與本質

　　本書前面幾章曾經介紹了「本質」與「偶性」的區別。依據亞里斯多德的思路，「存在」與「本質」是一體兩面的。任何一個個物如果失去了它的本質，它就不存在了；反方向來說，任何一個個物如果存在，則必定具備它的本質。偶性之有無則不影響個物之存在與否。然而，中世紀重要的哲學家阿奎那並不這麼想。他認為「本質」與「存在」是獨立的概念，「本質」不蘊涵「存在」。

　　阿奎那主張：「本質」是用來說明一個個物「是什麼」的，並不涉及該個物存在與否❺。他的想法大致如下：「一個個物是如此這般」與「一個個物存在」是不同的說法。例如，我們可以說：貔貅乃是龍頭、馬身、麒麟腳、形似獅子、毛色灰白、會飛的、兇猛動物；特別是，貔貅喜歡吸食魔怪的精血，並將之轉化為財寶。假設這些描述說明了貔貅的本質，這些描述將會讓我們知道貔貅是什麼（強調「是什麼」），至於貔貅是否存在，卻是另外的問題。對於孫悟空也是一樣。他的本質（暫時假定）是：有火眼金睛、會七十二變、從石頭蹦出來的猴子。即使孫悟空不存在，藉由這些對他的本質的描述，我們也能知道他是什麼，至於孫悟空是否存在，是另外的問題。

　　這些例子可能會引起一些質疑：既然貔貅和孫悟空是根本不存在的東西，我們如何探究貔貅和孫悟空的本質？或許藉由神話、小說、故事、傳奇、軼聞……，我們可以知道（或者相信）某個個物或者某個類的本質是什麼，但是，例如對於「卡拉的本質是什麼？」這個問題我們要如何回答？這個問題當然是無法理解的，因為沒有任何神話、小說、故事、傳奇、軼聞……是提到卡拉的！然而，若是如此，我們不禁要問：在我們說「卡拉有火眼金睛」以及我們說「孫悟空有火眼金睛」時，這兩個語句究竟有什麼哲學上的差異？

　　或許我們另外換一個角度來思考，會更瞭解阿奎那將「存在」與「本質」區別開來的主張。我們會探究黃金的本質是什麼。而且，即使有一天黃金不存在於這個宇宙了，我們對於「黃金是什麼？」的答案是不變的，黃金就是那樣那樣的東西──「那樣那樣」是對於黃金本質的描述。請留意：這裡不是在質問我們人

---

❺　這裡的區分是："what it is"（它是什麼）以及 "that it is"（它存在）。

類如何（或者是否可能）知道黃金的本質；黃金的本質就是「那樣那樣」，不論我們人類是否能夠知道！簡單說，質問某個個物「是什麼」與質問那個個物「存在與否」，是不同的問題。我們在日常生活也經常如此，例如我們有時候想弄清楚，大腳怪是什麼東西？尼斯湖怪是什麼東西？這種「x 是什麼？」的問題與「x 存在嗎？」的問題是分開的不同問題。

有什麼好理由接受這主張嗎？阿奎那提出了一個論證：我們知道黃金的本質是什麼，但我們未必知道黃金是否存在。所以，一個東西的本質是什麼是一回事，那個東西是否存在是另外一回事。這個論證頗令人起疑。

首先，這是從知識論角度提出來以辯護形上學主張的論證，但這種論證在方法論上是很有問題的。這論證是這樣的：

> 黃金的本質具有「被知道」這特徵。
> 黃金的存在不具有「被知道」這特徵。
> 所以，黃金的本質與黃金的存在是兩回事。

這種論證是有問題的。試對照下列論證，就可以看出其不恰當之處：

> 《小太陽》的作者具有「被知道」這特徵。
> 《和諧人生》的作者不具有「被知道」這特徵。
> 所以，《小太陽》的作者與《和諧人生》的作者是兩回事。

其次，從概念的角度來看，確實我們有可能概念上掌握了一個東西的本質，卻仍然不知道那東西是否存在。所以，概念上「本質」與「存在」似乎是不同的。不過即使如此，存有論上是否也一樣呢？我們如何承認：「有」某個東西，它是這樣這樣的（本質），但它不存在？尤其我們不禁想問：如果我們根本不知道某個東西是否存在，我們是如何知道那東西是「這樣這樣」，而不是「那樣那樣」？顯然我們不是從與那東西的接觸而知道它的本質的，所以這知識只能來自於我們的概念建構。再換一個更簡單的方式來質疑：假設這個世界沒有任何人知道黃金的存在，那麼，我們是如何可能知道黃金的本質的？難不成我們對於黃金本質的理解只是純粹的概念建構而已？若是如此，科學家對於黃金的研究顯然是多此一舉了！

剛剛說過，在阿奎那的形上學裡，「本質」與「存在」是獨立的兩個概念，「本質」不蘊涵「存在」。這引起了另外第三個困惑：在什麼條件成立下，一個個物（或者一個類）是存在的？構成個物（或者一個類）存在的要件既然不是個物具有的本質，使得個物存在的必定只能是別的個物。但是，依此類推將會落入一個關於個物存在的無限後推。所以在阿奎那的學說裡，必定有一個個物是本來就存在的，亦即其存在不再依賴其它個物的。這個個物的存在說明了所有其它個物的存在。阿奎那藉此論證了神存在。由於這一點已經是關於神存在的討論了，本書就不再探討。

第四節　空詞及相關的難題

在文獻裡，空詞造成的哲學難題主要有三個：空詞難題、關於排中律的困惑、單稱否定存在句的困惑。羅素在二十世紀初就已經開始試著對這三個困難提出回應。本節先對這三個問題做一些介紹，接著兩節再介紹哲學界的幾種回應。此外，近日哲學家克倫觀察指出，還有一個問題與不存在物或者空詞密切關聯，而且恐怕比起前面的三個困難更為根本 ❻：一方面，我們願意承認有一些關於不存在物的語句為真；另一方面，我們認為所有的真語句都是與實在界相呼應的。然而這兩個主張明顯是不相容的。克倫認為這才是關於不存在物的根本問題，本節最後會做一些介紹。

空詞難題

空詞造成的困難是這樣的：「不存在物」似乎是一個矛盾的語詞（或概念）。我們暫時預設二值原則，亦即每個語句（或者命題）的真值只有兩種：真、假。接著，比較下列兩語句：

⑶美國（現任）總統是頭禿的。

⑷法國（現任）國王是頭禿的。

由於美國（現任）總統（亦即 2013 年的歐巴馬）不是頭禿的 ❼，故⑶為假。依據

---

❻ Crane (2012).

邏輯，其否定為真：

　　(¬3) 美國（現任）總統不是頭禿的。

對比來說，⑷與⑶有相同的文法結構，因此，如果⑷為假，則其否定也為真：

　　(¬4) 法國（現任）國王不是頭禿的。

但是「法國（現任）國王」是一個空詞，所以這語句應該為假才對。這是空詞帶來的困惑。

關於排中律的困惑

　　以空詞造出的語句會違反排中律　（亦即 $\vDash \phi \vee \neg\phi$）。 羅素曾經舉這例子來說明：「法國（現任）國王是頭禿的」這語句為假，因為即使查遍了所有禿子，也找不到法國（現任）國王；同樣地，「法國（現任）國王不是頭禿的」這語句也為假，因為即使查遍了所有不是禿子的人，也找不到法國（現任）國王。然而，依據排中律，對任何語句來說，或者該語句為真，或者該語句之否定為真，絕對不可能出現該語句及其否定都為真的情形。排中律的困惑就在於這兩語句都使用了「法國（現任）國王」這個空詞。

關於單稱否定存在句的困惑

　　底下兩個語句都是單稱否定存在句：

　　孫悟空不存在。
　　法國現任國王不存在。

這一類型語句特殊的地方在於它們都使用了單稱的空詞以及「存在」這個詞，而且它們都為真。問題是，這類語句如果為真，它們自然是在對於主詞所說的個體

---

❼ 或許有人會認為歐巴馬可能有點頭禿，這是由於這個例子用了「x 是頭禿的」這個模糊詞。如果讀者不放心，可以將例子改用不是模糊的語詞，例如「x 是在臺灣出生的」、「x 是男的」、「x 有博士學位」。

做一些主張，可是既然主詞沒有談到任何個體，這類語句是在對什麼東西做一些主張呢？

空詞造成的困惑，最遠大概可以追溯到柏拉圖，也就是前面曾經提到的帕曼尼迪斯悖論，雖然這個悖論不是從語言的角度提出來的。姑且不論這點，對於這個悖論，底下我們分別從形上學方向以及語言哲學方向來思考：

⑴形上學方向：這問題前面已經說過，所謂否認某事物的存在，意指有某個事物其存在是被否定的。但這表示我們已經承認有該事物，既然如此，還如何能否定其存在呢？

⑵語言哲學方向：令「t」表示單詞，亦即專名或確定描述詞。「t 不存在」這種語句是自我矛盾的。因為一般來說，專名和確定描述詞都是具有指涉的語詞；我們使用這類單詞時，都預設其指涉某個個物。如果「t」是沒有指涉的，我們如何能理解「t 不存在」這語句的意義呢？試比較下列兩語句：

(a) 千里眼不存在。

(b) 卡拉不存在。

我們能夠區別這兩個語句嗎？有些人認為：(a) 語句是有意義的且為真；至於 (b) 語句則是無意義的，因為「卡拉」是沒有意義的。然而，我們有什麼理由支持這主張？換個方式來問：在這個主張裡，為什麼「千里眼」是個有意義的語詞（它的意義會是什麼？），「卡拉」卻是個沒有意義的語詞？如何說明 (a) 語句為真呢？畢竟「千里眼」和「卡拉」兩者都是沒有指涉的語詞。這個疑問前面已經提過了。

接著，試將剛剛的單稱否定存在句與下列語句相比較：

美國現任總統年過七十。

如果這語句為真，它是針對美國現任總統這個人，說他年紀超過七十歲。同樣地，如果「法國現任國王不存在」這個語句為真，它應該是在針對法國現任國王這個人，說他不存在。可是，既然法國現在沒有國王，這句話怎麼還能針對法國現任國王這個人？這類「單稱否定存在句」究竟在說什麼呢？

表面來看，「法國現任國王不存在」的分析如下：

(a) 存在有這麼一個人是法國現任國王，

(b) 只有這個人是法國現任國王，其它人都不是，

(c) 這個人不存在。

(a) 和 (c) 是矛盾的。

　　讓我們換另外一個方式來陳述單稱否定存在句造成的困難。令 S 表示使用空詞「*a*」（空的單詞或類詞均可）造出來的為真的否定存在句「*a* 不存在」（例如「孫悟空不存在」、「燃素不存在」）。試考慮下列推論 **❽**：

　　前提一：S 是關於 *a* 的。

　　前提二：如果 S 是關於 *a* 的，則有 *a* 這樣的東西。

　　前提三：如果有 *a* 這樣的東西，則 S 為假。

　　結論：S 為假。

這推論是有效的，但結論卻是錯誤的，因為實際上 S 為真。所以我們反推必須推翻至少一個前提。哪一個呢？

「不存在物」的根本問題

　　前面介紹了三個與不存在物和空詞有關的問題。哲學家克倫觀察指出，還有一個問題更為根本：一方面，我們願意承認有一些關於不存在物的語句為真；另一方面，我們認為所有的真語句都是與實在界相呼應的。這兩個主張明顯不相容。

　　克倫從心靈的意向性著手來思考這問題。在第四章第六節已經提到，心理意向性是一種「指向」或「關涉」：意向性的出現必定指向某個東西（這裡僅考慮單數的情形）。讓我們將被指向的東西稱為「意向對象」。那麼，這種指向是一種關係嗎？心理意向性最大的特徵是能夠指向不存在的東西，亦即以不存在物作為意向對象。既是如此，這種指向不會是一種關係，因為至少有一端關係項是不存在的！這困難在當代自然論取向的意向性哲學裡尤其明顯。當代主流以「表徵」說明意向性，再以因果－定律關係說明表徵。由於不存在物不具備因果力，它們不

---

❽ Cartwright (1960).

可能進入因果－定律關係，因此不可能作為表徵的對象，也就不可能成為意向對象。我們人類之能夠思考或談論不存在物是無庸置疑的事實，然而這卻正是一件令人難以理解的事實。

文獻裡對於這問題的回應頗多：

（一）有一種回應是承認意向性確實是關係，但基於不存在物不可能作為關係項，就只得否認不存在物可以作為思想的對象。這回應當然違反太多人的直覺，畢竟我們確實是有一些想法或欲望是關於不存在的東西的。

（二）另一種回應是承認意向性是一種關係，並且是可以將不存在物作為關係項的，麥農學派就是這主張。當然，在這主張裡，當代自然論之訴諸因果－定律關係來說明表徵或者意向性的進路就不適用了。這一個回應方式因而必須另外對於「意向性」這關係做些理論說明。

（三）第三種回應方式就是克倫提出來的。他主張意向性（或者指向性）不是關係，並且區別了「指向」以及「指涉」。人的思想必定指向某個東西，但未必有所指涉。例如老王很希望能跟柏拉圖一樣有智慧，他這個「希望」指向的是柏拉圖，指涉的也是柏拉圖。如果老王很希望跟福爾摩斯一樣聰明，他這個「希望」指向的是福爾摩斯，但並沒有指涉任何個物。

本書認為克倫的回應只是換一套方式來陳述相同的問題而已，他並沒有真地回應了問題。意向性的問題本來就是在說：人的思想可以指向一個不存在的東西，本來就是有「指向」但可能沒有「指涉」的。

無論如何，讓我們繼續思考克倫所謂「關於不存在物的根本問題」。前面已經解說了使用空詞造出的單稱句其真值如何決定的問題（除了單稱存在否定句以外）。至於解決這問題的方式，接下來的兩節會有比較詳細的介紹，這裡簡單來說是這樣的：有些哲學家依據其特有的形上學而主張這類語句有些為真、有些為假（例如麥農學派）；有些哲學家主張這類語句全都為假（例如羅素）；還有些哲學家主張這類語句是「無真值的」（例如某些三值邏輯走向的哲學家）。然而克倫不認為這些回應是恰當的。他主張確實有一些使用空詞的語句為真，例如直覺上「孫悟空會七十二變」為真、「福爾摩斯是英國人」為真、「聖誕老人是男的」也為真。但是，一方面，他不接受任何東西都有「存有」的預設，也不接受「麥農式個

物」；另一方面，任何語句之為真必定與實在界（由存在的個物構成的世界）具有某種關聯。若是如此，這個實在界有什麼特徵以使得像「福爾摩斯是英國人」這一類的語句為真呢？克倫認為這個問題比起「單稱否定存在句」引起的問題更為根本。這是由於⑴有一些使用空詞的語句為真，⑵真語句必定與實在界相呼應，但是⑶實在界無法與使用空詞的真語句相呼應！

第五節　佛列格與羅素對空詞難題的解決方案

康德、佛列格、羅素都認為〈存在〉不是性質。不過，嚴格來說，佛列格和羅素的主張是：〈存在〉不是一階的（亦即個物具有的）性質，而是二階的性質 ❾。佛列格主張〈存在〉是針對他所謂的「概念」來說的，這個「概念」是非物理、非心理的；羅素則主張〈存在〉是針對他所謂的「（一元的）命題函數」來說的。例如，「x 是紅的」這述詞表達的是佛列格所謂的「概念」，其實也就是羅素所謂的「（一元的）命題函數」。

佛列格和羅素的主張有時稱為冗贅論 ❿，在文獻上則通稱為「傳統學派」，並且影響了當代初階邏輯的形成與發展。依據這學派，說某性質 F 存在，就是說至少有某個個物是 F（亦即例現了 F）；說某性質 F 不存在，就是說沒有任何個物是 F：

F 存在 ≡ (∃x)Fx

F 不存在 ≡ ¬(∃x)Fx（亦即 (x)¬Fx）

這套學說對於「類」也是一樣的處理。黃金存在、麒麟不存在的邏輯表達式為（以 Gx 表示「x 是黃金」、Kx 表示「x 是麒麟」）：

金存在 ≡ (∃x)Gx

麒麟不存在 ≡ ¬(∃x)Kx（亦即 (x)¬Kx）

附帶一提：由於他們的學說反對沒有個例的共性，冗贅論對於共性並不是採取柏

---

❾　康德那個時代並未能區別「一階」與「二階」的差異。

❿　這是 Mendelsohn (2005: 105) 的用語。

拉圖式的共性實在論，而是亞里斯多德式的共性實在論。

　　這套學說如何分析單稱存在句，例如「蘇軾存在」？佛列格並沒有特別處理這問題，羅素則發展了知名的描述論來處理。本節稍後很快會解說他的理論。

　　初步來看，似乎在邏輯裡並不需要「存在」這述詞，使用初階邏輯的量限詞「∃」就可以表達使用「存在」造出的語句了。然而，試考慮以下兩個語句：

　　⑸有些東西存在。

　　⑹所有東西都存在。

由於「有些」這語詞在邏輯裡已經使用「∃」來表示了，要造出完構式似乎必須將「存在」當做述詞才行。以「E!x」表示「x 存在」，這兩語句的邏輯式為：

　　(5.1) $(\exists x)E!x$

　　(6.1) $(x)E!x$

若是如此，「存在」在邏輯裡仍然是必要的述詞。

　　不過，這思考還不足。當代邏輯援用佛列格的主張，將 「E!x」 重新定義為「x = x」或者「$(\exists y)(x = y)$」，上述兩個邏輯式因而可以分別重寫為：

　　(5.2) $(\exists x)(x = x)$

　　(6.2) $(x)(x = x)$ 或者 $(x)(\exists y)(x = y)$

如此一來，在當代邏輯裡，日常語言使用「存在」造出的單稱句最終都被改為量限句，不但並不需要將「x 存在」視為邏輯裡的述詞，反而「等同」才是更關鍵的概念。

　　以上是對於佛列格和羅素關於「存在」的綜合解說。儘管他們的理論一向被統稱為傳統學派，他們的理論還是有差異的，所以底下再分別對他們兩人的學說做一些介紹。

佛列格的理論

　　佛列格如何說明〈存在〉是二階的性質呢？他從這個問題開始思考❶：

使用「存在」造出的語句如何可能是增知的？

第七章第七節已經提過，「增知」就是提供資訊的意思。例如，「蘇軾是宋朝人」是有增知的，但是「蘇軾就是蘇軾」則不是增知的（或稱為「瑣碎的」）。現在，假設我們將〈存在〉視為個物擁有的性質，並且主張專名都有指涉，則「蘇軾存在」這個真語句將只是瑣碎真而已，亦即不是增知的，這語句並沒有多告訴我們任何關於蘇軾的事情。但這是荒謬的。因為「蘇軾存在」這個語句之為真使得我們獲得了一項新資訊。換一個例子或許更明顯：「海王星存在」是天文學的一個重大發現，它是科學家經由數學推算與天文觀測而建立起來的真理，絕對不是瑣碎真的。

佛列格因此主張：我們不應該將〈存在〉視為個物擁有的一階性質，而應該將它理解為二階性質。這一點尤其與他所謂的「概念」有關。請留意：佛列格所謂的「概念」不是心理的，而是抽象的，相當於一元函數。按照他這套學說，「蘇軾存在」這語句之所以為真而且是增知的，是由於〈x 是〈後赤壁賦〉的作者〉這概念具有一個個例。

佛列格的理論其實有些漏洞。首先，既然〈存在〉是二階的性質，它是一階性質（概念）具有的性質。按照剛剛的說法，它意思是指概念具有個例。但這表示：沒有個例的概念顯然是不存在的。我們不禁要問：為什麼〈x 是最大的質數〉不是真實的概念？其次，佛列格的理論已經使用「等同」來理解「存在」（例如剛剛的 (5.2) 和 (6.2)），那麼，我們還需要再承認「存在」是個性質嗎？第三，剛剛的 (5.2) 和 (6.2) 都是初階邏輯的式子，為什麼還要主張〈存在〉是二階的性質？第四，當科學家質疑瓦肯星是否存在時，他們關心的對象是個物層面的，不是哪個概念（一階性質）有沒有個例的問題。

這些疑問也適用於羅素的理論，請讀者自行提問，底下就不重複。

羅素的理論

羅素與佛列格一樣，主張〈存在〉不是個物擁有的性質，而是二階的性質 [12]。

---

[11] Frege (1884).

例如，「美國（現任）總統存在」這語句在羅素的描述論裡被解析為（以「Px」代替「x 是美國（現任）總統」）：

$$(\exists x)(Px \wedge (y)(Py \supset y = x))$$

將「Px」視為表達〈x 是 P〉這命題函數的語詞，則這語句是說，這命題函數有一個個例。如果不使用「命題函數」這概念，改用「性質」這概念，我們可以說：〈Px〉這性質具有〈x 有個例〉這性質。既然是針對性質來說的，「存在」是二階的。

　　以上例子裡的單稱存在句是以確定描述詞為主詞的。對於以專名為主詞而造出來的單稱存在句，例如「蘇軾存在」，由於在羅素的描述論裡，每個專名都是偽裝的確定描述詞，因此對於這類單稱存在句的分析也是一樣的。

　　羅素的描述論大致包括以下幾點主張：

　　⑴一般所謂的專名並不是真正的專名（羅素認為只有邏輯專名才是真正的專名）。羅素認為一般的專名其實都是偽裝的確定描述詞而已。因此，使用一般專名造出來的語句都可以改寫為使用與這專名相關聯的確定描述詞造出的語句。為什麼一般的專名都不是真正的專名呢？這是由於羅素認為：真正的專名必定是代表某個存在的東西的。設「蘇軾」是真正的專名，則它必定代表某個存在的東西（亦即蘇軾這個人）。然而，若是如此，「蘇軾不存在」將會是矛盾的、邏輯必假的語句；進而我們可以推導出這語句的否定，亦即「蘇軾存在」，將會是邏輯必真的。這顯然是荒謬！羅素關於邏輯專名的主張使得我們避開了這些荒謬的結果。（請回顧上一節的解說。）

　　⑵羅素的學說要求的是「邏輯專名」，亦即語言裡真正能夠指涉到某個特定個物的符號。依據他的學說，只有「這」、「那」這些指示詞才是真正的邏輯專名，才是真正指涉到某個特定的東西的。

　　⑶羅素曾經提出一套所謂的「親知與述知」的理論，「親知」的對象只有兩種，一種是共性，另一種是所謂的感覺與料。羅素主張真正的邏輯專名「這」、「那」必定是指涉到感覺與料或者指涉到共性的語詞。當然，接受羅素語言哲學理論的人未必需要同時接受他這項主張。

---

⑫ Russell (1918: 232).

⑷對於以某個確定描述詞為主詞造出來的語句，羅素認為不能從語言的文法結構來理解這種語句，必須從其深層的邏輯結構來理解才行。這是由於羅素反對將確定描述詞視為指涉詞，亦即確定描述詞並不是指涉到個物的語詞。羅素主張：確定描述詞是所謂的「不完全符號」，需要藉由脈絡定義，亦即進入語句之後，才能具有語意。依據他的描述論進行分析之後，這些語句都不再具有「主詞－述詞」的結構，反而都是量限語句。舉例來說，「《小太陽》的作者」這個確定描述詞本身沒有語意，必須進入語句之後，例如「《小太陽》的作者是福建人」，才獲得了語意。經由羅素的描述論，這語句分析如下（以 Ax 表示「x 是《小太陽》的作者」、Bx 表示「x 是福建人」）：

$$(\exists x)(Ax \wedge (y)(Ay \supset y = x) \wedge Bx)$$

這是一個量限語句，不具有「主詞－述詞」的結構；更重要的是，在這語句裡並沒有哪個詞本身是指涉詞。

⑸羅素主張：在經過分析之後，確定描述詞有「主要出現」與「次要出現」兩種方式。文獻裡又將「主要出現」稱為「寬域的」，將「次要出現」稱為「窄域的」，甚至將這組區別用在「否定運算子」以及「模態運算子」。底下會有例子說明。

接著，讓我們來看看羅素的描述論如何回應「空詞難題」、「排中律的困惑」、以及「單稱否定存在句」造成的困惑。

羅素對空詞難題的解決

羅素的描述論試圖解決空詞難題，前一節舉了兩個例子，茲重列如下：

⑶美國（現任）總統是頭禿的。
⑷法國（現任）國王是頭禿的。

依據羅素的描述論，⑶語句分析為（以 Px 表示「x 是美國（現任）總統」、Bx 表示「x 是頭禿的」）：

$$(\exists x)(Px \wedge (y)(Py \supset y = x) \wedge Bx)$$

這邏輯式子用日常語言來理解，意思是說：(3a) 存在有這麼一個人是美國（現任）總統；而且 (3b) 只有這個人是美國（現任）總統，其它人都不是；而且 (3c) 這個人是頭禿的。

　　當我們否定⑶語句時，我們否定的是 (3c) 這個部分。邏輯表達如下：

$$(\exists x)(Px \wedge (y)(Py \supset y = x) \wedge \neg Bx)$$

確定描述詞在這裡是「主要出現」。

　　對照來看，羅素的描述論將⑷語句分析為（以 Kx 表示「x 是法國（現任）國王」）：

$$(\exists x)(Kx \wedge (y)(Ky \supset y = x) \wedge Bx)$$

這語句改用日常語言來理解，意思是說：(4a) 存在有這麼一個人是法國（現任）國王；而且 (4b) 只有這個人是法國（現任）國王，其它人都不是；而且 (4c) 這個人是頭禿的。當我們否定⑷語句時，我們否定的是 (4a)，不是 (4c)。邏輯表達如下：

$$\neg(\exists x)(Kx \wedge (y)(Ky \supset y = x) \wedge Bx)$$

確定描述詞在這裡是「次要出現」。

　　羅素的貢獻在於指出：對於語句意義的掌握不能停留在表面的日常語言的文法結構，而必須看到其深層的邏輯結構。從日常語言的文法來看，⑶和⑷這兩個語句都具備「主詞─述詞」的結構。純粹從表面的文法結構來看，⑶和⑷兩個語句是一樣的，因此對於兩者的否定應該也是一樣的。可是我們看得出來，表面文法結構根本不足以區別它們。羅素認為傳統分析的錯誤在於：將任何文法上的主詞都視為指涉詞，亦即都是有指涉的。但羅素認為這是錯誤的。他主張只有將這種「主詞─述詞」語句的邏輯結構找出來，才能夠說明⑶和⑷兩個語句的實質差異。一旦進入語句的邏輯結構，就可以發現主詞不再是指涉詞。

這是羅素與佛列格不同之處。例如，佛列格曾經硬性規定：日常的空詞不是空詞，而是仍有指涉的。

羅素對單稱否定存在句困惑的解決

依據羅素的學說，一般對於單稱否定存在句的分析錯誤在於將確定描述詞分析為「主要出現」（寬域的），但其實應該分析為「次要出現」（窄域的）才對；而且「存在」在羅素理論裡，不是一個述詞，而是改以量限詞的方式表示。對於下列語句：

法國（現任）國王不存在。

羅素的分析是：〈x 是法國（現任）國王〉這命題函數並沒有被任何（實際存在的）個物個例化。

羅素的學說留下了一個困惑：我們目前其實並沒有真正理解何謂「某命題函數被某個物滿足（或者具有某個個例）」！這疑問從當代邏輯哲學來看更為清楚。依據當代邏輯哲學的說法，對於存在量限詞「∃」有兩種不同的詮釋：替代詮釋以及個物詮釋。

依據替代詮釋，一個殊稱句之為真乃是基於一個單稱句之為真（這單稱句係以真正的專名作為主詞的），這些單稱句是該殊稱句的替代個例。例如，「蘇軾是男的」，或者其它的單稱句如「孔明是男的」、「司馬遷是男的」……，就是「有些人是男的」這殊稱句的替代個例。如果「蘇軾」是真正的專名、而且「蘇軾是男的」這單稱句為真，則依據這詮釋方式，「∃xFx」為真（以 Fx 表示「x 是男的」）。

對於替代詮釋或許有人可以這樣質疑：並不是每個存在的個物都對應到某個專名，亦即有些個物存在，但是並沒有名字。所以替代詮釋是有問題的。儘管如此，前面已經說過，在羅素學說裡，日常所謂的專名，例如「蘇軾」，並不是真正的專名，只有「這」、「那」這些指涉感覺與料或者共性的語詞才是真正的專名（邏輯專名）。因此，「蘇軾是男的」……並不是真正的單稱句，不足以用來理解何謂「某命題函數被某個物滿足（或者具有某個個例）」。此外，雖然有些個物存在但並沒有名字乃是事實，原則上對於這些東西我們隨時都可以給予一個專名的，因

此這裡並不是真正的理論困難。

對照來看，依據個物詮釋，一個殊稱句之為真乃是基於論域裡有個個物確實具有該殊稱句所說的特徵，至於這個個物是否有專名並不重要。這是當代初階邏輯採取的定義。這詮釋面臨的困難是這樣的：在古典邏輯裡，「論域」指的是所有存在的個物構成的集合。哪些個物屬於這個集合呢？司馬遷、孔明、蘇軾等當然屬於這個集合，福爾摩斯、孫悟空、柯南……當然不屬於這個集合。然而這麼一來，我們已經先有「存在」規準，藉以決定哪些個物存在、哪些個物不存在了。因此，這方式並沒有真正說明「存在」概念！

> **想一想：**
> 羅素的理論如何回應排中律的困惑？

馬勁的反駁

對於佛列格與羅素的「存在」學說，馬勁提出了四個反駁 **⑬**，上面那段落說的正好是他的第一個反駁。他的另外三個反駁大致如下：

首先，佛列格與羅素這一套關於「存在」的學說會面臨無限後推。這套學說必須先承認性質的存在，才能說明個物的存在。然而，依據這套學說的思路，對於性質的存在必須再以「∃」以及更高階的性質之具有〈x 有個例〉這性質，來加以分析。簡單說，這套學說為了分析一階性質的存在，必須引進對於二階性質的承認；為了分析二階性質的存在，必須承認三階性質；依此類推，出現了一個無限後推。所以，佛列格與羅素的學說並沒有真正徹底分析或化約「存在」。

馬勁的第二個反駁其實是一項質疑：對於「有些東西存在」和「沒有東西存在」這類語句，佛列格與羅素的學說要如何進行分析？很明顯地，這兩語句都沒有提到任何特定的個物，因為沒有用到任何單詞，因此，佛列格與羅素的學說無法訴諸某個性質之具有〈x 有個例〉來進行分析。

這一節一開始的時候已經對於這問題做了說明。佛列格與羅素對於「有些東

---

⑬ McGinn (2000: 21–30).

西存在」的分析是「(∃x)(x = x)」。這分析訴諸量限詞以及等同。他們的學說對於「沒有東西存在」的分析也一樣：¬(∃x)(x = x)（亦即 (x)(x ≠ x)），對於「所有東西都存在」的分析則是：(x)(x = x)。

佛列格與羅素的分析初步來看，是回答了馬勁的質疑。這分析有道理嗎？這分析使用「量限」以及「等同」來理解「存在」。然而，舉例來說，他們的學說對於「所有東西都存在」的分析乃是「所有東西都是自我等同的」。假設「所有東西都存在」這語句為假，亦即有些東西不存在，例如孫悟空和福爾摩斯，則依據這分析我們只得說：孫悟空不是自我等同的、福爾摩斯也不是自我等同的。顯然，我們接著立即要面對的問題就是：「x 是自我等同的」是否適用到不存在物？

關於這點，馬勁也提出了質疑 ❶：⑴在原來的語句裡並沒有使用到「等同」，為何佛列格與羅素的分析要使用「等同」？⑵依據佛列格與羅素的學說，「蘇軾存在」的分析是：(∃x)(x = 蘇軾)，但這分析是循環的，因為已經預設蘇軾的存在。

本書認為馬勁的質疑是有問題的。首先，哲學解析原本就是訴諸某個概念來說明某個事情，被用來進行解析的概念當然沒有出現在被解析的事情的描述裡。例如，對於「三邊形」的解析是：由三條直線構成的封閉形狀。在這分析中使用的「封閉」並沒有出現在被分析的語句裡。同樣地，這裡的哲學分析或者是在做語意分析或者是在提供存有論的解析。就語意分析來說，例如對於「舅舅」的語意分析用到的概念是「母親的男性手足」；就存有論的解析來說，例如水就是具備 H_2O 分子結構的東西。不管是哪種方式的分析，被分析的概念或個物當然不會出現在用以進行分析的概念或者對該個物的說明。按照這思路，用「等同」概念來分析「存在」，並無不妥之處。

其次，依據佛列格與羅素的學說建立起來的分析是：蘇軾存在，若且唯若，(∃x)(x = 蘇軾)。依據這套學說同樣可以建立：孫悟空存在，若且唯若，(∃x)(x = 孫悟空)；福爾摩斯存在，若且唯若，(∃x)(x = 福爾摩斯)……。但是，在這些分析裡並沒有預設蘇軾存在、或者孫悟空存在、或者福爾摩斯存在。這是由於關鍵在於這些分析的左右兩端是否具有相同的真值，例如：如果「(∃x)(x = 福爾摩斯)」為假，則「福爾摩斯存在」為假；反之亦然。佛列格與羅素的學說並沒有預設福爾

---

❶ McGinn (2000: 27, fn. 13).

摩斯存在，或者孫悟空存在。馬勁的指責擺錯了地方，真正出現循環解析的地方在於前面提到的論域：在羅素學說（或者當代述詞邏輯）裡，已經預設論域裡的個物是存在的，然後才能據此以對於殊稱句和通稱句的真值提出一套語意論。更何況在羅素的描述論裡，「蘇軾」等日常語言的專名並不是真正的專名，它並不是指涉詞，因此舉「蘇軾存在」這類例子來反駁羅素是不恰當的。

　　馬勁提出的第三個反駁是這樣的：依據佛列格與羅素的學說，對於任何為真的單稱存在句的分析必定要訴諸某個性質之具有〈x 有個例〉這性質。這表示不可能存在一個不具備任何性質的個物（亦即基體）。這思考是對的，但是這為什麼會構成對於佛列格與羅素學說的反駁呢？在第五章我們就已經看到，有些形上學家是否認基體的。即使這種形上學有理論困難，這是另外一個議題，不應該用以反駁佛列格與羅素關於「存在」的學說。

第六節　麥農學派對空詞難題的解決方案

　　克里普奇很早就對於羅素的描述論提出了反駁。這也使得哲學家開始思考是否有別的方式來回應空詞與不存在物帶來的哲學困擾，有些哲學家因而開始重新關注麥農的哲學。麥農及其追隨者，亦即麥農學派，提出了一套很不一樣的存有論和語意分析，來說明不存在物以及空詞帶來的哲學困擾。對麥農學派來說，其最主要的哲學動機就在於：對於使用到空詞的單稱否定存在句提出一套語意分析，以及一套用以支持這套語意分析的形上學。

　　我們可以先將麥農學派與佛列格和羅素的傳統立場做一些對照，以對於這學派獲得一些初步的瞭解：

　　（一）麥農學派承認〈存在〉是個物的一階性質，但不是所有東西都具有這性質。相對地，傳統學派主張〈存在〉是二階的性質。也因此，在麥農學派裡，「有些東西不存在」是很合理的陳述，這裡的「東西」一詞確實是有談到東西的，即使是不存在的東西。

　　（二）麥農學派承認每個單詞都是指涉詞，亦即都有指涉，只是有些單詞指涉到的是不存在物而已。這類單詞就是一般人和傳統學派所謂的「空詞」。不過，使用「空詞」這概念來進行敘述與討論對於麥農學派是不公平的，因為在麥農學

派的學說裡，這些單詞仍然是有談論到東西的，並不是空的。對這個學派來說，這類平常所謂的「空詞」依然是有談論到東西的單詞，使用這些空詞造出來的語句依然是單稱句。所以在這套學說裡並不會出現前面提到的所謂「空詞的難題」。

相對地，依據傳統學派，使用這些空詞造出來的單稱句不是邏輯上真正的單稱句，而是被分析為量限句。尤其，在羅素的學說裡，原則上是可以取消所有日常專名的（不論有無指涉）。所以嚴格來說，傳統學派不再需要考慮一般的單詞以及使用這類單詞造出來的單稱句。

讓我們來看看麥農學派的基本主張，這裡提出四點 [15]。

第一，中文的「有」（英文的 "there is"）在一般用法裡（尤其是遵循羅素的傳統）相當於「存在」（英文的 "there exists"）。例如，「有學生這門課被當了」與「存在一些（至少有一）學生這門課被當了」是一樣的。然而麥農學派區分這兩種用法。「有 x」並沒有意味著 x 存在。依據這學派，「福爾摩斯是偵探」這語句的意義是：有福爾摩斯這個東西，他是個偵探（強調「有」）；但這不表示福爾摩斯是真實存在的。同樣地，「福爾摩斯不存在」這語句的意義是：有福爾摩斯這個東西（強調「有」），但他不存在。儘管這聽起來是矛盾的，又說有福爾摩斯這個東西，又說他不存在，不過，提醒讀者，我們之所以會認為這裡出現了矛盾，是由於我們將「有 x」理解為「x 存在」的緣故。由於麥農學派並不是以這方式理解「有 x」的，所以其實並沒有矛盾。

儘管如此，這說法聽起來仍然相當彆扭。試考慮這語句：「卡拉不存在」。依照相同的思路，我們豈不是也要承認：有卡拉這個東西，但他（它）不存在？我們真地懂這裡在說什麼嗎？這豈不是使得我們將因為所有「x 不存在」這類宣稱而承認 x 是個東西？即使用來放置在 x 位置的語詞只不過是我們一時興起、隨意構作的，就像「卡拉」這個詞？如果我們無法理解「卡拉不存在」這語句的意義，我們憑什麼說我們懂「孫悟空不存在」這語句的意義呢？畢竟，「卡拉」與「孫悟空」、「福爾摩斯」、「四不像」這些語詞一樣，都是空的，沒有指涉到任何實際存在的個物！換個方式來問：「卡拉不存在」是沒有意義的，還是沒有真值的？

第二，　麥農對於所有東西的存有論地位做了一些分類 [16]。　最大類的稱為東

---

[15]　王文方 (2002) 一文對於麥農學派有詳盡的討論可供參考。

西 ❿，在其下又分為「存有物」以及「非存有物」。麥農接著又將存有物分為具體存在物以及抽象潛在物。「具體存在物」指的是像蘇軾、火星、籃球……，我們平常說的存在的個物。「抽象潛在物」包括抽象的個物，像是性質與關係（理解為共性）、集合與數、以及事實命題（真命題）。非存有物則包括金山、福爾摩斯、孫悟空等具體不存在物、非事實命題（假命題）、以及僅僅可能的命題。為方便掌握他的分類，以下整理一張表：

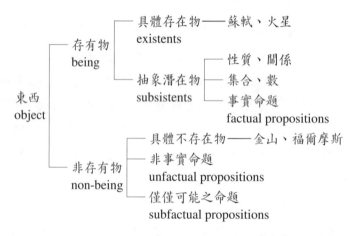

（改自王文方 (2002: 106)）

請留意：(1)麥農對於「東西」這語詞的用法比一般的理解要廣。在他的學說裡，任何一切都是東西，不論存在與否，也不論是否可能被我們的語言表達或者作為我們思考的對象。甚至在他的學說裡，矛盾不可能的也是東西。這是一般人難以接受的。(2)當代形上學主流很少在使用「潛在」這個概念，對於那些抽象個物和命題，當代哲學界還是使用「存在」概念來討論。所以有些東西是具體存在的，

---

❻ Meinong (1904).

❼ 這裡使用的「東西」一詞是麥農的德文 "Objekt" 的翻譯，與本書所說的「東西」(thing) 不同。麥農是從存有論的角度來說「東西」的，本書對於「東西」一詞的用法則是概念上的，並不表示本書談論到的東西在存有論上都是可以承認的。另外，Grossman (1992) 認為將麥農的這套學說稱為「東西理論」過於狹隘，應該稱為「元項理論」會更好，因為在麥農哲學裡區別了 object 以及 proposition，後者是元項不是東西。本書略過這細節。

有些則是抽象存在的。

　　按照以上的分類，顯然「福爾摩斯不存在」這語句為真，而且不會引起前面所謂「排中律的困惑」以及「單稱否定存在句的困惑」。

　　第三，麥農接著又區分特徵以及存有，兩者是獨立的。一個「存有」語句是可以加以存在通則化的。例如，從「老王是男的」可以推論出「存在至少一個 x，x 是男的」。但是存在通則化不適用於「特徵」語句，例如從「那座我在想像的山是純金打造的」不能推論出「存在至少一個 x，x 是我在想像的而且 x 是純金打造的」。

　　麥農藉由區別「存有」與「特徵」使得他能夠主張：即使對於不存在的東西我們還是能夠進行真的謂述，亦即有些使用空詞的單稱句為真。哪些呢？如果這種單稱句描述的是與該不存在物有關的特徵，則該單稱句為真，否則為假。例如，「金山是金的」是真的語句，即使金山不存在。甚至，「圓的方是圓的」也為真，即使「圓的方」是不可能存在的東西。

　　我們當然立刻想追問：「有」圓的方這種不可能存在的東西嗎？從日常角度來看，不可能有任何東西是既圓又方的，因此主張有「圓的方」這種東西將會違背非矛盾律（亦即 $\vDash \neg(\phi \wedge \neg\phi)$）。麥農並不想否認非矛盾律，他的回應是：非矛盾律僅僅適用於存有物，不適用於非存有物。然而，為什麼非矛盾律不適用於非存有物呢？他如果沒有提出好理由來說明，這將使得他的回應只是特設的而已。

　　第四，麥農學派顯然對於什麼是「個物」需要提供一套理論。在第五章第四節曾經介紹了麥農學派關於個物的學說，請讀者自行回顧。這裡僅針對涉及「存在」的地方做一點說明。依據素樸廣涵原則，任何一組性質的集合都定義了一個個物。由於麥農學派承認〈存在〉是一個性質，依據素樸廣涵原則，這學派勢必得承認 {〈x 是豬〉,〈x 是會飛的〉,〈x 存在〉} 這集合定義了一個個物，亦即實際存在的會飛的豬。但我們都知道事實上並沒有任何豬會飛。這當然是不恰當的。第五章已經提到，帕森斯對於廣涵原則提出了限制。他的作法是一方面區別「核心」性質與「非核心」性質，另一方面將〈x 存在〉列為非核心性質。如此一來，就不會承認「實際存在的會飛的豬」這個個物，或者「實際存在的十九世紀末住在英國倫敦貝克街 221B 的偵探」（亦即福爾摩斯）這個個物。可是帕森斯有什麼好理由

將〈x 存在〉列為非核心性質呢？

第七節　「存在」的規準

　　關於「存在」的規準，形上學家想提問的問題是：有什麼依據可藉以決定一個東西是存在的、真實的？舉例來說，柏拉圖哲學主張：只有不會變動的東西才是存在的，這說法是以「變動與否」作為「存在」的規準。經驗論的哲學家主張：凡是不可經驗觀察的都是不存在的，這說法是以「可經驗觀察與否」作為一個東西存在與否的規準。柏拉圖哲學讓我們無法承認日常個物像是蘇軾、火星、蘋果的存在，這是大多數日常人無法認同的。經驗論的主張排除了抽象個物的存在，或許一般人還可以接受，但是這學派也排除了不可觀察物像是夸克、粒子的存在，這使得我們必須想想我們應該要如何看待科學理論。有些哲學家就不接受經驗論的想法，主張科學談到的那些不可觀察的東西是真實存在的。

　　還有一個想法是訴諸因果關係。奧訥主張[18]：一個東西是存在的，若且唯若，該個物屬於我們這個世界的時空架構下的因果系統。簡單說，如果一個東西是存在的，則這東西必定會與別的東西具有因果關聯。這主張大致上適用於我們一般承認存在的東西，例如，這顆石頭、這隻阿米巴蟲、金星、孔明、《史記》、臺北的 101 大樓、哈雷彗星……。這立場顯然不能接受共性的存在。同時，依據這立場，我們也因而有理論可以說明為何孫悟空、福爾摩斯、柯南……不存在，因為這些東西不處於我們這個世界的任何時空之內，而且這些東西沒有因果力，不會對於這個世界的任何東西產生因果關聯。比方說，我們（不論過去、現在、還是未來的人類）不可能親眼看見福爾摩斯，也不可能跟孫悟空打一架。

　　這立場還是有些問題。例如，有些哲學家認為集合和自然數是真實存在的。然而集合和自然數都是抽象的，既不存在於這個世界的時空之中，也不可能具有因果力。若是如此，這立場明顯無法說明集合和數的存在。另外一個問題是：我們傾向於接受「東西之存在在存有論上先於因果關係之存在」這樣的說法。對於任何一個因果關係來說，似乎我們得先承認作為「原因」的東西以及作為「結果」的東西是存在的，我們才能承認這因果關係的存在。換句話說，我們似乎願意承

---

[18]　參 Aune (1985: 35)。

認有東西存在，即使這些東西沒有機會展現其因果力，因而沒有與任何其它東西發生任何因果關聯。再借用第二章對於「關係」的說法，因果關係是不純的外部的，因為它雖然是基於關係項的，並不是關係項本質的。所以即使存在有個物，不表示它們必定會有因果關聯。基於以上幾點，這立場明顯沒有徹底說明「存在」概念。

當代知名的哲學家蒯因有兩句口號在哲學界非常知名：⑴說一個個物存在就是說它是拘限變元的值；⑵沒有等同就沒有元項❶。第二句口號是說，一個東西只在具備充足的等同條件下才能夠承認其存在。假設事實上這間教室什麼人都沒有，但我們想像有個戴絨帽的男人站在講臺前。蒯因質問：那個男的是胖的還是瘦的？高的還是矮的？左邊嘴角有痣還是沒有？似乎我們找不到任何等同規準來說：就是那個人！若是如此，我們沒有道理承認那個戴絨帽的男人是真實存在的。

至於蒯因的第一句口號，得從邏輯來理解。在邏輯裡，能夠作為拘限變元的值的只有論域裡的東西。那麼，論域裡的東西有哪些呢？在初階邏輯裡，論域裡只有被承認為存在的個物而已；在二階邏輯裡，論域裡的東西除了個物之外還包括性質。在麥農式邏輯裡，論域裡是可以包括福爾摩斯、孫悟空、聖誕老人、……的。然而，這樣一來就令人有些困惑了，什麼東西才是存在的，豈不是要看我們採取哪套邏輯了？但是邏輯怎能決定什麼東西是存在的、什麼東西是不存在的？

蒯因是個自然論者，僅僅承認科學承認存在的東西，所以他不會承認福爾摩斯等東西在論域裡的。尤其他不承認任何抽象東西例如命題、意義等的存在（除了集合是他唯一承認存在的抽象個物）。

本章最後補充一點。讓我們再看一下柏拉圖的帕曼尼迪斯悖論。初階邏輯預設每個專名都是有指涉的，都談論到論域裡的某個個物，而所謂「論域」則是所有存在的個物構成的集合。因此，如果針對蘇軾說他不存在，確實會導致矛盾。「蘇軾不存在」是一個矛盾句（邏輯必假的語句），因為在使用「蘇軾」這個專名時，已經預設蘇軾存在，說一個預設存在的蘇軾不存在，確實是不恰當的。可是如此一來，「蘇軾存在」將會是邏輯必真的（因為對矛盾句的否定是必真句）。這

---

❶ 原文是：To be is to be the value of a (bound) variable，以及 There is no entity without identity，參 Quine (1969c)。

個問題前面已經談過了。要避開這個荒謬的結果，除了前面提到的幾種回應之外，還有一個方式是：否認專名（乃至於任何單詞）具有存在預設。（其實前面介紹羅素學說時已經指出，他不承認一般的專名是真正的專名。）從這想法開展出來的就是所謂的「自由邏輯」。

在自由邏輯裡有一派，稱為「負自由邏輯」，主張所有使用空詞造出的單稱句都為假。自由邏輯的另一派是所謂的「正自由邏輯」。這一派主張：有些這類使用空詞的單稱句為真（除了「a 存在」這類語句之外，其中「a」是空詞）。自由邏輯的第三派主張，所有使用空詞的單稱句都是無真值的（除了「a 存在」這類語句之外，其中「a」是空詞）。由於這發展已經跨到了另外一個大領域，本書只能就此打住了。

第九章　因致性

第一節　因致性的哲學問題

　　在日常語言裡，對於原因以及因致性（因果關係）等概念的使用經常是含混不清的。舉例來說，當我們說澆花會使得花生長，意思是指，水分是花生長所不可或缺的、是必要的，而不是說單單只靠澆水就能使得花生長，因為花要能生長，還需要有其它條件的配合，例如：充足的陽光、適當的溫度、足夠的養分……。另一方面，當我們說在炎炎的夏日游泳將會使人們涼快些，這意思是說，泡涼水這個事情本身就能達到涼快的目的，但是我們知道洗個冷水澡或是進入冷氣房，也同樣能達到使人感到涼快的目的。這兩種情形所說的因果關係似乎不一樣。

　　「因致性」概念是否如同「等同」、「存在」等概念一樣，為最基礎的、最根本的、無法再被化約的概念？換個方式來問：我們的思想和語言有可能捨棄因果概念（以及涉及因果概念的其它概念）嗎？這是從概念角度來提問的。從存有論的角度，哲學家想問的是：因致性（因果關係）是真實存在的嗎？「因致性」是否只是另外一種不需要使用因果概念來說明的關係？亦即，「因致性」是可被化約的？休姆以及後續的休姆學派（在當代主要是指邏輯經驗論）試圖訴諸非因果的概念來理解因果概念。在存有論上，由於休姆否認因果必然性，因此他採取的是反實在論的立場。不過，哲學界也有將他的立場稱為化約論的，將因果關係化約到無需使用因果概念來說明的其它關係❶。儘管如此，本書基於存有論裡說的「化約」乃是「等同」，而不是否認、取消的意思，將避免使用「化約」一詞來敘述休姆的學說。

---

❶ Tooley (1990) 區別了對於因果關係的「強化約論」以及「弱化約論」。由於他的區別使用附隨概念，太過專技，本書只得略過。關於「附隨」概念，可參彭孟堯 (2011) 的介紹。

　　休姆以及休姆學派對於因致性的主張對於當代英美哲學影響深遠。儘管如此，當代還是有不少哲學家無法接受這學派的立場。這些對於休姆學派的反對又各自不同。例如，有些哲學家主張因果關係是介於事實之間的，不是介於事件之間的❷；有些哲學家主張因果關係是介於歷程之間的，哲學家薩耳曼提倡這主張❸；有些哲學家則主張因果關係是介於事態之間的，阿姆斯壯就提倡這說法❹。本章不探討這個問題。

　　本章第二節首先介紹休姆關於因致性的學說及其理論困難，然後在第三節和第四節分別介紹當代兩個源自休姆學說的發展方向，第一個方向純粹訴諸充分條件以及必要條件；第二個方向訴諸如若條件句來分析因果概念。

　　休姆學派採取的是反實在論立場否定因果必然性。有些哲學家則採取實在論的立場，主張因果必然性是真實的。本書第五節以阿姆斯壯的理論為例，對於這個發展做一些說明。

　　另外一個很重大的發展方向是將機率概念引進對於「因致性」的思考，這一派特別針對所謂的「機率因致性」進行探討。這研究進路的基本想法是：原因的發生會提高結果發生的機率。這種想法在二十世紀中期才有具體的開展，因為當時許多哲學家認為因果關係是必然的（不論是哪種意義的「必然」），因此所謂的「機率因致性」本身是一個不一致的概念。然而有一些哲學家，如艾興巴哈和薩耳曼卻不這麼想，他們（尤其是薩耳曼）對於「機率因致性」進行了相當多的闡述以及理論建構，藉此以描述這個世界的因果結構，將在本章第六節介紹。

　　最後，姑且不論以上的種種爭議，從「因致性」的角度來看，我們一般人以及科學家對於這個世界都有一些想法，哲學界整理出三條原則：同因同果原則、普遍因原則、以及物理因果封閉原則。這三條原則在大方向上說明了我們一般人和科學家是如何看待這個世界的因果結構的，將在本章第七節介紹。

---

❷　例如 Mellor, D. H.。

❸　Salmon (1984).

❹　Armstrong (1983; 1997).

第二節　休姆的規律論

西方哲學史上對於「因致性」具體提出說明的，首推十八世紀英國的休姆。他曾經對於「因致性」同時提出了兩個說法，由於休姆的學說影響深遠，茲將他的說法翻譯如下：

休姆關於「因致性」的定義

我們可以將原因定義為被另一個個物跟隨的個物，而且所有與第一個個物相似的個物都被所有與第二個個物相似的個物跟隨。或者，換言之，如若第一個個物不曾出現過，則（必當）第二個個物永不曾存在過。❺

按照休姆這段文字，他似乎沒有意識到他其實對於「因致性」提出了兩種相異的說法：一種是訴諸「規律」，另一種是訴諸「如若條件句」。當代哲學家一直著重在發展他的第一種說法，直到路易斯大概是最先注意到休姆這兩種說法是相異的，並從第二種說法來另行開展休姆式的因致性理論。當代這兩個發展方向仍然是繼承休姆哲學的，都統稱為「休姆學派」。第一個發展方向沿襲休姆的第一種說法，訴諸「充分條件」和「必要條件」兩個概念來理解因致性，其發展到了麥基提出的依那斯條件分析達到了顛峰❻。第二個發展方向專注於休姆的第二種說法，由於得利於當代對於「如若條件句」的邏輯和語意解析，這方向訴諸如若依賴性來理解因致依賴性，進而理解「因致性」。這兩個發展方向在以下接續兩節會有解說，這一節我們先來看看休姆自己的學說。

休姆關於因致性的學說在文獻上稱為規律論，來自於前面引述他的主張裡的第一個定義（寬鬆來說，當代休姆學派的兩個發展方向都可稱為「規律論」）：

❺ Hume (1748/2004)，原文是：We may define a cause to be an object followed by another, and where all the objects, similar to the first, are followed by objects similar to the second. Or, in other words, where, if the first object had not been, the second never had existed。

❻ 「依那斯」是英文 "INUS" 的音譯，"INUS condition" 是 "Insufficient but Non-redundant part of an Unnecessary but Sufficient condition" 的縮寫。

休姆的規律論

事件 c 因致事件 e，若且唯若，事件類型 C 與事件類型 E 之間是經常伴隨的，亦即 C 類事件與 E 類事件之間具有規律性。

類似「事件 c 因致事件 e」的陳述稱為單稱因致句，這種語句描述的則稱為「單稱因果關係」，例如，摩擦這根火柴棒使得它燃燒起來、那隻狗之踩在那朵花上折斷了那朵花……。

休姆的規律論其實就是他提出來的同因同果原則：相似的原因事件會產生相似的結果事件。除了規律之外，休姆還提到兩個關於「因致性」的要件：(1)原因和結果之間是時空鄰近的，而且(2)原因發生的時間早於結果發生的時間。

休姆提出的第二個要件是大多數人都會接受的。尤其，這項要求有重要的理論作用，也就是可用以決定因果關係的方向性。當事件 e_1 和 e_2 發生時，在理論上要如何決定哪個是原因，哪個是結果呢？在後面介紹當代休姆學派的發展時，或者訴諸「充分條件」等概念，或者訴諸「如若條件句」，但是僅僅這樣的分析在理論上是不足以決定哪個事件是原因，哪個事件是結果的。然而，只要增加「原因發生的時間早於結果發生的時間」，就可以做出決定了。事件發生的時間順序可用以決定因果關係的方向。

不過，這項要件不是沒有疑問的。一方面，仍然有些哲學家在思考後推因致性的可能性，也就是主張：有可能原因事件發生的時間等於甚至晚於結果事件發生的時間。另一方面，有些哲學家試圖使用因果關係具有的反對稱性來定義時間順序，所以在分析因果關係時，他們不能要求原因發生的時間要早於結果發生的時間❼。由於這些都涉及到如何理解「時間」的複雜議題，本書只能略過，在底下的解說裡，都將預設原因發生的時間早於結果。

至於休姆之主張原因事件與結果事件在時空上是相鄰近的，這一點也是有疑問的。別的不說，設小行星群經過太陽系並撞擊海王星，使得它爆炸碎裂，經過一段時間之後，這勢必將影響地球的氣候與生態，甚至可能造成地球的毀滅。小行星群之撞擊海王星與地球之毀滅這兩者之間的時空距離，直覺上應該相當遠了，

---

❼　Reichenbach (1956).

但無疑地，兩者之間具有因果關聯的。當然，我們可以放大對於所謂「時空鄰近」的衡量。就人類活動的能力來看，撞球臺上的母球之撞擊 8 號球，在時空距離上算是很近了，但是從臺北旅行到紐約的時空距離就相當遠了，更別說是從海王星到地球了。然而就整個宇宙來看，從海王星到地球也只不過是「一瞬間」而已。這樣的說法無可厚非，只是如此一來，對於因致性要求「時空鄰近性」似乎沒有太大的理論意義。本書認為休姆的因致性學說即使放棄「時空鄰近性」的要件，也不至於有所影響。

無論如何，讓我們來看看休姆關於因致性的其它更為重要的主張 ❽。

首先，休姆的學說將事件作為單稱因果關係的因致項（因果關係的關係項）；簡單說，個別發生的因果關係是介於事件之間的。所謂「事件」是指具體發生於時間空間中、某個物體顯現出的某個行為，是在某時某地某個個物發生的某個變化。例如，玻璃碎掉（因為被石頭打到）、樹被連根拔起（因為龍捲風颳過）都是事件。由於休姆舉的是撞球的例子，有時候文獻上也將他的學說稱為因果關係的「撞球釋模」。這是有特別用意的，在撞球過程中出現的因果關係就是介於事件之間的關係。如果採用別種例子，對於因果關係提出來的學說將會不同。例如，如果我們舉那條蟒蛇吞食了那隻獼猴作為例子來說明因果關係，則休姆關於「因致性」的說法就未必適當了。由於當代有些哲學家認為有些例子明顯是因果現象，卻不是介於兩個事件之間的關聯，他們因而對於什麼東西才能夠作為單稱因果關係的因致項提出不同的說法，例如有些哲學家主張因致項是「事實」，有些則主張因致項是「歷程」。為避免岔題，目前我們暫時仍然以事件作為因致項。

休姆的規律論將因果關係理解為經常伴隨的關係。所謂「經常伴隨」是指原因事件的類型與結果事件的類型之間是有規律的，只要屬於原因類型的事件出現，屬於結果類型的事件就會出現。這種規律表示原因和結果之間具有某種關聯，這種「關聯」特別涉及到了一組定律。一般的說法是：任何實際發生的因果關係都是受定律涵蓋的，意思是說，對於任何一個實際發生的因果關係的描述都可從相關的一組定律推導出來。

休姆之所以主張因果關係只是經常伴隨而已，是由於他認為這個物理世界並

---

❽ 參 Hume (1739/1896)。

不存在因果必然性。這一點很違反一般人對於因致性的瞭解。我們總是認為原因與結果之間具有必然性的,如果棒球打到玻璃,只要力道夠、角度對,那片玻璃必定會碎掉。然而休姆反對一般人的這種觀點。他認為原因事件和結果事件之間並不具有因果必然性,兩者僅僅具有經常伴隨的關係而已。他這主張是基於三個考量:⑴「經常伴隨」這個關係本身不具有必然性,而且是可觀察的。⑵休姆是經驗論者,依循經驗論的形上學基本立場,他主張:凡是不可觀察的,都是不存在的、不是真實的。由於因果必然性是不可觀察的,因而不是真實的。⑶他認為原因事件發生但結果事件沒發生是可思的(亦即概念可能的)。例如,雖然撞球臺上的母球被撞擊之後朝向 8 號球滾動,即使力道夠、角度對,仍有可能在撞擊到 8 號球之前一秒鐘,母球突然改變了方向,或者 8 號球突然消失。因此,〈母球之朝向 8 號球移動〉這個事件與〈8 號球之被撞擊移動〉這個事件之間並沒有因果必然性。

　　姑且暫時承認因致性不是必然的,既然我們一般人的「因果」概念仍然使得我們認為因果關係是具有必然性的,休姆要如何說明這個現象呢?他的回答是:我們的「因果」概念中隱含的必然性,不是反映這個物理世界的因果必然性(因為沒有這種必然性),而是反映了我們的心理習慣或者心理期待而已。這心理習慣又是什麼呢?一般人在常識上接受前面提到的同因同果原則,使得我們產生了心理期待:當我們觀察到 C 類事件發生時,我們在心理上會預期 E 類事件的發生,並且這使得我們(誤)以為 C 類事件與 E 類事件之間的關聯是必然的。

　　這種心理期待或心理習慣又是怎麼來的呢?休姆指出,這種心理期待或心理習慣來自於我們對於過去的觀察經驗而進行歸納推論(這種推論通常都不是有意識的、刻意的)。我們觀察到某事件 c_1 的出現伴隨著事件 e_1 的出現,後來又繼續觀察到類似 c_1 的事件出現時,類似 e_1 的事件還是伴隨出現,我們因而歸納出 C 事件類型與 E 事件類型之間具有經常伴隨的關係。所以,當我們再次觀察到某個 C 類型的事件出現時,我們心理上會預期屬於 E 類型的事件會出現。我們已經間接學到了 C 類事件和 E 類事件之間這種經常伴隨的關聯。休姆就是訴諸我們這種心理預期來說明為什麼我們會(錯誤地)認為因果關係具有必然性。

　　茲將休姆關於「因致性」的學說整理如下:

(1)因致性（或因果關係）是介於事件之間的，以事件作為因致項；

(2)因致性是兩事件之間的某種規律（或經常伴隨）；

(3)因致性是受定律涵蓋的；

(4)這物理世界並不存在因果必然性；

(5)我們的心理期待使得我們（誤）以為因果關係是必然的。

休姆關於因果關係的理論影響當代英美哲學甚遠，當代發展出來所謂的休姆學派，進一步將他的學說精緻化。這自然是由於他的理論本身無可避免地遭遇了一些困難，以下簡單敘述❾。

困難一

有些因果關係實際上只出現過一次，亦即在這個實際世界裡，某個 C 類型的事件只出現過一次，某個 E 類型的事件也只出現過一次。這使得我們人類根本沒有機會對這些因果關係做出任何歸納推論，我們如何能夠將這些因果關係理解為兩種事件類型之間的經常伴隨呢？

困難二

對於那些僅僅出現過一次的因果關係，當我們認定某兩個事件之間具有因果關係時，即使只有觀察了一次，我們還是會認定它們之間具有因果必然性。然而由於我們沒有機會進行歸納推論，以建立這兩種事件類型之間的經常伴隨，我們沒有機會形成相關的心理習慣或心理預期。休姆要如何訴諸「心理預期」來說明：在我們具有的因果概念裡，我們認定因果關係具有必然性呢？

> **想一想：**
> 老王試圖幫休姆回應以上兩個困難：這個世界還有很多其它的因果關係是已經出現很多次的，而且我們也藉由歸納建立了這些因果關係的規律。

---

❾ 當代對於休姆規律論的批評最有力的大概是阿姆斯壯，參 Armstrong (1983) 第二章到第四章。由於這些討論太過複雜，本書就不再進入細節。

接著，對於實際上僅僅出現過一次的介於某兩事件之間的關聯，我們採用類比推論，判斷它們之間也具有規律，並且建立了心理預期。這樣的回應適當嗎？

困難三

「規律」有兩種不同的來源，或者源自定律，或者源自偶性通則。休姆的學說如何區別這兩種規律呢？偶性通則的例子包括：烏鴉都是黑的、我每次上課都關手機、每次（西曆的）大年夜美國紐約的時代廣場都聚集一群人一起倒數計時、所有裝扮成聖誕老人的人都是穿紅衣戴紅帽的……。這些明顯不是定律，因為定律描述的現象都具有必然性，但這些偶性通則描述的現象並不具備必然性。

事實上這個問題可以問得更深：「是因果關係的規律」以及「不是因果關係的規律」，有什麼形上學的差異？這個世界是否有什麼特徵是用以支持因果規律的，而非因果的規律則缺乏這種形上學的基礎？對於因致性持實在論與反實在論的哲學家都必須回答這問題。實在論比較容易提出說明，但這問題對於休姆學派的反實在論哲學家卻非常棘手。

以上這些難題不全是休姆能夠預見的，一直要到了二十世紀，承繼休姆學說的哲學家才提出了新的想法，試圖解決這些困難。例如，當代休姆學派主張因果關係是受定律涵蓋的，而且定律是支持如若條件句的，意思是說，每條定律句都邏輯蘊涵相應的如若條件句。姑且不論如何理解「定律」，當代休姆學派關於單稱因果關係的研究有兩種發展：「依那斯條件」分析以及「如若條件句」分析。當代休姆學派的這兩套分析一方面試圖保留休姆的規律論，另一方面不想接受休姆所謂「心理習慣」的說法。本章接下來兩節分別解說。

第三節　當代休姆學派（一）：因果概念的「依那斯條件」分析

一般人有時候將原因視為結果的充分條件：只要原因出現，結果就會出現；有時候則將原因視為結果的必要條件：原因不出現，結果就不出現。採用「充分

條件」與「必要條件」的分析來釐清日常用法究竟如何影響「因致性」的字意，是有幫助的。這種分析同時不再依賴休姆之訴諸心理習慣（心理期待）來說明我們因果概念裡的必然性，而是改從邏輯的角度來說明。

所謂「充分條件」和「必要條件」是這樣的：在「如果 A，則 C」這種條件句裡，A 是 C 的充分條件，C 是 A 的必要條件。設「A 是 C 的充分條件」為真，則 A 之為真表示 C 為真，但 A 之為假未必表示 C 為假。設「C 是 A 的必要條件」為真，則 C 之為假表示 A 為假，但 C 之為真未必表示 A 為真。在「A 若且唯若 C」裡，A 和 C 互為充分且必要條件，簡稱「充要條件」。此外，基於條件句有不同的類型，例如實質條件句（亦即初階邏輯裡用真值表定義的 ⊃）、邏輯蘊涵句、直敘條件句、如若條件句……，「充分條件」和「必要條件」也跟著區分為相應的類型。

初步來說，我們可以用「充分條件」來理解「原因」這個概念，或者用「必要條件」來理解「原因」概念。有時候，思考的脈絡可以提供一個立即的線索來說明一般人是在什麼意義下使用「原因」這概念的。如果我們是試著阻止某一個現象的發生，我們尋找的原因通常是指「必要條件」意義下的原因。如果我們是試著使某一個現象發生，我們尋找的原因通常是指「充分條件」意義下的原因。舉例來說，為了防止那座工廠的煙霧瀰漫整個城市，科學家們試著隔離一組必要條件。如果的確隔離了這一組必要條件，就能消除煙霧。又例如，如果農夫想要增加收成，他們就必須尋找充分條件，例如，給予作物足夠的日照與水量。這些例子是從我們人類的意圖來說的。如果不考慮人類的意圖呢？當代哲學界在早期的時候就已經將「充分條件」和「必要條件」的想法列入考慮，並提出了三套關於因致性的主張。儘管如此，訴諸「充分條件」或者「必要條件」是不足以決定因果關係的，底下讓我們逐一檢視。

充分條件分析

第一套學說是從邏輯角度將「原因」理解為「充分條件」：

事件 c 因致事件 e，若且唯若，（在相干的背景條件成立下）c 之發生必

促 e 之發生 ❿ 。

為簡化本章接著的解說，先引進「O(x)」表示「事件 x 發生」。令 B 表示相干的背景條件、L 表示一組定律語句。至於所謂「φ 必促 ψ」是說「φ 之為真蘊涵 ψ 之為真」。請留意：這裡的「必促」是邏輯蘊涵的意思，並且涉及到了定律的必然性。另外，這學說還要求：單獨「O(c)∧B」沒有邏輯蘊涵 O(e)、單獨「B∧L」也沒有邏輯蘊涵 O(e)。

> **想一想：**
> 為什麼這套學說還要求單獨 「O(c)∧B」 沒有邏輯蘊涵 O(e)、 單獨 「B∧L」也沒有邏輯蘊涵 O(e) 呢？

為什麼「原因」是充分條件呢？理由很簡單：假設 B 和 L 都已經滿足，則只要 O(c) 為真，O(e) 就為真。

這套學說面臨一些困難：

困難一：任意事件

設某事件 c 在相干的背景條件 B 以及定律 L 成立下因致事件 e 的發生，則這套學說將蘊涵任何滿足下列這組條件的事件 x 也是 e 的原因 ⓫ ：

⑴ x 在 e 之前發生 （這是基於休姆關於原因的發生時間早於結果的主張）；

⑵ 「O(x)∧(B∧(O(x)⊃O(c)))」沒有邏輯蘊涵 E；

⑶ 「B∧(O(x)⊃O(c))∧L」沒有邏輯蘊涵 E。

將「B∧(O(x)⊃O(c))」視為新的一組相干的背景條件，則事件 x 的發生是事件 e 發生的充分條件，這是由於「O(x)∧(B∧(O(x)⊃O(c)))∧L」邏輯蘊涵 O(e)。依據這套

---

❿ 接受這主張的至少有 R. B. Braithwaite、C. G. Hempel 和 K. Popper。

⓫ Sosa & Tooley (1993a: 6).

學說，我們得結論說：事件 x 是事件 e 發生的原因。然而，事件 x 幾乎是任意挑選出來的！

困難二：共同因現象

這套學說無法說明共同因的現象。所謂「共同因」是說：事件 e_1 和 e_2 之間彼此沒有因果關係，但它們是由同一個原因 c 造成的，圖示如下：

$$c \swarrow \searrow$$
$$e_1 \qquad e_2$$

依據這套學說，事件 c 是事件 e_1 的充分條件，而且也是事件 e_2 的充分條件。所以，假設 c 發生了，而且相干的背景條件和定律也成立，則 $O(e_1)$ 為真、$O(e_2)$ 也為真。因此我們可以推論出：「如果 $O(e_1)$，則 $O(e_2)$」為真，「如果 $O(e_2)$，則 $O(e_1)$」也為真。也就是說，在 c 發生的情形下，e_1 之發生是 e_2 發生的充分條件，而且 e_2 之發生是 e_1 發生的充分條件。因此，依據這套學說，我們不得不說，e_1 是 e_2 發生的原因，也不得不說 e_2 是 e_1 發生的原因。但是，我們已經設定 e_1 和 e_2 兩者之間是沒有因果關係的。

困難三：旗杆反例

設老王在庭院立了一根五公尺長的旗杆。在早上某個時間，這旗杆造出了一條長長的五公尺的影子。「這旗杆之高聳五公尺長」是原因，「這影子之長五公尺」是結果；當時太陽的位置、旗杆是不透光的……，則是相干的背景條件。儘管如此，依據這套學說我們固然可以說，在相干的 B 和 L 成立下，「這旗杆之高聳五公尺長」邏輯蘊涵「這影子之長五公尺」，但反過來也是成立的：在相同的 B 和 L 成立下，「這影子之長五公尺」也邏輯蘊涵「這旗杆之高聳五公尺長」。可是我們都知道，「這旗杆影子之長五公尺」並不是造成「這旗杆之高聳五公尺長」的原因。

必要條件分析

第二套學說訴諸「必要條件」來理解因果關係，其主張如下：

事件 c 因致事件 e，若且唯若，（在相干的背景條件成立下）e 之發生必促 c 之發生[12]。

簡單說，「$(O(e) \land B \land L) \vDash O(c)$」成立。在 B 與 L 都成立的情形下，如果 $O(c)$ 為假，則 $O(e)$ 為假。所以 c 之發生是 e 發生的必要條件。同樣地，這學說還要求：單獨「$O(e) \land B$」沒有邏輯蘊涵「$O(c)$」、單獨「$B \land L$」也沒有邏輯蘊涵「$O(c)$」。

這套學說同樣面臨一些困難：

困難一：任意事件

設某事件 c 在相干的背景條件 B 以及定律 L 成立下因致事件 e 的發生，則這套學說將蘊涵任何滿足下列這組條件的事件 x 也是 e 的原因[13]：

(1) x 在 e 之前發生；

(2)「$O(e) \land (B \land (O(c) \supset O(x)))$」沒有邏輯蘊涵 $O(x)$；

(3)「$B \land (O(c) \supset O(x)) \land L$」沒有邏輯蘊涵 $O(x)$。

將「$B \land (O(c) \supset O(x))$」視為相干的背景條件，則由於「$O(e) \land (B \land (O(c) \supset O(x))) \land L$」邏輯蘊涵「$O(x)$」，依據這套學說，事件 x 將是事件 e 發生的原因。然而，事件 x 幾乎是任意挑選出來的！

困難二：共同因現象

設事件 e_1 和 e_2 之間彼此沒有因果關係，但它們是由同一個原因 c 造成的。依據這套學說，事件 c 是 e_1 的必要條件，而且 c 是 e_2 的必要條件。所以，如果 c 沒有發生，則 e_1 沒有發生，e_2 也沒有發生。所以，假設 c 沒有發生，則「如果 e_1

---

[12] 接受這主張的至少有 Ernest Nagel。

[13] Sosa & Tooley (1993a: 7).

沒發生，則 e_2 沒發生」為真，「如果 e_2 沒發生，則 e_1 沒發生」也為真；亦即 e_1 之發生是 e_2 發生的必要條件，e_2 之發生也是 e_1 發生的必要條件。因此，依據這套學說，我們不得不說，e_1 是 e_2 發生的原因，也不得不說 e_2 是 e_1 發生的原因。但同樣地，我們已經設定 e_1 和 e_2 兩者之間是沒有因果關係的。

困難三：超決定現象

第三個困難是所謂的超決定現象：同一個事件 e 同時有兩個不同的原因 c_1 和 c_2（c_1 和 c_2 彼此沒有關聯），而且單獨 c_1 就能因致 e，單獨 c_2 也能因致 e。現在假設 c_1 和 c_2 造成了 e 的發生（但 c_1 和 c_2 未必同時發生）。此時我們說 e 的發生是被 c_1 和 c_2 超決定的。圖示如下：

文獻上最常舉的例子是：假設張三被槍擊頭部，就會造成他的死亡；假設閃電正好打中張三的頭，也同樣會造成張三的死亡。再假設很不幸地，張三被槍擊頭部的同時也被閃電打中頭部。此時，張三的死亡就是「超決定」的。

請留意：超決定現象不是連言因致性的現象。所謂「連言因致性」是說，結果 e 之發生是必須要有兩個不同的事件 c_1 和 c_2 都發生才行，兩者缺一不可。

依據必要條件分析，在超決定現象裡，既然 c_1 因致 e 的發生（在相干背景條件 B_1 和定律 L_1 成立下），$O(c_1)$ 乃是 $O(e)$ 的必要條件，亦即（在 B_1 和 L_1 都為真時）$O(c_1)$ 之為假蘊涵 $O(e)$ 之為假。然而這是錯誤的，因為即使 c_1 沒有發生，由於 c_2 已經發生了，c_2 仍然因致 e 的發生（在相干背景條件 B_2 和定律 L_2 成立下）。既然 B_1、B_2、L_1、L_2 都是成立的，$O(c_1)$ 不是 $O(e)$ 的必要條件，$O(c_2)$ 同樣也不是 $O(e)$ 的必要條件。

充要條件分析

第三套學說混合了前兩套說法：事件 c 因致事件 e，若且唯若，（在相干的背

景條件成立下）c 之發生與 e 之發生乃是互為充要條件。

　　儘管當代有哲學家提倡這分析，由於前面兩套說法本身都有理論困難，這套混合的說法自然更站不住腳了，就不再說明。

　　讓我們接著來看看文獻上知名的「依那斯條件分析」。

依那斯條件分析

　　剛剛提到，儘管當代休姆學派沿襲了休姆規律論的形上學立場，否認因果必然性，這學派並不接受休姆訴諸「心理習慣」的解釋，改從邏輯角度來分析。然而我們剛剛已經看過，從邏輯角度訴諸「充分條件」或者「必要條件」仍然不足以說明因果關係。哲學家麥基並沒有放棄「充分條件」和「必要條件」的思考方向，反而借用這兩個概念，在 1965 年提出了一套相當細膩的分析，稱為「依那斯條件」分析。

　　麥基從對於「完全原因」這個概念的分析開始。首先，對於「某事件因致另一事件」這種單稱因果句來說，他認為還必須引進所謂的「因果場」概念。這概念與第六章第六節介紹的「預想」概念相似，是用以限制背景要件的。接著，假設事件 a_1 屬於類型 A，與這因果關係相干的所有正面的背景因素 Pa_1 存在，而且所有干擾因素 Na_1 不存在。在這些假設下，如果屬於類型 A 的事件 a_1 出現在某個因果場 F 裡，則某個屬於類型 E 的事件 e 出現：

　　　　如果 $(O(a_1) \wedge Pa_1 \wedge \neg Na_1)$ 在 F 裡，則 $O(e)$。

（當然，如果同樣屬於類型 A 的另一事件 a_2 因致屬於類型 E 的另一個事件 e*，則表達方式類似。）再假設另外一個事件 b_1，是屬於類型 B 的，與 b_1 有關的所有正面的背景因素 Pb_1 存在，而且所有干擾因素 Nb_1 不存在。在這些假設下，如果屬於類型 B 的事件 b_1 出現在另一個因果場 F^* 裡，則相同的那個事件 e 也會出現（以 B_1 表示「事件 b_1 發生」）：

　　　　如果 $(O(b_1) \wedge Pb_1 \wedge \neg Nb_1)$ 在 F^* 裡，則 $O(e)$。

為簡化說明，讓我們假設除此之外，沒有其它方式會使得 e 出現了。將上述兩個

式子合併寫成：

> 如果 $(O(a_1) \wedge Pa_1 \wedge \neg Na_1)$ 在 F 裡或者 $(O(b_1) \wedge Pb_1 \wedge \neg Nb_1)$ 在 F^* 裡，則 $O(e)$。

此時，那個事件 e 就是結果，而「$(O(a_1) \wedge Pa_1 \wedge \neg Na_1)$ 在 F 裡或者 $(O(b_1) \wedge Pb_1 \wedge \neg Nb_1)$ 在 F^* 裡」就是它的完全原因。就 a_1 來說，以上分析的結果整理如下：

⑴ $(O(a_1) \wedge Pa_1 \wedge \neg Na_1)$ 在 F 裡，是 $O(e)$ 的充分條件。

⑵ $(O(a_1) \wedge Pa_1 \wedge \neg Na_1)$ 在 F 裡，不是 $O(e)$ 的必要條件。

⑶ $O(a_1)$ 是 $(O(a_1) \wedge Pa_1 \wedge \neg Na_1)$ 在 F 裡，不可或缺的一部分（必要條件）。

⑷ $O(a_1)$ 在 F 裡，不是 $O(e)$ 的充分條件。

⑸ $O(a_1)$ 在 F 裡，不是 $O(e)$ 的必要條件。

麥基因此將 $O(a_1)$ 稱為 $O(e)$ 的「依那斯條件」，也就是說，$O(a_1)$ 是 $O(e)$ 的某個「非必要但充分條件當中的不可或缺的一部分」。（$O(b_1)$ 同樣也是 $O(e)$ 的依那斯條件，不再說明。）

麥基也考慮了僅僅只有 $O(a_1)$ 但沒有 $Pa_1 \wedge \neg Na_1$ 的情形、僅僅只有 $O(a_1) \wedge Pa_1 \wedge \neg Na_1$ 但沒有 $O(b_1) \wedge Pb_1 \wedge \neg Nb_1$ 的情形……，這裡就略過了。

提醒讀者，麥基主張，在對於單稱因致句提供依那斯條件分析時，表達必要條件的條件句要理解為如若條件句；如果是分析為表達充分條件的條件句時，這種條件句要理解為事實條件句[14]。但他這主張實在不是很清楚。或許他已經開始顧慮條件句具有不同的類型，因而會對於他的分析造成影響。無論如何，我們暫且擱置這點疑問。

依據麥基的理論，所謂「事件 c 因致事件 e」包括以下幾點：

⑴對事件 e 來說，事件 c 之在 F 裡發生至少是它的一個依那斯條件；

⑵相干的正面背景要件是成立的；

⑶相干的負面背景要件是不成立的。

---

[14] Mackie (1965: 48).

麥基並沒有主張以上三點就窮盡了「c 因致 e」的意義，但他認為這分析掌握了因果概念的核心意義。無論如何，這套學說比起「充分條件分析」和「必要條件分析」要精緻多了。

想一想：

這套依那斯條件分析是否能夠回應共同因難題以及超決定難題？

第四節　當代休姆學派（二）：因果關係的如若條件句分析

前面提到，麥基主張，在對於單稱因致句的分析裡，表達必要條件的條件句要理解為如若條件句；如果是分析為表達充分條件的條件句時，這種條件句要理解為事實條件句。因此他的理論已經開始趨向第二個休姆學派的發展。然而由於在他那個年代還沒有發展出來比較適當的關於「如若條件句」的語意學，他的學說沒有真正開創第二個休姆學派的方向。這情形一直要到 1970 年代和 1980 年代，路易斯和史多內克發展出如若條件句的語意學，並且在路易斯引用如若條件句來分析單稱因致句之後，哲學界才轉而注意訴諸如若條件句來分析「因致性」的理論方向。

依據這條進路，初步來說，原則上或者將「原因」理解為「如若充分條件」，亦即如若條件句「O(c)□→O(e)」的前件，或者將「原因」理解為「如若必要條件」，亦即如若條件句「¬O(c)□→¬O(e)」裡被否定的前件。（此處的「□→」是路易斯的如若條件句的符號，請回顧第四章第三節。）哲學界大多主張以「如若必要條件」來理解因致性。舉例來說，設我對那窗戶用力投擲一塊石頭（原因），造成那窗玻璃碎散一地（結果）。這個因果關係的發生，依據將因致性理解為「如若必要條件」的學說，可以分析如下：如若我沒有對那窗戶用力投擲一塊石頭，則（必當）那窗玻璃不會碎散一地。這個思考方向相對於第一個方向之訴諸「充分條件」或「必要條件」來看，採取了不同的邏輯，其邏輯分析的力量更大，或許更能掌握因果概念。

讓我們來看看路易斯的分析 [15]。他的分析有三步驟：他先引進「如若依賴性」

概念，再借之以說明「因果依賴性」概念，最後再引進「因果鍊」概念以說明「因致性」概念。

　　首先是「如若依賴性」這個概念。試考慮兩組數量相同的命題：第一組命題為 A_1、A_2…，其中任兩命題不是相容的，以及第二組命題 C_1、C_2…，其中任兩命題不是相容的。第二組命題如若依賴於第一組命題，若且唯若，$A_1\square\to C_1$、$A_2\square\to C_2$… 都為真。

　　接著是「因果依賴性」這個概念。考慮兩組數量相同的事件：第一組事件為 c_1、c_2…，其中任兩事件不是相容的，以及第二組事件 e_1、e_2…，其中任兩事件不是相容的。第二組事件因果依賴於第一組事件，若且唯若，這一組命題 $O(e_1)$、$O(e_2)$、… 如若依賴於這一組命題 $O(c_1)$、$O(c_2)$…。

　　如果我們考慮的只是兩個事件 c 和 e 呢？路易斯的分析如下：e 因果依賴於 c，若且唯若，這組命題 $O(e)$ 和 $\neg O(e)$ 如若依賴於這組命題 $O(c)$ 和 $\neg O(c)$，亦即「$O(c)\square\to O(e)$」和「$\neg O(c)\square\to\neg O(e)$」為真。路易斯接著指出，這裡還有兩種情形必須考量：

　　（一）設 c 和 e 實際上並未發生。由於依據如若條件句的語意學，這就已經足以使得「$\neg O(c)\square\to\neg O(e)$」為真——即使 c 和 e 之間沒有任何因果關聯。因此，如果它們之間是有因果關聯的，就必定與另外一個如若條件句有關：e 因果依賴於 c，若且唯若，$O(c)\square\to O(e)$。

　　（二）設 c 和 e 是實際上已經發生的事件。由於依據如若條件句的語意學，這就已經足以使得「$O(c)\square\to O(e)$」為真——即使 c 和 e 之間沒有任何因果關聯，因此，如果它們之間確實是有因果關係的，則必定與另外一個如若條件句有關：e 因果依賴於 c，若且唯若，$\neg O(c)\square\to\neg O(e)$。不但如此，路易斯指出：這種情形的因果依賴性蘊涵因致性，亦即如果「$\neg O(c)\square\to\neg O(e)$」為真，則「c 因致 e」為真。

　　請留意：目前為止，訴諸「如若條件句」的學說只是對於「因致性」提供充分條件的分析而已，並不是提供必要條件的分析。也就是說，滿足如若條件句分析的都是因果關係，但是因果關係未必滿足這套分析。路易斯提到的這個第二種

情形是他的理論的第二個步驟，還沒到他的第三個步驟。不過，一方面這正好是休姆關於因致性提出的第二個定義，另一方面在 1970 年代已經有不少哲學家提倡這樣的分析，因此我們暫時將這套理論稱為「素樸理論」，並簡單陳述如下：

素樸理論（休姆的第二個定義）
事件 c 因致事件 e，若且唯若，
(1) c 和 e 實際已經發生，而且
(2) 如若 c 沒有發生，則（必當）e 沒有發生。

對於「因致性」採取這種素樸理論的，不僅在當時已經有一些哲學家有這種想法，即使是一般人到現在還是有很多人有這種想法。這一套訴諸如若條件句的因果分析確實比起麥基的依那斯分析好太多了。可惜，這個素樸理論有明顯的困難：共同因現象、超決定現象、以及預阻現象都不是這套理論能夠處理的。

困難一：共同因現象

設事件 c 是事件 e_1 與事件 e_2 的共同因，且 e_1 與 e_2 之間沒有直接的因果關係，而且 c、e_1、e_2 事實上是已經發生的。依據素樸理論，既然 c 既因致 e_1 也因致 e_2，這表示如若 c 沒有發生，則 e_1 沒有發生，而且 e_2 沒有發生。我們因而也可以說：如若 e_1 沒有發生，則 e_2 沒有發生（或者如若 e_2 沒有發生，則 e_1 沒有發生）。因此，依據素樸理論，e_1 是 e_2 的原因，e_2 是 e_1 的原因。可是依據共同因結構的設定，e_1 和 e_2 之間並沒有因果關係。

困難二：超決定現象

設 e 是被 c_1 和 c_2 超決定的。依據素樸理論，既然 c_1 因致 e，這表示如若 c_1 沒有發生，則 e 沒有發生；同樣地，既然 c_2 因致 e，這表示如若 c_2 沒有發生，則 e 沒有發生。然而這是錯誤的。因為即使 c_1 沒有發生，e 還是會發生的，這是由於 c_2 也是造成 e 發生的原因。同樣地，即使 c_2 沒有發生，e 還是會發生的，這是由於 c_1 也是造成 e 發生的原因。這套學說要如何回應「超決定」造成的難題呢？

困難三：預阻現象

這個難題對於訴諸「如若條件句」來分析因致性的哲學家來說，更是一大難題。所謂預阻現象是這樣的：實際上事件 c_1、c_2、e 已經發生，而且實際上 c_1 因致 e、c_2 沒有因致 e；但是，如若 c_1 沒有發生，則 c_2 因致 e。用例子說明會比較容易理解。

請參閱下圖。假設②號球經撞擊後直接朝向③號球滾動，但此時①號球先撞擊了②號球，將它撞偏，接著①號球便撞擊了③號球，使得③號球被撞移開來（圖中的實線表示實際發生的路線，虛線表示實際未發生但可能發生的路線）：

在這個例子裡，如果沒有①號球的干擾，②號球的滾動是會因致③號球的滾動的。但畢竟事實上是①號球的滾動因致了③號球的滾動的，②號球的滾動事實上並沒有因致③號球的滾動。依據素樸理論，如若①號球沒有滾動，則③號球沒有滾動。然而這明顯是錯誤的，如若①號球沒有滾動，則②號球會繼續滾動，進而因致③號球的滾動。

素樸理論明顯無法解決這三個困難。路易斯對於素樸理論也不滿意，他或許注意到了這三個困難，但他的理由主要是他認為：因致性是遞移的（亦即如果事件 a 因致事件 b、事件 b 因致事件 c，則事件 a 因致事件 c），但是因果依賴性不是遞移的，因此僅僅訴諸因果依賴性還不足以完整說明因致性。為了解決這個問題，路易斯理論建構的第三個步驟是引進「因果鍊」概念。

想一想：

為什麼因果依賴性不是遞移的？（這與如若依賴性有關。）

什麼是因果鍊呢？ 設事件 e_1 因果依賴於事件 e_2、 事件 e_2 因果依賴於事件

e_3、……、事件 e_{n-1} 因果依賴於事件 e_n，則從 e_n 到 e_1 構成一條因果鍊。使用「因果鍊」這概念就可以說明「因致性」：事件 c 因致事件 e，若且唯若，c 和 e 構成一條因果鍊。底下是路易斯對於「因致性」提出的因果鍊分析：

「因致性」之因果鍊分析

事件 c 因致事件 e，若且唯若，在 c 和 e 之間存在有一連串實際發生的事件 d_1、d_2、…、d_n，而且 d_1 因果依賴於 c、d_2 因果依賴於 d_1、……、e 因果依賴於 d_n。

由於原則上允許在 c 和 e 之間沒有其它中介的事件，因此路易斯的理論可以完整陳述如下：

路易斯的因致性理論

事件 c 因致事件 e，若且唯若，(1) e 因果依賴於 c，或者(2) c 和 e 構成一條因果鍊。

路易斯這套分析可以回應預阻現象：

①號球之滾動確實是造成③號球滾動的原因。這是由於在這兩個事件之間還有一個中介的事件：①號球之撞擊②號球（並因而改變行進方向）。依據「因致性之如若依賴分析」，③號球之滾動因果依賴於①號球之撞擊②號球，①號球之撞擊②號球又因果依賴於①號球之滾動，這三個事件構成了一條因果鍊。但是在②號球之滾動和③號球之滾動這兩個事件之間，並沒有這種因果鍊，③號球之滾動也沒有因果依賴於②號球之滾動。所以，這理論明確說明了為何②號球之滾動不是造成③號球滾動的原因，①號球之滾動才是原因。

儘管如此，文獻裡探討的預阻現象不是只有這一種。例如：在棒球比賽時，打擊手揮棒將球打出，但力道不足飛不遠，投手和捕手都靠過來伸手來接球，不論是誰接住了球，都將造成接殺的結果。雖然實際上是投手接住了球，但是如果投手沒伸手去接球，捕手也會伸手將球接住（假設他們兩人都沒有失誤）。投手之伸手接球因致了接殺之結果，依據路易斯的理論，如若投手沒有伸手接球，則沒有出現接殺。但這明顯是錯誤的，因為如若投手沒有伸手接球，則捕手之伸手接

球也會因致接殺。哲學家還提出了其它類型的預阻現象，使得「因致性之如若依賴分析」困難重重。

除此之外，路易斯這套分析也無法回應由共同因現象以及超決定現象造成的困難。

> **想一想：**
> 路易斯的因致性理論為什麼無法解決共同因現象和超決定現象造成的困難？

路易斯的這套分析還面臨了其它的挑戰，以下是一個例子。試考慮下列如若條件句：

> 如若老王的妹妹沒有生小孩，則老王不是舅舅。
> （設老王沒有姊姊，且只有一個妹妹。）

即使這個如若條件句為真，也不表示老王的妹妹之生了小孩因致了老王之成為舅舅，因為這條件句之為真乃是概念上的，不是因果上的。

基於以上種種困難，訴諸「如若條件句」以分析因致性的哲學家不得不繼續修改他們的理論。這後續的發展太過繁複了，有興趣的讀者也可以想想，要如何修改這套分析，重點可放在如何解決素樸理論面臨的三大難題。

第五節　因致性實在論

儘管休姆學派對於因致性採取化約或反實在論的進路，對當代哲學界有重大的影響，還是有一些哲學家，例如阿姆斯壯，對於因果關係採取實在論的立場，承認這個物理世界具有因果必然性，又稱為「物理必然性」或者「自然必然性」[⓰]。

阿姆斯壯主張：每個實際發生的因果關係都是某個自然律的個例[⓱]。這一點

[⓰] Armstrong (1983; 1997)、Dretske (1977)、Tooley (1977; 1984)、Fodor (1986)、Stampe (1977) 等都提倡或接受類似的觀點，儘管各自之間仍有些差異。

與休姆學派是相同的。但他進而主張：因果關係是介於事態之間的，不是介於事件之間的，這明顯與休姆的主張不同。但更重要的是，他主張存在於這個物理世界的定律式關係乃是介於共性（或者事態類型）之間的必然關係；也就是說，這定律式的關係是二階的，介於兩個一階共性之間的必然關係。設事件 c 因致事件 e，這表示共性（類型）C 與共性（類型）E 之間具有定律式的關聯，而且這是一種物理必然的關聯，用他的話來說：C（物理上）必促 E。

不但如此，由於這定律式的關係是真實存在的，而且是一種必然的關係，因果關係自然也是真實的、必然的。這個世界具有因果必然性，因果必然性其實就是大自然本身具有的必然性（因此才又稱為「自然必然性」或者「物理必然性」）。這派學說因而有別於休姆學派的反實在論立場。

阿姆斯壯對於「因致性」的實在論學說至少有兩項優點。

第一，這學說能夠說明要如何區別定律句以及偶性通則。「定律句」和「偶性通則」在這裡至少指的是為真的全稱語句。偶性通則是僅僅描述偶然現象的通則，例如「所有烏鴉都是黑的」（假設為真），與科學家建立起來的定律是不一樣的。那麼，這兩種類型的語句究竟哪裡不一樣呢？依據實在論這套學說，定律句描述了自然律，是一種描述介於兩個一階共性之間某種必然的二階關聯的語句。偶性通則並沒有這樣的特徵，它描述的並不是物理必然性。儘管事實上所有烏鴉都是黑的，這並不是物理必然的。

相對地，由於休姆學派不承認這個世界存在有必然性，因此這派哲學家不能像實在論一樣，主張定律句描述了自然界的必然性，偶性通則並沒有。在當代科學哲學裡，自 1948 年邏輯經驗論哲學家韓培爾探討「科學解釋」的哲學問題開始，就已經在思考要如何區分描述定律的語句以及偶性通則。然而邏輯經驗論承襲了休姆的學說，因而這個問題始終是一大困擾。至於當代訴諸「如若條件句」來分析「因致性」的休姆學派倒是可以免除這個困擾。在這套分析裡，定律句是支持如若條件句的，偶性通則並沒有，因此兩者是不同的。

阿姆斯壯學說的第二個優點是：它能夠說明為何定律句是支持如若條件句的，

---

❶ 有一些哲學家主張：存在有一些單稱因果關係是不受定律蘊涵的。這種主張稱為單稱論。本書略過這爭議。

但偶性通則並沒有。由於定律句都是描述自然必然性的語句，因此在任何維持自然律不變的可能世界裡，這些定律句都為真，同樣地，與這些定律句相應的如若條件句也都為真。

　　相較之下，雖然休姆學派同樣主張定律句是支持如若條件句的，這個學派僅僅是將這作為預設而已，並沒有提出理由說明。這一點其實也是前面已經提到的，休姆本人的學說面臨的困難：在區別「因果規律性」以及「非因果規律性」時，如何對這區別提供一套形上學的基礎？

　　儘管阿姆斯壯關於因致性的實在論有這些優勢，他的理論也有一些令人質疑的地方，以下簡單介紹：

困難一

　　雖然因果必然性就是物理必然性，是不是所有的物理必然性都是因果必然性？換個方式來問：是否所有科學定律都是因果定律？例如，理想氣體定律似乎不是描述因果關係的科學定律，牛頓的運動定律似乎同樣不是。

　　阿姆斯壯承認有些科學定律不是因果定律。他的回應是：這些非因果的科學定律都是附隨在因果定律之上的。這裡的「附隨」是個專技的概念，無法三言兩語交代。先擱置「附隨」這個專技概念的細節，以最簡單的方式來說，「附隨」是介於兩組性質之間的關係，所謂第一組性質附隨於第二組性質，意思是說，在任何個體都具有第二組性質的所有可能世界裡，它都具有第一組的性質。借用這個概念，阿姆斯壯的回應可以理解為：在所有因果律都與實際世界相同的可能世界裡，非因果律都相同。

　　姑且不論要如何精確陳述阿姆斯壯這裡的說法，任何人要反駁他的回應最直接的方式當然是尋找反例了。如果能夠找到非因果定律、而且並沒有附隨在因果定律的例子，我們就可以駁斥阿姆斯壯的回應了。那麼，有這樣的例子嗎？

> **想一想：**
> 假設老王找到了某條非因果的科學定律 L_1。要如何證明這條定律有沒有附隨在任何因果定律之上呢？假設證明的結果發現 L_1 的附隨關係是成立的，接下來該怎麼辦？

或許阿姆斯壯無需對這問題做出回應。他只需要主張所有因果必然性的現象都是物理必然性的現象即可，他的理論未必需要主張「因果必然性」與「物理必然性」這兩語詞談論到了相同的一組現象。若是如此，他大可接受對於因果定律和非因果定律的區分，無論兩者之間是否還有「附隨」或者其它的關聯。

困難二

這個困難涉及「機率因致性」的問題。下一節會介紹這個概念以及相關的理論，這裡先簡單做些說明。這個世界是不是有一些因果現象是必定要使用「機率」來描述的呢？在形上學和科學哲學裡有一個爭議：這個世界是不是決定論的？簡單說，決定論主張發生在這個世界的一切現象都是因果上必定發生的，並無機率可言。當我們使用「機率」來描述某些現象時，並不是指這些現象是真正的機率現象，而是我們還沒有真正窮盡與這些現象的發生有關的種種因素。一旦我們窮盡了相關的種種因素，我們無需再使用「機率」概念了。「機率」這概念反映的只是我們人類的無知程度而已。對照來看，反對決定論的哲學家（稱為非決定論）則主張這個世界確實存在有真正的、不可化約的機率現象❶。這個爭議因而另外涉及到哲學家要如何理解「機率」概念的問題。

在阿姆斯壯的學說裡，因果必然性乃是自然律或物理必然性，這似乎使得他的理論無法說明「機率因致性」。這個質疑對於休姆學說以及當代的休姆學派也是一樣的。不過，嚴格來說，關於「機率因致性」的問題並不能說是阿姆斯壯學說以及休姆學派的理論內部困難。它是一個比較大的爭議，只有在解決這個爭議之後，我們才能決定這兩派學說是否不足或錯誤。

第六節　機率因致性

傳統對於因致性的研究一直考慮因果必然性的問題，直到二十世紀中期才有哲學家開始探討如何將「機率」概念引進對於因致性的理解，並建立關於所謂「機率因致性」的理論❶。這至少是受到兩個發展的影響：（一）當代科學哲學界對於

---

❶ 另外一個關於決定論的傳統爭議與「自由意志」的議題有關，本書略過。

❶ 主要人物是 Hans Reichenbach、I. J. Good、Patrick Suppes。Salmon (1980a) 對於他們的機率

韓培爾「歸納—統計的科學解釋釋模」提出了不少質疑。這套釋模雖然引進機率定律來說明「科學（因果）解釋」，但基本上這仍然只是他的「演繹—律則釋模」的變形而已[20]。科學哲學家因而試著針對「機率解釋」發展有關的理論。（二）在形上學以及科學哲學裡，愈來愈多的哲學家開始思考並倡議非決定論，主張這個世界確實存在至少一些現象的發生是純機率的。許多哲學家因而試圖發展更恰當的理論來說明機率、因致性、以及科學解釋之間的關聯。

　　本節對於二十世紀中期對於「機率因致性」的先驅研究不做解說，僅提出他們共同的關鍵想法。他們將條件機率的概念引進對於「因致性」的分析。以 $\mathcal{P}$ 表示機率函數，所謂條件機率是以「$\mathcal{P}(x/y)$」來表示的，意思是說：在 y 發生下，x 發生的機率。條件機率的定義如下[21]：

條件機率定義

$$\mathcal{P}(x/y) = df. \frac{\mathcal{P}(x \wedge y)}{\mathcal{P}(y)}$$

所謂「事件 c 因致事件 e」的基本想法是這樣的：這命題至少表示：在 c 發生下，e 發生的機率大於它在 c 沒發生下的機率。以 C 表示「c 發生」，E 表示「e 發生」，這主張的機率式子是：$\mathcal{P}(E/C) > \mathcal{P}(E/\neg C)$。簡單說，原因事件的發生提高了結果事件發生的機率。

　　儘管薩耳曼認為這基本想法是在對的方向，他在 80 年代還是提出了一些質疑。他指出在很多情形下，雖然因果關係出現了，原因事件的發生並沒有因而提高結果事件發生的機率。他認為關鍵在於：對於這基本想法必須佐以一套相關的形上理論才行。薩耳曼關於機率因致性的學說相當複雜，底下僅能做一些扼要的介紹。

　　薩耳曼以「歷程」而不是「事件」作為因致項。這是他的學說與休姆學派不

因致性理論有清楚的解說與批評。

[20]　因為這緣故，韓培爾的科學解釋學說被稱為演繹論。參 Salmon (1984; 1989)。

[21]　當代對於機率理論主要是從集合論來闡述的，但為方便起見，這裡改以命題邏輯來敘述。這一節提到的機率式子裡的 x、y 等既代表事件，也代表描述事件發生的命題。

同的重要地方。傳統上是將「歷程」理解為一個「事件系列」，薩耳曼則是將「事件」理解為兩個歷程的交叉。在他的存有論裡，「歷程」比起「事件」更為根本。「事件」是某個時空點，歷程不但佔有比較長的時間，而且就連一般的個物也是歷程。所以，他會主張：一條大蟒吞食一隻青蛙乃是兩個歷程的交叉，那青蛙之被吞食則是一個事件。從他的例子也可以看出，他的學說與休姆的「撞球釋模」是有根本差異的。

在薩耳曼的學說裡，「產生」與「傳播」是兩大基本概念，兩者所說的都是歷程的特徵。「傳播」就是「傳送」的意思，「產生」指的是一個歷程由於與別的歷程的因果交互作用而遭遇了改變。以下分別做進一步的說明。

薩耳曼區別「因果歷程」與「偽歷程」，並以所謂標記的傳送來區別兩者：真正的因果歷程能夠傳送標記，偽歷程則不能。舉例來說，當老王騎腳踏車經過爛泥地時，車胎上就沾到了泥巴，這就是一個標記，這車胎會繼續帶著這個標記直到被洗掉為止。薩耳曼自己舉的例子是這樣的：用手電筒照射牆壁的時候，如果用一片紅色濾鏡擋在手電筒前，則從那濾鏡開始，一直到牆壁為止，打出來的光是紅色的。簡單說，這紅色濾鏡製造了一個標記，並且這光的行進傳送了這標記。相對地，不可能傳送任何標記的就不可能是歷程，稱為「偽歷程」。假設有一座圓形環繞的圍牆，將手電筒安裝在一個會自旋的裝置上，並且放在圓心的位置。手電筒的燈光打在圍牆上，形成光點。現在，啟動這自旋裝置，所以圍牆上的光點會隨著自旋而在牆壁上移動。表面看起來，這光點形成的線條構成了一個歷程，但這不是真正的歷程，因為這光點形成的線條不可能傳送任何標記。

提醒讀者兩點：首先，真正的歷程是能夠傳送標記（強調「能夠」），即使這歷程實際上並沒有機會傳送任何標記，也不影響其之為真正的歷程。其次，薩耳曼訴諸「標記」來區別因果歷程與偽歷程，在文獻上被批評是丐辭的。這是由於「標記的製造」本身就是一個因果概念；借用薩耳曼自己的理論，標記的製造來自於兩個歷程的因果交互作用。因此訴諸「標記」概念來區別因果歷程和偽歷程乃是丐辭的。薩耳曼自己在 1990 年的時候也注意到了這點，他不再堅持將「標記」視為形上學裡用以區別因果歷程和偽歷程的一個方式，但還是主張可以將「標記」視為用以區分兩者的知識論的規準。

　　薩耳曼還提出了兩個關於「歷程」的原則：（一）結構傳送原則：如果一個歷程能夠藉由製造標記而將其結構的改變傳送出去，則該歷程是能夠傳送其自身結構的。（二）因果影響之傳播原則：能夠傳送自身結構的歷程是能夠從某個時空點將其因果影響傳播（傳送）到另外的時空點的。

　　在薩耳曼的學說裡，更重要的是「產生」這概念。所謂「產生」，意思是說，一個歷程由於與別的歷程之間有因果交互作用而遭遇了改變。薩耳曼提出了三種型態的因果交互作用：連言交叉、互動交叉、完美交叉。這些是他對於這個世界因果結構的分析。

　　「連言交叉」描述所謂的「共同因」結構。最早注意到「共同因」並做哲學討論的，依據薩耳曼的說法，乃是他的老師艾興巴哈 ❷。薩耳曼舉了一個例子來說明共同因的現象。假設老王和小陳兩人都選修了「形上學」這門課，但他們學期結束時交出來的研究論文大同小異，幾乎一模一樣。如果說他們的論文是自己寫的，這種雷同論文的事情發生的機率實在太低了，一般人的立即反應是他們的論文必定是抄襲的。這有兩種情形：他們當中某個人抄襲另一個人；或者另外有個來源 （例如某個網站貼出來的論文），他們都是從那地方抄來的。如果不是前者，則後者就是一種共同因的結構。這就是所謂的「連言交叉」。事件 c 既是事件 e_1 的原因，也是事件 e_2 的原因，而且事件 e_1 與事件 e_2 之間沒有直接的因果關係。

　　為了掌握「連言交叉」（亦即共同因的結構），薩耳曼接受艾興巴哈的主張指出，「連言交叉」滿足以下四條機率式子 （令 C 表示「c 發生」、A 表示「e_1 發生」、B 表示「e_2 發生」）：

(1) $\mathcal{P}(A \wedge B/C) = \mathcal{P}(A/C) \times \mathcal{P}(B/C)$

(2) $\mathcal{P}(A \wedge B/\neg C) = \mathcal{P}(A/\neg C) \times \mathcal{P}(B/\neg C)$

(3) $\mathcal{P}(A/C) > \mathcal{P}(A/\neg C)$

(4) $\mathcal{P}(B/C) > \mathcal{P}(B/\neg C)$

---

❷ Reichenbach (1956). 本節的介紹主要參考 Salmon (1980b) 以及 Salmon (1984) 第六章。

> **想一想：**
> 艾興巴哈和薩耳曼約定：在這四條機率式子裡的機率值既不等於 0，也不等於 1。為什麼呢？（參 Salmon (1980b)。）

　　提醒讀者：同時滿足前四條機率式子的任何三個事件未必就構成共同因的結構。它們之間要出現共同因的結構，還必須滿足薩耳曼主張的因果影響之傳播原則；簡單說，必須存在有從 c 到 e_1 的因果歷程以及從 c 到 e_2 的因果歷程才行。

　　以「連言交叉」描述的共同因結構滿足這四條機率式子，這應該是相當直覺的，但這裡還是補充一些說明。

　　單獨看式子(1)，它邏輯蘊涵下列兩條式子（設 $\mathcal{P}(A/C) \neq 0$）：

　　(5) $\mathcal{P}(B/C) = \mathcal{P}(B/A \wedge C)$

　　(6) $\mathcal{P}(A/C) = \mathcal{P}(A/B \wedge C)$

薩耳曼將這稱為：事件 c 將 e_1 自 e_2 篩濾出去了（依據公式(5)），意思是說，基於 c 的發生，不論 e_1 有沒有發生，e_2 都會發生。（或者依據公式(6)，c 將 e_2 自 e_1 篩濾了。）

　　除此之外，上述式子(1)到(4)共同邏輯蘊涵下列式子：

　　(7) $\mathcal{P}(A \wedge B) > \mathcal{P}(A) \times \mathcal{P}(B)$

這表示 e_1 和 e_2 不是機率獨立的事件，這自然是由於 c 這共同因的發生使得它們兩者有了某種關聯。

　　「互動交叉」又是什麼呢？薩耳曼舉了撞球的例子。設某人正要以母球撞擊 8 號球，我們姑且假設 8 號球會進袋的機率是 1/2，母球會洗袋的機率也是 1/2。但現在遇到的情形是這樣的：如果母球以某種角度和力道撞擊到 8 號球時，8 號球會進袋但該母球（幾乎）會洗袋（亦即此時母球洗袋的機率接近於 1）。若是如此，以 c 表示母球之撞擊 8 號球、e_1 表示 8 號球之進袋、e_2 表示母球之洗袋，則 c 是 e_1 和 e_2 的共同因，但這種因果結構卻又不是前述「連言交叉」的型態。以 C 表示「c 發生」、A 表示「e_1 發生」、B 表示「e_2 發生」，在這個假想故事裡，下列

式子成立：

⑻ $\mathcal{P}(A \wedge B/C) > \mathcal{P}(A/C) \times \mathcal{P}(B/C)$

由於這個例子滿足⑻，所以它不滿足⑴，所以它不會是「連言交叉」。薩耳曼將這
稱為「互動交叉」，以有別於「連言交叉」。「互動交叉」是用來描述因果交互作用
的。薩耳曼提出了所謂的「因果交互作用原則」❷：

因果交互作用原則

設 P_1 和 P_2 兩個歷程在某時空點交叉；且 P_1 有個特徵 F、P_2 有個特徵 G；
且 P_1 如果沒有與任何歷程交叉，則它會持續保有 F 這特徵；P_2 如果沒有
與任何歷程交叉，則它會持續保有 G 這特徵。如果下列兩條件成立，則 P_1
與 P_2 的交叉是因果交互作用（亦即構成「互動交叉」）：
(a) 當 P_1 與 P_2 交叉後，它的特徵就會從 F 變成 F*；
(b) 當 P_2 與 P_1 交叉後，它的特徵就會從 G 變成 G*。

這條原則可以用來說明在什麼情形下發生了因果交互作用，在什麼情形下則沒有。
車禍就是個很好的因果交互作用的例子。兩輛汽車相撞，表示兩輛車的行進方向
乃至於兩輛車的車身都產生了變化。至於沒有真正出現因果交互作用（僅僅表面
上看起來像是有因果交互作用）的情形，薩耳曼舉了這個例子：

　　在某個投影的布幕上，我們一方面從布幕左下角投射紅色光點、並往右上角
移動這光點，另一方面我們從布幕右下角投射綠色光點、並往左上角移動這光點。
即使這兩光點（線）在布幕的某個位置交叉，我們不能說這交叉是因果的，因為
這交叉不滿足以上兩個條件。

　　最後，所謂「完美交叉」是指下列式子成立：

⑼ $\mathcal{P}(A \wedge B/C) = \mathcal{P}(A/C) \times \mathcal{P}(B/C) = 1$

由於當式子⑼成立時，式子⑻不成立，所以滿足式子⑼的因果結構不是「互動交
叉」的結構。另外前面提到，在式子⑴到⑷裡，約定 $\mathcal{P}(A/C)$ 和 $\mathcal{P}(B/C)$ 等機率值

❷ Salmon (1984: 171).

既不是 1 也不是 0。如果我們現在假設這兩個機率值都是 1，就得到式子(9)。所以我們可以說，式子(9)只是式子(1)的一個特例而已。薩耳曼將這種因果結構獨立出來，稱為「完美交叉」。

> **想一想：**
> 薩耳曼的理論如何說明超決定現象以及預阻現象呢？

以上大致說明了薩耳曼關於「機率因致性」的理論的幾個重要概念和主張，這些是他對於這個世界因果結構的說明。很明顯可以看出，他這套學說與休姆學派在概念上和形上學上都有根本的差異。

第七節　因致性的三條原則

哲學家觀察到有三條原則跟因果概念有密切關聯：同因同果原則、普遍因原則、物理因果封閉原則。這三條原則也在大方向上說明了我們一般人以及科學家是如何看待這個世界的因果結構的。

同因同果原則是休姆提出來的：如果某個事件 c 的出現因致另外一個事件 e 的出現，則假設其它相干的背景條件沒有什麼變化，與事件 c 相似的事件如果出現，就會因致與事件 e 相似的事件出現。這裡的「相似」意指屬於同一個類型。茲將這條原則陳述如下：

同因同果原則

如果有兩個事件屬於相同類型，設其它相干的背景條件沒有變化，則它們產生的結果屬於同一個類型；此外，如果兩個結果事件屬於同一類型，設其它相干的背景條件沒有變化，則它們的原因是屬於同一類型的。

簡單說，相同類型的原因導致相同類型的結果，相同類型的結果源自相同類型的原因。同因同果原則是休姆規律論的另一種說法。這原則由於主張兩種類型的事件之間具有關聯性或者規律性，因此也稱為規律原則。

否定同因同果原則似乎是很不明智的。假設我們否定這條原則，我們就必須

承認兩種情形：⑴相同類型的事件，在其它相干的背景條件沒有改變的情形下，會產生不同類型的結果（除了共同因現象之外）；或者⑵不同類型的原因，在其它相干的背景條件沒有改變的情形下，會產生相同的結果（除了超決定現象之外）。這兩種情形都有問題，都不是我們願意接受的。

第二條原則是普遍因原則：

普遍因原則
每件事情或現象的發生都是有原因的。

也就是說，不會有任何事情或現象的發生是毫無原因、憑空發生的。有什麼好理由接受這條原則嗎？

在西方哲學史上（尤其是中世紀）有一些哲學家將這條原則理解為：存在有一個個物是每個個物的存在或發生的原因，這個個物就是神。這是有名的宇宙論論證。如果以這方式來理解普遍因原則，則以現代邏輯可表示為：$\Box(\exists x)(y)Cxy$，其中「Cxy」表示「x 因致 y」。這邏輯式子的意思是說：必定地，存在至少有這麼一個個物，它因致了所有的個物。不過，這原則還有另外一種理解方式：必定地，這個世界每個個物的存在或每個事件的發生都有一個個物或事件是它的原因，以現代邏輯可表示為：$\Box(x)(\exists y)Cyx$。這兩種理解方式是不同的，前者邏輯蘊涵後者，但後者沒有邏輯蘊涵前者。本書不考慮神學的議題，將以第二種方式來理解普遍因原則，藉以理解這個世界的因果結構。

有什麼好理由來接受這條原則嗎？我們從反方向來思考。否認這條原則，就等於是承認有些現象的發生是憑空出現、完全沒有原因的。請留意：不是還沒有找到原因，不是我們人類找不出它們的原因，而是根本就沒有原因！

對於某些現象，我們找不到其發生的原因（除了沒有認真找之外），大略不出下列幾種情況：

第一、我們運氣不好。有些現象的發生或者根本沒有留下充分的線索，或者留下的線索被天災人禍毀掉了，或者被人為刻意毀掉了，以至於我們再也不可能找出其發生的原因。例如歷史上的許多懸案，眾說紛紜，至今無解；例如恐龍的絕跡原因至今仍沒有定論。這些現象的發生都是有原因的，只是我們大概沒有機

會發掘其原因了。

　　第二、囿於當前的科學理論不足，或者技術不夠發達，或者研究工具還不足以應付我們的需求，使得我們找不到某些現象發生的原因。在天文望遠鏡和顯微鏡等儀器還沒有發明之前，我們對於遙遠的天文現象以及肉眼難見的微小現象，都無法掌握，因此對於某些我們觀察到的現象，我們不知道究竟造成其發生的原因是什麼。又例如從前的人不知道某些病的原因是什麼，反而往往歸咎於這個人要嘛前世做了孽，要嘛道德有虧，要嘛就是中了邪，要嘛就是妖魔作祟。現代醫學對於很多疾病已經有了深刻的瞭解，對於許多疾病都能找出原因，不再訴諸不可信的無稽之談。又例如在核磁共振儀發明之後，我們才對於大腦的運作有了比較豐富的瞭解，因而更有助於我們尋找某些疾病與大腦失常或大腦病變的關聯。這些都是以前找不到原因，但是科學與技術進步之後，人類逐漸將造成這些現象的原因找了出來。再例如，科學家最近研究發現，地球的磁場力量正逐漸在削弱當中，科學家估計大約再一千年地球的磁力就完全消失了。究竟這是什麼原因造成的，目前並不清楚，這現象會產生什麼影響，目前也不清楚。我們只能樂觀地說：雖然還有許多現象目前找不到發生的原因，或許未來科學更發達、科技更成熟之後，就可以解開謎底。

　　第三、有些現象的發生確實是有原因的，但是這些現象究竟是如何發生的，卻已經超出了我們人類認知的極限，是我們人類不可能瞭解的。不論科學如何進步、不論科技如何發達，我們也沒有能力找出造成這些現象的原因。在這種情形裡，這些現象的發生不是沒有原因，而是我們沒有能力找出原因。

　　附帶補充一點：所謂的「奇蹟」或許是指第二種情形，也或許是指第三種情形，甚至是指違背自然律的情形。究竟是哪一種，得看我們在談哪個「奇蹟」。

　　以上三種都是確實有原因但是找不到原因的情形。然而否認普遍因原則，並不是說有些事情發生，但我們找不到原因，而是說有些事情的發生根本就沒有原因。這似乎不是一般人能夠接受的。

　　究竟該不該接受普遍因原則呢？或許我們之所以對於每個現象的發生企圖找出原因，只是我們有這種心態而已？會不會我們這種心態是不恰當的？會不會有些現象的發生就是毫無原因、憑空發生的？會不會普遍因原則事實上是錯誤的？

本書無法否認這些可能性。不過，本書得指出：否認普遍因原則會付出相當的代價。

　　首先，一旦放棄這條原則，我們不但很難區別哪些現象的發生是屬於還沒有找到原因的情形（如前述第一種和第二種情形），哪些現象的發生是屬於有原因但已經超出人類認知極限的（如前述第三種情形）；我們更難區別哪些現象的發生是屬於有原因但還找不到的（如前述三種情形），哪些現象的發生則是屬於毫無原因、憑空出現的。當我們面臨找不到原因的情形時，我們是要繼續研究呢？還是要停止探索呢？再者，假設我們承認有些現象的發生是毫無原因、憑空出現的。對於這些現象我們甚至不可以訴諸神祕的力量。因為訴諸神祕力量，其實還是在試圖提出這些現象的原因。這與否定普遍因原則的立場是相衝突的。

　　人類天生的好奇心表現在很多地方，其中之一就是企圖對於每一件發生的事情和現象尋找原因，以解釋它們為什麼會出現。我們一般人之所以會傾向於接受普遍因原則可能是出自人類這種天性吧！

　　第三條原則是物理因果封閉原則。這原則的意思是說：在一個因果關係上，如果其中一個因致項是物理的，則另一個因致項也是物理的。

物理因果封閉原則

　　如果原因是物理的事件或現象，則其結果是物理的事件或現象；如果結果是物理的事件或現象，則原因是物理的事件或現象。

設 e_i 因致 e_j。按照這條原則，如果 e_i 是物理的事件或現象，則 e_j 是物理的事件或現象；或者，如果 e_j 是物理的事件或現象，則 e_i 是物理的事件或現象。再假設 e_1 因致 e_2，而且 e_2 因致 e_3。如果 e_2 是物理的，則依據這條原則，e_1 和 e_3 都是物理的；依此類推。簡單說，在任何一條因果鍊上，任何一個事件或現象是物理的，則這條因果鍊上的所有事件或現象都是物理的。在任何一張由很多因果鍊構成的因果網上，任何一個事件或現象是物理的，則這張因果網上的所有事件或現象都是物理的。

　　否認物理因果封閉原則是否可行？否認物理因果封閉原則表示我們得承認(1)造成某些物理現象發生的原因乃是非物理的，或者(2)某些物理現象會因致非物理

現象的產生。不論是哪種情形，似乎都違背了當前科學的基本精神，而且還在我們對於這個世界提供的種種因果解釋裡引進了不可知的非物理因素。舉例來說，古代人提出「地牛翻身」來解釋地震現象，「地牛」是個非物理的因素；古代人（乃至於現代許多原始部落）認為人的生病、瘟疫的流行等，乃是惡魔作祟的緣故，「惡魔」也是非物理的因素。這些「因果」解釋當然已經不為現代人接受了，因為當代地震學訴諸大陸板塊的釋放能量來說明地震的成因，當代醫學訴諸病菌、病毒等物理因素來說明疾病。如果我們否認物理因果封閉原則，我們還有什麼理由來接受當代科學呢？我們還有什麼方式來反對訴諸地牛、惡魔的「因果」解釋呢？

> **想一想：**
> 在形上學裡，一個不滿足上述三條原則的世界是一個什麼樣的世界？

參考書目

Allaire, E.B. (1963). "Bare Particulars", *Philosophical Studies* 14(1/2): 1–8.

Aquinas, T. (1983). *On Being and Essence*. Trans. by Maurer, A. Toronto: Pontifical Institute of Medieval Studies.

Aristotle, *Metaphysics*. In Barnes, J. (Ed.), *Complete Works of Aristotle*. Oxford University Press.

Armstrong, D.M. (1978a). *Nominalism and Realism, Vol. 1 of Universals and Scientific Realism*. Cambridge: Cambridge University Press.

Armstrong, D.M. (1978b). *A Theory of Universals, Vol. 2 of Universals and Scientific Realism*. Cambridge: Cambridge University Press.

Armstrong, D.M. (1980). "Against 'Ostrich Nominalism': A Reply to Michael Devitt", in Mellor & Oliver (Eds.)(1997): 101–111.

Armstrong, D.M. (1983). *What is a Law of Nature*. Cambridge University Press.

Armstrong, D.M. (1989), *Universals: An Opinionated Introduction*. London: Westview.

Armstrong, D.M. (1992). "Properties", in Mellor & Oliver (Eds.)(1997): 160–172.

Armstrong, D.M. (1996a). "Dispositions as Categorical States", in Armstrong, Martin, & Place (1996): 15–18.

Armstrong, D.M. (1996b). "Place's and Armstrong's Views Compared and Contrasted", in Armstrong, Martin, & Place (1996): 33–48.

Armstrong, D.M. (1997). *A World of States of Affairs*. Cambridge University Press.

Armstrong, D.M. (2002). "Two Problems For Essentialism", in Appendix to Ellis (2002a), 167–170.

Armstrong, D.M. (2004). *Truth and Truthmakers*. Cambridge University Press.

Armstrong, D.M. (2005). "Four Disputes About Properties", *Synthese* 144(3): 1–12.

Armstrong, D.M., Martin, C.B., & Place, U.T. (1996). *Dispositions: A Debate*. Routledge.

Aune, B. (1985). *Metaphysics: The Elements*. Minneapolis: University of Minnesota Press.

Aurelius, M. (167/2005). *The Meditations*. Trans. by Long, G. Kansan: Digireads Com Book.

Austin, C. (2008). "The Relation of Compresence in the Bundle Theory: Four Problems", *Percipi* 2: 49–65.

Bacon, J. (1995). *Universals and Property Instances: The Alphabet of Being*. Oxford: Basil Blackwell.

Baker, L.R. (1997). "Why constitution is not identity", *Journal of Philosophy* 94(12): 599–621.

Baker, L.R. (1999). "Unity Without Identity: A New Look at Material Constitution", *Midwest Studies in Philosophy* 23: 144–165.

Barsalou, L.W. (1989), "Intra-concept Similarity and Its Implications For Inter-concept Similarity", in Vosniadou & Ortony (Eds.)(1989), 76–121.

Bassok, M. (2001), "Semantic Alignments in Mathematical Word Problems", in Gentner, et al. (Eds.)(2001), 401–434.

Bennett, K. & Zimmerman, D.W. (Eds.)(2013), *Oxford Studies in Metaphysics*, vol. 8 Oxford: OUP.

Benovsky, J. (2008). "The Bundle Theory and The Substratum Theory: Dedly Enemies or Twin Brothers?" *Philosophical Studies* 141: 175–190.

Bigelow, J. & Pargetter, R. (1987), "Functions", *Journal of Philosophy* 84, 181–196.

Bird, A. (1998). "Dispositions and Antidotes", *Philosophical Quarterly* 48: 227–234.

Bird, A. (2009). "Essences and Natural Kinds", *Routledge Companion to Metaphysics* (Eds. Robin Le Poidevin, Peter Simons, Andrew McGonigal, and Ross Cameron) Abingdon: Routledge: 497–506.

Bird, A. (2010). "Discovering the Essences of Natural Kinds", *The Semantics and Metaphysics of Natural Kinds* (eds Helen Beebee and Nigel Sabbarton-Leary). Routledge.

Bird, A. (2007). "The Regress of Pure Powers?", *Philosophical Quarterly*: 513–34.

Black, M. (1952). "The Identity of Indiscernibles", *Mind* (51). McGinn, C. (2000), *Logical Properties*. Oxford: Oxford University Press.

Block, N. (1980). "Troubles with Functionalism", in *Readings in Philosophy of Psychology*, Vol. 1. Cambridge, MA: The MIT Press, 267–302.

Boyd, R.N. (1988). "How To Be a Moral Realist," in Geoffrey Sayre-McCord (ed.)(1988), *Essays on Moral Realism*. Ithaca, NY: Cornell University Press, 181–228.

Boyd, R.N. (1989). "What Realism Implies and What it Does Not", *Dialectica*, 43, 5–29.

Boyd, R.N. (1991). "Realism, Anti-Foundationalism, and the Enthusiasm For Natural Kinds", *Philosophical Studies* 61: 127–148.

Bradley, F. H. (1897). *Appearance and Reality—A Metaphysical Essay*. Thoemmes Press, Bristol, Sterling (Virginia).

Bromberger, S. (1992). *On What We Know We Don't Know*. Chicago: University of Chicago Press.

Bromberger, S. (1997). "Natural Kinds and Questions", *Poznan Studies in the Philosophy of the*

Sciences and the Humanities 51: 149–163.

Butchvarov, P. (1966). *Resemblance and Identity: An Examination of the Problem of Universals*. Bloomington: Indiana University Press.

Butchvarov, P. (1979). *Being Qua Being: A Theory of Identity, Existence, and Predication*. Bloomington, Indianapolis: Indiana University Press.

Cameron, R. (2006). "Tropes, Necessary Connections, and Non-Transferability". *Dialectica* 60(2): 99–113.

Campbell, K. (1981). "The Metaphysic of Abstract Particulars", in Mellor, D.H. & Oliver, A. (Eds.): 125–139.

Campbell, K. (1990). *Abstract Particulars*. Oxford: Basil Blackwell.

Carnap, R. (1928). *The Logical Structure of the World*. University of California Press.

Carnap, R. (1936). "Testability and Meaning, Part I", *Philosophy of Scienc* 3: 420–471.

Carnap, R. (1938). "Logical Foundations of the Unity of Science", in Boyd, Gasper, & Trout (Eds.): 393–404.

Cartwright, N. (1987). "Existence", in Tomberlin, J. (Ed.), *Philosophical Perspectivves 1: Metaphysics*. Ridgeview: 49–108.

Cartwright, R. (1960). "Negative Existentials", *Journal of Philosophy* 57: 629–639.

Chisholm, R.M. (1946). "The Contrary-to-Fact Conditional", in Feigl, H. & Sellars, W. (Eds.)(1949). *Readings in Philosophical Analysis*. NY: Appleton-Century-Croft, 482–497.

Churchland, P.M. (1985). "Conceptual Progress and Word/World Relations: In Search of the Essence of Natural Kinds," *Canadian Journal of Philosophy* 15, 1–17.

Collier, J. (1996), "On The Necessity of Natural Kinds," in Riggs (Ed.)(1996), 1–10.

Collins, J. (2000). "Preemptive Prevention", in Collins, Hall, & Paul (Eds.)(2004): 107–118.

Collins, J. Hall, N., & Paul, L.A. (Eds.)(2004). *Causation and Counterfactuals*. MIT Press.

Crane, T. (1996). "Introduction", in Armstrong, Martin, & Place (1996). *Dispositions: A Debate*. Routlege, 1–11.

Crane, T. (2012). "What is the Problem of Non-Existence?", *Philosophia* 40(3): 417–434.

Cummins, R. (1975). "Functional Analysis", *Journal of Philosophy* 72(20): 741–765.

Daly, C. (1994/5), "Tropes", in Mellor, D.H. & Oliver, A. (Eds.) (1997): 140–159.

Daly, C. (1996). "Defending Promiscuous Realism About Natural Kinds", *Philosophical Quarterly* 185: 496–500.

Davidson, D. (1974). "On the Very Idea of a Conceptual Scheme", *Proceedings and Addresses of the American Philosophical Association* 47: 5–20.

Devitt, M. (1980). "'Ostrich Nominalism' or 'Mirage Realism'?", in Mellor & Oliver (Eds.)(1997): 93–100.

Divers, J. (2002). *Possible Worlds*. Routledge.

Dretske, F.I. (1977). "Laws of Nature". *Philosophy of Science* 44: 248–268.

Dupre, J. (1993). *The Disorder of Things: Metaphysical Foundations of the Disunity of Science*. Harvard University Press.

Dupre,J. (1996). "Promiscuous Realism: A Reply to Wilson", *British Journal for the Philosophy of Science* 47: 441–444.

Ellis, B. (1996). "Natural Kinds and Natural Kind Reasoning," in Riggs (Ed.)(1996), 11–28.

Ellis, B. D. (2001). *Scientific Essentialism*. Cambridge: Cambridge University Press.

Ellis, B.D. (2002a). *The Philosophy of Nature*. Ithaca: McGill-Queen's University Press.

Ellis, B.D. (2002b), "Response to Armstrong," in the Appendix to Ellis (2002a), 171–176.

Fine, K. (1994). "Essence and Modality", in *Philosophical Perspectives VIII: Logic and Language*, Ed. James Tomberlin (Atascadero, CA: Ridgeview): 1–16,

Fine, K. (1995). "Senses of Essence", in *Modality, Morality, and Belief*, ed. Walter Sinnott Armstrong, Diana Raffman, and Nicholas Asher (Cambridge: Cambridge University Press): 53–73.

Fodor, J.A. (1986). "Why paramecia Don't Have Mental Representations", in P.A. French, T.E.,

Uehling, & H.K. Wettstein (Eds.), *Midwest Studies in Philosophy*, vol. 10: 3–23.

Frege, G. (1891). "Function and Concept".

Frege, G. (1892a). On Sense and Reference. In Geach & Black (1952).

Frege, G. (1892b). On Concept and Object. In Geach & Black (1952): 42–55.

Frege, G. (1884). "Dialogue With Punjer on Existence", in *Gottlob Frege: Posthumous Writings*. Trans. by Long, P. & Roger White of Mermes. Chicago: University of Chicago Press.

Geach, P. & Black, M. (1952). *Translations From the Philosophical Writings of Gottlob Frege*. Oxford: Blackwell.

Geach, P. (1973). "Ontological relativity and relative identity", in M.K. Munitz (ed.), *Logic and Ontology*, New York: New York University Press.

Geach, P.T. (1980). *Reference and Generality*. 3rd edition. Ithaca: Cornell University Press.

Gelman, S.A. & Wellman, H.M. (1991). "Insides and Essences: Early Understandings of the Non-Obvious," in Margolis & Laurence (Eds.)(1999), 613–638.

Gibbard, A. (1975). "Contingent Identity", *Journal of Philosophical Logic*, IV: 187–221.

Gnassounou & Kistler (2007). "Introduction". In Kistler & Gnassounou, (Eds.)(2007), 1–40.

Goodman, N. (1947). "The Problem of Counterfactual Conditionals", in Jackson (Ed.)(1991), *Conditionals*. Oxford: Oxford University Press, XXX

Goodman, N. (1954). *Fact, Fiction, and Forecast*. Cambridge, MA: Harvard University Press.

Goodman, N. (1966). *The Structure of Appearance*. Bobbs-Merrill.

Goodman, N. (1970). "Seven Strictures on Similarity," in Foster, L. & Swanson, J.W. (Eds.)(1970), *Experience and Theory*. Amherst: University of Massachusetts Press, 19–29.

Grossman, R. (1992). *The Existence of the World*. Routledge.

Harper, W. (1989). "Consilience and Natural Kind Reasoning", in Brown, J.R. & Mittelstrass, J. (Eds.)(1989), *An Intimate Relation: Studies in the History and Philosophy of Science*. Dordrecht: Kluwer.

Hawthorne, J. (2008). "Three-Dimensionalism vs. Four-Dimensionalism", in Sider, Hawthorne, & Zimmerman (Eds.)(2008), 263–282.

Hume, D. (1739/1896). *A Treatise of Human Nature*. Edited by L.A. Selby-Gigge, M.A. Oxford :Clarendon.

Hume, D. (1748/2004). *An Enquiry Concerning Human Understanding*. Dover.

Jackson, F. (1977). "Statements About Universals", in Mellor & Oliver (Eds.)(1997): 89–92.

Johnson, M. (1992). "How to Speak of the Colors", *Philosophical Studies* 68: 221–263.

Johnson, W.E. (1921). *Logic, Part I*. Cambridge University Press.

Keil, F.C. (1989). *Concepts, Kinds, and Cognitive Development*. Cambridge, MA: The MIT Press.

Kistler, M. & Gnassounou, B. (Eds.)(2007). *Dispositions and Causal Powers*.

Kornblith, H. (1993), *Inductive Inference and Its Natural Ground*. Cambridge, MA: The MIT Press.

Kripke, S. (1971). "Identity and necessity". In M. K.Munitz (Ed.), *Identity and Individuation*. NY: New York University Press.

Kripke, S. (1980). *Naming and Necessity*. Harvard University Press.

LaPorte, J. (2004). *Natural Kinds and Conceptual Change*. Cambridge: Cambridge University Press.

Laurence, S, and Macdonald, C. (Eds.): 1998, *Contemporary Readings in the Foundations of*

Metaphysics, Basil Blackwell, Oxford.

Lewis, D. (1972). "Psychophysical and Theoretical Identifications", *Australasian Journal of Philosophy* 50(3): 249–258.

Lewis, D. (1973a). *Counterfactuals*. Oxford: Blackwell.

Lewis, D. (1973b). "Causation", in Sosa & Tooley (Eds.)(1993): 193–204.

Lewis, D. (1986a). *On the Plurality of Worlds*. Oxford: Blackwell.

Lewis, D. (1986b). "Postscripts to 'Causation'", in his *Philosophical Papers*, Vol. II. Oxford: Oxford University Press: 172–213.

Lewis, D. (1991). *Parts of Classes*. Oxford University Press.

Lewis, D. (1997). "Finkish Dispositions", *Philosophical Quarterly* 47: 143–158.

Lewis, D. (2000). "Causation as Influence", in Collins, Hall, & Paul (Eds.)(2004): 75–106.

Locke, J. (1689/1975). *An Essay Concerning Human Understanding*. Ed. By P.H. Nidditch. Oxford: Clarendon.

Loewer, B.M. (1979). "Cotenability and Counterfactual Logics". *Journal of Philosophical Logic* 8: 99–115.

Loux, M. (2006). *Metaphysics*, third edition. Routledge.

Lowe, E.J. (2002). *A Survey of Metaphysics*. Oxford University Press.

Lowe, E.J. (2005). "Thing". *The Oxford Companion to Philosophy*, 2nd edition. Oxford University Press.

Lycan, W.G. (1987). "The Continuity of the Levels of Nature", in Lycan (Ed.)(1990). *Mind and Cognition*. Oxford: Blackwell, 77–96.

Macdonald, C. (1998). "Tropes and Other Things", in Laurence, S., and Macdonald, C. (Eds.). *Contemporary Readings in the Foundations of Metaphysics*. Oxford: Basil Blackwell, 29–350.

Mackie, J.L. (1965). "Causes and Conditions", in Sosa & Tooley (Eds.)(1993b): 33–59.

Mackie, J.L. (1974). *The Cement of Universe: A Study of Causation*. Oxford University Press.

Mackie, P.(2006). *How Things Might Have Been*. Oxford: Oxford University Press.

Margolis, E. & Laurence, S. (Eds.)(1999), *Concepts: Core Readings*. Cambridge, MA: The MIT Press.

Markosian, N. (2008). "Restricted Composition". In Sider, Hawthorne, & Zimmerman (Eds.)(2008), 341–363.

Martin, C.B. (1980). "Substance Substantiated". *Australasian Journal of Philosophy*, 58: 3–10.

Martin, C.B. (1994). "Dispositions and Conditionals", *The Philosophical Quarterly* 44: 1–8.

Martin, C.B. (1996a). "Properties and Dispositions", in Armstrong, Martin, & Place (1996): 71–87.

Martin, C.B. (1996b). "Replies to Armstrong and Place", in Armstrong, Martin, & Place (1996): 126–146.

Martin, C.B. (1996c). "Final Relies to Place and Armstrong", in Armstrong, Martin, & Place (1996): 163–192.

Matthews, (1990). "Aristotelian Essentialism". *Phenomenology and Philosophical Research*, L supplement : 251–262.

Maurin, A.-S. (2002). *If Tropes*. Dordrecht: Kluwer.

McGinn, C. (2000). *Logical Properties: Identity, Existence, Predication, Necessity, Truth*. Oxford University Press.

Medin, D. & Ortony, A. (1989). "Psychological Essentialism", in Vosniadou, S. & Ortony, A. (Eds.)(1989): 179–195.

Meinong, A. (1904). "On the Theory of Objects", Trans. in R.M. Chisholm (Ed.). *Realism and the Background of Phenomenology*. NY: Free Press, 76–117.

Mellor, D.H. & Oliver, A. (Eds.)(1997). *Properties*. Oxford University Press.

Mellor, D.H. (1974). "In Defense of Dispositions", *Philosophical Review* 83: 157–181.

Mellor, D.H，(1977). "Natural Kinds", *British Journal for the Philosophy of Science* 28: 299–331.

Mellor, D.H. (1995). *The Facts of Causation*. Routledge.

Mendelsohn, R.L. (2005). *The Philosophy of Gottlob Frege*. Cambridge University Press.

Mertz, D.W. (1996). *Moderate Realism and its Logic*. New Haven: Yale University Press.

Meinong, A. (1904). "On the Theory of Objects", trans. by I. Levi, D. B. Terrell, and R. Chisholm. In R. Chisholm (Ed.)(1981), *Realism and the Background of Phenomenology*. Atascadero, CA: Ridgeview.

Millikan, R.G. (1998). "A Common Structure for Concepts of Individuals, Stuffs, and Real Kinds: More Mama, More Milk, and More Mouse," in Margolis & Laurence (Eds.)(1999), 525–548.

Milne, P. (2007). "Existence and Identity in Free Logics", *Mind* 116 (464): 1079–1082.

Molnar, G. (2003). *Powers: A Study in Metaphysics*. Ed. by Mumford, S. Oxford University Press.

Moore, G.E. (1936). "Is Existence a Predicate?", in his *Philosophical Papers* and in G. E. Moore: *Selected Writings* 134–46.

Morscher, E. & Hieke, A. (Eds.)(2002). *New Essays in Free Logic*. Kluwer.

Moltmann, F. (2013). "Reference to tropes and the ontology of tropes". Chap. 2 of *Abstract Objects and the Semantics of Natural Language*. Oxford University Press.

Morganti, M. (2009). "Are the Bundle Theory and the Substratum Theory Really Twins?" *Axiomathes* 19: 73–85.

Moore, G.E. (1936). "Is Existence a Predicate?" *Proceedings of the Aristotelian Society* Supplementary Vol. XV: 275–288.

Mumford, S. (1998). *Dispositions*. Oxford University Press.

Neander, K. (1991). "Functions as Selected Effects," *Philosophy of Science* 58, 168–184.

Park, W. (1990). "Haecceitas and the Bare Particular". *Review of Metaphysics* 44(2): 375–397.

Parsons, T. (1980). *Nonexistent Objects*. New Haven, NJ: Yale University Press.

Place, U.T. (1996a). "Dispositions as Intentional States", in Armstrong, Martin, & Place (1996): 19–32.

Place, U.T. (1996b). "A Conceptualist Ontology", in Armstrong, Martin, & Place (1996): 49–67.

Plantinga, A. (1970). "World and Essence". *Philosophical Review* 79(4): 461–492.

Plato, *Sophist*. 本書譯為《辯士》。

Prior, E., Pargetter, R. & Jackson, F. (1982). "Three Theses About Dispositions", *American Philosophical Quarterly* 19: 251–257.

Prior, E.W. (1985). "What Is Wrong With Etiological Accounts of Biological Function?" *Pacific Philosophical Quarterly* 66, 310–328.

Putnam, H. (1970). "Is Semantics Possible?", *Metaphilosophy* 1: 187–201.

Putnam, H. (1975). "The Meaning of 'Meaning'," in his *Mind, Language, and Reality: Philosophical Papers*, Vol. 2. Cambridge University Press, 215–271.

Oppenheim, P. & Putnam, H. (1958). "Unity of Science as a Working Hypothesis", in Boyd, R., Gasper, P., & Trout, J.D. (Eds.), *Philosophy of Science*. Cambridge, MA: The MIT Press.

Quine, W.V.O. (1960). *Word and Object*. Cambridge, MA: The MIT Press.

Quine, W.V.O. (1969a). "Ontological Relativity," in Quine (1969d), 26–68.

Quine, W.V.O. (1969b). "Natural Kinds," in Quine (1969d), 114–138.

Quine, W.V.O. (1969c). "On What There Is", in Quine (1969d).

Quine, W.V.O. (1969d). *Ontological Relativity and Other Essays*. New York: Columbia University Press.

Quine, W.V.O. (1970). *Philosophy of Logic*, New Jersey: Prentice Hall.

Rea, M.C. (1995). "The Problem of Material Constitution". *Philosophical Review* 104(4): 525–552.

Rea, M.C. (1998). "In Defense of Mereological Universalism". *Philosophy and Phenomenological Research* LVIII (2): 347–360.

Reichenbach, H. (1956). *The Direction of Time*. University of California Press.

Riggs, P.J. (Ed.)(1996). *Natural Kinds, Laws of Nature, and Scientific Methodology*. Dordrecht: Kluwer.

Rips, L.J. (1989). "Similarity, Typicality, and Categorization", in Vosniadou, S. & Ortony, A. (Eds.)(1989): 21–59.

Rodriguez-Pereyra, G. (2002). *Resemblance Nominalism: A Solution to the Problem of Universals*. Oxford: Clarendon Press.

Rodriguez-Pereyra, G. (2004). "Paradigms and Russell's Resemblance Regress". *Australasian Journal of Philosophy* 82(4): 644–651.

Russell, B. (1905). "On Denoting". XXX

Russell, B. (1911). "On the Relations of Universals and Particulars". In Marsh, C.R. (Ed.)(1956). *Logic and Knowledge*. London: Allen & Unwin, 103–124.

Russell, B. (1918). "The Philosophy of Logical Atomism". In Marsh, R.C. (Ed.)(1956). *Logic and Knowledge*. London: Allen & Unwin, 175–282.

Russell, B. (1940). *An Inquiry into Meaning and Truth*. London: Allen & Unwin.

Russell, B. (1967). "The World of Universals".

Ryle, G. (1949). *The Concept of Mind*. London: Penguin.

Salmon, N. (1998). "Nonexistence", *Nous* 32(3): 277–319.

Salmon, W.C. (1980a). "Probabilistic Causality", in Sosa & Tooley (Eds.)(1993): 137–153.

Salmon, W.C. (1980b). "Causality: Production and Propagation", in Sosa & Tooley (Eds.)(1993): 154–171.

Salmon, W.C. (1984). *Scientific Explanation and the Causal Structure of the World*. Princeton University Press.

Salmon, W.C. (1989). *Four Decades of Scientific Explanation*. Minneapolis, MN: University of Minnesota Press.

Schaffer, J. (2000). "Trumping Preemption", in Collins, Hall, & Paul (Eds.)(2004): 59–74.

Schaffer, J. (2001). "The Individuation of Tropes". *Australasian Journal of Philosophy* 79 (2): 247–257.

Sidelle, A. (1989). *Necessity, Essence, and individuation: A Defense of Conventionalism*. Ithaca, NY: Cornell University Press.

Sider, T. (2001). *Four-Dimensionalism*. Oxford University Press.

Sider, T. (2006). "Bare particulars", *Philosophical Perspectives* 20: 387–397.

Sider, T. (2008). "Temporal Parts", in Sider, Hawthorne, & Zimmerman (Eds.)(2008), 241–262.

Sider, T., Hawthorne, J., & Zimmerman, D.W. (Eds.)(2008). *Contemporary Debates in Metaphysics*. Oxford: Blackwell.

Simons, P. (1987). Parts: A Study in Ontology. Oxford University Press.

Simons, P. (1999). "Particulars in particular clothing: Three trope theories of substance", in Tooley (Ed.): 45–69.

Simons, P. (2000). "Identity Through Time and Trope Bundles". *Topoi* 19(2): 147–155.

Smith, L. B. (1989). "From Global Similarities to Kinds of Similarities: The Construction of Dimensions in Development", in Vosniadou, S. & Ortony, A. (Eds.)(1989):146–178.

Sosa, E. & Tooley, M. (1993a). "Introduction", in their *Causation* (1993b): 1–32.

Sosa, E. & Tooley, M. (Eds.)(1993b). *Causation*. Oxford University Press.

Sosa, E. (1993). "Putnam's Pragmatic Realism". *Journal of Philosophy* 90: 605–626.

Stalnaker, R. (1968). "A Theory of Conditionals", in Jackson, F. (Ed.)(1991). *Conditionals*. Oxford University Press, 28–45.

Stampe, D. (1977). "Toward a Causal Theory of Linguistic Representation", in P.A. French, T.E. Uehling, & H.K. Wettstein (Eds.)(1979), *Contemporary Perspectives in the Philosophy of Language*. Minneapolis: University of Minnesota Press, 42–63.

Stout, G.F. (1921). "The Nature of Universals and Propositions", in Landesman, C. (Ed.)(1971). *The Problem of Universals*. NY: Basic Books, 154–166.

Tooley, M. (1977). "The Nature of Laws", *Canadian Journal of Philosophy* 7: 667–698.

Tooley, M. (1984). "Laws and Causal Relations", *Midwest Studies in Philosophy*, vol. 9: 93–112.

Tooley, M. (1990). "Causation: Reductionism Versus Realism", in Sosa & Tooley (Eds.)(1993): 172–192.

Tooley, M., ed. (1999). *Analytical Metaphysics: Particulars, Actuality, and Identity over Time*. NY: Garland.

Van Cleve, J. (1985). "Three Versions of the Bundle Theory", *Philosophical Studies* 47: 95–107.

Van Cleve, J. (2008). "The Moon and Sixpence: A Defense of Mereological Universalism", in

Sider, Hawthorne, & Zimmerman (Eds.)(2008): 321–340.

Van Fraassen, B. (1983). *The Scientific Image.* Oxford University Press.

Van Inwagen, P. (1990). *Material Beings.* Ithaca, NY: Cornell University Press.

Van Inwagen, P. (2002). *Metaphysics.* Boulder: Westview.

Vosniadou, S. & Ortony, A. (1989). "Similarity and Analogical Reasoning: A Synthesis", in Vosniadou & Ortony (Eds.)(1989): 1–18.

Vosniadou, S. & Ortony, A. (Eds.)(1989). *Similarity and Analogical Reasoning.* Cambridge: Cambridge University Press.

Wiggins, D. (1968). "On Being in the Same Place at the Same Time", *Philosophical Review* 77: 90–95.

Wilkerson, T.E. (1993). "Species, Essences, and the Names of Natural Kinds", *Philosophical Quarterly* 43: 1–9.

Wilkerson, T.E. (1995), *Natural Kinds.* Avebury.

Williams, D.C. (1953), "On the Elements of Being: I", in Mellor, D.H. & Oliver, A. (Eds.) (1997): 112–124.

Wilson, R.A. (2007). "A Puzzle about Material Constitution", *Philosophers' Imprint* 7(5): 1–20.

Wilson, R.A. (1996). "Promiscuous Realism", *British Journal for the Philosophy of Science* 47(2): 303–316.

Wittgenstein, L. (1958). *Philosophical Investigations.* Trans. by G.E.M. Anscombe. Blackwell.

Zalta, E. (1983). *Abstract Objects: An Introduction to Axiomatic Metaphysics.* Dordrecht: D. Reidel.

王文方 (2002)，〈麥農主義的真正難題〉,《東吳哲學學報》，7：107–128。

王文方 (2007)，〈虛擬條件句理論述評〉,《臺灣大學哲學論評》，33：133–182。

王文方 (2008)，《形上學》。臺北：三民書局。

王文方 (2011)，《語言哲學》。臺北：三民書局。

彭孟堯 (1999)，〈先驗認知的神秘性與心理表徵理論的困境〉,《歐美研究》，29(4)：81–118。

彭孟堯 (2009)，《知識論》。臺北：三民書局。

彭孟堯 (2011)，《心與認知哲學》。臺北：三民書局。

彭孟堯 (2012)，"Why Resemblance is Not a Relation?——Trope Ontology in a Conceptualist Guise"。《臺大哲學論評》，44: 1–32。

蘇慶輝譯 (2008)，《形上學》。臺北：學富文化出版社。

英中名詞對照表

particular 個物

particular 個殊物；個殊的

Peirce, Charles (1839–1914) 皮爾斯

pentadic 五位的

perdurance 接續

perdurantism 接續論

perfect fork 完美交叉

personal identity 個人同一

Place, U.T. (1924–2000) 普雷斯

Platonic world 柏拉圖式的世界

pluralism 多元論

possible world 可能世界

pragmatic 語用的

predicate nominalism 述詞唯名論

predication 謂述

pre-emption 預阻

presumption 先在預設

presupposition 預想

Principle of Arity 位元原則

Principle of Bivalence 二值原則

Principle of Individuation 個別化原則

Principle of Ontological Parsimony 存有精簡原則

Principle of Physical Causal Closure 物理因果封閉原則

Principle of Regularity 規律原則

Principle of Structure Transmission 結構傳送原則

Principle of Substitutivity of Co-referential Terms 共指涉詞互換原則

Principle of the Non-transferability of Tropes 殊性不可轉移原則

Principle of the Propagation of Causal Influence 因果影響之傳播原則

Principle of Universal Causality 普遍因原則

probabilistic causality 機率因致性

problem of co-extension 共外延難題

Problem of Material Constitution 組合難題

Problem of Universals 共性難題

Projectibility Problem 可投射難題

projectible 可投射的

promiscuous realism 混雜實在論

proper extension 擴展

proper name 專名

proper part 子部分

property 性質

qualitative 質性的

quaternary 四元的

quinary 五元的

Quine, W.V.O. (1908–2000) 蒯因

Ramsey Correlate 蘭姆吉關聯式

Ramsey sentence 蘭姆吉語句

Rea, M.C. 呂

realism 實在論

reality 實在

reality 實在界

real 真實的

real 實在的

reason 理性

recurrent 可再現的

reductionism 化約論

redundancy theory 冗贅論

reference 指涉

truth maker 致真項
truth-valueless 無真值的
truth 真理
two-sphere universe 雙球宇宙
type 類型

unary 一元的
uncountably infinite 不可數無限多
underlap 低疊

underlying structure 基底結構
Uniformity Principle 齊一原則
universal statement 全稱句
Universalism 共性論
universal 共性；共性的

vacuously true 空真的
Williams, D.C. (1899–1983) 威廉斯
Zalta, Edward 卓塔

索 引

6 至 10 劃

老子的哲學

王邦雄　著

作者試圖把老子安放在先秦諸子的思想源流中，去探究《道德經》的義理真實，並建構其思想體系。八十一章的每一句話，都可以得到義理的安頓，並有一整體的通貫。

本書由生命修證，開出形上體悟；再由形上結構，探討其政治人生的價值歸趨；並由生命與心知兩路的歷史迴響，對老子哲學作一價值的評估，以顯現其精義與不足。

韓非子的哲學

王邦雄　著

本書以天、性、心、情、欲等觀念為中心，探索其理論根基；以法、勢、術為重點，建立其體系架構。全篇分為七章，探討韓非子背景和思想、顯發精義與創見、明示困結及難題，加以深入而有系統的研究，是現代學者對前賢哲學的重建與追尋，將前人不朽之智慧，引入現代，成就韓非子永不褪色的歷史地位！

逍遙的莊子

吳怡　著

人人都想要過「逍遙自在」的生活。

跟著作者參透莊子千年來的智慧，逍遙於世俗人間。

在喧擾紛亂的世俗人間，莊子何以能逍遙其中？在莊子逍遙境界的背後，究竟蘊藏了什麼力量，使其能有超塵拔俗、一飛沖天的氣勢？

「知識與道德是通向逍遙境界的大道」，作者以精闢簡練的文字，為莊子洗雪近二千年來學術界的誤解，重新詮釋「逍遙」的真旨，讓你能穿越時空，與莊子共體「逍遙遊」。

莊子的生命哲學

葉海煙　著

莊子哲學不是鯤鵬的哲學，不是神仙的哲學，而是屬於天地間至真之人的哲學。作者在超越與辯證兩大原理引領下，向莊子哲學的高峰邁進，進而循生命歷程之展延，一路深入莊子生命的浩大領域，旨在去除意志之陰霾及文字之迷障，以全般耀現莊子哲學的朗朗青天。至於莊子哲學兼攝多種思維向度的不凡成就，作者則運用詮釋手法提振起莊子的概念系統，進而將理性與生命緊密結合，以見莊子俊逸的生命風采。

王陽明哲學

蔡仁厚　著

無善無惡心之體，有善有惡意之動，
知善知惡是良知，為善去惡是格物。──四句教
陽明心學上承孟子，中繼陸象山，風靡累世，其中心思想──「四句教」、「致良知」、「心即理」是如何發展而來？這些思想具有怎樣的人生意義？「王學」在明代中葉之後，何以成為歷史上顯赫的學派之一，甚至學說東傳至日本？在本書作者深入淺出、循序漸進的論述下，為您一一解答。

儒家思想──以創造轉化為自我認同

杜維明　著

本書展示了作者為建立當代儒學的核心價值和終極關懷所作的努力。這種紮根生活世界、結合人生智慧，而且嚮往宇宙真諦的思路，充分體現了二十世紀末期哲學重生的新趨向。書中所探究的基本議題──人類與自然的和諧、個人與群體的互動、人心與天道的相應，都是導源於「為己之學」，而通向家國天下，並遙契天命的儒家教言。不僅是中華民族主流思潮的歷史表述，也是中國文化為全球社群所提供的人文精神。

西洋哲學史

傅偉勳　著

本書涵蓋範圍自古希臘哲學開始，經過中世紀漫長的基督教哲學、人文主義時期的文藝復興、號召啟蒙的科學革命，最後止於浪漫運動盛行的德國古典哲學。本書強調客觀公平地審視各派別的理論學說與內在關係，希望讀者在閱讀本書時可以培養包容各種觀點的態度與批判思考的能力。

邏輯

林正弘　著

本書是初等符號邏輯的教科書。所謂「初等」有兩層含意。第一，在內容方面，包括語句邏輯以及含有等同符號、運算符號和個體變元的量限邏輯；而不包括集合論、多值邏輯，以及含有述詞變元的量限邏輯等在內。第二，在方法上，採用自然演繹法，設計一套由前提導出結論的推論規則；而不採用公理法，把邏輯定理構成公理系統。本書適合初學者入門使用。

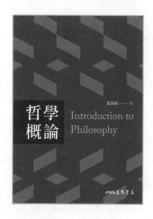

哲學概論

冀劍制　著

本書為哲學入門教科書，不同於傳統以訓練哲學專業為目標，而是著重在引發學生興趣與思考。

本書以十八篇小單元，每篇一個主題，不偏重於任何特定主題的方式來規劃。並且在篇首與篇末設計了一些值得討論的問題，跟著本書先思考再談理論，談完理論後繼續思考，讓學生在學習的過程中，發現哲學思考的樂趣與應用價值，不拘泥於任何理論與學派，依照自己的思路，汲取智慧的活水。

海德格與胡塞爾現象學

張燦輝　著

海德格被公認為二十世紀最重要的哲學家，其《存在與時間》一書更是引領現象學開啟一個新的境界。想要了解海德格哲學，則不能不從他的老師胡塞爾開始講起，作者層層剖析海德格與胡塞爾這對師生的關係，對於現象學的發展、變化乃至超越與困境，都有淋漓盡致的分析，為漢語世界讀者，開啟一道通往現象學的大門。

本書將層層剖開海德格的哲學觀，直抵現象學核心，一本書、一種思考方式、一個新世界將在你眼前展開。

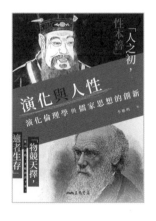

演化與人性──演化倫理學與儒家思想的創新

李雅明　著

本書首先從歷史的角度探討各家各派如何評價歷史上的儒家人性論。除了總結中國歷史上重要的儒者思想之外，也包含了當代儒者與新儒家學派對於儒家人性論的批評與反思。接著介紹西方演化論的起源、傳承與革命，可視為是演化倫理學的一部小科普史，人物記述詳實、論點嚴密。最後則試圖從當代演化倫理學中找到儒家人性論的科學基礎，並重新詮釋儒家論點，啟動創新式的儒家思想。

倫理學釋論

陳特　著

本書介紹了一些很基本的倫理學說，在其中，讀者可以看到道德對於個人和社會的各種意義與價值，亦即人之所以要道德的各種理由。希望讀者能透過這些學說，思索、反省道德對於人生所可能具有的意義與價值，以及在道德的領域中，我們的生命可能會產生什麼樣的變化，進而找到新的人生方向與意義。

硬美學——從柏拉圖到古德曼的七種不流行讀法

劉亞蘭　著

在本書中作者另闢蹊徑，擺脫以往用「唯美」的藝術作品來介紹美學，反而從七個迥異的主題下手，藉由美學與藝術哲學內最 「冷硬」、最尖銳的議題來挑動讀者的哲學神經。 本書範圍除了涵蓋當代歐陸美學與分析美學兩大傳統外，也不忘討論美學史上重要的哲學家。循著七種美學的「不流行讀法」，帶領讀者一窺藝術、美與哲學背後的種種爭論，來一趟「硬」美學之旅！

西洋哲學史話（上／下）

鄔昆如　著

本書以編年史的形式，將西洋哲學歷史分為希臘哲學、中世哲學、近代哲學和現代哲學四個部分，清楚地解說每一時期的沿革發展，並選擇數名或數個具代表性的哲學家或思想流派來介紹。以深入淺出的文筆，從繁榮到哲學之死，從黑暗到迎接曙光，帶你一起找到進入西洋哲學的門徑，一窺哲學世界的萬千風貌及深厚底蘊。

知識論

彭孟堯　著

「求知」是人之所以為人的一項重要特徵，而《知識論》就是人類這種求知活動的菁華。什麼是知識的本質？眼見為憑是否保證了知識的正確性？夢中場景可以成為知識嗎？真正的知識要如何證明呢？本書除了介紹西方傳統的知識論之外，著重在解說當代英美哲學界在知識論領域的研究成果與發展，並引進認知科學以及科學哲學的相關研究成果，以輔助並擴充對於知識論各項議題的掌握。

哲學很有事：十九世紀

Cibala 著

最愛說故事的 Cibala 老師，這次要帶領大家，認識浪漫主義蓬勃發展的十九世紀，在這個站在「理性」與「進步」對立面上的時代，會有那些哲學故事呢？馬爾薩斯認為人口的增長對未來有哪些影響呢？馬克思共產主義的核心價值是什麼？實用主義是種什麼樣的理論呢？

快跟著 Cibala 老師一起探索，找出意想不到的大小事吧！

國家圖書館出版品預行編目資料

形上學要義／彭孟堯著.－－二版一刷.－－臺北市:
三民，2021
　　面；　公分

　ISBN 978-957-14-7259-1　（平裝）
　1. 形上學

160   110012547

形上學要義

作　　者	彭孟堯
發 行 人	劉振強
出 版 者	三民書局股份有限公司
地　　址	臺北市復興北路 386 號 (復北門市)
	臺北市重慶南路一段 61 號 (重南門市)
電　　話	(02)25006600
網　　址	三民網路書店 https://www.sanmin.com.tw
出版日期	初版一刷 2013 年 11 月
	二版一刷 2021 年 9 月
書籍編號	S141200
I S B N	978-957-14-7259-1

三民書局